PROGRAMME 2019

WANDERLUST
Kooperativ ans Ziel — ALLEMAND

Laetitia BALLY
Professeure agrégée, Collège Edouard Manet
Villeneuve la Garenne (92)

Sibylle CAMHAJI
Professeure agrégée, Lycée Louis Armand
Eaubonne (95)

Charlotte COURTOIS
Professeure agrégée, Lycée Jacques Monod
Clamart (92)

Rémy DANQUIN
Professeur agrégé, Lycée Descartes
Antony (92)

Volker KLOSTIUS
Professeur agrégé, Lycée Jean Jaurès
Argenteuil (95)

Dorian KRÖGER
Professeur agrégé, Lycée François Couperin
Fontainebleau (77)

Fabienne LE DUC
Professeure agrégée, Collège-Lycée La Salle St Rosaire
Sarcelles (95)

bordas éditeur

Les auteurs tiennent à remercier Esteban et Ayrton Abinal-Bally, Emile Abinal, Laurent et Iris Bally, Susanne Bellissent, Andrea Bonanno, Claude et Jean-Luc Courtois, Heike Griesbach, Helga et Peter Hackenberg, Barbara Hadolt, Gabriele und Walter Klostius, Susanne Maury, Xavier Pain, Clemens Schefels, Jean Spiri et Ngoc Anh Vu.

L'éditeur tient à remercier chaleureusement les enseignants consultés lors d'études réalisées en cours de conception de *Wanderlust*. Leurs contributions ont permis d'enrichir le concept pour une meilleure adéquation aux besoins et usages des professeurs et des élèves de lycée. Nous remercions tout particulièrement Fawzy Benachera (Paris – 75), Sylvelie Diegner (Morangis – 91), Gian Lamari (Rozay-en-Brie – 77), Bénédicte Sebag (Paris – 75) et Fabrice Tristant (Montreuil – 93) ainsi que Céline Gary et ses élèves du lycée Edgar Quinet (Paris).

L'éditeur tient aussi à remercier Anne-Danielle Naname et son équipe (Adeline Calame et Tin Cuadra), Sophie Suberbère pour leur patience, leur disponibilité, leur créativité et leur bonne humeur.

En **LVA**, les élèves de **Seconde** confortent leur niveau **B1** du Cadre européen commun de référence pour les langues vivantes (**CECRL**, 2001) pour atteindre le niveau **B2** à la fin de la **Terminale**.

En **LVB**, les élèves de **Seconde** consolident et complètent leur niveau **A2** pour atteindre le niveau **B1** à la fin de la **Terminale**.

Un **volume complémentaire du CECRL avec de nouveaux descripteurs** a été publié en 2018.

Des **grilles pour l'auto-évaluation, incluant l'interaction à l'écrit et la médiation**, sont disponibles p. 177-182 de ce volume, consultable et téléchargeable à l'adresse suivante :
https://rm.coe.int/cecr-volume-complementaire-avec-de-nouveaux-descripteurs/16807875d5

Vous trouverez les pdf des **grilles des niveaux A1 à B2**, ainsi que du **nouveau programme du cycle terminal**, paru au BOS n°1 du 22/1/2019 **et des nouvelles épreuves du bac, sur le site lycee.editions-bordas.fr**.

Réception	Interaction	Production	Médiation
Écouter	Interaction orale	Production orale	Médiation de textes
Lire	Interaction écrite et en ligne	Production écrite	Médiation de concepts
			Médiation de la communication

Édition : Élisabeth Neyroud, Cécilia Pinaud-Jacquemier, assistées d'Aïda Djoupa
Direction éditoriale : Véronique Gilles de la Londe
Direction artistique : Pierre Taillemite
Conception graphique et réalistion, intérieur et couverture : Anne-Danielle Naname, Adeline Calame
Droits étrangers : Aurore Kauffmann
Iconographie : Sophie Suberbère
Lecture-correction : Christian Stonner
Cartographie : Nicolas Poussin/Edicarto
Photogravure : Anne-Danielle Naname, Tin Cuadra
Fabrication : Françoise Leroy
Réalisation sonore : Studio Quali'sons/Jean-Paul Palmyre – Direction d'acteurs : Catherine Creux

© BORDAS/SEJER 2019
ISBN 978-2-04-733641-0

Toute représentation ou reproduction, intégrale ou partielle, faite sans le consentement de l'auteur, ou de ses ayants droit, ou ayants cause, est illicite (article L.122-4 du Code de la Propriété Intellectuelle). Cette représentation ou reproduction, par quelque procédé que ce soit, constituerait une contrefaçon sanctionnée par l'article L.335-2 du Code de la Propriété Intellectuelle. Le Code de la Propriété Intellectuelle n'autorise, aux termes de l'article L.122-5, que les copies ou reproductions strictement réservées à l'usage privé du copiste et non destinées à une utilisation collective d'une part et, d'autre part, que les analyses et les courtes citations dans un but d'exemple et d'illustration.

Liebe Schülerinnen und Schüler

Dans la continuité de vos apprentissages en classe de Seconde, WANDERLUST va vous accompagner cette année et vous engager dans un parcours riche et dynamique autour de la thématique *Gestes fondateurs et mondes en mouvement* et approfondir votre connaissance de la culture des pays germanophones.

L'exploitation de supports riches, mais accessibles, va vous permettre de travailler la langue parlée et écrite sous tous ses aspects. Vous serez par exemple amenés à recueillir des informations, à communiquer et à échanger vos idées, à formuler une appréciation personnelle, à justifier un point de vue, à analyser un document, à raconter, expliquer, argumenter… En réalisant ces activités dans le cadre d'un travail collaboratif, vous allez pouvoir mobiliser vos compétences, interagir et vous impliquer TOUS en classe.

Pour optimiser votre participation active en cours, construire votre propos à l'oral comme à l'écrit et comprendre ce que vous lisez et entendez, vous devez aussi enrichir vos connaissances lexicales et grammaticales. C'est pourquoi nous avons conçu des pages *Training* dédiées à la consolidation de vos connaissances dans ce domaine. Elles vous entraînent à manipuler et à mémoriser les différentes structures et le lexique. Dans le cadre d'un travail autonome, vous pouvez aussi utiliser ces pages en dehors de la classe.

Vous allez dès cette année pouvoir valoriser votre travail grâce aux épreuves communes en cours d'année du baccalauréat que vous passerez au deuxième et au troisième trimestres. Pour vous y préparer efficacement, chaque chapitre vous propose systématiquement des entraînements à toutes les épreuves en lien avec l'axe thématique concerné. Ces pages *Fit für das Baccalauréat* vous donnent aussi des conseils méthodologiques et des stratégies qui vous seront très utiles pour les différentes situations de communication écrite et orale le jour J !

Pour vous entraîner à votre rythme et approfondir certains aspects, vous pouvez télécharger des fichiers audio au format *MP3* et accéder aux liens vidéo sur le site lycee.editions-bordas.fr.

Avec WANDERLUST, vous allez gagner en assurance pour vous exprimer en allemand, vous engager activement en cours et développer vos compétences culturelles et langagières, ce qui sera un vrai plus, non seulement pour votre cursus de lycéen / lycéenne, mais aussi pour votre futur parcours d'étudiant / étudiante et votre avenir professionnel.

Wir wünschen Ihnen viel Spaß und viel Erfolg mit WANDERLUST !

Das Autorenteam

Sommaire des pages de début

- Au fil des pages — p. 4
- Épreuves communes du contrôle continu (BAC) — p. 6
- Liste des stratégies (BAC) — p. 8
- Sommaire par axe — p. 10
- Votre manuel augmenté — p. 14
- Liste des MP3 et des vidéos — p. 15
- Méthodes collaboratives — p. 16

AU FIL DES PAGES

Vidéo — MP3 élève — CD classe

⟩ Pour découvrir les différentes facettes des pays germanophones

2 doubles-pages de leçon par séquence

- Didactisation progressive des documents
- Rappel de l'axe
- Tâches à réaliser dans le cadre d'un travail collaboratif favorisant l'engagement actif de tous les élèves dans les apprentissages
- Mise en activité à partir d'une question fédérant les contenus de la double-page

⟩ Pour améliorer votre capacité de compréhension et votre expression à l'oral et à l'écrit

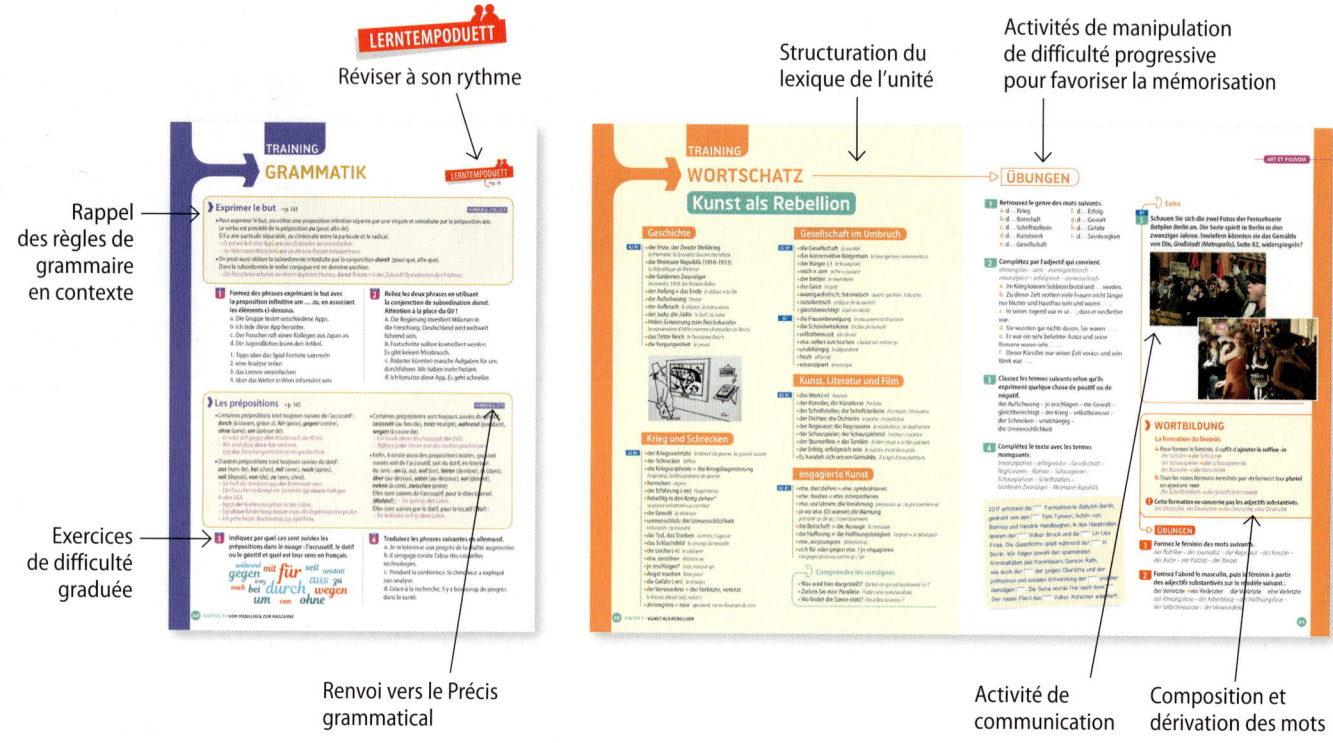

- Réviser à son rythme
- Structuration du lexique de l'unité
- Activités de manipulation de difficulté progressive pour favoriser la mémorisation
- Rappel des règles de grammaire en contexte
- Exercices de difficulté graduée
- Renvoi vers le Précis grammatical
- Activité de communication
- Composition et dérivation des mots

ACTIVITÉS LANGAGIÈRES (AL)

 Écouter Lire Production orale  Interaction orale  Production écrite  Interaction écrite Médiation

Pour réinvestir vos acquis : approche par projet

Projet de fin de séquence vous permettant de réinvestir en autonomie les compétences et connaissances travaillées dans le chapitre

Travail collaboratif

Des conseils méthodologiques pour vous aider à mobiliser vos connaissances et favoriser votre autonomie

Les langues vivantes font partie du tronc commun et à ce titre font l'objet de
Trois épreuves communes du contrôle continu

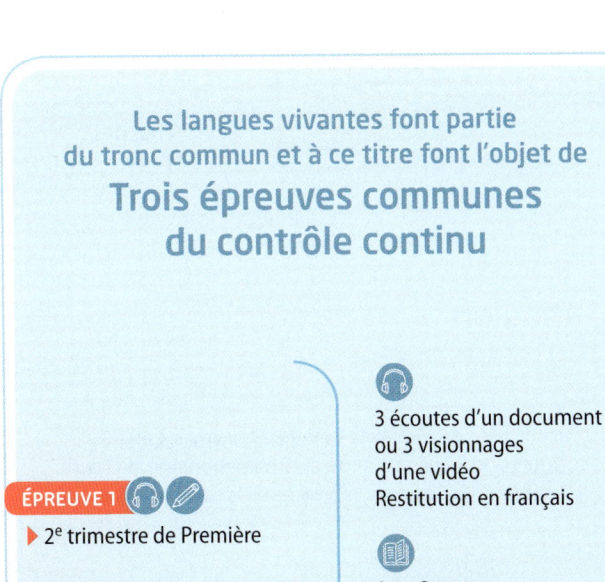

ÉPREUVE 1
▶ 2ᵉ trimestre de Première

ÉPREUVE 2
▶ 3ᵉ trimestre de Première

ÉPREUVE 3
▶ 2ᵉ trimestre de Terminale

3 écoutes d'un document ou 3 visionnages d'une vidéo
Restitution en français

1 ou 2 textes (éventuellement complétés par un document iconographique)
Compte rendu libre ou guidé de la compréhension dans la langue cible

(toutes les épreuves)
2 sujets au choix

Expression et interaction orales à partir de documents illustrant un axe

Pour vous entraîner aux épreuves du Baccalauréat

BAC 2021

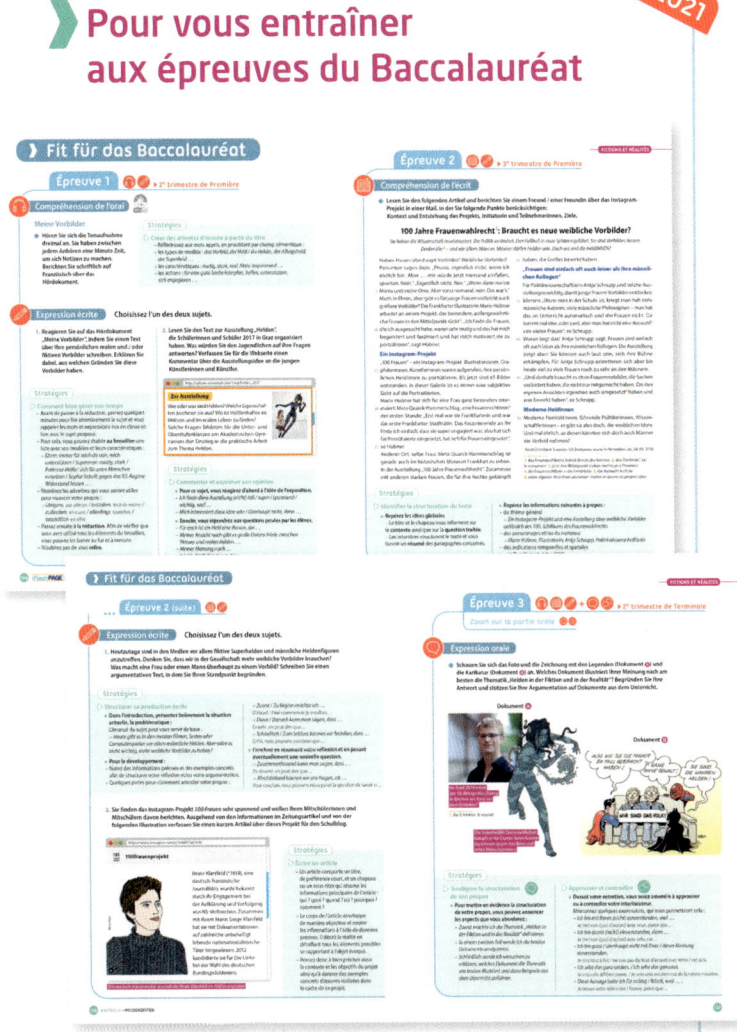

→ Détails pp. 6-7

Épreuves communes en cours d'année contrôle continu

BAC

Objectifs de l'évaluation

Niveaux attendus à la fin des études du second degré : LVA B2 LVB B1

En classe de 1re

Fit für das Baccalauréat
Épreuve 1 ▸ 2e trimestre de Première
Compréhension de l'oral
Therapie unter Tannen
Hören Sie sich die Tonaufnahme dreimal an. Sie haben zwischen jedem Anhören eine Minute Zeit, um sich Notizen zu machen. Berichten Sie schriftlich auf Französisch über das Hördokument.
Stratégies
Organiser son brouillon
Identifier les marqueurs chronologiques
Expression écrite Choisissez l'un des deux sujets.
1. Elias Canetti hat in seinem Essay Masse und Macht (1960) geschrieben: „Wer einmal im Wald ist, fühlt sich geborgen¹." Wie stehen Sie dazu? Entspricht es Ihrem Waldbild und dem, was Sie über den Wald erfahren haben?
2. Der Wald wird als eine Alternative zum lauten und chaotischen Alltagsleben präsentiert. Was meinen Sie? In welcher dieser drei Aussagen finden Sie sich wieder?
Stratégies
Relire sa production écrite
FlashPAGE KAPITEL 7 • ES WAR EINMAL DER WALD …

Épreuve 1 ▸ 2e trimestre – 20 points

Le candidat organise son temps comme il l'entend.
Niveaux visés : LVA = B1 – LVB = A2-B1

Compréhension de l'oral 10 points	Expression écrite 10 points
– Communication du titre du document support de l'évaluation – Document audio ou vidéo d'1 min 30 maximum – 3 écoutes espacées d'une minute (prise de notes possible lors de l'écoute) – Compte rendu du document en français de manière libre ou guidée	– 1 ou 2 questions en lien avec la thématique générale du support de l'évaluation de la compréhension de l'oral – Rédaction en allemand

Épreuve 2 ▸ 3e trimestre – 20 points

Le candidat organise son temps comme il l'entend.
Niveaux visés : LVA = B1-B2 – LVB = A2-B1

Compréhension de l'écrit 10 points	Expression écrite 10 points
– 1 ou 2 textes – Longueur cumulée des textes = entre 2 300 et 4 000 signes – Compte rendu en allemand du ou des textes de manière libre ou guidée	– 1 ou 2 questions en lien avec la thématique générale du ou des supports de l'évaluation de la compréhension de l'écrit – Document iconographique possible – Rédaction en allemand

FICTIONS ET RÉALITÉS
Épreuve 2 ▸ 3e trimestre de Première
Compréhension de l'écrit
Lesen Sie folgende Texte und fassen Sie sie zusammen. Sie erklären zum Schluss, inwiefern der Titel gut zu den drei Texten passt.
Die Deutschen und der Wald: eine ganz besondere Beziehung
Text A
Text B
Text C
Stratégies

Fit für das Baccalauréat
Épreuve 2 (suite)
Stratégies
Rapporter des propos
Mettre en relation des textes
Expression écrite Choisissez l'un des deux sujets.
1. Was kann man alles im Wald machen? Welche Ressourcen bietet der Wald an? Denken Sie sowohl an natürliche als auch an sportliche als auch an geistige Ressourcen.
2. Schreiben Sie diese Geschichte eines außergewöhnlichen Tages im Wald weiter.
Wie schön war es doch in diesem Wald!
Die Sonne strahlte vom Himmel und die Blätter rauschten im Winde.
So kam sie immer tiefer in den Wald …
Stratégies
Situer dans le temps et dans l'espace
Les temps du récit
KAPITEL 7 • ES WAR EINMAL DER WALD …

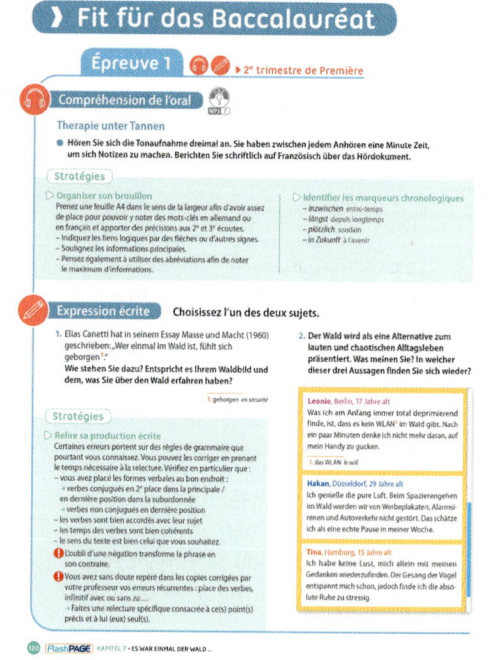

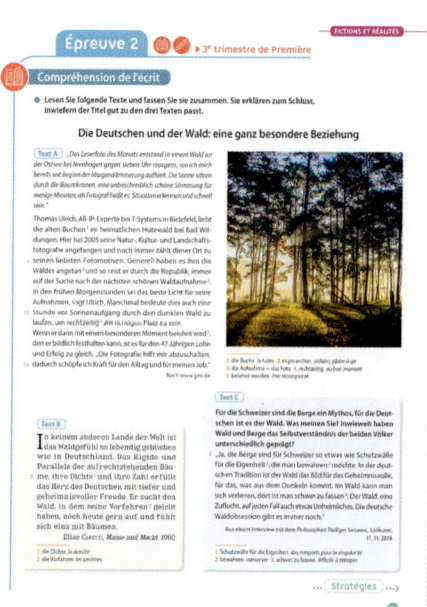

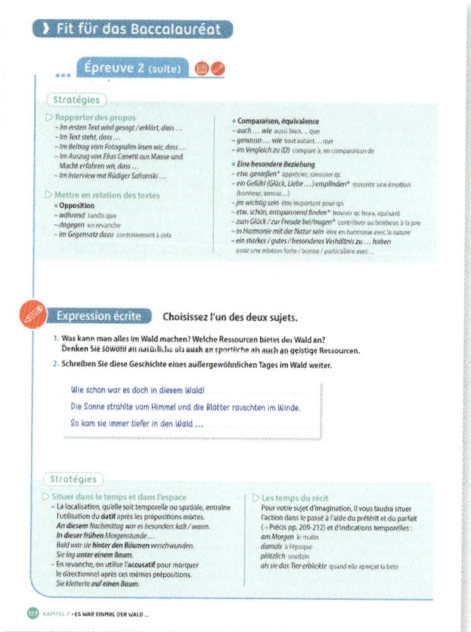

▶ Les documents supports de l'évaluation ainsi que les questions posées s'inscrivent dans le cadre du programme du cycle terminal et relèvent des axes culturels qui y sont définis. (→ voir BO n°1 du 22/1/2019).
▶ Les épreuves communes de contrôle continu s'inscrivent dans la progressivité entre les épreuves de première et l'épreuve de terminale.

En classe de Tle

Épreuve 3 — 2ᵉ trimestre – 20 points
(10 points pour la compréhension – 10 points pour l'expression)

PARTIE 1 : étude d'un dossier

Le candidat organise son temps comme il l'entend.
Niveaux visés : LVA = B2 – LVB = B1

Compréhension de l'oral	Compréhension de l'écrit	Expression écrite
– Communication du titre du document support de l'évaluation – Document audio ou vidéo d'1 min 30 maximum – 3 écoutes espacées d'une minute (prise de notes possible lors de l'écoute) – Compte rendu du document en français de manière libre ou guidée	– 1 ou 2 textes – Longueur cumulée des textes = entre 2 500 et 4 500 signes – Compte rendu en allemand du ou des textes, à l'aide de questions portant sur l'ensemble du dossier	– 1 ou 2 questions en lien avec la thématique générale du dossier – Document iconographique possible – Rédaction en allemand

PARTIE 2 : oral

10 minutes, sans temps de préparation – Choix entre 3 axes.
Niveaux visés : LVA = B2 – LVB = B1

Expression orale en continu	Expression orale en interaction
– Exposé à partir de 2 documents iconographiques, 2 citations ou 1 document iconographique et 1 citation – 5 minutes pour justifier quel document illustre le mieux l'axe choisi	Échange avec l'examinateur sur des questions plus générales en lien avec l'axe choisi, par exemple sur le travail réalisé en classe sur l'axe choisi

Dans WANDERLUST 1ʳᵉ préparation à l'épreuve orale.

Dans WANDERLUST Tˡᵉ préparation à l'ensemble de l'épreuve 3.

⟩ Les stratégies

▷ Stratégies de réception

Volume complémentaire au CECR (2018)
– Formulation d'hypothèses
– Repérage d'indices
– Identification, inférences
– Interprétation
– Mobilisation du répertoire

- Anticiper les informations ..... p. 36
- S'appuyer sur le contexte ..... p. 37, 148, 176
- Prendre des notes ..... p. 49
- Repérer des informations ..... p. 50, 92, 93, 106, 162, 176
- La perspective de narration ..... p. 52
- Les différents niveaux de compréhension ..... p. 52
- Rendre compte d'une interview ..... p. 64
- Réagir à une proposition ..... p. 65
- Tirer profit de ce qui a été vu en classe ..... p. 78
- Déduire le sens des mots ..... p. 80
- Repérer et exploiter le champ lexical ..... p. 106, 150
- Identifier les adverbes ..... p. 108
- Organiser son brouillon ..... p. 120
- Identifier les marqueurs chronologiques ..... p. 120
- Mettre des textes en relation ..... p. 122
- Repérer les temps du passé et le passif ..... p. 164
- Repérer les mots relatifs aux sentiments ..... p. 178
- Comprendre une condition sans *wenn* ..... p. 190
- Comprendre les articulations du discours ..... p. 192

▷ Stratégies d'interaction

Volume complémentaire au CECR (2018)
Construction commune de sens :
– Reprise, relance
– Coopération verbale et non verbale
– Explicitation, illustration
– Négociation

- Prendre appui sur le contexte ..... p. 39
- La communication non verbale ..... p. 53
- Rebondir sur ce qui a été dit ..... p. 67
- Demander des précisions et se corriger ..... p. 81
- Réfléchir à voix haute ..... p. 95
- Prendre position ..... p. 105
- Approuver et contredire ..... p. 137
- Exprimer des regrets et des craintes ..... p. 151
- Moduler son débit ..... p. 165
- Relativiser son propos, apporter des restrictions ..... p. 193

▷ Stratégies de production

- Répétition, paraphrase
- Adaptation du message
- Explicitation, illustration
- Correction, autocorrection
- Appui sur des connaissances culturelles et interculturelles propres

- Écrire un e-mail .... p. 35, 94
- Situer dans le temps et dans l'espace .... p. 36, 52, 121
- Faire un récit au passé .... p. 36
- Rendre compte d'une expérience personnelle .... p. 36, 66, 80, 108, 190
- Illustrer son propos par des exemples .... p. 38, 50, 78, 92, 123
- Justifier son point de vue .... p. 38, 81, 176
- Cerner et annoncer le sujet .... p. 39
- Exprimer son opinion .... p. 50, 92, 106, 134, 164
- Écrire une lettre .... p. 50
- Indiquer une cause .... p. 52
- Structurer ses propos .... p. 53, 106, 122, 136, 137, 150, 162
- Formuler une demande .... p. 64
- Argumenter .... p. 64, 165
- Réagir et commenter un document iconographique .... p. 66, 109
- Se référer au contexte .... p. 67, 94
- Prendre position .... p. 78, 176
- Organiser son travail de rédaction .... p. 80
- Prendre appui sur les documents .... p. 81, 95, 108, 151, 190, 192
- Relire sa production écrite .... p. 120
- Bien gérer son temps .... p. 134
- Écrire un article .... p. 136, 148
- Le discours rapporté .... p. 150
- S'appuyer sur des connaissances personnelles .... p. 164
- Exprimer l'intention .... p. 164
- Souligner la complexité du sujet .... p. 176
- Exprimer l'irréel avec le subjonctif II .... p. 178
- Se souvenir et commémorer .... p. 179
- Répondre à une question globale .... p. 192

▶ **Tuto : Tutoriels vidéo pour l'oral**

Disponibles avec FlashPAGE, sur lycee.editions-bordas.fr et dans le manuel numérique

▶ **Tuto** : Prendre la parole en public
▶ **Tuto** : Se présenter
▶ **Tuto** : Faire un exposé
▶ **Tuto** : Débattre
▶ **Tuto** : Mener une interview
▶ **Tuto** : Lire un texte littéraire

Chaque vidéo propose des conseils et des exercices (à faire par les élèves, seuls ou à deux, ou en groupes), avec pour chacune une fiche mémo et une grille d'évaluation en pdf.

SOMMAIRE

IDENTITÉS ET ÉCHANGES

1 Auf ... und davon!

› **Warum ist es wichtig, mobil zu sein?**

Unterwegs in den DACH-Ländern
Reisen und Spaß haben!
(carte + photos + textes + audios) — 28

Bildungsreisen
Die Bildungsreise (texte www.bildungsreise.org + tableau de J. H. W. Tischbein, *Goethe am Fenster*) — 30
Mein Austausch im Ausland
(audio + texte *programmevoltaire.com*) MÉDIATION — 31

Wortschatz reisen • positive und negative Erfahrungen • Aktivitäten • Austausch — 32
Wortbildung Les adjectifs dérivés de noms géographiques — 33
Grammatik Raconter un événement passé • Situer dans l'espace — 34

Projekt
Über einen Austauch berichten — 35

› **Fit für das Baccalauréat**
Épreuve 1 36   Épreuve 2 37   Épreuve 3 39

2 Heim(at)weh?

› **Was und wo ist eigentlich unsere Heimat?**

Was ist Heimat?
Heimat definieren (audios + tableau de A. Macke, *Unser Garten mit blühenden Rabatten*) — 42
Heimweh nach Kastanien
(texte Sebastian Schnoy, *Heimat ist, was man vermisst*) — 43

Heimat neu!
Neu in Europa (ViDEO) — 44
Lust auf Heimat? (texte www.spiegel.de) — 45

Wortschatz wo ich herkomme • sich zu Hause fühlen • Sehnsucht nach Heimat — 46
Wortbildung Le contraire des adjectifs — 47
Grammatik Le nominatif • Exprimer la cause — 48

Projekt
ViDEO Einen Artikel zum Begriff Heimat schreiben — 49
MÉDIATION

› **Fit für das Baccalauréat**
Épreuve 1 50   Épreuve 2 51   Épreuve 3 53

CITOYENNETÉ ET MONDES VIRTUELS

3 Online ... Allein?

› **Wie werde ich ein digitaler Bürger?**

Digital im Alltag
Die Deutschen und ihre digitalen Geräte
(données statistiques) — 56
Hilfe! Ich bin ein Smombie
(texte *Hamburger Abendblatt*) — 57

Mein digitales Ich
Gute Tipps für ein Instagram-Profil (audio) — 58
Meine Daten, mein Leben (audio + texte Marc Elsberg, *Zero – Sie wissen, was du tust*) MÉDIATION — 59

Wortschatz digitale Technik • digitaler Alltag • digital clever sein • empfehlen und warnen • meine Gewohnheiten — 60
Wortbildung Les mots d'origine étrangère — 61
Grammatik Dire ce que l'on (ne) ferait (pas) • Formuler des recommandations avec un infinitif — 62

Projekt
An einem Twitter-Wettbewerb teilnehmen — 63

› **Fit für das Baccalauréat**
Épreuve 1 64   Épreuve 2 65   Épreuve 3 67

 Compréhension de l'oral   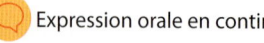 Expression orale en continu   Expression orale en interaction   Compréhension de l'écrit

ART ET POUVOIR

4 Engagierte Musik

› Welchen Einfluss hat Musik in der Gesellschaft?

Musik und Engagement
- Laute Jugend (texte *Solinger Tageblatt* + affiche du *Schülerrockfestival*) 70
- Hip-Hop für Solidarität (▶ViDEO + texte www.deluxekidz.de) 71

Macht Musik Politik?
- Musik als Weg zur Freiheit? (texte Kay Lutter, *Bluessommer: Eine Geschichte von Freiheit, Liebe und Musik*) 72
- Muss Musik politisch sein? (▶ViDEO) 73
- Musikalische Brücken (▶ViDEO) 73

Wortschatz Musikfestival • Werte und Engagement • Integration • Musik und Gesellschaft 74
Wortbildung Quelques préverbes séparables 75
Grammatik La phrase énonciative indépendante • Les verbes de modalité 76

Projekt
Eine Webradio-Sendung über engagierte Musiker gestalten 77

› Fit für das Baccalauréat
Épreuve 1 78   Épreuve 2 79   Épreuve 3 81

5 Kunst als Rebellion

› Kann Kunst die Gesellschaft verändern?

Nie wieder Krieg!
- Kunst aus dem Graben (audios + tableau de L. Meidner, *Apokalyptische Landschaft* + tableau de O. Dix, *Der Krieg*) 84
- Nichts Neues aus dem Westen (texte de Erich Maria Remarque, *Im Westen nichts Neues*) 85

Freie Frauen
- Frauen auf der Leinwand (audios + texte + affiche et photogramme de *Der Blaue Engel* + affiche et photogramme de *Frau im Mond*) 86
- Eine Zeit, die keine Chance hatte ... (texte Angelika Schrobsdorff, *Du bist nicht so wie andre Mütter*) 87

Wortschatz Geschichte • Krieg und Schrecken • Gesellschaft im Umbruch • Kunst, Literatur und Film • engagierte Kunst 88
Wortbildung La formation du féminin 89
Grammatik Le passif • Les équivalences temporelles 90

Projekt
Ein Podcast über Kunst als Rebellion aufnehmen 91

› Fit für das Baccalauréat
Épreuve 1 92   Épreuve 2 93   Épreuve 3 95

DIVERSITÉ ET INCLUSION

6 Miteinander, füreinander

› Was kann ich für Andere tun?

Meinen Mitbürgern helfen
- Ab 16 wählen? (audios + affiche du Land Thüringen) 98
- Was kann man als Bufdi machen? (texte www.bundesfreiwilligendienst.de) 99

Meinen Mitmenschen helfen
- Ein Flüchtling bei einer deutschen Familie (▶ViDEO) 100
- In die Fremde (texte Deena, *So frei bin ich nur hier – Mein zweites Leben in Afrika*) 101

Wortschatz zu Hause mithelfen • Hilfe brauchen • Hilfe leisten • Flüchtlingen helfen 102
Wortbildung Les noms composés complexes 103
Grammatik Le complément au datif • Exprimer la concession 104

Projekt
Über soziales Engagement diskutieren 105

› Fit für das Baccalauréat
Épreuve 1 106   Épreuve 2 107   Épreuve 3 109

Expression écrite • Expression écrite en interaction • MÉDIATION Médiation

SOMMAIRE

FICTIONS ET RÉALITÉS

7 Es war einmal der Wald ...

Wie vielseitig ist der Wald für die Deutschen?

Die Deutschen und ihr Wald
- Ein Ort, viele Bedeutungen
(audio + texte www.maerchenatlas.de) — MÉDIATION 112
- Von der Landschaft angezogen
(tableau de C. D. Friedrich, *Waldinneres bei Mondschein* + poème de Friedrich Hölderlin, *Die Eichbäume*) — MÉDIATION 113

Schrecken im Wald
- Auf dem Weg in die Angst (texte *F. A. Z.* + photogramme de la série *Dark*) 114
- Erschreckend? (ViDEO + texte) 115

Wortschatz ein Ort für Naturliebhaber • ein Rückzugsort • ein Ort voller Legenden 116
Wortbildung L'infinitif substantivé 117
Grammatik L'accusatif • Le datif 118

Projekt
Eine Geschichte im Zusammenhang mit dem Wald erfinden 119

Fit für das Baccalauréat
Épreuve 1 120   Épreuve 2 121   Épreuve 3 123

8 Heldenzeiten

Können uns Heldenfiguren im Alltag inspirieren?

Ein Held sein
- Mich inspiriert ... (données statistiques + audio) — MÉDIATION 126
- Helden in Fiktion und Realität
(texte www.moviepilot.de + texte www.zwischenbetrachtung.de) — MÉDIATION 126
- Zivilcourage mit Macht (ViDEO) 127

Metropolis: eine reale Fiktion?
- Stadt der Helden (texte Thea von Harbou, *Metropolis* + couverture du roman) 128
- Visionär, modern, zeitlos
(ViDEO bande-annonce de *Metropolis*) 129

Wortschatz Heldentum • Heldentypen • Kino-Mythen • Engagement 130
Wortbildung Les noms composés 131
Grammatik La proposition relative • Mettre en relation 132

Projekt
Eine reale oder fiktive Heldenfigur porträtieren  MÉDIATION GALERIEGANG 133

Fit für das Baccalauréat
Épreuve 1 134   Épreuve 2 135   Épreuve 3 137

INNOVATIONS SCIENTIFIQUES ET RESPONSABILITÉ

9 Vom Menschen zur Maschine

Inwiefern sollte digitale Innovation immer mit Verantwortung verbunden sein?

Die Welt verbessern?
- Wie echt ist die erweiterte Realität? (textes + photos) 140
- Chancen der künstlichen Intelligenz
(texte www.br.de + audio) — MÉDIATION 141

Rück(fort)schritt?
- *QualityLand*
(texte Marc-Uwe Kling, *QualityLand*) — MÉDIATION 142
- OK (ViDEO) 143

Wortschatz Digitalisierung • Vorteile der Digitalisierung • Nachteile der Digitalisierung • Verantwortung tragen 144
Wortbildung Le genre des mots 145
Grammatik Exprimer le but • Les prépositions 146

Projekt
Über den digitalen Fortschritt diskutieren — MÉDIATION DEBATTE 147

Fit für das Baccalauréat
Épreuve 1 148   Épreuve 2 149   Épreuve 3 151

Compréhension de l'oral · Expression orale en continu · Expression orale en interaction · Compréhension de l'écrit

TERRITOIRE ET MÉMOIRE

10 Österreich im Wandel der Zeit

❯ **Wer waren die Habsburger?**

Zur Zeit Maria Theresias
- Die große Landesmutter (textes) — MÉDIATION — 154
- Ehefrau, Mutter und Regentin (texte *Frankfurter Rundschau* + photo) — 155

Ein anderes Österreich
- Zita, die letzte Kaiserin (ViDEO + texte) — MÉDIATION — 156
- Die Welt von Gestern (texte Stefan Zweig, *Die Welt von Gestern*) — 157

Wortschatz ein Kaiserreich • ein Vielvölkerstaat • das Ende der Monarchie • die Spuren der Geschichte • Regierungsformen in Österreich — 158

Wortbildung La nominalisation d'un verbe avec le suffixe -*ung* — 159

Grammatik L'adjectif attribut et l'adjectif épithète • La subordonnée relative — 160

Projekt
- Einen Artikel über Otto von Habsburgs Leben schreiben — 161

❯ **Fit für das Baccalauréat**
Épreuve 1 — 162   Épreuve 2 — 163   Épreuve 3 — 165

11 Spuren der Geschichte

❯ **Inwiefern hat Geschichte das heutige Deutschland geprägt?**

Von der Geschichte geprägt
- Die Teile und das Ganze (cartes + textes) — 168
- Die Teilung Deutschlands (ViDEO + texte Klaus Kordon, *Die Lisa*) — MÉDIATION — 169

Regionale Unterschiede heute
- Ost-West war gestern (audio) — 170
- Gibt es immer noch eine „Mauer in den Köpfen"? (texte www.spiegel.de) — 170
- Nord-Süd statt Ost-West? (texte www.zdf.de + caricature) — 171

Wortschatz die Vielfalt Deutschlands • Föderalismus und regionale Unterschiede • die jüngste Geschichte Deutschlands • wirtschaftliche Aspekte — 172

Wortbildung Les noms de nationalité — 173

Grammatik Situer dans le temps • Dire « quand », « lorsque » • Les noms géographiques — 174

Projekt
- Seine Meinung zum Denkmal für die deutsche Einheit äußern — 175

❯ **Fit für das Baccalauréat**
Épreuve 1 — 176   Épreuve 2 — 177   Épreuve 3 — 179

ESPACE PRIVÉ ET ESPACE PUBLIC

12 Wände haben Augen

❯ **Wie hat sich das Verhältnis zum Privaten und Öffentlichen verändert?**

Zeigen oder nicht zeigen
- Heim bleibt geheim (ViDEO + texte www.mz-web.de) — MÉDIATION — 182
- Was bleibt im Internet privat? (texte Antje Szillat, *Alice im Netz – Das Internet vergisst nie!*) — 183

Überwachte Privatsphäre
- Die Kunst der Überwachung (ViDEO bande-annonce de *Das Leben der Anderen* + texte www.stasimuseum.de + photos) — 184
- Um öffentliche Meinung kämpfen (ViDEO) — 185
- Vor der Kirche festgenommen (texte Erich Loest, *Nikolaikirche*) — 185

Wortschatz privat ≠ öffentlich • Privatsphäre im Netz • Kontrolle der Privatsphäre • sich öffentlich ausdrücken — 186

Wortbildung Les noms masculins faibles — 187

Grammatik La proposition infinitive • Les subordonnées de temps — 188

Projekt
- Über das Thema „Privatleben im Wandel" berichten — MÉDIATION — PARTNERBRIEFING — 189

❯ **Fit für das Baccalauréat**
Épreuve 1 — 190   Épreuve 2 — 191   Épreuve 3 — 193

- Literaturdossier *Der Trafikant*, Robert Seethaler — 194
- Kunstdossier Paula Modersohn-Becker — 200
- Précis phonologique — 206
- Précis grammatical — 208

Expression écrite   Expression écrite en interaction   MÉDIATION Médiation

Votre Manuel augmenté !

Avec FlashPAGE, vous avez un accès facile et rapide aux ressources numériques de votre manuel papier.

1 Téléchargez l'application FlashPAGE sur votre smartphone ou tablette.
  L'application est gratuite.

2 Scannez les pages comportant le picto FlashPAGE.
Le picto se trouve à côté du numéro de la page.
Positionnez votre appareil au-dessus de la page et flashez la page entière en appuyant sur le bouton 👁. L'appli reconnaîtra la page.

3 Découvrez les ressources numériques du manuel : audios élève, pdf, tutoriels vidéo pour l'oral.

Une fois flashées, ces ressources restent en mémoire.

→ L'usage du smartphone ou de la tablette n'est pas possible ?
Pas de souci, la plupart des ressources du manuel sont accessibles depuis le site lycee.editions-bordas.fr.

Ressources élève

	FlashPAGE	Manuel numérique	Site
Audios élève (voir liste p. 15)	✓	✓	✓
Tutoriels vidéo pour l'oral (vidéos et pdf) (voir liste p. 9)	✓	✓	✓
Annuaire de liens		✓	✓

Site ressources élève lycee.editions-bordas.fr

LISTE MP3 ÉLÈVE

Kapitel 1
- 01 Auslandserfahrung auf Réunion S. 35
- 02 (BAC) Mein Austausch in Frankreich S. 36

Kapitel 2
- 03 (BAC) Manchmal vermisse ich die Berge … S. 50

Kapitel 3
- 04 (BAC) Digitale Geräte und Familienleben S. 64

Kapitel 4
- 05 (BAC) Macht der Musik S. 77

Kapitel 5
- 06 (BAC) Marlene Dietrichs Engagement S. 92

Kapitel 7
- 07 (BAC) Therapie unter Tannen S. 120

Kapitel 8
- 08 (BAC) Meine Vorbilder S. 134

Kapitel 9
- 09 (BAC) Treffpunkt Wissenschaft S. 148

Kapitel 10
- 10 (BAC) Wo liegen unsere Wurzeln? S. 162

Kapitel 11
- 11 (BAC) Die regionalen Unterschiede S. 176

Kapitel 12
- 12 - 13 Privatleben im Wandel S. 189
- 14 (BAC) Bei der Marine in der DDR S. 190

Précis phonologique
- 15 Le *Umlaut* S. 206
- 16 Les voyelles longues S. 206
- 17 Les voyelles brèves S. 206
- 18 Le « -e » en finale S. 206
- 19 Les substantifs en « -ion » S. 206
- 20 Les diphtongues S. 206
- 21 Épeler en allemand S. 206
- 22 La prononciation du « an » S. 207
- 23 La prononciation du « Ach-Laut » S. 207
- 24 La prononciation de b, d et g en fin de mot S. 207
- 25 Le « h- » à l'initiale S. 207
- 26 Les sons « ch » et « sch » S. 207
- 27 La prononciation du « s » S. 207
- 28 La prononciation de sp- et st- S. 207
- 29 Les consonnes « v » et « w » S. 207
- 30 L'accentuation du mot S. 207
- 31 L'intonation de la phrase S. 207

LISTE VIDÉOS

Liens vidéos sur le site et le manuel numérique enseignant

Kapitel 2
Neu in Europa S. 44
Jedem seine Heimat - Cecilia S. 49
Jedem seine Heimat - Renas S. 49

Kapitel 4
Hip-Hop für Solidarität S. 71
Muss Musik politisch sein? S. 73
Musikalische Brücken S. 73

Kapitel 6
Ein Flüchtling bei einer deutschen Familie S. 100
(BAC) Wie kann ich Flüchtlingen helfen? S. 106

Kapitel 7
Erschreckend? S. 115

Kapitel 8
Zivilcourage mit Macht S. 127
Visionär, modern, zeitlos S. 129

Kapitel 9
OK (QualityLand) S. 143

Kapitel 10
Zita, die letzte Kaiserin S. 156

Kapitel 11
Die Teilung Deutschlands S. 169

Kapitel 12
Heim bleibt geheim S. 182
Die Kunst der Überwachung S. 184
Um öffentliche Meinung kämpfen S. 185

Literaturdossier
Der Trafikant, Auszug des Filmes S. 197

Kunstdossier
Paula, Trailer S. 202
Ausstellung „Der Weg in die Moderne" S. 204

KOOPERATIV ANS ZIEL
POUR PROGRESSER EN COURS DE LANGUES*

↪ Pourquoi s'intéresser aux méthodes collaboratives ?

Les méthodes collaboratives stimulent la participation et le travail actif de chaque élève en cours de langues. Il s'agit en effet d'une forme d'investissement des élèves qui ne repose pas uniquement sur la participation de ceux qui connaissent la réponse et osent prendre la parole.

Ces méthodes permettent une mise au travail efficace de tous les élèves dans un cadre moins compétitif, mais reposant sur le travail personnel, l'échange, une réalisation commune et la présentation orale du travail produit.

↪ Pourquoi est-ce efficace ?

• Le travail individuel précède le travail de groupe

Chaque élève vient dans le groupe avec le fruit de sa réflexion personnelle et ses notes, il participe d'autant plus efficacement à la discussion qu'il l'aura préparée.

• Le groupe produit un travail commun

Les membres du groupe doivent se mettre d'accord sur une présentation commune. Ils doivent pour cela débattre, arbitrer, coopérer et échanger en allemand, qui est la langue de leur production commune.

• Tous les élèves s'impliquent

En effet, le professeur désigne à la fin du travail de groupe un élève au hasard pour la présentation orale devant les autres. Le professeur ne se repose pas sur les volontaires.

Chaque élève sait qu'il peut être désigné pour présenter oralement en allemand et s'investit davantage dans la production commune.

Certaines méthodes permettent même à tous les élèves d'un groupe de présenter en même temps, donc à tous de prendre la parole !

↪ Comment cela fonctionne-t-il ?

❶ Une phase en plénière qui prépare le travail en groupe

En préambule, le professeur peut introduire le sujet, faire des liens avec les cours précédents, sonder les connaissances sur le sujet et présenter la méthode utilisée et les objectifs. Il peut aussi exposer oralement un point complexe qu'il juge être une entrave à la compréhension des documents.

❷ Mise en œuvre

3 étapes : Think → Pair → Share.

1. Travail individuel (Think)

2. Échange avec un ou plusieurs pairs (Pair)

3. Présentation orale (Share)

❸ Retour en plénière (ou en groupes élargis)

Échanges (prof-élèves et élèves-élèves) sur les présentations pouvant être complétés par des exercices ou une correction, élaboration de la trace écrite du cahier pour fixation de structures ou du lexique…

---

* D'après Wolfgang Mattes, *Methoden für den Unterricht. Kompakte Übersichten für Lehrende und Lernende*, Bildungshaus Schulbuchverlage, Schoeningh, 2011 • Rémy Danquin / Wolfgang Mattes, *52 méthodes pratiques pour enseigner*, Réseau Canopé, 2015

À quoi faut-il veiller ?

Qualité du travail de groupe
On doit aider les élèves à avoir un comportement adapté au travail de groupe. Le processus du travail de groupe pourra faire l'objet d'une évaluation par le professeur voire d'une auto-évaluation du groupe et être valorisé comme compétence transversale.

Le temps
Il est impératif de donner un temps limité à chacune des 3 étapes sinon le tout traîne en longueur. Certaines méthodes exigent davantage qu'une heure de cours. Les présentations peuvent par exemple s'effectuer au cours suivant pour laisser assez de temps pour le travail personnel et le travail de groupe.

Clarté des consignes et des objectifs
Une tâche formulée précisément favorise l'autonomie des groupes.

Posture du professeur
Le professeur doit être présent et observer, prendre des notes (par ex. les erreurs de langue les plus entendues pour une reprise ultérieure en plénière), mais il n'interviendra pas nécessairement dès qu'un groupe est en difficulté. Il peut également déléguer certaines tâches à d'autres élèves comme le respect du temps imparti, la recherche de vocabulaire…

Qualité des présentations orales
Les présentations orales ne doivent pas être de l'écrit oralisé, les élèves doivent prendre appui sur des notes sous forme de mots-clés et groupes infinitifs afin que leur prise de parole soit la plus naturelle possible.

Moduler la classe
Le travail collaboratif peut impliquer lors d'une séance une modification de la configuration des groupes ou une alternance : travail individuel et travail en binôme / groupe. Pour cette raison, il est préférable de disposer les tables de façon modulable et de sensibiliser les élèves à l'importance de déplacer le mobilier dans le calme.

Attribution de rôles
Lorsque vous avez des classes avec un nombre impair d'élèves, vous pouvez attribuer à un ou plusieurs élèves le rôle de modérateur.

Pancartes du modérateur

1 PARTNERBRIEFING
Briefing de binôme
→ p. 31, 49, 59, 71, 84, 86, 112, 113, 126, 141, 156, 169, 182, 189

Objectifs
- Travailler et présenter un document adapté à son niveau.
- Résumer le document présenté par son binôme.

Organisation
- Le professeur divise la classe en deux. Il a attribué le document A à chaque élève d'une moitié de la classe et le document B à chaque élève de la seconde moitié.

1 Chaque élève travaille sur son document : lecture / écoute, prise de notes, réponse aux consignes.

2 Chaque élève A s'assoit en face d'un élève B. L'élève A présente son document. L'élève B écoute, peut poser des questions puis il résume. Les rôles sont ensuite inversés.

3 L'élève présente en plénière (ou à plusieurs groupes) son propre document ou celui de son binôme (plus difficile).

Astuces et points de vigilance
- Si le travail individuel est donné comme travail à la maison, il doit impérativement être effectué par tous les élèves pour que le briefing en cours réussisse.
- Avec des élèves performants, on peut prévoir en présentation une synthèse des 2 documents.

2 PARTNERINTERVIEW
Interview de binôme
→ p. 199

Objectifs
- Synthétiser un document écrit à l'aide de questions.
- Répondre aux questions sur un texte préparé.

Organisation

1 Chaque élève lit le document et formule des questions permettant de synthétiser le document.

2 Le professeur forme des binômes au hasard. L'élève A pose ses questions à l'élève B qui essaie d'y répondre. Ils revoient ensemble les réponses. On peut ensuite inverser les rôles (si on a le temps).

3 Les élèves exposent en plénière ou à un groupe élargi les réponses de leur binôme.

KOOPERATIV ANS ZIEL

3 DREI-SCHRITT-INTERVIEW
Interview à 3

On peut ajouter à un ou plusieurs binômes une troisième personne. Ceci peut s'avérer très pratique si l'effectif de la classe est impair. La troisième personne aura le rôle du secrétaire. Dans ce cas, seul le secrétaire fait la prise de notes, ce qui allège le travail de l'intervieweur.
Il peut donc y avoir 3 tours si l'on veut que chaque élève ait été intervieweur, interviewé et secrétaire.

Astuces et points de vigilance
- Il faut définir le nombre de questions. On peut en donner 2 et demander de compléter par d'autres.
- Il faut expliquer aux élèves qu'il ne s'agit pas de chercher des questions pièges pour mettre le binôme inutilement en difficulté.

4 LERNTEMPODUETT
Duo synchronisé
→ p. 34, 48, 62, 76, 90, 104, 118, 132, 146, 160, 174, 188

Objectif
- Faire des exercices d'entraînement (par ex. *Wortschatz* et *Grammatik*) ou de révision à son rythme.

Organisation
- Le professeur donne 3 ou 4 exercices.

1. Chaque élève commence par le 1ᵉʳ exercice.
2. Une fois le 1ᵉʳ exercice terminé, l'élève se lève ou lève la main.
3. Il rejoint à une table ou dans un coin un élève qui s'est manifesté à peu près au même moment pour échanger et comparer.
4. Il retourne à sa place et fait le 2ᵉ exercice et on reprend le processus.

Astuces et points de vigilance
- La méthode ne permet guère de faire plus de 3 tours, c'est pourquoi il est important de graduer les 3 exercices en difficulté (*dans le manuel, le degré de difficulté est indiqué par le nombre de **).
- Les élèves ne sont pas obligés de faire tous les exercices, l'important est qu'ils les fassent entièrement à leur rythme. En plénière, on pourra procéder à une reprise partielle ou à une correction complète des exercices donnés.
- Un élève peut être extrêmement rapide et avoir fini son dernier exercice bien avant les autres, il peut alors venir en aide aux élèves en difficulté.

5 PARTNERPUZZLE
Puzzle de binômes

→ p. 105, 126

Objectif
- Travailler à 2 sur un document plutôt difficile.

Organisation

- Le professeur forme un nombre pair de binômes (ex. 21 élèves = 10 binômes + 1 modérateur).
- Il répartit 2 documents de difficulté égale aux binômes (5 binômes reçoivent le document A, 5 autres binômes reçoivent le document B).

Pas de travail individuel pour cette méthode, l'élève est directement placé avec son binôme.

1 Les élèves prennent ensemble connaissance du document et des consignes. Ils prennent des notes afin de l'expliquer le mieux possible.

2 Les binômes sont redistribués. Chaque élève se trouve face à un élève de l'autre groupe.
L'élève A présente son document, l'élève B résume. L'élève A corrige si besoin. On inverse ensuite les rôles.

Astuces et points de vigilance

- La qualité du puzzle dépend des compétences de transmission, c'est pourquoi on attachera beaucoup d'importance à la phase plénière d'échanges et de fixation pour compenser les faiblesses du puzzle.
- Les binômes doivent être espacés pour ne pas se gêner.

6 GRUPPENPUZZLE
Groupes puzzles

→ p. 142

Objectifs
- Se partager le travail sur plusieurs documents traitant différents aspects d'un même thème.
- Présenter un sous-thème du sujet en tant qu'« expert ».

Organisation

- Le professeur forme des groupes dont l'effectif dépend du nombre de documents (3 documents = 3 groupes de 3 élèves ; 4 documents = 4 groupes de 4 élèves etc.).
- Chaque groupe reçoit l'ensemble des documents avec autant de sous-thèmes que d'élèves.

PHASE 1 Groupes d'origine
Répartition des thèmes de 1 à 5

1 Le groupe se répartit les sous-thèmes et chaque élève travaille le sien au sein du groupe.

PHASE 2 Groupes d'experts
Travail sur les thèmes

② Les élèves qui ont travaillé sur le même sous-thème se regroupent entre experts et élaborent une présentation commune.

Astuces et points de vigilance

- Cette méthode exige plus d'une heure de cours.
- Si l'effectif ne permet pas de respecter le dispositif : vous pouvez faire appel à un modérateur ou indiquer dans un groupe que 2 élèves (au lieu d'1) traiteront du même sous-thème (définissez-le) et qu'ils auront à se partager la présentation orale.
- Il est important que les élèves décident eux-mêmes de la répartition des documents au sein du groupe, cela les responsabilise et renforce leur autonomie.
- Ne donnez pas le travail individuel en devoir maison tant que les groupes n'ont pas été formés et qu'ils ne se sont pas réparti le travail.

PHASE 3 Groupes d'origine
Présentation puis échange

③ Chaque élève revient dans son groupe d'origine et présente à son groupe le résultat des experts.

7 GRUPPENMIX
Mélange de groupes

→ p. 154

Organisation

- Il s'agit d'une variante plus courte du *Gruppenpuzzle*. Dans le *Gruppenmix*, les groupes ne sont mélangés qu'une fois. Afin que les élèves prennent connaissance du document, ils auront besoin d'une phase de travail individuel.

① **Phase 1 :** vous regroupez les élèves qui ont lu le même document. En groupe, ils doivent en élaborer la présentation. Pendant ce travail, vous distribuez à chaque participant d'un groupe un numéro ou une couleur (qui détermine son groupe de phase 2).

② **Phase 2 :** les élèves ayant le même numéro ou la même couleur se regroupent. Il y aura donc dans chaque nouveau groupe, un (ou deux) représentant(s) des groupes de la 1re phase. Le (les) représentant(s) soumet(tent) aux autres leur présentation.

③ On peut conclure par quelques présentations en plénière.

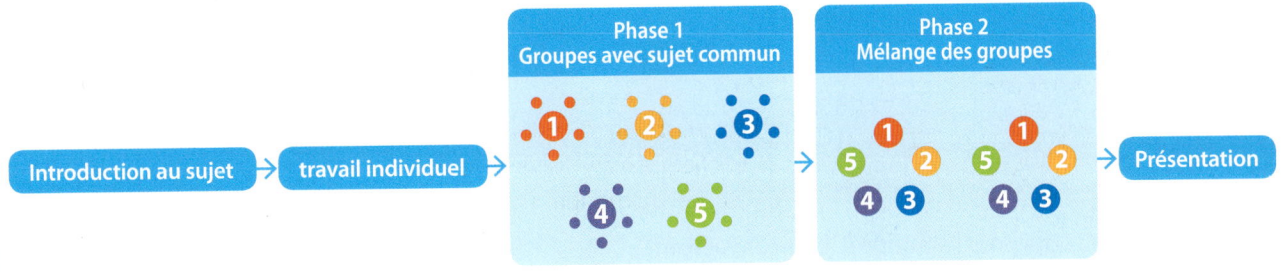

8 PRO-KONTRA-DEBATTE

Débat contradictoire

→ p. 147

Objectif
- Discuter en fin de séquence d'un sujet dont les avis sont tranchés.

Organisation
- Le professeur divise au hasard les élèves en 2 groupes : *Pro* et *Kontra*.
- Le professeur sera le modérateur.

1 Chaque groupe cherche des arguments pour défendre sa position et désigne un avocat.

2 Les avocats de chaque groupe prennent la parole chacun leur tour et présentent les arguments principaux en 1-2 minutes. Les autres peuvent réagir et le débat commence.

 **Astuces et points de vigilance**

- Les élèves se voient assigner un groupe, ils doivent également apprendre à défendre une position qui n'est pas la leur.
- Le tour de parole doit être strictement respecté c'est pourquoi il est préférable que ce soit le professeur qui modère.

3 À la fin, on vote pour le groupe le plus convaincant.

KOOPERATIV ANS ZIEL

9 WORLD CAFÉ

Objectifs
- Faire échanger les élèves entre eux sur une problématique travaillée lors de la séquence.
- Maximiser l'expression orale en interaction.

Organisation

Préparation
- Le professeur détermine 3 ou 4 sujets sur un thème global à traiter. Les sujets doivent permettre le débat et l'échange d'opinions (pas de *Ja-Nein-Fragen*).
- Il forme autant de groupes de tables que de sujets. Sur chaque groupe de tables se trouveront les feuilles sur lesquelles figurent les sujets numérotés en titre (une feuille par sujet) ainsi que des feuilles vierges et des stylos.

Déroulement

1 La classe est divisée en groupes selon le nombre de tables (ne pas dépasser 5 élèves par groupe). Chaque groupe s'installe à une table et désigne un(e) élève qui sera l'hôte et le modérateur de la discussion.

2 Tous les hôtes présentent le 1er sujet. Les élèves prennent 3 à 5 minutes pour y réfléchir et noter leurs idées sur des feuilles vierges.

Les hôtes amorcent la discussion en distribuant la parole. Ils notent les idées importantes et animent en relançant si possible par d'autres questions.

À la fin de la discussion, les hôtes résument les opinions et les échanges d'après leurs notes.

3 Les hôtes restent à leur table, conservent le résumé où ils notent le numéro du groupe. Les autres élèves du groupe rejoignent une autre table.

Les élèves sont accueillis par un autre hôte qui leur résume les échanges du groupe précédent. Tous les hôtes introduisent alors le 2e sujet et le processus recommence.

Exploitation
- Vous pouvez ramasser et regrouper les résumés par groupe afin de les relire.
- Ces notes peuvent servir de base à un travail à la maison ou à une synthèse en plénière.

Astuces et points de vigilance
- Cette méthode exige plus d'une heure de cours.
- Les groupes doivent être synchronisés. Vous veillerez donc au temps imparti (adapté au niveau des élèves) pour chaque phase en annonçant chaque phase aux élèves : réflexion (3 à 5 min), discussion (7 à 9 min), résumé de l'hôte (1 min).
- Chaque élève doit prendre au moins une fois la parole à chaque table.
- Il n'est guère possible de faire plus de 4 tours, c'est pourquoi 4 groupes avec 4 questions constituent un maximum.

10 GALERIEGANG
Galerie d'exposition
→ p. 133

Objectifs
- Présenter le travail d'un groupe (par ex. projet final).
- Plusieurs présentations ont lieu en même temps, tous les participants du groupe sont amenés à présenter.

Organisation

- Le professeur définit des groupes. Il faut autant de groupes que de sujets à travailler :
4 sujets = 4 groupes de 4 élèves, 5 sujets = 5 groupes de 5.
Si ce n'est pas possible, reportez-vous aux astuces ci-dessous.
On peut faire précéder d'une phase de travail individuel si nécessaire (documents à lire).

- Le professeur prépare pour chaque membre d'un groupe une étiquette différente sur laquelle il indique une lettre (un chiffre ou une couleur). Il répète l'opération pour chaque groupe en conservant les mêmes lettres (chiffres ou couleurs). Cela lui permettra de définir les groupes de la phase 2.

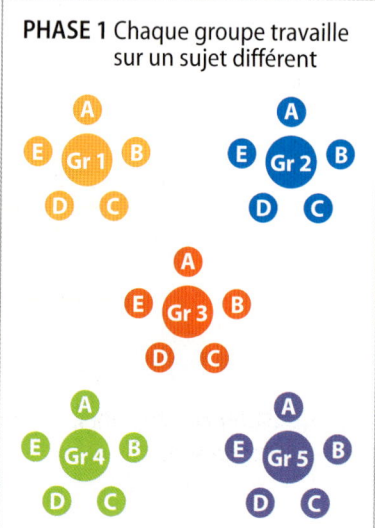

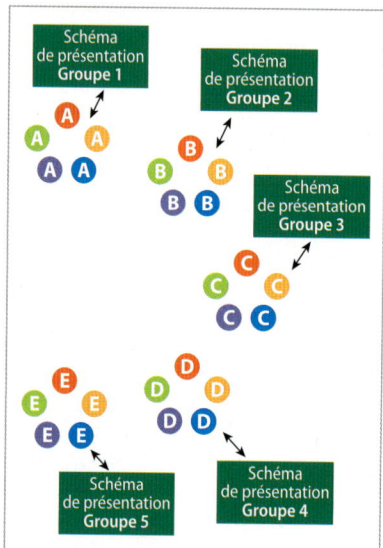

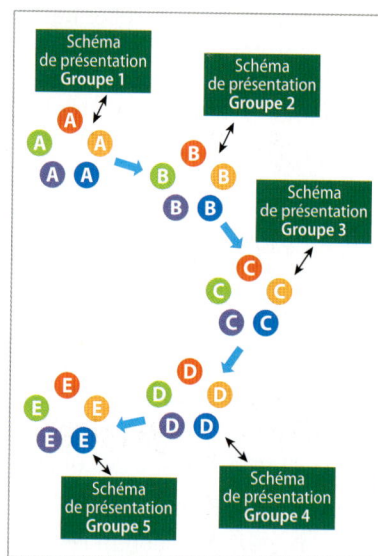

1 Les élèves travaillent en groupe à la présentation commune d'un sujet (carte mentale, affiche…). Pendant ce temps, le professeur distribue à chaque élève sa lettre (de A à E sur le schéma). Le visuel élaboré en commun reste sur la table ou est affiché au mur.

2 Le professeur regroupe devant un visuel tous ceux qui ont la même lettre.
Il donne un temps imparti (3-4 minutes). L'élève qui a participé à l'élaboration de ce visuel fait la présentation.

3 À l'issue du temps imparti, les groupes changent de table (ou de mur) dans le sens des aiguilles d'une montre. On recommence jusqu'à ce que tous les groupes aient consulté toutes les productions et que tous les élèves aient fait une présentation.

Astuces et points de vigilance

- Si vous n'avez pas l'effectif pour le dispositif, vous devez ajouter (et non enlever) 1 participant à un ou plusieurs groupes. Lors de la présentation, 2 élèves du même groupe se partageront la présentation. Dans ce cas, ces 2 élèves d'un même groupe reçoivent la même lettre (chiffre ou couleur). Par exemple : 17 élèves : 3 groupes de 4 + 1 groupe de 5
20 élèves : 4 groupes de 5 élèves

- Afin de ne pas perdre de temps, il est préférable que les élèves restent debout autour du visuel.

- Espacez bien les visuels pour que les groupes ne se gênent pas et circulent facilement. Vous pouvez également utiliser les murs du couloir si votre salle est trop exiguë.

KOOPERATIV ANS ZIEL

11 MINDMAP
Carte mentale
→ p. 45, 55, 99

Objectifs
- Élaborer en groupe un support de présentation et de révision.
- Synthétiser sur un schéma clair ses idées.

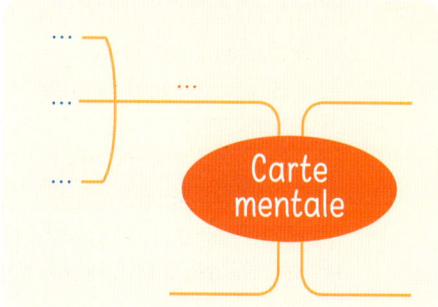

Organisation

1. Placer au centre le thème.
2. Placer les branches principales qui correspondent par exemple aux questions d'une consigne.
3. Placer les branches secondaires avec les informations et réponses (mots-clés, groupes infinitifs, phrases difficiles).

Astuces et points de vigilance

- Une carte mentale est rarement satisfaisante au premier jet, il faut toujours prévoir un brouillon.
- Utilisez des couleurs et des tailles de lettres différentes pour différencier les branches principales des branches secondaires, cela facilitera la présentation.

12 TISCHSET
Set de table
→ p. 73, 127, 141

Objectifs
- Faire un brainstorming sur une question vue en cours.
- Faire le bilan d'une séquence (lexique, structures).

Organisation

- Le professeur crée des groupes de 3 ou 4.
- Il distribue une feuille A3 (le set de table) avec en tête la consigne, une case centrale et autour autant de cases que de membres.

1. Les élèves remplissent leur case à tour de rôle avec leurs idées sur la question. À chaque tour, on peut voir les réponses des autres.
2. Chaque élève expose et explique ce qu'il a écrit. Les idées, mots-clés qui synthétisent sont notés par le groupe dans la case commune.
3. Un élève par groupe sera désigné par le professeur pour présenter la case commune aux autres.

Exemples de sets :

Pour 3 élèves

Pour 4 élèves

Astuces et points de vigilance

- La tâche ne doit pas être trop fermée afin d'apporter une diversité de réponses.
- Il peut arriver qu'un groupe ne joue pas le jeu, ne remplisse pas la case commune ou la remplisse d'absurdités. Le résultat étant montré à tous, on peut désamorcer la situation en amenant le groupe à justifier ses réponses (ou non réponses) et les autres élèves à commenter. Il est fort peu probable que cela se reproduise.

„ Der kürzeste Weg zu sich selbst führt rund um die Welt. "
H. Graf Keyserling

„ Die größte Sehenswürdigkeit, die es gibt, ist die Welt. Sieh sie dir an. "
Kurt Tucholsky

„ Die beste Bildung findet ein gescheiter Mensch auf Reisen. "
Goethe

Kapitel 1 — IDENTITÉS ET ÉCHANGES

Auf … und davon!

> ### Warum ist es wichtig, mobil zu sein?

- Raconter ses plus belles vacances. (p. 28)
- Participer à un échange et justifier. (p. 30)
- Raconter au passé. (p. 29)
- Situer dans l'espace. (p. 30)

Projekt

 Raconter un échange. (p. 35)

BAC ÉPREUVES COMMUNES EN COURS D'ANNÉE

Épreuve 1
- Mein Austausch in Frankreich (p. 36)
- **Stratégie** : Anticiper les informations (p. 36)
- **Stratégies** : Rédiger un compte rendu de voyage – Relater une expérience (p. 36)

Épreuve 2
- Freiwilligenarbeit auf der Öko-Lodge – Ein Bericht aus Costa Rica, www.freiwilligenarbeit.de (p. 37)
- **Stratégie** : Structurer son compte rendu à l'aide des questions (p. 37)
- **Stratégies** : Illustrez vos propos avec des exemples pertinents – Expliquer un choix (p. 38)

Épreuve 3
- **Stratégie** : Cerner et annoncer le sujet (p. 39)
- **Stratégie** : Formuler ses réponses (p. 39)

SPRACHBOX

- das Zitat (-e) *la citation*
- die Sehenswürdigkeit (-en) *le site touristique*
- der Ort (-e) *le lieu*
- die Bildung *la formation, la culture*
- gescheit = intelligent
- „Reisen bildet."
  « Les voyages forment la jeunesse. »

→ p. 32

 Auf Reisen

A2 ① Schauen Sie sich die Fotos an und assoziieren Sie sie mit dem passenden Ort: Bern in der Schweiz – Berchtesgaden in Süddeutschland – Sylt in Norddeutschland – Wien in Österreich.

A2-B1 ② Lesen Sie die Zitate. Welches gefällt Ihnen am besten?

③ Erfinden Sie nun ein Sprichwort zum Thema Reisen.

Projekt

Seine schönsten Ferien erzählen

Unterwegs in den DACH-Ländern

▶ Reisen und Spaß haben!

A2

1. Lesen Sie die Texte und hören Sie sich die Interviews an. Machen Sie sich Notizen zu den Namen, Wohnorten und Aktivitäten der Jugendlichen.
2. Schauen Sie sich die Karte an. Wo befinden sich die Ferienorte?
3. Präsentieren Sie dann zwei Jugendliche Ihrer Wahl.

Hi, ich bin Maximilian und komme aus Salzburg. Letzten Frühling habe ich eine Klassenfahrt nach Deutschland gemacht. Ich war schon mehrmals in Süddeutschland, aber dieses Mal war es mein erstes Mal in Norddeutschland. Wir haben in einer Jugendherberge in der Hafencity gewohnt. Natürlich haben wir die ganze Stadt besichtigt. Wir haben den Jungfernstieg, den Fischmarkt und ein Konzert in der neuen Elbphilharmonie gesehen. Wir sind auch mit dem Schiff auf der Elbe gefahren. Das war super!

Ich heiße Maja und wohne in Dortmund. Wir sind eine sehr sportliche Familie und fahren jeden Winter in die bayerischen Alpen. Wir wohnen bei meinem Onkel. Ich fahre Ski, aber meine drei Brüder fahren seit mehreren Jahren Snowboard! Jedes Jahr machen wir im Sommer auch einen Ausflug zur Zugspitze zum Wandern. Die Aussicht[1] ist wunderschön. Dort kennen wir ein kleines traditionelles Restaurant, wo wir bayerische Spezialitäten essen.

[1]. die Aussicht *la vue panoramique*

IDENTITÉS ET ÉCHANGES

> **SPRACH BOX**

Das kann man alles in den Ferien machen!
- in einer Jugendherberge übernachten
  passer la nuit dans une auberge de jeunesse
- einen Ausflug machen *faire une excursion*
- eine Stadt / ein Museum /
  eine Burg besichtigen
  *visiter une ville / un musée /
  un château fort*
- segeln *faire de la voile*
- Ski fahren* *faire du ski*
- am Strand sein *être à la plage*
- chillen *se détendre, se relaxer*

im Norden
im Westen   im Osten
im Süden

→ p. 32

> **SPRACH BOX**

Raconter au passé

Le prétérit des auxiliaires et des modaux
- Wo **warst** du in den Ferien? – Ich **war** in Wien / in Süddeutschland / auf Rügen.
- Wir **hatten** Glück mit dem Wetter.
- Wir **konnten** baden.

Le parfait
- Was **hast** du dort **ge**mach**t**?
- Wir **haben** die Stadt Øbesichtig**t**.
- Sie **hat** mit ihrer Gastfamilie Øtelefonier**t**.
- Ich **bin** nach Norddeutschland **ge**fahr**en**.
- Meine Cousins **sind** ins Museum mit**ge**komm**en**.

→ p. 34

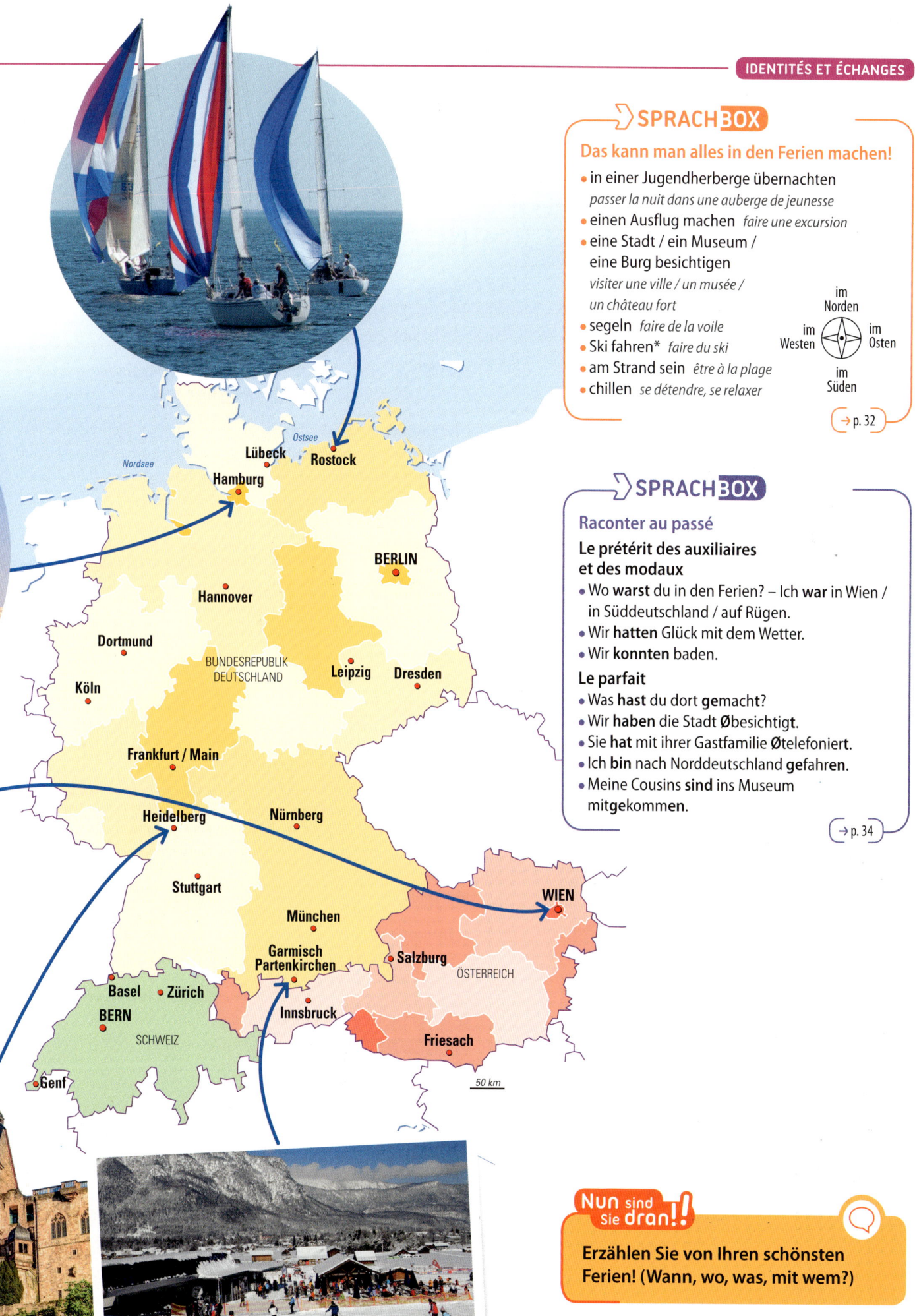

Nun sind Sie dran!!

Erzählen Sie von Ihren schönsten Ferien! (Wann, wo, was, mit wem?)

1 **2** Projekt

An einem Austauschprogramm teilnehmen

Bildungsreisen

Johann Heinrich Wilhelm Tischbein, *Goethe am Fenster*, 1787, Zeichnung

A Die Bildungsreise

A2 **1** Lesen Sie den Text und definieren Sie mit Ihren eigenen Worten die Bildungsreise (wann, für wen, was?).

B1 **2** „Reisen bildet." Wie stehen Sie dazu? Was kann man alles lernen, wenn man reist?

Die Bildungsreise ist die Frühform der modernen Studienreise. Schon im 17. Jahrhundert machen sich junge Aristokraten oder Studenten auf die Reise – oft aus Nordeuropa in Richtung Südeuropa. Sie interessieren sich für das Leben der Südeuropäer und die Kultur der Antike. Besonders berühmt ist die Bildungsreise von Johann Wolfgang von Goethe, die er 1786 macht. 1816-1817 veröffentlicht[1] er seine *Italienische Reise*, die zu den klassischen Bildungsreisen der Weltliteratur zählt. Das Aquarell von Tischbein zeigt Goethe in einer römischen Wohnung während seiner Bildungsreise.

Nach www.bildungsreise.org/bildungsreisen.html

1. etw. veröffentlichen *publier qc*

Wenn Sie ein paar Monate in Deutschland in die Schule gehen wollen, dann machen Sie einen **Brigitte Sauzay**- oder **Voltaire-Austausch**. Sie verbringen 3 oder 6 Monate an einem deutschen Gymnasium und Ihr Austauschpartner / Ihre Austauschpartnerin kommt dann ebenfalls 3 oder 6 Monate zu Ihnen. Sie wohnen bei Ihrer Gastfamilie, nehmen an allen Aktivitäten und Ausflügen teil und erleben es, ein deutscher Schüler / eine deutsche Schülerin zu sein!

MEHR INFOS AUF https://bit.ly/2HGaUsG und https://bit.ly/2Ho32Zt

Sie können für eine kürzere Zeit einen Austausch mit einem deutschen Austauschpartner bzw. mit einer deutschen Austauschpartnerin machen. Auf der Webseite des Deutsch-französischen Jugendwerks finden Sie Annoncen von deutschen Schülern, die einen französischen Partner suchen. Sie können auch eine Annonce aufgeben.

MEHR INFOS AUF www.dfjw.org/kleinanzeigen.html

SPRACH**BOX**

Situer dans l'espace

→ • Ich bin <u>nach Deutschland</u> gefahren.
• Wir sind <u>nach Berlin</u> geflogen.

📍 • Er hat seinen Austausch <u>in Österreich</u> gemacht.
• Die Schülerin war zuerst <u>in Bern</u>. Dann hat sie die Ferien <u>auf der Insel Rügen</u> verbracht.

❗ Wir fahren mit der Klasse <u>in die Türkei</u>. Letztes Jahr war ich <u>in der Schweiz</u>.

→ p. 34

IDENTITÉS ET ÉCHANGES

B Mein Austausch im Ausland

 A2-B1 **1** PARTNER **A** hört sich das Interview an. PARTNER **B** liest den Text.
Beide bearbeiten folgende Aspekte:
- positive und negative Erfahrungen,
- das Erstaunliche in einem fremden Land,
- was der Aufenthalt im Ausland den beiden Jugendlichen gebracht hat.

2 Beide Partner tauschen ihre Informationen aus und schreiben damit einen kurzen Beitrag für die Schülerzeitung der deutschen Partnerschule. Titel des Beitrags: „Gründe für einen Schüleraustausch."

jn duzen *tutoyer qn*

Wie war deine Beziehung zu deiner Gastfamilie? Hattest du Heimweh?
In der Familie habe ich mich sehr gut integriert gefühlt. Die Eltern hatten immer ein offenes Ohr für mich. Mit meiner Austauschschülerin gab es hin und wieder ein paar kleine Zickereien[1] aber nichts Gravierendes.
5 Das war auch verständlich, da wir sehr viel miteinander gemacht haben. Da die Familie so liebevoll war, hatte ich kein starkes Heimweh. Abgesehen von Weihnachten. Es war das erste Mal, dass ich Weihnachten getrennt von meiner Familie gefeiert habe. Das fiel mir sehr schwer. […]

Was hat dir am meisten an Frankreich gefallen?
10 Die Beignets au Chocolat. […] Außerdem die Reise mit der ganzen Familie durch den Norden Frankreichs entlang der Küste. Es war wirklich beeindruckend und eine schöne Zeit. […]

Was ist deine bedeutsamste Erinnerung an Frankreich?
In der Schule war es ein bisschen wie im Gefängnis[2]. Wir hatten ein
15 Heftchen, welches wir vorzeigen mussten, um die Schule zu verlassen. Das war sehr fremd für mich. Außerdem ging der Unterricht teilweise bis 18 Uhr und danach musste meine „Corres" noch Hausaufgaben machen. […]

Gibt es noch Erinnerungen, die du gern teilen würdest?
20 Der erste Kontakt mit dem Bruder meiner „Corres". Ich war durch und durch deutsch. Ich reichte ihm die Hand, anstatt die „Bise" zu machen. […]

Was hat dir das Voltaire-Programm gebracht?
Das Voltaire-Programm hat mir den Weg zum Erwachsenwerden gezeigt.
25 Während dieser Zeit habe ich gelernt, selbstständiger zu sein. Du bist das erste Mal für lange Zeit von deiner Familie getrennt und ganz auf dich allein gestellt. Du musst deinen eigenen Weg in einem fremden Land finden. […]

Ein Ratschlag für die zukünftigen Teilnehmer des Voltaire-
30 **Programms?**
Einfach offen sein und keine Angst haben. Es sind wichtige Erfahrungen, die du im Ausland sammeln wirst. […]

programmevoltaire.wordpress.com
Luzia (Berlin, Austausch in Arras)

1. die Zickerei (-en) *la chicanerie* 2. das Gefängnis *la prison*

SPRACHBOX

Auslandsaufenthalt
- der Aufenthalt (-e) *le séjour*
- der/die Austauschpartner/in *le/la correspondant/e*
- die Gastfamilie *la famille d'accueil*
- ins Ausland gehen* ≠ im Ausland sein *partir à l'étranger ≠ être à l'étranger*
- etw. erfahren* *expérimenter qc*
- jn / etw. kennen/lernen *découvrir qn / qc*

positive und negative Erfahrungen machen

+ auf sich allein gestellt sein *ne compter que sur soi-même*
- das Erwachsenwerden *le fait de devenir adulte*
- selbstständig werden* *devenir autonome*
- keine Angst haben *ne pas avoir peur*
- gefallen* *plaire*
- unabhängig *indépendant*
- eine Fremdsprache besser sprechen* = verbessern *mieux parler = améliorer une langue étrangère*
- offen *ouvert*
- jn an/sprechen* *adresser la parole à qn

− Heimweh haben *avoir le mal du pays*
- fremd, erstaunlich sein *être étranger, surprenant*
- Angst haben *avoir peur*
- von seiner Familie getrennt sein *être séparé de sa famille*

→ p. 32

Erklären Sie die Vorteile des Voltaire-Programms.

TRAINING

WORTSCHATZ

Auf ... und davon!

reisen

A2
- reisen; die Reise (-n) *voyager ; le voyage*
- in ein anderes Land fahren*
  aller dans un autre pays
- ein Land, eine Stadt besuchen
  visiter un pays, une ville
- seine Ferien in … verbringen*
  passer ses vacances à / en…

A2-B1
- sich in … auf/halten*; der Aufenthalt (-e)
  séjourner à… ; le séjour
- die Sehenswürdigkeit (-en) *le site touristique*
- die Welt entdecken *découvrir le monde*
- sich bilden; die Bildung
  se former ; la formation
- „Reisen bildet." « *Les voyages forment la jeunesse.* »

positive und negative Erfahrungen

A2-B1
- auf sich allein gestellt sein *ne compter que sur soi-même*
- das Erwachsenwerden *le fait de devenir adulte*
- selbstständig werden* *devenir autonome*
- keine Angst haben *ne pas avoir peur*

+
- gefallen* *plaire*
- unabhängig *indépendant*
- eine Fremdsprache besser sprechen* = verbessern
  mieux parler = améliorer une langue étrangère
- offen *ouvert*
- jn an/sprechen* *adresser la parole à qn*

–
- Heimweh haben *avoir le mal du pays*
- fremd, erstaunlich sein *être étranger, surprenant*
- Angst haben *avoir peur*
- von seiner Familie getrennt sein
  être séparé de sa famille

Aktivitäten

A2
- in der Stadt, am Meer, in den Bergen, auf dem Land sein *être en ville, à la mer, à la montagne, à la campagne*
- eine Stadt, ein Museum besichtigen
  visiter une ville, un musée
- shoppen *faire du shopping*
- reiten* *faire de l'équitation*

A2-B1
- einen Ausflug machen *faire une excursion*
- in einer Jugendherberge übernachten
  passer la nuit dans une auberge de jeunesse
- die Unterkunft *l'hébergement*
- segeln *faire de la voile*
- Ski fahren* *faire du ski*
- spazieren gehen* *se promener*
- das Ferienlager *le camp de vacances*
- am Strand sein *être à la plage*
- chillen *se détendre, se relaxer*

Austausch

A2
- der/die Austauschpartner/in *le/la correspondant/e*
- die Gastfamilie *la famille d'accueil*
- ins Ausland gehen* ≠ im Ausland sein
  partir à l'étranger ≠ être à l'étranger
- etw. erfahren* *expérimenter qc*
- jn / etw. kennen/lernen *découvrir qn / qc*

A2-B1
- eine Auslandserfahrung machen *faire une expérience à l'étranger*
- auf eine andere Kultur zu/gehen* *s'ouvrir à une autre culture*

Comprendre les consignes

- Wie stehen Sie dazu?
  Quelle est votre opinion à ce sujet ?
- Bearbeiten Sie folgende Aspekte …
  Traitez les aspects suivants…

ÜBUNGEN

1 Trouvez l'intrus.
a. die Sehenswürdigkeiten entdecken – ins Bett gehen – ein Museum besichtigen – ins Konzert gehen
b. lesen – die Gastfamilie treffen – neue Freunde finden – seine Sprachkenntnisse verbessern
c. die Jugendherberge – das Stadion – das Hotel – die Gastfamilie
d. segeln – baden – wandern – chillen
e. sich geborgen fühlen – selbstständig werden – erwachsen werden – Heimweh haben

2 Complétez les phrases avec les éléments suivants.
Ausflug – Ausland – Ferien – Gastfamilie – Jugendherberge – Sehenswürdigkeit – Welt
a. Er verbringt seine … an der Nordsee.
b. Der Eiffelturm ist die wichtigste … in Paris.
c. Ich mache einen Brigitte-Sauzay-Austausch und treffe heute meine deutsche … .
d. Heute Nachmittag machen wir einen … in den Schwarzwald.
e. Wir übernachten in einer … in der Innenstadt.
f. Ich will reisen, um die … zu entdecken.
g. Der junge Student möchte ein Jahr ins … gehen.

3 Associez chaque item à son contraire.

sich geborgen fühlen • • reisen
glücklich / froh sein • • fremd sein
integriert sein • • Heimweh haben
zu Hause bleiben • • Angst haben
sein Land nicht vermissen • • traurig sein

4 Retrouvez les mots composés.

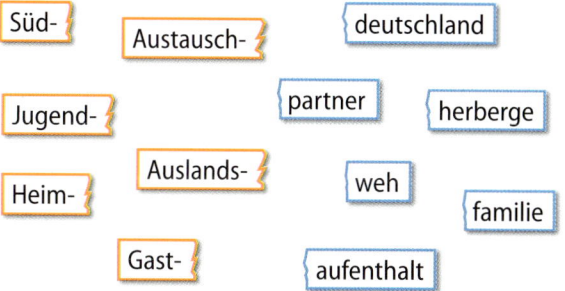

5 Pour s'exprimer, il est souvent utile de savoir reformuler son propos. Associez les éléments de sens équivalent.

ich chille • • ich besuche …
ich besichtige … • • ich tue nichts
das fehlt mir • • ich entdecke …
ich lerne … kennen • • ich vermisse das

Extra

6 [B1] Was ist Ihr absolutes Traumreiseziel? In welches Land würden Sie am liebsten reisen oder in welchem Land, in welcher Region würden Sie am liebsten Ihre nächsten Ferien verbringen?

WORTBILDUNG

Les adjectifs dérivés de noms géographiques

Les adjectifs dérivés de noms géographiques de villes se forment en ajoutant le suffixe *-er*. L'adjectif porte une majuscule et il est invariable.
→ *die Wiener Innenstadt*
→ *der Heidelberger Markt*

ÜBUNG

Formez des adjectifs avec les noms de villes suivants.
a. die U-Bahn von New York → …
b. der Zoo von Wien → …
c. der Rote Platz von Moskau → …
d. der Hafen von Hamburg → …
e. das Rathaus von München → …
f. das Schloss von Salzburg → …
g. das Nationalmuseum von Bern → …
h. das Stadion von Dortmund → …
i. der Louvre von Paris → …
j. die Museumsinsel von Berlin → …

TRAINING
GRAMMATIK

LERNTEMPODUETT → p. 19

❯ Raconter un événement passé → p. 29 → PRÉCIS p. 209, 211

- Avec le prétérit pour les auxiliaires et les verbes de modalité.
  Ich war / hatte / konnte / wollte …
- Avec le parfait (équivalent du passé composé) pour les autres verbes : auxiliaire **haben** ou **sein** et participe passé en dernière position.
  Ich habe die Sprache gelernt.   Du hast neue Freunde gefunden.   Er ist in die Stadt gefahren.
- ❗ Les verbes à préverbe inséparable et d'origine étrangère en *-ieren* ne prennent pas *ge-*.
  Sie hat das Land besucht / entdeckt.

1 Sonja a passé ses vacances en Autriche. Identifiez les verbes au passé et donnez le verbe à l'infinitif.

Ich war letzten Herbst bei meiner Cousine in Salzburg. Wir haben die Innenstadt und das Schloss Leopoldskron besichtigt. Wir waren in Mozarts Geburtshaus und natürlich haben wir auch die Salzburger Marionetten gesehen. Nachmittags haben wir ein bisschen geshoppt. Wir haben im Café Apfelstrudel gegessen und sind abends öfters noch etwas trinken gegangen. Ich wollte auch unbedingt die Festung Hohensalzburg bewundern. Es waren sehr lustige Tage und wir hatten viel Spaß!

2 Réécrivez le témoignage de Sven en utilisant les temps du passé.

Ich bin in Deutschland und besuche eine Segelschule in Stralsund an der Ostsee. Wir übernachten in einer Jugendherberge und gehen jeden Morgen ans Meer. Am Nachmittag besichtigen wir die Innenstadt oder machen Sport: Wir spielen Wasserball im Hallenbad oder wir können durch die Dünen reiten. Abends grillen wir am Strand oder essen eine Kleinigkeit in der Stadt. Am Freitag fahren wir mit dem Schiff nach Rügen. Das ist mein erster Aufenthalt auf einer deutschen Insel.

❯ Situer dans l'espace → p. 30 → PRÉCIS p. 217

- En allemand, il est très important de distinguer le lieu où l'on est du lieu où l'on va. Selon le contexte, les interrogatifs et les prépositions diffèrent.

	WO warst du?	**WOHIN** bist du gegangen / gefahren?
ville, pays sans article	**in** Deutschland, **in** Genf, **auf** Martinique*	**nach** Deutschland, **nach** Genf, **nach** Martinique
lieu avec article	**in den** Bergen, **in der** Schweiz, **am** Meer, **am** Atlantik, **auf dem** Land	**in die** Berge, **in die** Schweiz, **ans** Meer, **an den** Atlantik, **aufs** Land
chez soi	**zu** Hause	**nach** Hause
	BEI WEM bleibst du?	**ZU WEM** gehst du?
personne	**bei** mein**em** Austauschpartner, **bei** mein**er** Großmutter, **bei** mein**en** Freund**en**	**zu** mein**em** Austauschpartner, **zu** mein**er** Großmutter, **zu** mein**en** Freund**en**

❗ *On utilise *auf* quand on est sur une île (*Korsika, Rügen* …).

3 Complétez les phrases avec la préposition qui convient (*nach, in, an, auf, zu* ou *bei*) et ajoutez les terminaisons qui conviennent.
a. Ich wohne … d… Türkei. b. Leonie ist … Meer gefahren. c. Wir haben … dein… Austauschpartnerin gewohnt. d. Meine Eltern machen gern Urlaub … d… Berge… . e. Anton fährt … sein… Onkel … München.

4 Posez des questions sur les éléments soulignés.
a. Meine Schwester fährt für ein Jahr <u>nach Wien</u>.
b. Im Sommer warst du <u>an der Nordsee</u>.
c. Er wohnt <u>bei seinem Austauschpartner</u>.
d. Wir fliegen <u>in die Schweiz</u>.
e. In einem Monat fährt sie <u>zu ihrem Austauschpartner</u>.

1 2 Projekt

Auslandserfahrung auf Réunion

IDENTITÉS ET ÉCHANGES

A2-B1

- Sie hören sich den Bericht einer deutschen Schülerin an, die einen Voltaire-Austausch in Saint-Denis auf Réunion gemacht hat.
- Sie schreiben nun eine E-Mail an Ihren deutschen Freund, in der Sie von diesem Bericht erzählen.
- Sie erklären Ihrem Freund ebenfalls, warum Sie gern / nicht gern an einem Voltaire-Austausch teilnehmen würden.

An:
Betreff:

Lieber Anton,

ich hoffe es geht dir gut!
Heute haben wir im Unterricht einen Bericht gehört, in dem eine deutsche Schülerin, Katrina, von ihrem Voltaire-Austausch erzählt hat. Kennst du dieses Programm? Katrina war 6 Monate in Saint-Denis, der Haupstadt der Insel Réunion …

Stratégies

▷ **Écrire un e-mail**

- **Forme**
  – Indiquez le destinataire (*an*).
  – Ajoutez un objet (*der Betreff*).
  – Débutez et terminez votre e-mail par les formules de salutations adaptées : ici vous devez écrire à un ami !

- **Contenu**
  – Vous devez dans un premier temps présenter à votre ami/e l'expérience de Katrina à la Réunion. Il s'agit donc de rédiger un récit de voyage au passé. Attention au changement de perspective !
  – Dans une seconde partie, vous expliquerez pourquoi vous aimeriez ou non participer à un échange de longue durée en Allemagne :

  → Expliquez dans quelle ville / région vous aimeriez aller ou pourquoi vous ne voulez pas quitter votre maison / vos amis / votre ville.
  → Pensez aux expériences à faire (dans la famille allemande, au *Gymnasium*, avec les amis, dans la nouvelle ville…), aux compétences que cela développe (améliorer son allemand, s'ouvrir à l'autre, acquérir davantage de maturité…) et aux sentiments que cela peut faire naître (inquiétude, mal du pays, liberté, responsabilité, confiance en soi…).
  – N'oubliez pas d'utiliser le subjonctif II pour exprimer un souhait et de justifier vos choix.

Fit für das Baccalauréat

Épreuve 1 — 2ᵉ trimestre de Première

Compréhension de l'oral

Mein Austausch in Frankreich

- Hören Sie sich die Tonaufnahme dreimal an. Sie haben zwischen jedem Anhören eine Minute Zeit, um sich Notizen zu machen. Berichten Sie schriftlich auf Französisch über das Hördokument.

Schnecken und Muscheln *des escargots et des moules*

Stratégies

▷ **Anticiper les informations**
Après une première écoute, vous aurez compris qu'il s'agit d'un échange individuel de longue durée. Préparez une grille d'écoute pour les deux phases de l'échange :
– la venue de l'élève française en Allemagne,
– le séjour en France de l'élève allemande.

Expression écrite — Choisissez l'un des deux sujets.

1. Der Chefredakteur der Schülerzeitung Ihrer Austauschschule in München hat Sie gebeten, Ihren Austausch mit einem Artikel zu dokumentieren. Verfassen Sie nun den Artikel in der Vergangenheit[1]. Die entsprechenden Informationen können Sie diesem Programm entnehmen.

   1. in der Vergangenheit *au passé*

SONNTAG, den 27. 09	• 9 Uhr 30 - Anreise der französischen Austauschschüler
	• 10 Uhr - 11 Uhr 30 - gemeinsames Frühstück
	• Nachmittag in den Gastfamilien
MONTAG, den 28. 09	• 10 Uhr - Besuch des BMW Museums
	• 12 Uhr - 13 Uhr 30 - Picknick im Olympiapark
	• 14 Uhr - Münchner Innenstadt, Rathaus, Englischer Garten
DIENSTAG, den 29. 09	• 8 Uhr - Schultag im Luisengymnasium
MITTWOCH, den 30. 09	• 10 Uhr - Besichtigung der Gedenkstätte Dachau
	• 17 Uhr - 21 Uhr - Abschiedsessen im Hofbräuhaus
	• 21 Uhr - Abfahrt der Franzosen mit dem Bus

Stratégies

▷ **Rédiger un compte rendu de voyage**

- **Indiquer les dates et les horaires**
  – Pour indiquer une date, un jour ou un moment de la journée, on utilise *am*.
  – Pour indiquer un horaire, on utilise *um*.

- **Faire un récit au passé**
  – Pour relater votre voyage, utilisez le prétérit et le parfait. (→ Précis, pp. 209-212)
  → *Wir sind nach München gefahren.*
  → *Es war eine tolle Erfahrung!*

2. Berichten Sie von Ferien oder einem Aufenthalt an einem Ort, der Sie mit einer anderen Umgebung, einer anderen Lebensweise oder einer anderen Mentalität konfrontiert hat. Verfassen Sie einen narrativen Text in der Ich-Form, in dem Sie die folgenden Aspekte bearbeiten: Wo waren Sie? Wann? Mit wem? Wieso? Inwiefern mussten Sie sich anpassen? Was hat es Ihnen gebracht?

Stratégies

▷ **Relater une expérience**

- **Exprimer une réaction**
– *Ich war zuerst erstaunt, verwirrt …*
  D'abord j'étais étonné(e), perturbé(e)…
– *Ich wusste nicht, wie ich mich verhalten sollte …*
  Je ne savais pas comment me comporter…

– *Dann habe ich mich allmählich an ihre Lebensart gewöhnt.* Puis je me suis habitué(e) peu à peu à leur mode de vie.
– *Ich konnte mich nicht an ihre Lebensweise gewöhnen. Ich war nur froh, als diese Ferien zu Ende waren.*
  Je n'ai pas pu m'habituer à leur mode de vie. J'étais vraiment content(e) lorsque ces vacances ont pris fin.

Épreuve 2 — 3ᵉ trimestre de Première

IDENTITÉS ET ÉCHANGES

Compréhension de l'écrit

● Lesen Sie Andys Bericht aus Costa Rica und fassen Sie seine Erfahrungen zusammen.

Freiwilligenarbeit auf einer Öko-Lodge – Ein Bericht aus Costa Rica

Andy S. flog für knapp vier Monate in das Land mit der weltweit größten Artenvielfalt[1]: Costa Rica. Dort arbeitete er als Volontär in einer Öko-Lodge[2] mitten im Urwald[3] und hat spannende Erfahrungen gesammelt …

Andy, warum hast du diese Reise genau zu dem Zeitpunkt gemacht?

ANDY: Ich war von Juni bis Mitte September in Costa Rica, da ich mich in diesem Zeitraum zwischen Abi und Studium befand. Direkt nach dem Abi flog ich auch schon als Volontär nach Südafrika und arbeitete im Anschluss erst einmal ein halbes Jahr. Bis das geplante Studium losging, hatte ich immer noch ein wenig Zeit und Geld übrig, so dass ich noch einen weiteren Auslandsaufenthalt ins Auge fasste. Irgendwann hab ich dann nur noch meine Uni-Bewerbungen losgeschickt und auf ging's!

Hast du dir deinen Aufenthalt selbst organisiert oder warst du mit einer Organisation unterwegs?

ANDY: Nachdem ich meine Freiwilligenarbeit in Südafrika über eine Agentur buchte, plante ich dieses Projekt selbst. Ich organisierte und finanzierte die Reise alleine. Das war echt gut. An das Projekt kam ich aber auch nur über mehrere familiäre Ecken[4]. Das heißt, dem Halbbruder meiner Großtante und dessen Sohn gehört die Öko-Lodge, in der ich aushalf.

Wie lange im Vorfeld hast du dich auf diese Reise vorbereitet? War das so passend?

ANDY: Konkret hab ich einen Monat vorher mit der Planung begonnen. Den Flug hab ich sogar nur zwei Wochen vorher gebucht. Das Ganze war relativ spontan. Wobei, wenn man es genau nimmt, hab ich ein halbes Jahr – nämlich mit dem Arbeiten zur Finanzierung – vorher angefangen.

Warum hast du dich gerade für dieses Land bzw. dieses Projekt entschieden?

ANDY: Das Ganze lief ja über Kontakte und war daher ein super Zufall[5]. Aber abgesehen davon ist Costa Rica ein traumhaftes Land.

Welche Tipps würdest du anderen geben, die Ähnliches vorhaben?

ANDY: Man darf keine Angst haben. Oder man darf sie schon haben, aber muss mit ihr umgehen[6] lernen.

Und unsere abschließende Frage: Was nimmst du von deiner Reise für die Zukunft mit?

ANDY: Spanisch! Und meine Liebe zur Natur. Das Leben im Regenwald kann man sich auch kaum vorstellen. Aber was noch viel wichtiger für mich ist, sind die Menschen. Obwohl sie nicht viel (Materielles) haben, sind sie alle so glücklich. Das hat mich fasziniert. Und diese Gastfreundschaft! Am Ende meines Projekts haben sie ein großes gemeinsames Abschiedsessen für mich organisiert. Und sowieso wurde ich überall hin eingeladen. Ich durfte zu fast jedem mit in die Familie. Das war echt schön.

Nach www.freiwilligenarbeit.de, ein Projekt der INITIATIVE Auslandszeit

---

1. die Artenvielfalt *la biodiversité* **2.** die Lodge *le gîte* **3.** der Urwald = *ici*, der Regenwald *la forêt vierge* **4.** über mehrere familiäre Ecken *ici, grâce à plusieurs membres de la famille* **5.** der Zufall *le hasard* **6.** mit etw. um/gehen* *savoir s'y prendre avec qc*

Stratégies

▷ **Structurer son compte rendu à l'aide des questions**
- Regroupez les questions posées :
  – les raisons de son séjour au Costa Rica,
  – la préparation,
  – les expériences sur place (positives et négatives).

● Votre compte rendu ne sera pas nécessairement chronologique et ne suivra pas forcément le fil de l'interview. Au contraire, mieux vaut rédiger un compte rendu thématique.

Fit für das Baccalauréat

Épreuve 2 (suite)

Expression écrite — Choisissez l'un des deux sujets.

1. Inwiefern sind Reisen oder Auslandserfahrungen die beste Bildung für die Jugend? Verfassen Sie ein Essay, in dem Sie diese Aussage bearbeiten und konkrete Beispiele aus dem Unterricht, aber auch aus Ihrer persönlichen Erfahrung oder aus persönlichen Lektüren einflechten.

Stratégies

▷ **Illustrer ses propos par des exemples pertinents**

- **Les expériences personnelles**
  - Pensez à vos voyages en famille, les voyages scolaires, les voyages linguistiques :
    → Während meiner Ferien in Marokko habe ich die Moschee Hassan II. in Casablanca besichtigt und vieles über die marokkanischen Traditionen gelernt.
    → Ich habe mit meiner Klasse letztes Jahr das Konzentrationslager Buchenwald besichtigt. Er was sehr interessant, denn wir haben danach an einer Debatte mit einer anderen Klasse teilgenommen.
    → Während einer Sprachreise in London habe ich gelernt, Cricket zu spielen.

- **Les exemples tirés de livres ou de films**
  - Pensez notamment aux romans initiatiques ou d'aventures que vous avez lus ou aux films qui mettent en scène des jeunes partant à l'étranger.
  - N'oubliez pas de citer correctement une œuvre : soulignez le titre et indiquez l'auteur ou le réalisateur et/ou l'acteur. Soyez le plus précis possible afin que le lecteur comprenne la pertinence de votre exemple.

2. Auf der Internetseite des Internationalen Jugendfreiwilligendienstes (IJFD) entdecken Sie folgende Informationen. Lesen Sie sie und schreiben Sie Ihrem deutschen Austauschpartner / Ihrer deutschen Austauschpartnerin eine E-Mail, in der Sie ihm / ihr vom IJFD erzählen und erklären, warum Sie gern einen Freiwilligendienst im Ausland absolvieren würden, oder nicht.

Darum geht es beim IJFD
Der Schwerpunkt liegt auf dem interkulturellen Austausch. Freiwillige unterstützen gemeinnützige[1] Organisationen und sammeln Erfahrungen persönlicher, sozialer und gesellschaftspolitischer Art.

Tätigkeitsbereiche
Es handelt sich um soziale Projekte, also um die Arbeit mit Menschen, die in irgendeiner Form Hilfe oder Unterstützung brauchen. Das können Kinder oder Jugendliche sein, arme, kranke oder alte Menschen sowie Menschen mit Behinderung[2]. Ein weiterer Tätigkeitsbereich ist der ökologische, der sich um den Umwelt- und Naturschutz sowie die Nachhaltigkeit kümmert.

Länder
Der IJFD kann in jedem Land weltweit stattfinden.

Dauer und Alter
Die Dauer beträgt mindestens 6 und maximal 18 Monate, wobei 12 Monate die Regel sind. Teilnehmer sind zwischen 16 und 26 Jahren.

www.freiwilligenarbeit.de

1. gemeinnützig *à but non lucratif, d'utilité publique*
2. die Behinderung *le handicap*

Stratégies

▷ **Expliquer un choix**
Pourquoi aimeriez-vous faire un service civil à l'étranger ? Dans quel pays ?
→ Utilisez l'expression du souhait (subjonctif II).
– Ich **würde gern** einen Freiwilligendienst auf Haiti machen, weil ich mich für Umweltschutz und soziale Hilfe interessiere.
– Ich **möchte** nach Südafrika fahren, denn ich **würde** später **gern** bei einer internationalen Organisation für Tierschutz und Meeresschutz arbeiten.
– Ich **könnte** mir vorstellen, einen Freiwilligendienst in Vietnam zu machen.

IDENTITÉS ET ÉCHANGES

Épreuve 3 ▶ 2ᵉ trimestre de Terminale

Zoom sur la partie orale

Expression orale

● Schauen Sie sich die folgenden Bilder an. Welches Bild illustriert Ihrer Meinung nach am besten das Thema Identität und Austausch und den Spruch „Reisen bildet"? Begründen Sie Ihre Meinung, indem Sie sich auf Elemente des Unterrichts beziehen und auch persönliche Beispiele anführen.

A

B

C

Johann Heinrich Wilhelm Tischbein, *Goethe in der Campagna*, 1787

Stratégies

▷ **Cerner et annoncer le sujet**

Vous débuterez votre exposé par une introduction qui présentera :

● **Le sujet**
– Heute können wir viel und einfacher reisen.
– Um die Welt zu entdecken und zu verstehen, ist es wichtig zu reisen.

● **La problématique**
Vous pouvez utiliser des interrogatives :
– Was heißt es eigentlich zu reisen?
– Inwiefern kann man sagen, dass Reisen bildet?
– Inwiefern sollte man reisen, um sich zu bilden?

● **Le plan**
– In einem ersten / zweiten Teil werde ich analysieren, inwiefern …
– Dann werde ich versuchen auf die Frage … zu antworten.

▷ **Formuler ses réponses**

● **Pour formuler vos réponses, prenez appui sur les questions qui vous seront posées**
– Wo haben Sie Ihren Austausch gemacht? → Ich habe meinen Austausch in … gemacht.
– Was hat Ihnen besonders gefallen? → … hat mir besonders gefallen.
– Welche positiven Erfahrungen haben Sie dort gemacht? → Eine positive Erfahrung war …

A DER SPIEGEL Nr. 15 7.4.2012

Was ist Heimat?
Eine Spurensuche in Deutschland

Auf der Zugspitze, Bayern

MIT SPIEGEL TV-DOKUMENTATION — DER LANGE WEG ZUR EINBÜRGERUNG

B DER SPIEGEL Nr. 15/7.4.12

Was ist Heimat?
Eine Spurensuche in Deutschland

Niederaschau, Bayern

C DER SPIEGEL

Was ist Heimat?
Eine Spurensuche in Deutschland

Prenzlauer Berg, Berlin

D DER SPIEGEL

Was ist Heimat?
Eine Spurensuche in Deutschland

Elbwiesen, Dresden

SPRACHBOX

so sieht Heimat aus
- die Landschaft *le paysage*
- der Ort (-e) *le lieu*
- die Geschichte, die Architektur, das Erbe
  l'Histoire, l'architecture, l'héritage
- die Tracht (-en) = die traditionelle Kleidung
- der Kiosk = der Imbiss = die Bude
  le snack-bar
- etw. dar/stellen *représenter qc*
- etw. symbolisieren *symboliser qc*
- etw. bedeuten *signifier qc*
- jm wichtig sein
  être important pour qn

→ p. 46

Kapitel 2

IDENTITÉS ET ÉCHANGES

Heim(at)weh?

> **Was und wo ist eigentlich unsere Heimat?**

- Rendre compte de l'attachement à son pays. (p. 42)
- Expliquer le terme *Heimat*. (p. 44)
- Le nominatif. (p. 43)
- L'expression de la cause. (p. 45)

Projekt

▶ VIDEO **Rendre compte de deux témoignages sur la notion de *Heimat*.** (p. 49) — MÉDIATION / PARTNERBRIEFING

BAC ÉPREUVES COMMUNES EN COURS D'ANNÉE

Épreuve 1
- Manchmal vermisse ich die Berge … (p. 50)
- **Stratégie :** Comprendre des informations biographiques (p. 50)
- **Stratégies :** Exprimer une appréciation personnelle – Illustrer son propos – Écrire une lettre (p. 50)

Épreuve 2
- Nora Krug, *Heimat – Ein deutsches Familienalbum* (p. 51)
- **Stratégies :** La perspective de narration – Les trois niveaux de compréhension (p. 52)
- **Stratégies :** Situer dans l'espace et le temps – Indiquer une cause (p. 52)

Épreuve 3
- **Stratégie :** Structurer ses propos (p. 53)
- **Stratégie :** La communication non-verbale (p. 53)

Heimat für die Deutschen

A2 ① Schauen Sie sich die Titelseiten der Zeitschrift *Der Spiegel* an. Was illustrieren sie?

B1 ② Was könnte Ihrer Meinung nach das Wort „Heimat" beschreiben?

③ Suchen Sie nun eine Übersetzung für den Begriff „Heimat" im Französischen, im Englischen oder in einer anderen Sprache. Vergleichen Sie dann Ihre Übersetzungen.

1 2 Projekt

Über sein Heimatgefühl berichten

Was ist Heimat?

A) Heimat definieren 🎧 💬

A2
1. Suchen Sie sich zwei oder drei Wörter aus, die für Sie am besten zum Begriff „Heimat" passen.
2. Was erzählen die Jugendlichen über ihre Heimat?
Machen Sie sich Notizen und präsentieren Sie einen Jugendlichen Ihrer Wahl kurz mündlich.

Erinnerungen
Zukunft   Herkunft
Essen Familie
Heimat
Wurzeln Kultur Traditionen
Geburtsort
Zuhause **Land**
Freunde
Geborgenheit
guter Job
Sicherheit
Sprache
Dialekt

August Macke, *Unser Garten mit blühenden Rabatten*, 1911-12

SPRACHBOX

Herkunft
- die Herkunft *l'origine*
- Woher? *D'où ?*
- her/kommen* *provenir*
- aus … kommen* *venir de…*
- dort ≠ hier *là-bas ≠ ici*

Bezug zur Heimat
- die Heimat *le pays d'origine ; le pays d'adoption*
- aus … stammen *provenir de…*
- die Wurzel (-n) *la racine*
- wo ich hingehöre *où je suis à ma place, chez moi*
- die Geborgenheit *le sentiment de sécurité*
- sich geborgen fühlen *se sentir en sécurité*
- sich wohl fühlen *se sentir bien*

- traurig *triste*
- sich in (A) integrieren *s'intégrer à*
- Heimweh haben *avoir le mal du pays, avoir le cafard*
- etw. fehlt mir *qc me manque*
- ich vermisse etw. *qc me manque*
- die Freiheit *la liberté*

→ p. 46

KAPITEL 2 • HEIM(AT)WEH?

B) Heimweh nach Kastanien[1]

A2
1. Wo befindet sich der Erzähler? Wie beschreibt er diesen Ort?
2. Mit wem telefoniert er? Wo ist die andere Person? Was erzählt sie ihm?
3. Welches Gefühl erweckt das Telefonat beim Erzähler? Wie beschreibt er nun den Ort, an dem er sich befindet?

A2-B1
4. Wie definiert der Erzähler die Heimat? Wo ist seine Heimat?

Sebastian Schnoy, deutscher Kabarettist und Schriftsteller, reist in seinem Roman durch Amerika, Irland und den Harz.

Ich musste bis nach Key West in Florida fahren, um das erste Mal in meinem Leben zu merken, was Heimat ist und wie sehr ich sie vermisse.

Auf Key West war es wunderschön, noch Mitte
5 November hatten wir 28 Grad. Selbst nach Sonnenuntergang streichelte eine warme Brise die Blätter der Palmen. Gab es einen schöneren Ort? Ich verneinte energisch, bis ich wieder einmal mit Valérie telefonierte, [...] und sie aus
10 Hamburg zu berichten begann. „Ist es sonnig bei euch?", fragte sie, und ich bejahte. „Bei uns wurde es gar nicht richtig hell", stellte sie fest und sagte, sie habe sich eine Wollmütze[2] gekauft. Valérie erzählte, sie habe ein schönes Blatt und
15 ein paar besonders große Kastanien aufbewahrt[3]. „Was ist das denn da für Musik im Hintergrund?", fragte ich schließlich, „Seit wann hörst du Marschmusik?" „Ach, das kommt von der Straße", antwortete Valérie, „Die machen ihren Laternen-
20 umzug mit den Kindern." Ich sah in Gedanken die Reihe der Kinder, stolz mit der Laterne in der Hand.

Dann erzählte mir Valérie von dem Igel[4], den sie im Garten gefunden hatte. „Jetzt haben wir
25 einen Untermieter", befand sie, und ich merkte, wie sich ein merkwürdiges Gefühl in mir ausbreitete[5]. Mir fehlte nicht nur Valérie, sondern auch all das, was sie gerade erlebte.

Ich wollte Kastanien sammeln, mit Valérie
30 vor dem Kaminofen sitzen, ihr Tee machen. Es war der dritte Winter, den ich nicht zu Hause war. Mein erstes Heimweh seit dreißig Jahren, seit einer Klassenreise, die ich in der Grundschule machte! Als ich auflegte und durch das Fenster
35 auf Palmen und Sonne sah, war dieses Panorama ohne jede Bedeutung für mich, leblos wie eine Fototapete. Und doch hatte dieses traurige Gefühl etwas Positives: Ich wusste erstmals seit langem, wo ich hingehörte und was ich vermisste. Dort
40 gab es etwas, das hier fehlte. Und ich konnte es zum ersten Mal in meinem Leben benennen: Es war meine Heimat.

Nach Sebastian SCHNOY,
Heimat ist, was man vermisst, 2010

---

1. die Kastanie (-n) *la châtaigne* 2. die Wollmütze *le bonnet en laine*
3. etw. auf/bewahren *conserver qc* 4. der Igel *le hérisson*
5. sich aus/breiten *ici, se propager, se diffuser*

SPRACHBOX

Le nominatif

Le sujet
- **Die Geborgenheit** ist mir wichtig.
- **Ich** stamme aus Österreich.

L'attribut du sujet
- Deutschland ist **meine Heimat**.
- Ich bin immer **ein Kind** geblieben.

Pour apostropher quelqu'un
- **Lieber** Klaus / **Liebe** Isabelle, wie geht es dir? …

→ p. 48

Nun sind Sie dran!

Nach dem Telefongespräch mit Valérie schreibt ihr der Erzähler eine E-Mail. Er beschreibt alle Gefühle, die er dabei empfunden hat. Schreiben Sie die E-Mail zu Ende.

*„Liebe Valérie,
es war so schön, heute mit dir zu telefonieren. Am Anfang unseres Gesprächs dachte ich, ich wäre der glücklichste Mensch der Welt und hätte in Florida eine zweite Heimat gefunden.
Aber …"*

1 | 2 Projekt

Den Begriff Heimat erklären

Heimat neu!

A) Neu in Europa 🎧

VIDEO

B1 Schauen Sie sich das Video über Omar Khir Alanam an und machen Sie sich Notizen zu:
- Heimatland
- Leben in der neuen Heimat
- Integration
- Beruf.

Kultur BOX

Als Ausländer kann man nach 8 Jahren die deutsche und nach 10 Jahren die österreichische Staatsangehörigkeit beantragen. Das nennt man „Einbürgerung". Man muss im Land leben und das Niveau B1 im Mündlichen und Schriftlichen in Deutsch haben.

→ Einbürgerung in Deutschland:
www.bamf.de/DE/Willkommen/Einbuergerung/InDeutschland/indeutschland-node

→ Und in Österreich:
www.staatsbuergerschaft.gv.at/

die Stimme *la voix* – jn töten *tuer qn* – sterben* *mourir*

SPRACHBOX

Integration
- integriert sein *être intégré*
- mit jm in Kontakt kommen* *entrer en contact avec qn*
- etw. gemeinsam haben *avoir qc en commun*
- das Zugehörigkeitsgefühl *le sentiment d'appartenance*
- eine Zukunft haben *avoir un avenir*
- die Freiheit *la liberté*
- in … leben; das Leben *vivre en / à … ; la vie*
- in … auf/wachsen* *grandir en / à …*
- die Flucht; aus einem Land fliehen* *la fuite ; fuir un pays*
- in Frieden leben *vivre en paix*
- die Hilfsbereitschaft; jm helfen* *la serviabilité ; aider qn*
- etw. beschützen *protéger qc*
- sich heimisch fühlen *se sentir chez soi*

Sehnsucht nach Heimat
- weh tun* *faire mal*
- schmerzen *faire souffrir, être douloureux*
- unerreichbar *inaccessible*
- verloren *perdu*
- zerstört *détruit*
- Fernweh haben *avoir envie d'ailleurs, avoir la nostalgie du voyage*
- eine Grenze überwinden* *surmonter, dépasser une frontière*
- etw. vermitteln *transmettre qc*
- etw. suchen; sich nach etw. sehnen; die Sehnsucht nach … *chercher qc ; désirer qc ; le désir de…*
- das Besondere *le caractère particulier, la spécificité*
- Identität stiften *forger une identité*

→ p. 46

B) Lust auf Heimat?

B1 1. Wie wird hier Heimat definiert? Was vermittelt sie?
B2 2. Wie wird hier die moderne Welt beschrieben?
3. Was suchen die Menschen heute im Heimatgefühl? Welche konkreten Beispiele werden hier angeführt?

HEIMAT ZUM REINBEISSEN

Deutschland droht von einem Land mit Fernweh zu einem Land mit Heimweh zu werden. Früher gab es zu viel Heimat, heute gefühlt zu wenig.

Heimat tut oft weh. Sie schmerzt, wenn sie unerreichbar ist,
5 verloren, zerstört. Und sie schmerzt, wenn sie allgegenwärtig[1] ist, überpräsent, dominant. Denn Heimat ist ambivalent: Sie kann Sicherheit vermitteln und Geborgenheit, sie kann aber auch ein Gefängnis[2] sein.

Die Welt ist enger zusammengerückt[3], durch Globalisierung
10 und Migration, durch Tourismus und Internet. Die Menschen führen ein digitalisiertes, dauermobiles Leben. Sie wechseln häufig den Wohnort, sie sind radikale Individualisten, die ausgebrochen[4] sind aus dem Gefängnis.

Solange Grenzen existieren, will man sie überwinden;
15 aber wenn die Freiheit grenzenlos ist, ist die Unsicherheit es bald auch. Familie und soziale Klasse, Kirche und Partei, die Firma: Sie alle vermittelten früher Traditionen und Überzeugungen[5], sie setzten Grenzen, aber sie stifteten auch Identität, sie schenkten Heimat.

20 Heimat ist Erinnerung, Nostalgie, ein Ort im Gestern: In einem Reich, in dem wir noch nicht via Internet mit der ganzen Welt vernetzt waren. Wir führten Ortsgespräche. Die Suche nach Heimat ist die Suche nach dem Besonderen, dem Nicht-Seriellen, dem Authentischen. Unsere Heimatsehnsucht führt
25 dazu, dass wir zerstörte Gebäude aufbauen (das Stadtschloss in Berlin) oder historische Gerichte rekonstruieren (Omas Apfelkuchen), natürlich mit Zutaten aus der Region. Heimat auf dem Teller.

Nach Tobias BECKER, „Heimat – ein Ort im Gestern",
www.spiegel.de, 03. 10. 2017

---
1. allgegenwärtig *omniprésent* 2. das Gefängnis *la prison* 3. zusammen/rücken *se rapprocher* 4. aus/brechen* *s'évader* 5. die Überzeugung (-en) *la conviction*

SPRACHBOX

L'expression de la cause
- Manchmal schmerzt Heimat, **weil** sie unerreichbar <u>ist</u>.
- Sie ist nach Deutschland geflohen, **denn** es <u>war</u> Krieg in ihrem Herkunftsland.
- Ich fühle mich in Österreich zu Hause. Ich <u>spreche</u> **nämlich** sehr gut Deutsch.
- Er hatte keine Zukunft in seinem Heimatland. **Aus diesem Grund** <u>ist</u> er nach Deutschland gekommen.
- Sie wollte Germanistik studieren. **Deshalb / Darum / Deswegen** <u>ist</u> sie nach Österreich gegangen.
- Er fühlt sich in seinem Herkunftsland fremd und in Deutschland wohl. **Das liegt daran, dass** seine Freunde hier <u>sind</u>.

→ p. 48

Nun sind Sie dran!! MÉDIATION MINDMAP → p. 25

Was ist Heimat?
Warum brauchen, suchen wir nach einer Heimat? Entwerfen Sie zu zweit eine Mindmap und präsentieren Sie sie der Klasse.

TRAINING

WORTSCHATZ

Heim(at)weh?

wo ich herkomme

A2-B1
- die Herkunft *l'origine*
- her/kommen* *provenir*
- Woher? *D'où ?*
- in … geboren sein *être né(e) en / à…*
- in … auf/wachsen*, groß werden* *grandir en / à…*
- aus … stammen *provenir de…*
- aus … kommen* *venir de…*
- nach … ziehen* *déménager à…*
- dort ≠ hier *là-bas ≠ ici*
- die Flucht; aus einem Land fliehen* *la fuite ; fuir d'un pays*
- die Landschaft *le paysage*
- der Ort (-e) *le lieu*
- die Geschichte, die Architektur, das Erbe
  l'Histoire, l'architecture, l'héritage
- etw. dar/stellen *représenter qc*
- etw. symbolisieren *symboliser qc*
- etw. bedeuten *signifier qc*
- jm wichtig sein *être important pour qn*

Sehnsucht nach Heimat

A2-B1
- traurig *triste*
- sich fremd fühlen *se sentir étranger*
- etw. fehlt mir *qc me manque*
- ich vermisse etw. *qc me manque*
- weh tun* *faire mal*
- Heimweh haben *avoir le mal du pays, avoir le cafard*
- schmerzen *faire souffrir, être douloureux*
- unerreichbar *inaccessible*
- verloren *perdu*
- zerstört *détruit*
- Fernweh haben
  avoir envie d'ailleurs, avoir la nostalgie du voyage
- eine Grenze überwinden*
  surmonter, dépasser une frontière
- etw. vermitteln *transmettre qc*
- etw. suchen; sich nach etw. sehnen
  chercher qc ; désirer qc
- das Besondere *le caractère particulier, la spécificité*
- Identität stiften *forger une identité*

sich zu Hause fühlen

A2-B1
- die Heimat *le pays d'origine, le pays d'adoption*
- sich heimisch fühlen *se sentir chez soi*
- das Vaterland *la patrie*
- die Geborgenheit *le sentiment de sécurité*
- sich geborgen fühlen *se sentir en sécurité*
- sich wohl fühlen *se sentir bien*
- die Wurzel (-n) *la racine*
- wo ich hingehöre *où je suis à ma place, chez moi*
- sich in (A) integrieren; die Integration
  s'intégrer à ; l'intégration
- integriert ≠ ausgegrenzt sein
  être intégré ≠ exclu
- mit jm in Kontakt kommen*
  entrer en contact avec qn
- etw. gemeinsam haben *avoir qc en commun*
- die Zugehörigkeit *le sentiment d'appartenance*
- das Gefühl; etw. fühlen *le sentiment ; ressentir qc*
- eine Zukunft haben *avoir un avenir*
- die Freiheit *la liberté*
- in … leben; das Leben *vivre en / à… ; la vie*
- in Frieden leben *vivre en paix*
- die Freiheit *la liberté*
- die Hilfsbereitschaft; jm helfen*
  la serviabilité ; aider qn
- etw. beschützen *protéger qc*
- etw. vermitteln *transmettre qc*

> **Comprendre les consignes**
> - Suchen Sie nun eine Übersetzung für den Begriff …
>   *Cherchez maintenant une traduction pour le terme…*
> - Welche Beispiele werden hier angeführt?
>   *Quels exemples sont donnés ici ?*
> - Machen Sie sich stichwortartig Notizen! *Notez des mots-clés !*

ÜBUNGEN

1 Donnez l'article défini des substantifs suivants.
- a. d… Heimat
- b. d… Land
- c. d… Zugehörigkeit
- d. d… Gefühl
- e. d… Geborgenheit
- f. d… Flucht
- g. d… Integration
- h. d… Freiheit
- i. d… Zukunft
- j. d… Herkunft

2 Associez les éléments afin de former des groupes infinitifs cohérents.

mit jm in Kontakt •	• haben
Fernweh / Heimweh •	• fliehen
aus einem Land •	• überwinden
in Frieden •	• sehnen
sich nach etw. •	• kommen
eine Grenze •	• leben

3 Associez correctement les contraires.

Heimweh haben •	• im Krieg leben
sich geborgen fühlen •	• sich heimisch fühlen
in Frieden leben •	• integriert sein
ausgegrenzt sein •	• Fernweh haben
sich fremd fühlen •	• Angst haben

4 Associez le terme correct à chaque définition.
das Fernweh – etwas vermissen – das Herkunftsland – schmerzen – das Zugehörigkeitsgefühl
- a. Lust aufs Ausland, weit weg von zu Hause zu sein
- b. Gefühl einer Gruppe, einer Gemeinschaft, einer Nation anzugehören
- c. wenn etwas weh tut
- d. das Land, in dem man geboren ist
- e. wenn einem etwas fehlt

5 Complétez le texte à partir des mots indiqués.
fliehen – Frieden – fühle – Heimweh – integrieren – Kontakt – Landschaft – leben – traurig – vermisse – Wurzeln – zu Hause – Zukunft

Ich bin in Serbien aufgewachsen. Mit 21 Jahren musste ich wegen des Krieges in meiner Heimat nach Deutschland ▢. Ich wollte in ▢ leben und eine ▢ haben. Zuerst war ich sehr ▢, doch ich konnte mich schnell ▢. Ich habe hier Freunde gefunden und studiere.
Ich bin auch immer noch in ▢ mit meinen Großeltern, die noch in Serbien ▢. Manchmal ▢ ich Belgrad und die schöne serbische ▢, aber jetzt ▢ ich mich in Deutschland geborgen und habe kein ▢ mehr. Meine ▢ sind zwar noch in Serbien, aber ich fühle mich hier ▢ und möchte hier eine Familie gründen.

Extra

6 (B1) Kennen Sie eine Person aus Ihrer Familie oder Ihrem Bekanntenkreis, die eine neue Heimat hat? Berichten Sie kurz!

WORTBILDUNG

Le contraire des adjectifs

On peut former **le contraire de nombreux adjectifs** en leur **ajoutant le préfixe *un*-**.

→ wichtig ≠ **un**wichtig — important ≠ de peu d'importance
→ freundlich ≠ **un**freundlich — amical ≠ inamical
→ geduldig ≠ **un**geduldig — patient ≠ impatient

ÜBUNG

Formez le contraire des adjectifs suivants et traduisez-les en français.
menschlich – gesund – ruhig – sympathisch – bewusst – sportlich – angemessen – angenehm

TRAINING
GRAMMATIK

LERNTEMPODUETT → p. 19

❯ Le nominatif → p. 43

→ PRÉCIS p. 215

- Il existe quatre cas grammaticaux en allemand. Chaque cas correspond à une (des) fonction(s) grammaticale(s) précise(s) dans la phrase. Le **nominatif** est le cas
  – du sujet : *Der Schüler schreibt einen Artikel über seine Heimat. Er illustriert den Text mit Fotos.*
  – de l'attribut de sujet avec les verbes d'état : *sein, bleiben, scheinen, werden* : *Er ist ein Flüchtling. Das ist mein Freund Tobias.*
  – Il est aussi utilisé pour apostropher quelqu'un par exemple dans la formule d'appel dans une lettre ou un mail : *Lieber Franz, Sehr geehrte Frau Schmidt, …*
- Il répond à la question *Wer?* ou *Was?*

	masculin	neutre	féminin	pluriel
article défini	**der** Frieden	**das** Gefühl	**die** Heimat	**die** Freunde
article indéfini	**ein** Frieden	**ein** Gefühl	**eine** Heimat	Ø Freunde

1 Vrai ou faux ?
  a. Il existe quatre cas grammaticaux en allemand.
  b. Le nominatif est uniquement le cas du sujet.
  c. Le groupe nominal attribut est au nominatif.
  d. Le nominatif répond à la question *Wo*?

2 Répondez aux questions en utilisant le GN qui convient et en faisant une phrase complète :
das deutsche Brot – der persönliche Kontakt zu den Menschen – ein Leben in Frieden – nette junge Franzosen
  a. Wer sind seine neuen Nachbarn?
  b. Was fehlt ihr, seit sie in Frankreich lebt?
  c. Was ist der größte Wunsch dieses syrischen Flüchtlings?
  d. Was ist ihnen wichtig, damit sie sich in einem fremden Land wohl fühlen?

❯ Exprimer la cause → p. 45

→ PRÉCIS p. 218, 219

Pour exprimer la cause, on peut recourir à :
- une subordonnée introduite par la conjonction **weil** (parce que). Le verbe conjugué est en dernière position.
*Der junge Mann musste seine Heimat verlassen, **weil** er dort keine Zukunft **hatte**.*
- la conjonction de coordination **denn** (car), qui n'a pas d'incidence sur la place du verbe.
*Sie fühlte sich integriert, **denn** sie **hatte** viele neue Freunde.*
- l'adverbe **nämlich** (en effet), qui se place juste après le verbe conjugué et indique un lien de causalité après coup.
*Er fühlt sich hier zu Hause. Er **ist** nämlich schon mit 4 Jahren nach Deutschland gekommen.*
- les adverbes connecteurs **deshalb, deswegen, darum** (c'est pourquoi).
*Sie hat Familie in Österreich. **Deshalb / Deswegen / Darum** ist sie dort hingezogen.*
- l'expression **aus diesem Grund** (pour cette raison).
*Er mag das Leben in Italien. **Aus diesem Grund** ist er nach Rom geflogen.*
- des groupes verbaux comme par exemple :
Das liegt daran, dass … (cela est dû au fait que…)
*Er betrachtet Deuschland als seine zweite Heimat. **Das liegt daran, dass** er hier sehr viele Freunde hat.*

3 Reliez les deux phrases à l'aide de *weil* ou *denn*.
  a. Sie ist traurig. Sie hat Heimweh.
  b. Die Familie lebt seit vier Jahren in der Schweiz. Es ist Krieg in ihrem Heimatland.
  c. Ich bin aus meinem Land geflohen. Ich möchte in Frieden leben.
  d. Wir haben hier ein Haus gekauft. Wir fühlen uns hier geborgen und sicher.
  e. Ich möchte in Australien studieren. Dort haben Jugendliche eine bessere Zukunft.
  f. Freunde und Familie bedeuten für mich Heimat. Man ist nicht alleine und fühlt sich integriert.

4 Reliez les deux phrases à l'aide de *nämlich, deshalb, deswegen, darum* ou l'expression *aus diesem Grund*. Attention au sens et à la place du verbe !
  a. Ich möchte Osteuropa entdecken. Ich kaufe ein Interrail-Ticket.
  b. Er will die deutsche Staatsangehörigkeit beantragen. Er nimmt Deutschstunden.
  c. Sie verlassen ihr Land. Sie wollen ihre Kinder nicht im Krieg aufziehen.
  d. Hier habt ihr viele Freunde und seid integriert. Ihr fühlt euch geborgen.

1 2 Projekt

IDENTITÉS ET ÉCHANGES

Jedem seine Heimat MÉDIATION PARTNERBRIEFING → p. 18

A2-B1

VIDEO

- **PARTNER A** schaut sich das erste Video an. **PARTNER B** das zweite.
  Beide Partner machen sich stichwortartig Notizen zu den wichtigsten Informationen
  über Renas Azadis und Cecilia Rosellis Leben:
  – Heimatland,
  – Leben in der neuen Heimat,
  – Integration …

- Präsentieren Sie dann Ihrem Partner die Informationen aus Ihrem Video.

- Schreiben Sie nun einen kurzen Text über Renas Azadi und Cecilia Roselli
  und erklären Sie zum Schluss, was Heimat für Sie bedeutet.

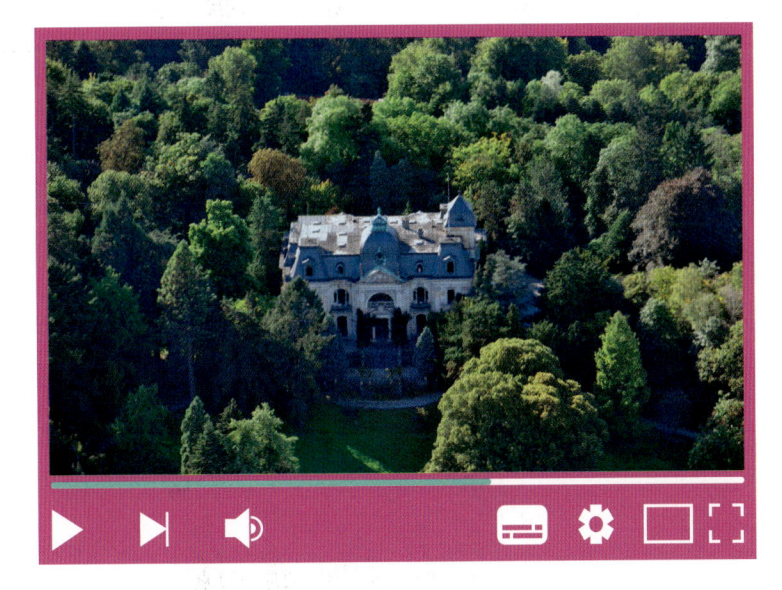

Stratégies

▷ **Prendre des notes**
– Avant de débuter le travail,
  relisez la page *Wortschatz*. (→ p. 46)
– Regardez la vidéo une première fois dans
  son intégralité sans prendre de notes.
– Préparez une grille d'écoute.
  → De qui s'agit-il ?
    D'où vient la personne ?
    Que dit-elle sur la langue et la notion
    de *Heimat* ?
    Quels sentiments a-t-elle ?

▷ **Présenter un document**
- **Introduire et conclure**
– In diesem Dokument handelt es sich /
  geht es um (A) …
– Dieser Film zeigt …
– Er berichtet über (A) …
– Zusammenfassend / Zum Schluss kann
  man sagen, dass …

- **Rapporter des propos**
– Der junge Mann / Die junge Frau sagt /
  meint / erzählt, dass …
– Er / Sie definiert Heimat mit dem Wort /
  dem Begriff …
– Für ihn / sie ist Heimat …
– Beide sagen / denken, dass …

- **Donner son avis**
– Meiner Meinung nach …
– Für mich bedeutet Heimat …
– Ich glaube / finde / meine / denke, dass …

Fit für das Baccalauréat

Épreuve 1 — 2ᵉ trimestre de Première

Compréhension de l'oral

Manchmal vermisse ich die Berge …

- Hören Sie sich die Tonaufnahme dreimal an. Sie haben zwischen jedem Anhören eine Minute Zeit, um sich Notizen zu machen. Berichten Sie schriftlich auf Französisch über das Hördokument.

das Erbe *l'héritage*

Stratégies

▷ **Comprendre des informations biographiques**
- Dans cet enregistrement, il s'agit d'une personne qui fait le récit de sa vie. Préparez une grille d'écoute qui vous permet de noter dans un premier temps les informations principales, puis les informations plus détaillées.

Herkunftsland	Schule	neue Heimat	Beruf	Familie	Gefühle
…					

Expression écrite — Choisissez l'un des deux sujets.

1. Was verstehen Sie unter dem Begriff „Heimat"? Schreiben Sie einen gut strukturierten Text, in dem Sie auch konkrete Beispiele anführen.

2. Lesen Sie den Brief, den Konrad an seine Tochter geschrieben hat. Er erklärt ihr, wo seine Heimat(en) ist / sind und warum. Stellen Sie sich nun vor: Sie sind 50 Jahre alt und möchten Ihren Kindern erzählen, wo Ihre Heimat ist, und aus welchen Gründen.

> Barcelona, den 5. Mai 2020
>
> Liebe Elisa,
> du bist nun erwachsen und hast dein Leben in die Hand genommen. Nun bist du im Ausland. Ich bin auch mit 20 Jahren aus meinem Elternhaus ausgezogen und habe mir eine neue Heimat gesucht. Ich wollte mir selbst meine Heimat aussuchen. Deshalb bin ich aus Frankfurt nach Barcelona gezogen. Zuerst war es nicht einfach … Ich hatte große Schwierigkeiten mit der spanischen Sprache und solange ich nicht mit den Spaniern kommunizieren konnte, fühlte ich mich nicht zu Hause. Ich hatte auch Heimweh, aber da habe ich deine Mutter kennengelernt und na ja, die Liebe ist die beste Heimat. Und dann kamst du! Mein Leben war nun in Barcelona und Frankfurt wurde zu einem zweiten glücklichen Zuhause.
> Sei umarmt, liebe Elisa
>
> Dein Vater

Stratégies

▷ **Exprimer une appréciation personnelle**
- Indiquez quelle est votre définition de la notion de *Heimat* :
  – Für mich ist / bedeutet Heimat …
  – In meinen Augen ist Heimat …
  – Meiner Meinung nach kann man den Begriff Heimat mit … definieren / beschreiben.
  – Ich glaube, Heimat heißt …
  – Unter dem Begriff „Heimat" verstehe ich / versteht man …

▷ **Illustrer son propos**
  – Heimat ist zum Beispiel …
  – Identität könnte man beispielsweise mit dem Begriff … vergleichen / definieren / beschreiben.

Stratégies

▷ **Écrire une lettre**
N'oubliez pas de donner la date (situez-vous dans le futur !), le lieu, les salutations.

> Liebe Anne, Lieber Anton,
> …
> Liebe Grüße – Bis bald
> Deine Mutter / Dein Vater
> Eure Mama / Euer Papa

KAPITEL 2 • HEIM(AT)WEH?

Épreuve 2 — 3e trimestre de Première

IDENTITÉS ET ÉCHANGES

Compréhension de l'écrit

● Lesen Sie die zwei Ausschnitte aus dem Bilderroman *Heimat. Ein deutsches Familienalbum* von Nora Krug und das Interview der Autorin. Was ist für Nora Krug ihre Heimat? Wo befindet sie sich? Welche Fragen stellt sich die Autorin? Fassen Sie die Textauszüge zusammen, indem Sie diese Fragen beantworten.

Text A — *Nora Krug ist 1977 in Karlsruhe geboren und lebt nun seit 17 Jahren in Amerika. 2018 veröffentlicht die Autorin einen Bilderroman, eine literarische und grafische Spurensuche[1] ihrer Familie, ihrer Identität und Heimat.*

❶ Feldnotizen, Teil 1: USA

Auf der Suche nach einer Heimat, die nicht von deutscher Kriegsschuld behaftet[2] ist, wohne ich dem Stammtisch[3] einer Gruppe deutsch- und österreichisch-jüdischer Emigranten bei[4], die sich seit 1943 wöchentlich in New York treffen, um deutsch zu sprechen und das Gefühl einer
5 kulturellen Identität aufrechtzuerhalten[5].
Die Gastgeberin der Gruppe feierte kürzlich ihren 100. Geburtstag. Sie sprechen über den Krieg und darüber, wie sie ein neues Leben im „Vierten Reich" begannen, in jenem Stadtteil in Manhattan, in dem sich damals diejenigen niederließen[6], die das Dritte überlebt hatten.
10 Ich esse ihren selbst gebackenen Haselnusskuchen und ihren Kartoffelsalat und sehne mich danach, von ihnen geliebt zu werden wie eine Enkelin.
„Deutschsein – was bedeutet das?", frage ich die 89-jährige Trudy, die rechts neben mir sitzt. Ich hoffe auf eine klare Antwort, aber sie sagt nur: „Ich weiß es nicht."

❷ Katalog deutscher Dinge N°6 – das Brot

Wenn ich in Deutschland aus dem Flugzeug steige, suche ich als Erstes die nächste Bäckerei auf. Das perfekte Brot ist groß und schwer, dunkel, fest und krustig auf der Außenseite und innen klebrig[7]
5 und sauer. Der Geruch eines guten Brotes erinnert mich an den Geruch des Waldes. Wenn ich im Ausland lebende Deutsche danach frage, was aus ihrer Heimat sie am meisten vermissen, dann nennen viele das Schwarzbrot.

Nach Nora Krug, Heimat. Ein deutsches Familienalbum, 2018

---

1. die Spurensuche *la recherche de traces* 2. von Kriegsschuld behaftet sein *porter la responsabilité d'une guerre* 3. der Stammtisch *la tablée d'habitués*
4. etw. (D) bei/wohnen *assister, participer à qc* 5. aufrecht/erhalten* *entretenir* 6. sich nieder/lassen* *s'installer* 7. klebrig *collant*

Text B — *Nora Krug ist mit einem amerikanischen Juden verheiratet. Aber sie fühlt sich deutscher als je zuvor.*

Nora Krug, Sie wurden in Karlsruhe geboren, heute leben Sie in New York. Wie kommt es denn, dass Sie sich da deutscher fühlen als jemals zuvor?

5 **Nora Krug:** Also ich glaube, wenn man im Ausland lebt und auch über lange Zeit im Ausland lebt, dann nimmt man ganz natürlich sein Heimatland aus einer ganz neuen Perspektive wahr
10 und man wird ja jeden Tag konfrontiert mit der Kultur anderer Menschen und muss dann immer wieder für sich überlegen: „Wer bin ich eigentlich?" Dabei ist mir natürlich aufgefallen,
15 dass viel mehr an mir deutsch ist als ich das vielleicht vorher erahnt hätte. Ich habe auch manche Dinge an Deutschland mehr vermisst, als ich mir das immer so vorgestellt hatte,
20 gleichzeitig aber, wenn ich nach Deutschland zurückkomme, um meine Familie zu besuchen, meine Eltern zu besuchen, merke ich dann immer wieder, dass ich hier doch auch nicht mehr so ganz reinpasse[1].

Nach Frank Meyer, www.deutschlandfunkkultur.de, 27. 08. 2018

1. in etw. (A) rein/passen *être à sa place quelque part*

Stratégies

Fit für das Baccalauréat

Épreuve 2 (suite)

Stratégies

▷ **La perspective de narration**
– Il s'agit ici d'un récit autobiographique : utilisez donc le nom complet de l'auteure, Nora Krug, ou le pronom personnel *sie* pour la citer. Attention également aux pronoms possessifs : *sie → ihr*.
– Pensez aussi à conjuguer les verbes à la 3ᵉ personne du singulier : *Wenn ich in Deutschland aus dem Flugzeug steige → Wenn sie in Deutschland aus dem Flugzeug steigt …*

▷ **Les trois niveaux de compréhension**
– La compréhension globale = les informations les plus importantes : *Deutsche, in Amerika, sie hinterfragt ihre Identität / ihr Heimatgefühl …*
– La compréhension détaillée = les informations secondaires : *ein Stammtisch in New York, Kartoffelsalat, Geruch des deutschen Brotes …*
– La compréhension de l'implicite : *Auf der Suche nach einer Heimat, die nicht von deutscher Kriegsschuld behaftet ist / in dem sich damals diejenigen niederließen, die das Dritte Reich überlebt hatten.*

❗ À maintes reprises, l'auteure fait allusion au passé belliqueux de l'Allemagne : ici il s'agit de la dictature nazie et de la Seconde Guerre mondiale. Cette culpabilité peut remettre en question le sentiment d'appartenance à un pays.

Expression écrite

Choisissez l'un des deux sujets.

1. Wo ist Ihre Heimat? Wo fühlen Sie sich zu Hause und warum? Ist Ihrer Meinung nach das Heimatgefühl heute in unserer globalisierten Welt noch aktuell, zeitgemäß? Begründen Sie Ihre Meinung.

Stratégies

▷ **Situer dans l'espace et le temps**
• Pour décrire un lieu ou une époque, utilisez des compléments de temps et de lieu variés :
– *In meiner Kindheit / Als ich noch ein Kind war / Damals / Früher / In dieser Zeit / Zu Weihnachten, Ostern, an meinem Geburtstag …*
– *Bei meinen Großeltern / Zu Hause / In meiner Geburtsstadt / In meinem Geburtsland …*

2. Haben Sie schon einmal Ihre Heimat vermisst? Lesen Sie die zwei Beiträge und reagieren Sie auf einen der zwei Beiträge. Schreiben Sie eine Nachricht an Susanne oder Josef und erzählen Sie ihr / ihm von Ihrer persönlichen Erfahrung. Haben Sie auch einmal Heimweh empfunden? Wo, warum?

> Ich habe zwei Jahre in Shanghai studiert. Es war super interessant, aber auch manchmal sehr schwierig. Ich habe vieles aus meiner Heimat vermisst, wie zum Beispiel meine Freunde und meine Familie. Auch das Essen hat mir gefehlt, wie unser Abendbrot. Ich hatte oft Heimweh, das ich mit deutschen Serien und Filmen bekämpft habe.
> **Susanne, 21**

> Seit 7 Monaten absolviere ich einen Zivildienst in der Schweiz, also weit weg von zu Hause – ich komme nämlich aus Hamburg. Ich fühle mich hier noch nicht zu Hause. Meine Heimatstadt fehlt mir sehr, besonders meine Freunde und mein Bruder, mit dem ich immer viel unternommen habe. Ich habe zum Beispiel seinen Geburtstag verpasst … Wenn man weit weg von zu Hause ist, kann man manchmal an wichtigen Ereignissen nicht teilnehmen. Das ist schon traurig.
> **Josef, 20**

Stratégies

▷ **Indiquer une cause**
• Pour décrire pourquoi vous avez eu le cafard :
– Expliquez d'abord **où** :
→ *Ich hatte Heimweh während einer Schulreise / eines Austausches.*
→ *Als wir umgezogen sind / Als wir nach … gezogen sind,* + verbe
– Expliquez ensuite **qui** vous a manqué :
Ich hatte Heimweh, weil …
→ *… mir meine Familie / meine Eltern / meine Freunde / mein Zuhause gefehlt hat / haben.*
→ *… dort alles anders war / ich die Sprache nicht verstanden habe / ich keine Freunde hatte.*

IDENTITÉS ET ÉCHANGES

Épreuve 3
▶ 2ᵉ trimestre de Terminale

Zoom sur la partie orale

Expression orale

- Schauen Sie sich die beiden Bilder an und lesen Sie das Zitat zu jedem Bild.
  Welche Kombination (Bild + Zitat) illustriert für Sie am besten den Begriff „Identität und Austausch"?

A „Freundschaft, das ist wie Heimat."

Junge Studentinnen in Berlin

B „Heimat ist, wo dein Herz wohnt."

„Wer bin ich?
Umzüge in fünf verschiedene Länder:
Warum ich keine richtige Heimat habe".
Überall ist Nationalismus auf dem Vormarsch. Maria zog mit ihrer Familie mehrmals in Europa um und lebt vollkommen zufrieden ohne nationale Identität.

Stratégies

▷ **Structurer ses propos**

- Structurez votre propos à l'aide de charnières de discours qui vous permettent de nuancer vos idées :
  – Heimat ist das Land, in dem man geboren ist. **Aber** Heimat kann auch eine Stadt sein.
  – **Darüber hinaus / Zudem** (de plus) verstehe ich unter dem Begriff Heimat auch das Zugehörigkeitsgefühl an eine Nation.
  – **Dennoch / Jedoch** (pourtant, néammoins) können wir Heimat auch mit Traditionen oder einer Sprache verbinden.

▷ **La communication non verbale**

- **Gardez le contact visuel avec votre interlocuteur**
  → Lorsque vous discutez avec votre examinateur / examinatrice, regardez-le / la, notamment durant l'entretien.
- **Suscitez l'intérêt**
  → Exprimez-vous avec enthousiasme et nuancez votre intonation.

- **Votre gestuelle**
  → Vos gestes soutiennent vos propos : ne croisez pas les bras, ne tapotez pas des pieds, ne mettez pas votre main devant la bouche, ni vos mains dans vos poches ou sur vos genoux.
  → Asseyez-vous de manière correcte.

A ein Selfie machen
Spaß haben

B eine SMS am Steuer schicken
nicht aufpassen

C eine App benutzen
telefonieren / Nachrichten schicken /
chatten / online shoppen / Musik hören

D das Konzert über das Smartphone erleben
filmen und nicht genießen

E zusammen sein
nicht miteinander sprechen

Kapitel 3

CITOYENNETÉ ET MONDES VIRTUELS

Online ... Allein?

Wie werde ich ein digitaler Bürger?

- Décrire les habitudes numériques et leurs dérives. (p. 56)
- Débattre de la protection des données. (p. 58)
- Dire ce que l'on (ne) ferait (pas). (p. 57)
- Formuler des recommandations avec un infinitif. (p. 58)

Projekt

Participer à un concours d'idées sur une vie sans smartphone. (p. 63)

BAC ÉPREUVES COMMUNES EN COURS D'ANNÉE

Épreuve 1
- Digitale Geräte und Familienleben (p. 64)
- **Stratégie** : Rendre compte d'une interview (p. 64)
- **Stratégies** : Formuler une demande – Peser le pour et le contre (p. 64)

Épreuve 2
- Carolin Philipps, *Second Face* (p. 65)
- **Stratégie** : Réagir à une proposition (p. 66)
- **Stratégies** : Exprimer ses craintes – Rédiger à partir d'une image (p. 66)

Épreuve 3
- **Stratégie** : Relier l'image à l'axe concerné (p. 67)
- **Stratégie** : Rebondir sur ce qui a été dit (p. 67)

SPRACHBOX

- etw. benutzen *utiliser qc*
- eine Nachricht schicken *envoyer un message*
- sich etw. an/sehen* *regarder qc*
- am Steuer *au volant*
- gefährlich *dangereux*
- auf etw. (A) auf/passen *faire attention à qc*
- etw. (A) genießen* *profiter de qc, apprécier qc*

→ p. 60

Alles über Smartphones

MÉDIATION — MINDMAP → p. 25

A2 ❶ Schauen Sie sich die Fotos an und assoziieren Sie sie mit den passenden Tätigkeiten.

A2-B1 ❷ Suchen Sie sich eine Situation aus und kommentieren Sie sie.

❸ Erstellen Sie zu zweit eine Mindmap über die positiven und negativen Aspekte des Smartphones.

B1 ❹ Präsentieren Sie der Klasse die Mindmap.

1 2 Projekt

Sich über die Smartphone-Nutzung äußern

Digital im Alltag

A) Die Deutschen und ihre digitalen Geräte

A2
1. Präsentieren Sie mit Hilfe der Tabelle und des Diagramms die digitalen Gewohnheiten der Deutschen und die Unterschiede zwischen den Generationen in Bezug auf Kommunikationsmittel.
2. Erklären Sie dann Ihren Mitschülern, was Sie selber benutzen und wie oft.

ONLINE-GEWOHNHEITEN

	Smartphone	Laptop	Tablet	Computer
Navigation	56 %	22 %	30 %	12 %
soziale Netzwerke	58 %	36 %	35 %	28 %
Musik	60 %	32 %	17 %	25 %
Nachrichten	63 %	43 %	21 %	28 %
Internetsuche	30 %	35 %	19 %	14 %

www.bitkom.org; 1 011 Befragte ab 14 Jahren – 20. 02. 2017

SO KOMMUNIZIEREN DIE DEUTSCHEN MIT DEM SMARTPHONE

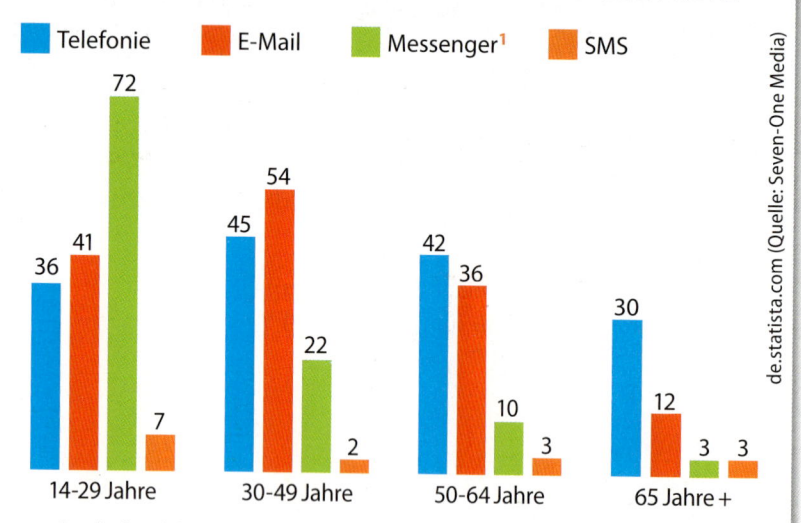

Telefonie | E-Mail | Messenger[1] | SMS

14-29 Jahre: 36 | 41 | 72 | 7
30-49 Jahre: 45 | 54 | 22 | 2
50-64 Jahre: 42 | 36 | 10 | 3
65 Jahre +: 30 | 12 | 3 | 3

Durchschnittliche tägliche Nutzungsdauer[2] von Kommunikationswegen (in Minuten)

Basis: 1 501 Befragte (ab 14 Jahren), deutschsprachige Bevölkerung, Februar-März 2016

de.statista.com (Quelle: Seven-One Media)

1. Messenger *messagerie instantanée* 2. die Nutzungsdauer *la durée d'utilisation*

SPRACHBOX

Zahlen kommentieren
- % = Prozent
- 25 % = ein Viertel der …
- 50 % = die Hälfte der …
- die meisten … *la plupart des…*
- zwischen … und … Jahren *entre … et … ans*
- Deutsche unter ≠ über … Jahren *les Allemands de moins ≠ de plus de … ans*

Wie oft benutze ich mein Gerät für …?
- nie *ne … jamais*
- selten(er) *(plus) rarement*
- manchmal *parfois*
- meistens *la plupart du temps*
- oft (öfter), häufig (häufiger) *(plus) souvent*
- ständig *constamment*
- immer *toujours*
- täglich *quotidiennement*

→ p. 60

CITOYENNETÉ ET MONDES VIRTUELS

B) Hilfe! Ich bin ein Smombie

A2 **1** Lesen Sie den Text und suchen Sie nach der Definition des Smombies. Inwiefern trifft diese Definition auf die Erzählerin zu?

B1 **2** Stellen Sie sich die Reaktion eines Smombies in folgenden Situationen vor: auf einer Party – auf einem Konzert – bei einer Führungstour …
Sie können sich natürlich weitere Situationen vorstellen.

3 Präsentieren Sie Ihren Mitschülern Ihre Ergebnisse.

„Guten Morgen. Holst du Brötchen?" Mit knurrendem Magen[1] verschicke ich eine WhatsApp-Nachricht an meinen Vater. Es ist Samstagmorgen, 9.30 Uhr. Klar liege ich noch im Bett. In der Küche – rund 20 Treppenstufen und fünf Meter Luftlinie
5 von mir entfernt – bimmelt[2] sein Handy. „Nö, hol du doch", schreibt er zurück. Und sendet noch diesen provokant zwinkernden Smiley[3] hinterher. Na toll. Dann schreit meine Mutter aus dem Wohnzimmer: „Könnt ihr vielleicht auch wie zwei normale Menschen miteinander reden?"

10 Sie hat recht. Ich bin zum Smombie mutiert. Eine Mischung aus Smartphone und Zombie. Das sind Menschen, die ständig auf ihr Handy glotzen[4] und ihre Umwelt kaum noch wahrnehmen[5]. So kann es nicht weitergehen.

Annabell BEHRMANN, *Hamburger Abendblatt*, 16. 11. 17

---
1. mit knurrendem Magen *avec l'estomac qui gargouille*
2. bimmeln = klingeln 3. zwinkernder Smiley = 😉
4. auf etw. (A) glotzen (*lang. fam.*) *avoir les yeux rivés sur qc*
5. etw. wahr/nehmen* *ici, faire attention à qc*

> **SPRACHBOX**
>
> **Dire ce que l'on (ne) ferait (pas)**
>
> **wäre**, **hätte** / **würde** + inf.
> - Zu Hause **wäre** ich konzentrierter.
> - Im Unterricht **würde** ich kein Smartphone **benutzen**.
> - In einer Kirche **würde** ich keine Selfies **machen**.
>
> (→ p. 62)

Nun sind sie dran!

Ein junger Deutscher beschreibt in einem Forum seine digitalen Gewohnheiten, weil er befürchtet, ein Smombie zu werden. Schreiben Sie seinen Beitrag.

Projekt

Über den Datenschutz debattieren

Mein digitales Ich

A) Gute Tipps für ein Instagram-Profil

A2 ① Hören Sie sich das Interview an und machen Sie sich Notizen zu den Tipps.

B1 ② Tauschen Sie Ihre Notizen mit einem Mitschüler aus und bereiten Sie dann zusammen eine Präsentation vor, die Sie vor der Klasse halten.

SPRACHBOX

Wie wichtig sind meine Daten?
- die Daten *les données*
- seine Daten schützen *protéger ses données*
- der Datenschutz *la protection des données*
- seine Daten löschen *effacer ses données*
- das Privatleben respektieren *respecter la vie privée*
- Informationen preis/geben* *révéler des informations*
- ein sicheres Passwort benutzen *utiliser un mot de passe sûr*

→ p. 60

SPRACHBOX

Formuler des recommandations
- Du solltest / Sie sollten … + inf.
- Es ist wichtig, … **zu** + inf.
- Es kann gefährlich sein, … **zu** + inf.
- Ich finde es vorsichtiger, … **zu** + inf.

→ p. 62

B) Meine Daten, mein Leben

A2 ① **PARTNER A** hört sich das Interview mit Max Schrems an und macht sich Notizen.

der Internetkonzern (-e) *la grande entreprise du web* – gegen jn klagen *porter plainte contre qn* – der Prozess (-e) *le procès* – die Einzelperson *l'individu*

PARTNER B liest den Text und macht sich Notizen zu Cynthias und Violas Meinungen über Daten und private Informationen.

② Jeder Partner präsentiert dem Anderen seine Arbeit. Der Zuhörer macht sich Notizen und fasst dann zusammen.
PARTNER A – Max Schrems: ein Österreicher gegen Facebook
PARTNER B – Haben wir noch eine Privatsphäre?

③ Ein oder zwei Schüler präsentieren der Klasse die Ergebnisse.

Cynthia (Cyn) ist eine Journalistin, die über eine Internetplattform recherchiert. Sie unterhält sich über Datenschutz mit ihrer Tochter Viola (Vi).

„Hast du dir schon einmal Gedanken gemacht, was die mit deinen Daten machen?" fragt Cyn [...].
„Du hast doch keinerlei Privatsphäre mehr."
„Privatsphäre!" lacht Vi. „Darf ich dich an deine Kollegen gestern erinnern? An
5 flächendeckende Überwachungskameras[1] in London und vielen anderen Landesteilen? Ganz zu schweigen von der Totalüberwachung durch Geheimdienste[2]? Google, Facebook und alle anderen Datensammler? Privatsphäre!" lacht sie noch einmal, diesmal lauter. „Mom, seit ich Kind bin, weiß ich, dass überall Kameras hängen. Dass aufgezeichnet[3] wird, wann immer man mit seiner Kredit- oder Kundenkarte zahlt. Dass unsere
10 Smartphones jede Bewegung sichern und weitergeben, genauso wie die Adressen und Telefonnummern unserer Freunde. Dass Geheimdienste, Banken, Supermärkte und inzwischen unsere Kaffeemaschinen Charakterprofile von uns anlegen[4]." Sie zuckt die Schultern. „Wir sind halt so aufgewachsen. Mobiltelefone und das Internet kamen vor meiner Geburt in die Welt. Eure Generation hat diese Welt für unsere gebastelt. Wir
15 waren das nicht. Also regt euch nicht darüber auf."

Marc Elsberg, *Zero – Sie wissen, was du tust*, 2014

1. flächendeckende Überwachungskameras *des caméras de surveillance omniprésentes*
2. die Geheimdienste *les services secrets*
3. auf/zeichnen *enregistrer*
4. an/legen *établir*

KulturBOX

Seit 2018 haben alle EU-Länder dieselben Regeln zum Schutz der persönlichen Daten (die DSGVO auf Deutsch, „*le RGPD*" auf Französisch). Websites und soziale Netzwerke müssen völlig sicher sein, dass der Nutzer mit der Verarbeitung seiner Daten einverstanden ist. Sie müssen auch seine Daten löschen, wenn der Nutzer es verlangt. Die EU-Bürger können also ihre Daten besser schützen, sichern und kontrollieren.

Nun sind Sie dran!

Viola findet soziale Netzwerke toll und teilt ständig mit ihrer Clique Informationen. Max Schrems will sozialen Netzwerken keine privaten Informationen preisgeben. Suchen Sie sich eine Rolle aus und improvisieren Sie einen Dialog zwischen den beiden.

TRAINING

WORTSCHATZ

Online ... Allein?

digitale Technik

A2
- der Computer (-) *l'ordinateur*
- das Handy (-s); das Smartphone (-s) *le portable ; le smartphone*
- eine App benutzen, nutzen *utiliser une application*
- online ≠ offline *connecté ≠ déconnecté*
- etw. an/klicken *cliquer sur qc*
- posten; chatten *poster ; chatter*

A2-B1
- das Gerät (-e) *l'appareil*
- die Software *le logiciel*
- eine Datei herunter/laden* *télécharger un fichier*
- ins Internet stellen *mettre sur Internet*
- der Laptop *l'ordinateur portable*

digitaler Alltag

A2
- jn an/rufen* *appeler qn, téléphoner à qn*
- eine E-Mail, Nachricht, SMS schicken ≠ bekommen*
  envoyer ≠ recevoir un mail, message, SMS
- etw. fotografieren, filmen *prendre qc en photo, en vidéo*
- sich Videos an/schauen *regarder des vidéos*
- Computerspiele spielen *jouer à des jeux vidéo*

A2-B1
- ein Foto, Video teilen *partager une photo, une vidéo*
- ein Posting kommentieren *commenter un post*
- das soziale Netzwerk (-e) *le réseau social*

digital clever sein

A2
- ein Passwort haben *avoir un mot de passe*
- offline gehen* *se déconnecter*
- es ist wichtig, praktisch, nützlich
  c'est important, pratique, utile

A2-B1
- der Nick(name) *le nom d'utilisateur*
- sich (D) ein sicheres Passwort aus/suchen
  choisir un mot de passe sûr
- die Daten schützen; sichern
  protéger ; sécuriser les données
- der Datenschutz *la protection des données*
- das Privatleben respektieren
  respecter la vie privée
- ein privates ≠ offenes Profil haben
  avoir un profil privé ≠ ouvert

empfehlen und warnen

A2
- jm etw. raten* *conseiller qc à qn*
- der Rat (Ratschläge), der Tipp (-s)
  le conseil, le tuyau
- die Gefahr (-en) *le danger*
- gefährlich *dangereux*
- der Virus (-en) *le virus informatique*

A2-B1
- empfehlen* *recommander*
- jn vor etw. (D) warnen *avertir qn de qc*
- vorsichtig *prudent*

meine Gewohnheiten

A2
- nie(mals) *ne ... jamais*
- manchmal *parfois, quelquefois*
- oft *souvent*
- wie oft? *combien de fois, à quelle fréquence ?*
- immer *toujours*

A2-B1
- selten *rarement*
- ab und zu *de temps en temps*
- oft, häufig *souvent*
- meistens *la plupart du temps*
- ständig *constamment*

Comprendre les consignes

- Machen Sie sich Notizen zu etw. *Prenez des notes sur qc.*
- Schreiben Sie einen Beitrag. *Écrivez une contribution.*
- Tauschen Sie Ihre Notizen mit einem Mitschüler aus. *Échangez vos notes avec un camarade.*

CITOYENNETÉ ET MONDES VIRTUELS

ÜBUNGEN

1 Indiquez le genre des noms suivants avec l'article défini.
- a. d... E-Mail
- b. d... Computer
- c. d... Passwort
- d. d... App
- e. d... Smartphone
- f. d... Handy
- g. d... Foto
- h. d... Video
- i. d... Nachricht
- j. d... Programm

2 Trouvez le nom à partir du verbe et donnez sa traduction en français.
- a. an/klicken → der ...
- b. fotografieren → das ...
- c. schützen → der ...
- d. spielen → das ...
- e. raten → der ...
- f. leben → das ...

3 Trouvez l'intrus.
- a. chatten – der Rat – fotografieren – posten – spielen
- b. ständig – nie – immer – vorsichtig – häufig
- c. die Datei – der Rat – empfehlen – der Tipp – die Gefahr
- d. googeln – online – twittern – posten – selten
- e. Musik hören – E-Books lesen – vor etw. warnen – Computerspiele spielen – sich Videos anschauen

4 Complétez par le complément adéquat.
eine App – seine Daten – ein Foto – ein Posting – das Privatleben – eine SMS – ein Video
- a. ... teilen
- b. ... schicken
- c. sich ... anschauen
- d. ... benutzen
- e. ... schützen
- f. ... respektieren
- g. ... kommentieren

5 Pour s'exprimer, il est souvent utile de reformuler son propos. Associez des éléments de sens équivalent.

- ich schicke ein Foto
- ich empfehle dir
- ich kommentiere
- ich bin ab und zu offline
- ich habe seinen Namen gegoogelt
- ich benutze ein Passwort

- ich habe im Internet über ihn recherchiert
- manchmal schalte ich mein Handy aus
- ich poste ein Bild
- ich schütze meine Daten
- ich rate dir
- ich habe etwas zu sagen

6 Complétez ce texte d'un blog à partir des mots indiqués.
benutzt – kommentieren – liest – Nachricht – Netzwerk – offline – Profil – schützt – teilen – Virus

Mein Bruder ... immer sein Smartphone. Er muss immer eine ... schicken, ein Foto ... oder ein Posting ... . Er ... nur E-Books und hat ein ... in jedem sozialen ... .
Aber er ... seine Daten nicht richtig und hat heute einen ... bekommen, er muss also heute ... bleiben. Das nervt ihn so sehr!

> Extra

A2-B1 7 Was machen Sie alles mit Ihrem Handy und wie oft? Was würden Sie im Internet nicht machen?

WORTBILDUNG

Les mots d'origine étrangère

La plupart des mots d'origine étrangère utilisés en allemand s'écrivent et se prononcent généralement comme dans la langue d'origine :
googeln, interviewen, das Interview, surfen, die E-Mail, die Recherche, das Internet, hacken ...

a. Les verbes se conjuguent aux différents temps comme en allemand.
→ *Ich google seinen Namen, du googelst diese Firma, er googelt diesen Star.*

b. Ce sont toujours des verbes faibles qui ne prennent pas de *ge-* au participe passé s'ils ne sont pas accentués sur la 1re syllabe.
→ *Wir haben das Gerät recycelt.*
→ *Er hat Max Schrems interviewt.*
→ *Wir haben seinen Namen gegoogelt.*

> ÜBUNG

Complétez par le terme qui convient.
Computer – gehackt – getwittert – offline – Posting – Website
- a. Er ist den ganzen Nachmittag am ... geblieben.
- b. Viele Nutzer haben mein ... kommentiert.
- c. Dieses Video kannst du dir nicht ... ansehen.
- d. Wir müssen finden, wer die ... des Gymnasiums ... hat.
- e. Ich schicke viele Fotos auf Instagram, aber ich habe noch nie ... .

TRAINING
GRAMMATIK

LERNTEMPODUETT
→ p. 19

❯ Dire ce que l'on (ne) ferait (pas) → p. 57

→ PRÉCIS p. 212

- Le subjonctif II est le mode de l'irréel, comme le conditionnel en français.
- Pour les auxiliaires et les modaux, on utilise une forme simple : *wäre, hätte, könnte* …
  Ohne soziale Netzwerke hätte sie nicht 1 000 Freunde!
- Pour les autres verbes, on préfère utiliser une forme composée avec *würde* et l'**infinitif** en dernière position.
  Mit einem Laptop würde er schneller arbeiten.

1 Tina n'a pas droit au smartphone. Elle s'imagine ce qu'elle ferait si elle en avait un.
Formez des phrases à la 1ʳᵉ personne à partir des indications suivantes.
schöne Fotos schicken – mit meinen Freunden chatten können – mir meine Lieblingsvideos anschauen – Lernapps benutzen – tolle Spiele herunterladen

2 Imaginez ce que vous feriez si vous n'étiez pas toujours connecté(e). Vous pouvez proposer d'autres situations.
mehr Bücher lesen – öfter ausgehen – auf der Straße mehr aufpassen – mich besser konzentrieren – nicht ständig SMS schicken – sportlicher sein …

❯ Formuler des recommandations avec un infinitif → p. 58

→ PRÉCIS p. 216

- Une proposition peut être complétée par un groupe infinitif dont l'infinitif sera précédé de *zu*.
- Les deux propositions doivent être séparées par une virgule quand l'infinitif a un complément.
  Es ist wichtig, ein gutes Passwort zu benutzen.
- Les verbes de modalité se construisent avec un infinitif **sans** *zu*.
  Du solltest deine Fotos privat halten.
- ❗ Pour les verbes à préverbe séparable, *zu* se place entre le préverbe et le verbe. Le tout s'écrit en un seul mot.
  Es ist wichtig, diese Datei herunterzuladen.

3 Complétez les avis suivants à l'aide du verbe entre parenthèses. Attention aux préverbes séparables.
a. (spielen) Ich finde es toll, Computerspiele …
b. (schützen) Es ist sehr wichtig, seine Daten …
c. (auf/passen) Es ist auch vorsichtiger, auf sein Privatleben …
d. (öffnen) Du solltest diese E-Mail besser nicht …
e. (herunter/laden) Es kann interessant sein, diese Datei …

4 Formulez une recommandation à partir des groupes infinitifs suivants, en utilisant les amorces proposées ou d'autres.
Fotos teilen – Postings kommentieren – deutsche Vokabeln mit einer App lernen – ein kurzes Passwort benutzen – sich auf seinem Smartphone Videos anschauen – mit fremden Leuten chatten
Du solltest nicht …
Es kann gefährlich sein, …
Es ist praktisch, …
Du kannst schon …

5 Intégrez la première phrase à l'amorce.
a. „Kauf dir diesen Laptop." → „Ich rate dir, … ."
b. „Probier ihn aber vorher aus." → „Du solltest ihn aber vorher … ."
c. „Schau dir auch andere Modelle an." → „Du kannst dir auch … ."
d. „Achte auf die Batteriekapazität." → „Vergiss nicht, … ."

1 2 Projekt

CITOYENNETÉ ET MONDES VIRTUELS

Meine Woche ohne Handy

A2-B1

- Sie nehmen an einem Twitter-Wettbewerb mit einer Partnerklasse teil. Das Thema ist #ohnesmartphone.
Lesen Sie den Text von Lukas und schreiben Sie in mehreren Tweets, was ohne Handy einfach / schwierig / sehr kompliziert / nervig ist.
Sie twittern auch, was Sie alles ohne Handy anders machen würden.

Lukas, 13, erzählt von seiner Woche ohne Handy

Tag 1

Ich fange meinen ersten Tag ohne Handy an. In der Schule war es heute nicht so schwierig, ich war sowieso zusammen mit Freunden. Schon auf dem Weg von der Schule nach Hause habe ich bemerkt, wie ich meine Gewohnheiten ändern musste. Ich wollte zu einem Freund, der mir seine Adresse gegeben hatte. Normalerweise öffne ich sofort eine App, aber ohne Smartphone musste ich ins Zentrum gehen und dort einen Stadtplan finden.

Tag 2

Heute war es besonders nervig. Wie jeden Tag habe ich den Bus genommen, aber meine Monatsfahrkarte ist auf meinem Handy, auf einer App. Ohne die App musste ich an dem Schalter[1] erklären, dass ich mein Handy nicht dabei habe, ich bekam eine provisorische Fahrkarte und habe deswegen etwas Zeit verloren. Ich habe eine lange Busstrecke[2] und höre immer Musik. Aber ohne Smartphone keine Musik, und ich hatte dazu mein Buch vergessen, die Strecke war also langweiliger als sonst.

Tag 4

Ich weiß nun, dass ein Tag ohne Handy mehr Organisation verlangt, aber es ist nicht unmöglich. Ich muss mich jetzt mit meinen Freunden verabreden, wenn sie mich telefonisch erreichen wollen. Ich habe zu Hause mehr Zeit zum Lesen und zum Musik hören, weil ich keine Nachrichten bekomme. Ich bin auch immer bereit, einen Ausflug zu organisieren.

Tag 8

Geschafft! Mein Handy ist zurück! Ich habe 185 Nachrichten und die meisten sind nicht sehr wichtig. Eine Woche ohne Handy ist nicht so schrecklich, wie ich es mir dachte. Man muss sich nur anpassen und man merkt schnell, dass man mit dem Handy vieles tut, was unnötig ist.

[1]. der Schalter *le guichet* [2]. die Busstrecke *le trajet de bus*

Stratégies

▷ **Écrire un tweet**
- Un tweet ne doit pas excéder 280 caractères. Si vous n'utilisez pas Twitter, mais un traitement de texte, le nombre de caractères est noté en bas.
- Vous pouvez utiliser l'ENT et envoyer les tweets sous forme de messages.

▷ **Qualifier une situation**
- *schwierig ≠ leicht* difficile ≠ facile
- *kompliziert ≠ einfach* compliqué ≠ simple
- *langweilig* ennuyeux
- *nervig* énervant

Fit für das Baccalauréat

Épreuve 1
▶ 2ᵉ trimestre de Première

Compréhension de l'oral

Digitale Geräte und Familienleben

● Hören Sie sich die Tonaufnahme dreimal an. Sie haben zwischen jedem Anhören eine Minute Zeit, um sich Notizen zu machen. Berichten Sie schriftlich auf Französisch über das Hördokument.

Stratégies

▷ **Rendre compte d'une interview**

● **S'aider des questions à l'écoute**
Les questions posées par l'intervieweur aident à la compréhension des réponses. Vous devez donc bien vous concentrer sur la question posée.
INTERVIEWER : – *Ist es schwer, die digitalen Gewohnheiten Ihrer Kinder zu kontrollieren?*
DOROTHEA : – *Ja, es ist nicht sehr einfach.*

● **Structurer le compte rendu de l'interview**
→ Il serait maladroit de reprendre la structure question-réponse. Vous éviterez l'interrogation indirecte (L'intervieweur lui a demandé si… Elle a répondu que…).
→ Il est plus habile de ne faire mention que des paroles et pensées de la personne interviewée :
– Elle dit / pense / explique que…
– Selon elle, …

Expression écrite
Choisissez l'un des deux sujets.

1. Ihr deutscher Partner / Ihre deutsche Partnerin hat auf seinem / ihrem offenen Instagram-Profil viele Fotos von Ihnen, Ihrer Familie und Ihren Freunden gepostet und dabei viele private Informationen (Ihre Adresse, den Arbeitsplatz Ihrer Eltern …) preisgegeben. Schreiben Sie ihm / ihr eine E-Mail, damit er / sie die Fotos löscht, und begründen Sie Ihre Bitte.

Stratégies

▷ **Formuler une demande**
– *Wir möchten, dass du …* Nous aimerions / voudrions que tu…
– *Wir bitten dich darum, … zu + inf.* Nous te demandons de…
– *Könntest du bitte …?* Pourrais-tu … s'il te plaît ?
– *Es wäre nett von dir, wenn du … würdest.* Ce serait sympa de ta part si tu…

2. In einem Ferienort soll jeder Besucher sein Smartphone bis zum Ende seines Aufenthalts an der Rezeption lassen. Im Internet lesen Sie die Kommentare der Besucher. Erklären Sie in einem Forum, warum Sie gern dorthin gehen würden und wie Sie dort Ihre Ferien ohne Smartphone verbringen würden.

> Wir wollten versuchen, eine Woche ohne Handy zu verbringen. Es hat wirklich geklappt! Wir freuen uns so sehr darüber …

> Tolles Erlebnis! Kein Handy und mehr Zeit, um zusammen zu sprechen und zu lachen! …

> Mein Mann ist wegen seines Berufs oft am Handy, auch im Urlaub. Er war in den ersten Tagen im Stress, aber schließlich habe ich ihn viel cooler und lustiger gefunden als sonst …

Stratégies

▷ **Peser le pour et le contre**

● Dans ce type de sujet, vous pouvez apporter des arguments dans les deux sens et exprimer votre avis en conclusion.

● **Points positifs** *(Vorteile)*
– *mehr zusammen sprechen und lachen* parler et rire davantage ensemble
– *mehr lesen* lire davantage
– *Postkarten oder Briefe schicken, anstatt Fotos zu teilen* envoyer des cartes postales ou des lettres au lieu de partager des photos

● **Points négatifs** *(Nachteile)*
– *keine Nachrichten von den Verwandten / den Freunden haben* ne pas avoir de nouvelles de la famille / des amis
– *nicht wissen, was in der Welt passiert* ne pas savoir ce qu'il se passe dans le monde

CITOYENNETÉ ET MONDES VIRTUELS

Épreuve 2 — 3ᵉ trimestre de Première

Compréhension de l'écrit

Im Roman *Second Face* sind Marie und Anne Zwillingsschwestern. Die beiden Schwestern haben sehr unterschiedliche Charaktere. Marie diskutiert darüber mit einem Freund, Tom.
Lesen Sie beide Auszüge. Erklären Sie in Ihrem Bericht, warum Tom mit Marie über *Second Life* spricht, wie das Spiel funktioniert und wie Marie auf den Vorschlag und auf das Spiel reagiert.

Text A

„Manchmal ist einfach alles beschissen, das ganze Leben … eben einfach alles!"
Kaum hat sie es ausgesprochen, möchte sich Marie am liebsten die Zunge abbeißen[1].
5 „Oha!", macht Tom und schaut sie nachdenklich an. „Das klingt nach einer echten Krise. Vielleicht solltest du mal Pause machen von deinem Leben. Einfach mal aussteigen."
Es tut Marie gut, dass Tom ihr zuhört, auch wenn
10 sein Vorschlag verrückt ist. „Toll, wie soll das denn gehen? Nichts, was ich lieber täte. Ich hasse mein Leben. Und ich würde gerne so sein wie …" Sie stockt. „Anne? So lustig und abgefahren und zickig?"
Marie schweigt. Sie will einfach nur ein wenig lo-
15 ckerer[2] sein. Alles nicht so ernst nehmen. Aber das ist leichter gesagt als getan.
Tom betrachtet sie von der Seite. „Ich mag dich so, wie du bist. Und wenn du neue Freunde suchst, dann hätte ich 'nen heißen Tipp für dich. Es gibt einen
20 Ort, wo du sehr schnell Freunde findest, tolle Gespräche. Und wenn du genug von ihnen hast, dann loggst du dich einfach wieder aus. Keiner nimmt es dir übel, keiner kann dich verletzen. Es ist einfach genial."
25 Marie versteht kein Wort.
„Schon mal was von *Second Life* gehört?"
Marie nickt. „Das sind so Freaks im Internet, die spielen richtiges Leben."
„Man soll nie über was reden, von dem man keine
30 Ahnung hat. *Second Life* ist ganz anders. Es ist genau das, was du brauchst. Du kannst dich neu erfinden und das tun, was du schon immer wolltest."
„Nicht noch ein Rollenspiel. Davon hab' ich genug! Die helfen auch nicht wirklich."
35 „Kein Spiel. Es ist eine zweite Realität. Überleg's dir. Wenn du willst, führe ich dich dort ein."

1. sich die Zunge ab/beißen* *se mordre la langue*
2. locker *détendu*

Text B

„Bereit für das große Abenteuer?", fragt Tom.
„Hm, … ja …", antwortet Marie.
Er nimmt ihr den Laptop ab und führt sie in sein Zimmer. Dort stellt er ihren Laptop neben seinen
5 Computer, öffnet ihn und schaltet ein.
„Passwort?", fragt Tom.
Für einen Moment zögert[1] Marie. Schließlich ist ein Passwort dazu da, die Daten auf dem Computer zu schützen, und mit dem Passwort kann man auch in
10 ihre Accounts hinein.
„Hallo, Marie! Passwort?"
Als sie immer noch zögert, fängt Tom an zu lachen. „Hast du Angst, ich klaue dir deine Daten? Nun mach kein Drama daraus! Du kannst es auch selber ein-
15 geben."
„Marieanne, in einem durch", antwortet Marie.
Tom schaut sie ungläubig an. „Dein Passwort lautet Marieanne?" Er fängt an zu lachen. „Und das deiner Schwester ist bestimmt Annemarie?"
20 Als Marie ihn verlegen anschaut, muss er noch mehr lachen. „Na gut, wenn auch nicht sehr originell. So ein Passwort kann jeder knacken. Also gut: Marieanne … Und los geht es."

Toms Finger fliegen schnell über die Tasten.
25 „Welchen Namen möchtest du in deinem neuen Leben haben?", fragt Tom.
„Kann ich nicht meinen Namen behalten[2]?"
Tom schüttelt den Kopf. „Rein theoretisch geht das schon. Aber die Leute, die das gemacht haben, haben
30 es alle später bereut[3]. Glaub mir, ich kenne mich in dieser virtuellen Welt fast besser aus als im richtigen Leben … Also weiter. Jeder kann sich einen Vornamen frei aussuchen, den Nachnamen musst du aus einer Liste dazutun."
35 Marie findet aber keinen Vornamen.
„Was ist mit Arabella?" fragt Tom.
„Arabella! Nicht schlecht", sagt Marie. „Von mir aus."
„Nicht schlecht! Das reicht nicht. Du kannst später alles ändern, dein Aussehen, deine Kleidung, einfach
40 alles, aber der Name, den du einmal wählst, der bleibt. Also sollte er dir schon gefallen", sagt Tom.
„Arabella. Bella heißt schön. Warum nicht?" antwortet Marie.

1. zögern *hésiter* 2. behalten* *garder* 3. bereuen *regretter*

Fit für das Baccalauréat

Épreuve 2 (suite)

Tom hat inzwischen die Webseite von *Second Life* aufgerufen. Eine freundliche Frauenstimme begrüßt sie:

45 Willkommen in der virtuellen Welt von *Second Life*. Dies ist ein Ort, um sich mit anderen zu treffen, ein Ort, um zu shoppen, ein Ort, um sich zu verlieben. Der Ort der unendlichen Möglichkeiten. Sie können die Welt zu Fuss, in einem Flugzeug oder auf einem fliegenden Teppich erkunden[4]. Sie können auch in einem
50 Piratenschiff segeln oder einfach die Arme ausbreiten[5] und selber fliegen.

„Na, spannend?", fragt Tom.
„Das ist ja doch nur ein Spiel!", sagt Marie ein wenig enttäuscht.
55 „Es ist kein Spiel!", antwortet Tom verärgert.

Nach Carolin PHILIPPS, *Second Face*, 2011

[4]. erkunden *explorer* [5]. die Arme aus/breiten *écarter les bras*

Stratégies

▷ **Réagir à une proposition**

- **Enthousiasme / indifférence**
  - *sich für etw. (A) begeistern; begeistert* s'enthousiasmer pour qc ; enthousiaste
  - *sich über etw. (A) auf/regen* s'énerver à cause de qc
  - *gleichgültig* indifférent
  - *schweigen*, nichts sagen* se taire, ne rien dire
- **Hésitation**
  - *nicht wissen*, ob …* ne pas savoir si…
  - *zögern, etw. zu tun* hésiter à faire qc
  - *unsicher sein* être peu sûr, incertain
- **Satisfaction / déception**
  - *sich über etw (A) freuen ≠ enttäuscht sein* se réjouir de qc ≠ être déçu
  - *(un)interessiert sein* être intéressé (indifférent)

Expression écrite

Choisissez l'un des deux sujets.

1. **Die große Mehrheit der Jugendlichen ist täglich online und verbringt viel Zeit im Internet. Gehören Sie zu diesen Jugendlichen? Was halten Sie von dieser Beschäftigung?**

Stratégies

▷ **Exprimer ses craintes**

Il est parfois nécessaire d'exprimer des craintes ou des doutes sur un sujet de société.
- *Ich finde es schade / bedauerlich, dass …* Je trouve dommage / regrettable que…
- *Ich befürchte, dass …* Je crains que…
- *Es ist besorgniserregend, dass …* Il est préoccupant que…
- *Man sollte sich Sorgen um … machen.* On devrait s'inquiéter de…

2. **Kommentieren Sie, wie dieses Bild die Gefahren der sozialen Netzwerke illustriert und sagen Sie, was Sie davon halten.**

Und jetzt erzähl mir mal was über Dich!

Stratégies

▷ **Rédiger à partir d'une image**

Il ne s'agit pas de décrire l'image et de la commenter ensuite. Les éléments visuels vont vous être utiles pour introduire ou illustrer vos arguments.
- *Auf dem Bild kontrolliert Facebook diesen Mann, wie soziale Netzwerke die Bürger manipulieren.*
  Sur cette image, Facebook contrôle cet homme tout comme les réseaux sociaux manipulent les citoyens.
- *Der Satz bezieht sich auf die persönlichen Daten. Man weiß nämlich, dass …*
  La phrase se réfère aux données personnelles. On sait en effet que…

CITOYENNETÉ ET MONDES VIRTUELS

Épreuve 3 ▶ 2ᵉ trimestre de Terminale

Zoom sur la partie orale

Expression orale

● Sie haben einen Artikel zum Thema „die Rolle des Bürgers in einer digitalen Welt" geschrieben. Jetzt müssen Sie ihn illustrieren. Welches Bild würden Sie wählen und warum?

A

B Irgendwann verschwinden die Menschen hinter den Daten.

C COOL! ICH HABE AUF EINMAL SO VIELE NEUE FREUNDE UND FOLLOWER...

Stratégies

▷ Relier l'image à l'axe concerné

N'oubliez pas de vous référer à l'axe dans votre commentaire d'image. Dans l'axe « citoyenneté et mondes virtuels », le terme « citoyenneté » peut étoffer votre commentaire.

Image A
– *die Welt nur durch die digitalen Geräte kennen* connaître le monde seulement à travers les appareils numériques
– *nur virtuelle Kontakte zu seinen Mitbürgern haben* n'avoir que des contacts virtuels avec ses concitoyens
– *sich nicht bewegen können* ne pas pouvoir bouger
– *kein freier Bürger mehr sein* ne plus être un citoyen libre

Image B
– *seine Mitbürger nur durch Daten kennen* ne connaître ses concitoyens qu'à travers des données
– *in einer entmenschlichten Gesellschaft leben* vivre dans une société déshumanisée
– *nur als Datenmenschen interessant sein* n'être intéressant qu'en tant qu'individus digitalisés
– *immer mehr über die Menschen / die Gewohnheiten / die Vorlieben wissen wollen* vouloir en savoir toujours plus sur les gens / les habitudes / les préférences

Image C
– *als vernünftiger Bürger handeln* agir en citoyen responsable
– *keine unbekannten Menschen als Freunde annehmen* ne pas accepter d'inconnus comme amis
– *viel über das Privatleben der Bürger wissen* savoir beaucoup de choses sur la vie privée des citoyens

▷ Rebondir sur ce qui a été dit

En interaction, votre interlocuteur vous posera des questions. La plupart exigeront une réponse précise et vous y répondrez directement. Parfois, vous aurez besoin d'un peu de temps pour y réfléchir. Au lieu de laisser s'installer un silence, vous pouvez réagir en produisant du discours.

● **Répétez la question, en la transformant en question indirecte**
– *Sie fragen mich / Sie wollen wissen, ob / wer / was / wann / wie / inwiefern …*
Vous me demandez / Vous voulez savoir si / qui / ce que / quand / comment / dans quelle mesure…

● **Soulignez la complexité du sujet**
– *Diese Frage ist nicht leicht zu beantworten.* Il n'est pas facile de répondre à cette question.
– *Ich kann Ihnen dazu leider nicht viel sagen, denn …* Malheureusement, je ne peux pas vous en dire grand chose car…
– *Ich weiß nicht, was ich darauf antworten könnte.* Je ne sais pas ce que je pourrais répondre à cela.
– *Mir fällt dazu nichts ein.* Rien ne me vient à l'esprit sur cette question.
– *Ich habe mir diese Frage noch nie gestellt.* Je ne me suis encore jamais posé cette question.

① Unter dem Motto „Let's bring a smile" treten Klassik- und Pop-Musiker bei einem Benefizkonzert für krebskranke[1] Kinder in Würzburg auf.

1. der Krebs *le cancer*

② Die deutsche Nationalmannschaft singt die Nationalhymne bei der Weltmeisterschaft 2018.

③ Das *Syrian Expat Philharmonic Orchestra* führt die Europahymne „Ode an die Freude" von L. v. Beethoven mit deutschen Musikern in Rostock auf.

④ Der russische Cellist M. Rostropowitsch spielt am 11. November 1989 vor der Berliner Mauer.

Kapitel 4 — ART ET POUVOIR

Engagierte Musik

> **Welchen Einfluss hat Musik in der Gesellschaft?**

- Écrire le refrain d'une chanson. (p. 70)
- Participer à une table ronde sur le thème « musique et politique ». (p. 72)
- Construire une phrase énonciative indépendante. (p. 71)
- Utiliser les verbes de modalité – Exprimer une potentialité. (p. 73)

Projekt
Créer une émission de webradio sur les musiciens engagés. (p. 77)

BAC — ÉPREUVES COMMUNES EN COURS D'ANNÉE

Épreuve 1
- Macht der Musik (p. 78)
- **Stratégie** : Tirer profit de ce qui a été appris en classe (p. 78)
- **Stratégies** : Appuyer son argumentation sur des exemples – Prendre position (p. 78)

Épreuve 2
- „Musikalische Projekte mit jugendlichen Flüchtlingen", www.jms-breisgau.de (p. 79)
- **Stratégie** : Déduire le sens des mots (p. 80)
- **Stratégies** : Organiser son travail de rédaction – Parler d'une expérience personnelle positive (p. 80)

Épreuve 3
- **Stratégie** : Présenter les documents et justifier son choix (p. 81)
- **Stratégie** : Demander des précisions et se corriger (p. 81)

SPRACHBOX

- Einfluss auf jn / etw. haben *avoir de l'influence sur qn / qc*
- ein Musikstück auf/führen *jouer un morceau de musique*
- auf/treten* *se produire sur scène*
- das Benefizkonzert *le concert caritatif*
- die Freiheit *la liberté*
- die Zugehörigkeit *l'appartenance*
- etw. symbolisieren *symboliser qc*
- Werte vermitteln *transmettre des valeurs*
- der Flüchtling (-e); der Migrant (-en) *le réfugié ; le migrant*
- die Menschen verbinden* *unir les gens*
- Geld sammeln *collecter de l'argent*
- benachteiligt *défavorisé*
- der Frieden *la paix*
- das Glück *le bonheur*
- die Freundschaft *l'amitié*
- die Gerechtigkeit *la justice*

→ p. 74

Wertvolle Musik

A2 ① Was sehen Sie auf den Fotos? Ordnen Sie jedem Bild eine Legende zu.

B1 ② Welcher Begriff illustriert am besten welches Foto? Begründen Sie.
Freiheit – Toleranz – Zugehörigkeit – Solidarität

③ Welche anderen Werte oder Emotionen kann Musik vermitteln?

1 → 2 Projekt

Einen Liedrefrain schreiben

Musik und Engagement

A) Laute Jugend

A2 1. Welche praktischen Informationen liefert Ihnen das Festivalplakat?

B1 2. Lesen Sie den Artikel. Welche weiteren Informationen bekommen Sie über das Festival?

3. Vergleichen Sie die Ergebnisse mit einem Mitschüler / einer Mitschülerin. Was bedeutet das Motto „frei, gleich & laut"?

Antirassismustag: Schüler rocken für offene Gesellschaft

Am Ende war es eine große Party ganz nach dem Geschmack[1] des kommunalen Integrationszentrums: frei, gleich und laut. Mehr als tausend Jugendliche strömten[2] am Samstag ins Schulzentrum Vogelsang in Solingen, um beim Schülerrock-
5 festival und Antirassismustag zu feiern und sich für eine offene, tolerante Stadtgesellschaft zu engagieren.
„Es war super und noch stimmiger[3] als im vergangenen Jahr", zog Michael Roden vom Stadtdienst Integration eine positive Bilanz.
10 Organisationen wie der Migrations- und Integrationsrat, Amnesty International oder das Kommunale Integrationszentrum stellten ihre Arbeit vor. Der Jugendstadtrat[4] (JSR) sammelte auf einem Plakat Statements gegen Rassismus und Ausgrenzung: „Frieden ist, wenn die Hautfarbe egal ist."
15 Für die JSR-Mitglieder Joelle Mbuyi und Marius Rauh ist ihr Engagement Ehrensache[5]: „Wir erkennen, dass Rassismus noch immer verbreitet[6] ist und zeigen, dass es Widerstand[7] gibt." […]
Musik wurde freilich auch gemacht – und das nicht zu knapp.
20 Alleine im Pädagogischen Zentrum der Schule traten 25 Bands auf – vornehmlich aus Solingen.
Wie wichtig das Schülerrockfestival für junge Musiker sein kann, weiß Lina Holzrichter. Die Sängerin der Band *Cuckoo* findet die Kombination aus Schülerrockfestival und Antiras-
25 sismustag „super richtig und super wichtig": „Hier kann man in cooler Atmosphäre aufmerksam machen[8]."

Nach Manuel Böhnke, Solinger Tageblatt, 18.03.18

1. der Geschmack *le goût* 2. strömen *affluer* 3. stimmig *ici, sympathique*
4. der Stadtrat *le conseil municipal* 5. die Ehrensache *ici, la cause noble*
6. verbreitet *répandu* 7. der Widerstand *la résistance*
8. auf etw. (A) aufmerksam machen *attirer l'attention sur qc*

SPRACHBOX

Musik und Engagement
- das Festival (-s) *le festival*
- der Auftritt (-e) *le passage sur scène*
- veranstalten = organisieren
- der Teilnehmer (-) *le participant*
- an etw. (D) teil/nehmen* = bei etw. (D) mit/machen *participer à qc*
- in … (D) statt/finden* *avoir lieu à / en / dans…*
- sich für ≠ gegen etw. (A) engagieren, ein/setzen *s'engager pour ≠ contre qc*
- jn unterstützen *soutenir qn*
- frei sein *être libre*
- die Gleichheit; gleich sein *l'égalité de droits ; être égal*
- die Vielfalt *la diversité*
- etw. fördern = stärken *renforcer, consolider qc*

seine Meinung nuancieren
- **wirklich** wichtig *vraiment important*
- **besonders** gut *particulièrement bien*
- **ganz** toll *absolument super*
- **total** genial *totalement génial*
- **überhaupt nicht** interessant *absolument pas intéressant*

→ p. 74

ART ET POUVOIR

B) Hip-Hop für Solidarität

MÉDIATION · **PARTNERBRIEFING** → p. 18

A2-B1

1 PARTNER **A** liest den Text und macht sich Notizen zu den folgenden Punkten: Name des Gründers – Gründungsjahr – Teilnehmer – Programm – Ziele.
PARTNER **B** sieht sich das Video an und notiert Informationen zu konkreten Aktionen des Vereins.

2 Beide Partner tauschen sich über die Ergebnisse aus.

3 Ein oder zwei Schüler präsentieren der Klasse die Ergebnisse.

4 Sehen Sie sich auf deluxekidz.de/kurse das Kursangebot an. Welchen Kurs würden Sie gern machen?

das Umsonstangebot *l'offre gratuite* – einen Song auf/nehmen* *enregistrer une chanson* – ein Video drehen *tourner une vidéo*

---

http://deluxekidz.de

DELUXEKIDZ DER VEREIN   PROJEKTE   NEWS   PARTNER   SPENDE   KONTAKT

Der Verein[1] DeluxeKidz wurde 2013 vom deutschen Hip-Hop-Künstler Samy Deluxe in Hamburg gegründet. Der Musiker setzt sich schon seit Jahren in verschiedenen sozialen Projekten für Kinder und Jugendliche ein. Der Verein möchte Kindern und Jugendlichen aus verschiedenen Herkunftsländern, Kulturen und Altersklassen eine Alternative zur Freizeitgestaltung durch Computer, Handys und Social Media bieten[2]. Sie sollen die Chance bekommen, Musik, Sprache, Tanz sowie darstellende und bildende Kunst[3] kennenzulernen und können Kurse für Breakdance, Rap, Gesang, Graffiti oder Beatboxen machen. Dabei sollen sie Kreativität, Teamfähigkeit und Selbstbewusstsein[4] stärken. Die Jugendlichen arbeiten aktiv an der Programmplanung und den Projekten des Vereins mit und werden dadurch angeregt[5], offen und reflektiert auf Menschen und Themen zuzugehen.

KulturBOX

In Deutschland engagieren sich viele Musiker für verschiedene soziale Projekte.
Die Pop-Rock-Band *Silbermond* setzt sich zum Beispiel gegen Rassismus und für benachteiligte Menschen ein.
Die berühmte Hip-Hop-Gruppe *Die Fantastischen Vier* engagiert sich gegen Rechtsextremismus und unterstützt Flüchtlinge.
Auf der Webseite www.musik-bewegt.de/kuenstler finden Sie weitere engagierte Musiker und ihre Projekte.

---

1. der Verein *l'association*
2. etw. bieten* *proposer qc*
3. die darstellende und bildende Kunst *les arts dramatiques et plastiques*
4. das Selbstbewusstsein *la confiance en soi*
5. jn zu etw. an/regen *inciter qn à qc*

SPRACHBOX

Construire une phrase énonciative indépendante

- Organisationen wie Amnesty international oder das Integrationszentrum [präsentieren]₁ ihre Arbeit.
  1
- Mehr als 20 Bands [wollen]₂ bei dem Festival spielen.
  1   2
- Da die Sängerin sich für soziale Projekte engagiert, [bekam]₂ sie einen Preis.
  1   2

→ p. 76

Nun sind Sie dran!

Sie möchten sich für die nächste Ausgabe des Schülerrockfestivals bewerben und schreiben dafür den Refrain eines engagierten Songs für Vielfalt und gegen Rassismus. Finden Sie auch einen Titel für Ihren Song.

2 Projekt

Seine Meinung zum Thema „Musik und Politik" äußern

Macht Musik Politik?

A) Musik als Weg zur Freiheit?

A2 1. Informieren Sie sich in der Kulturbox über die Situation der Musiker in der DDR.
B1 2. Lesen Sie den Romanauszug und ordnen Sie jedem Absatz einen Titel zu:
  Probleme der Band   Erste Erfolge   Sozialistische Ideologie
B1-B2 3. Was erfahren Sie in der Einleitung und im Romanauszug über Mikes Band?
4. Wie erklärt Herr Rettig die Kulturpolitik der DDR?

8. Mai 1945	7. Oktober 1949	13. August 1961	9. November 1989	3. Oktober 1990
Ende des 2. Weltkriegs	Gründung der DDR	Bau der Berliner Mauer	Fall der Berliner Mauer	Deutsche Einheit

Mike, der Erzähler, lebt in den 80er Jahren in Potsdam in der DDR. Zusammen mit seinen Freunden Floyd und Porni träumt er von einer Zukunft als erfolgreicher Musiker und von einem Leben in Freiheit.

In einer eigenen Band zu spielen war das Allergrößte, gar keine Frage. Und mit unserer Band hatten wir alles erreicht[1], was man in jungem Alter und in diesem Provinzkaff[2] erreichen konnte. Über kurze Zeit verfügten
5 wir sogar über einen Proberaum. [...]
Doch auch wenn wir uns noch so viel Mühe gaben[3], indem wir anboten, das Festprogramm des Kulturhauses anlässlich des 1. Mai mit ein paar Songs unserer Band zu veredeln[4], es nutzte auf Dauer alles nichts. Wir bekamen jeden Tag
10 gesagt, dass die Bandmitglieder nicht ganz den Vorstellungen von „allseits gebildeten sozialistischen Persönlichkeiten" entsprachen[5]. Wir waren einfach nicht erwünscht.

„Habe ich richtig gehört, dass Sie ausgerechnet zum Internationalen Kampf- und Feiertag der Arbeiterklasse einen
15 Titel von Udo Lindenberg spielen wollen? Gibt es denn nicht genügend Idole aus der Kulturszene der Deutschen Demokratischen Republik für Jugendliche wie Sie? Sie haben eine Vorbildfunktion[6] für die anderen Heranwachsenden[7], sind Sie sich dessen nicht bewusst? [...] Wenn Sie so
20 weitermachen, wird das nie etwas mit Ihrer Spielerlaubnis!"
Mit diesem Kurzvortrag fing uns Kulturhausleiter Rettig eines schönen Tages schon auf der Haustreppe ab.

Nach Kay LUTTER, *Bluessommer*, 2017

---

1. etw. erreichen *obtenir qc* 2. das Kaff *le bled* 3. sich Mühe geben* *faire des efforts*
4. veredeln *ici, enrichir* 5. den Vorstellungen nicht ganz entsprechen* *ici, ne pas vraiment correspondre à l'idéologie socialiste de la RDA* 6. die Vorbildfunktion *le rôle de modèle*
7. die Heranwachsenden = die Teenager

SPRACHBOX

Musik und Politik
- die Zensur *la censure*
- etw. zensieren *censurer qc*
- das Werk (-e) *l'œuvre*
- die politische Macht *le pouvoir politique*
- die Meinungsfreiheit *la liberté d'expression*
- das Regime kritisieren *critiquer le régime*
- etw. verbieten* ≠ etw. erlauben *interdire qc ≠ autoriser qc*
- das Verbot (-e) ≠ die Erlaubnis *l'interdiction ≠ l'autorisation*
- die Gesellschaft *la société*
- für ≠ gegen etw. (A) kämpfen *se battre pour ≠ contre qc*
- die Verantwortung *la responsabilité*
- zu etw. (D) Stellung nehmen* *prendre position sur qc*
- etw. (D) entsprechen* *correspondre à qc*
- jm mit etw. (D) drohen *menacer qn de qc*

Musik und Integration
- aus einem Land fliehen* ≠ in einem Land bleiben* *fuir un pays ≠ rester dans un pays*
- etw. ermöglichen, erlauben *permettre qc*
- etw. erleichtern *faciliter qc*
- die Sprachbarriere überwinden* *surmonter la barrière de la langue*
- jn mit etw. verbinden* *relier, unir qn avec qc*
- verbindend *qui relie, qui unit*
- bereichernd *enrichissant*
- die Gemeinschaft *la communauté*
- jm etw. bei/bringen* *apprendre qc à qn*
- jn von etw. überzeugen *convaincre qn de qc*

→ p. 74

ART ET POUVOIR

B) Muss Musik politisch sein? 🎧 💬

VIDEO

B1 ① Sehen Sie sich das Video an. Wie beschreibt die Journalistin die aktuelle politische Situation in Deutschland?

② Was sagen der Musikwissenschaftler Thorsten Hindricks und die Sänger der Punkrock-Bands *ZSK* und *Itchy* zum Thema „Musik und Politik"? Geben Sie mit Ihren eigenen Worten deren Aussagen wieder.

der Musikwissenschaftler *le musicologue* – sich zu/spitzen *s'aggraver* – salonfähig werden = akzeptiert werden – Fragen auf/werfen* *soulever des questions* – die Menschenrechte *les droits de l'Homme*

C) Musikalische Brücken 🎧 💬

VIDEO

A2 ① Notieren Sie folgende Informationen zum Musiker: Name – Herkunft – Beruf – seine Meinung über die Initiative.

B1 ② Konzentrieren Sie sich auf den Rest des Videos und notieren Sie Informationen zur Geschichte und zu den Zielen der Initiative „Bridges – Musik verbindet."

③ Präsentieren Sie der Klasse die Ergebnisse.

der Topf *la casserole* – etw. leiten *diriger qc* – der Lehramtsstudent *qn qui fait des études pour devenir enseignant*

Kultur BOX

In der DDR gab es keine Meinungsfreiheit. Regimekritik wurde sanktioniert und Künstler wurden politisch kontrolliert. Musiker brauchten eine offizielle Spielerlaubnis. Trotzdem engagierten sich viele Musiker für die Freiheit, wie der Liedermacher Wolf Biermann. Seine Werke wurden zensiert und er bekam Auftrittsverbot. Auch der westdeutsche Sänger Udo Lindenberg durfte als Figur der Friedensbewegung lange Zeit nicht in der DDR auftreten. 1983 komponierte er das DDR-kritische Lied *Sonderzug nach Pankow*.

SPRACH BOX

Utiliser les verbes de modalité
- Musik **kann** Menschen verbinden.
- In der DDR **durften** Musiker ohne Spielerlaubnis nicht auftreten.
- Wir **müssen** in der Gesellschaft positive Werte vermitteln.
- Viele Jugendliche **mögen** Rap und Hip-Hop.

Exprimer une potentialité → p. 62
- Lieder **erlauben**, Kritik auszudrücken.
- Das Projekt **ermöglicht**, andere Kulturen kennen **zu** lernen.
- Das gemeinsame Musizieren **erleichtert** den Migranten, sich schneller **zu** integrieren.

→ p. 76

Nun sind Sie dran!! — MÉDIATION — TISCHSET → p. 25

Welchen positiven Einfluss kann Musik in der Gesellschaft haben? Sammeln Sie in Vierergruppen Ideen zum Thema „Musik und Politik" nach der Tischsetmethode. Jeweils ein/e Schüler/in jeder Gruppe versucht dann, die Mitschüler/innen im Rahmen eines „runden Tisches" von den Ideen der Gruppe zu überzeugen.

TRAINING
WORTSCHATZ
Engagierte Musik

Musikfestival

A2
- das Festival (-s) *le festival*
- ein Instrument spielen *jouer d'un instrument*
- in einer Band, in einem Orchester spielen
  jouer dans un groupe de musique, dans un orchestre

A2-B1
- der Teilnehmer (-) *le participant*
- der Auftritt (-e) *le passage sur scène*
- auf/treten* *se produire sur scène*
- etw. auf/führen *jouer qc*
- etw. veranstalten = etw. organisieren
- an etw. (D) teil/nehmen* = bei etw. (D) mit/machen
  participer à qc
- auf/nehmen* *enregistrer*

Werte und Engagement

A2
- der Frieden *la paix*
- das Glück *le bonheur*
- die Freundschaft *l'amitié*
- die Liebe *l'amour*
- die Freiheit; frei *la liberté ; libre*

A2-B1
- Werte vermitteln *transmettre des valeurs*
- die Gerechtigkeit *la justice*
- das Zugehörigkeitsgefühl *le sentiment d'appartenance*
- die Gleichheit; gleich sein *l'égalité de droits ; être égal*
- die Vielfalt *la diversité*
- sich für ≠ gegen etw. (A) engagieren, ein/setzen
  s'engager pour ≠ contre qc
- jn unterstützen *soutenir qn*
- Einfluss auf jn / etw. haben *avoir de l'influence sur qn / qc*
- für ≠ gegen etw. (A) kämpfen *se battre pour ≠ contre qc*
- zu etw. (D) Stellung nehmen* *prendre position sur qc*

Integration

A2
- die Integration *l'intégration*
- sich in (A) integrieren *s'intégrer dans*
- neue Menschen, Kulturen kennen lernen
  faire la connaissance de nouvelles personnes, découvrir de nouvelles cultures
- die Fremdsprache (-n) *la langue étrangère*

A2-B1
- der Flüchtling (-e); der Migrant (-en) *le réfugié ; le migrant*
- aus einem Land fliehen* ≠ in einem Land bleiben*
  fuir un pays ≠ rester dans un pays
- benachteiligt *défavorisé*
- etw. fördern = stärken *soutenir, consolider qc*
- die Sprachbarriere überwinden*
  surmonter la barrière de la langue
- jn mit etw. verbinden* *relier, unir qn à qc*
- etw. verbinden* ≠ etw. trennen
  relier qc ≠ séparer, diviser qc
- verbindend ≠ trennend *qui relie, qui unit ≠ qui sépare*
- bereichern; bereichernd *enrichir ; enrichissant*
- jm etw. bei/bringen* *apprendre qc à qn*
- etw. ermöglichen, erlauben *permettre qc*
- etw. erleichtern *faciliter qc*

Musik und Gesellschaft

A2
- die Gesellschaft *la société*
- die Zensur *la censure*
- etw. zensieren *censurer qc*
- das Werk (-e) *l'œuvre*
- die Gemeinschaft *la communauté*

A2-B1
- die Verantwortung *la responsabilité*
- die politische Macht *le pouvoir politique*
- die Meinungsfreiheit *la liberté d'expression*
- das Regime kritisieren *critiquer le régime*
- etw. verbieten* ≠ etw. erlauben *interdire qc ≠ autoriser qc*
- das Verbot (-e) ≠ die Erlaubnis *l'interdiction ≠ l'autorisation*
- etw. (D) entsprechen* *correspondre à qc*
- jn von etw. überzeugen *convaincre qn de qc*

Comprendre les consignes
- Ordnen Sie jedem Bild eine Legende zu.
  Associez une légende à chaque image.
- Debattieren Sie im Rahmen eines runden Tisches.
  Faites un débat dans le cadre d'une table ronde.
- Gestalten Sie eine Webradio-Sendung.
  Réalisez une émission de webradio.

ÜBUNGEN

1 Donnez l'article défini des substantifs suivants.
- a. d... Festival
- b. d... Engagement
- c. d... Freundschaft
- d. d... Frieden
- e. d... Gemeinschaft

2 Trouvez l'intrus.
- a. der Teilnehmer – der Auftritt – ein Instrument spielen – die Fremdsprache – die Band
- b. verbinden – bereichern – ermöglichen – zensieren – stärken
- c. die Gerechtigkeit – die Gleichheit – die Freiheit – das Zugehörigkeitsgefühl – die Sprachbarriere
- d. erleichtern – verbieten – erlauben – fördern – unterstützen

3 Reliez les expressions contraires.

aus einem Land fliehen • • die Erlaubnis
verbinden • • benachteiligt sein
die Meinungsfreiheit • • in einem Land bleiben
gleich sein • • die Zensur
das Verbot • • trennen

4 Complétez ce texte avec les verbes suivants.
fördern – integrieren – kennen lernen – überwinden – verbinden – vermitteln

> Musik kann viele positive Werte ☐.
> Sie ermöglicht auch, Menschen zu ☐ und
> die Integration zu ☐. Durch gemeinsames
> Musizieren kann man neue Leute ☐.
> Dadurch kann man die Sprachbarriere ☐
> und sich schneller ☐.

> **Extra**
> A2-B1
> **5** Wer ist Ihre aktuelle Lieblingsband oder Ihr Lieblingssänger? Erzählen Sie.

WORTBILDUNG

Quelques préverbes séparables

a. Formation
- On place le préverbe séparable à la fin de la proposition indépendante ou principale.
  → *Die Band **tritt** beim Festival **auf**.*
- Pour la formation du participe passé et de l'infinitif, **on intercale le « *ge* » et le « *zu* » entre le préverbe et la base verbale.**
  → *Die Band ist beim Festival **auf**ge**treten**.*
  → *Das Festival ermöglicht Bands, live **auf**zu**treten**.*

b. Sens
Le sens des préverbes séparables, souvent proche de celui des prépositions homonymes, est précieux pour comprendre celui du verbe. Quelques exemples :

- **an** (contact, commencement)
  → *das Konzert **an**/fangen**
- **auf** (contact)
  → *beim Festival **auf**/treten*, einen Song **auf**/nehmen**
- **aus** (fin, sortie)
  → *das Radio **aus**/machen*
- **ein** (début, entrée)
  → *die Musik **ein**/schalten*
- **mit** (accompagnement, partage)
  → *zum Konzert **mit**/kommen*, bei der Band **mit**/machen*
- **vor** (position devant)
  → *sich **vor**/stellen*
- **zusammen** (ensemble)
  → ***zusammen**/arbeiten*

ÜBUNG

Intégrez le verbe entre parenthèses à la phrase. Veillez à sa construction et à la conjugaison. Traduisez les phrases obtenues.
- a. (anfangen) Das Schulkonzert hat pünktlich um 20 Uhr ... .
- b. (mitmachen) Neben Bands aus der Stadt ... viele Musikgruppen aus der ganzen Region ... .
- c. (auftreten – vorstellen) Für viele Musiker ermöglicht das Konzert, zum ersten Mal live ... und ihre Arbeit ... .
- d. (aufnehmen) Aber es sind auch Profis dabei: Manche Bands haben schon eigene Songs ... .
- e. (zusammenarbeiten) Außerdem ... sie in ihrer Gruppe schon lang ... .

TRAINING
GRAMMATIK

LERNTEMPODUETT → p. 19

» La phrase énonciative indépendante → p. 71
→ PRÉCIS p. 218

- Le verbe conjugué est en 2ᵉ position. Le verbe non conjugué (infinitif, participe II) est en dernière position.
  Morgen **gehe** *ich auf ein tolles Rockkonzert.*   *Sie* **möchten** *beim Festival* **mitmachen**.
    1   2   1   2

- ❗ Les conjonctions de coordination (***und***, ***oder***, ***aber***, ***denn***) n'ont pas d'influence sur la place du verbe :
  Und er **begleitet** *uns nicht aufs Konzert. Denn er* **ist** *krank.*
        1   2   1   2

- La première position de la phrase peut être occupée par différents éléments qui constituent toujours une unité de sens.
  – Sujet : *Meine beste Freundin* **spielt** *schon seit 10 Jahren Violine.*
  – Indication de lieu / de temps : *In Deutschland / Heute* **gibt** *es viele engagierte Musiker.*
  – Indication de cause : *Wegen Krankheit der Musiker* **wurde** *das Konzert abgesagt.*
  – Proposition subordonnée : *Wenn du Lust hast,* **können** *wir gemeinsam in die Oper gehen.*

- La première position dans la phrase peut aussi servir à mettre en valeur une information précise. À l'oral, cet élément porte un accent particulier : *Diese Band* **mag** *ich nicht.*   *Auf dieses Konzert* **möchte** *ich unbedingt gehen!*

1 * Formez des phrases à partir des éléments indiqués. Parfois, il y a deux solutions.
 a. sich engagieren – in Deutschland – für soziale Projekte – viele Musiker
 b. gegen Rassismus – kämpfen – einige Musiker – auch
 c. die Integration – ihres Engagements – ist – ein wichtiger Aspekt
 d. wollen – Stellung nehmen – die engagierten Musiker – zu Problemen in der Gesellschaft

2 ** Réécrivez les phrases suivantes en plaçant l'élément souligné en première position.
 a. Man durfte sich <u>in der DDR</u> nicht öffentlich regimekritisch äußern.
 b. Für engagierte Musiker sind <u>Werte wie Toleranz, Solidarität und Liebe</u> sehr wichtig.
 c. Die Sängerin musste das Konzert <u>wegen persönlicher Probleme</u> absagen.
 d. Du kannst morgen zu meinem Chorkonzert kommen, <u>wenn du Zeit hast</u>.

» Les verbes de modalité → p. 73
→ PRÉCIS p. 210

- Les verbes ***dürfen***, ***können***, ***mögen***, ***müssen***, ***sollen*** et ***wollen*** sont irréguliers.
- Ils sont souvent accompagnés d'un **infinitif sans *zu***. Dans une **proposition principale**, l'infinitif se met en **dernière position**. Dans une **subordonnée**, il se place juste avant le verbe conjugué en **avant-dernière position**.
- Ces verbes donnent une information sur une possibilité, obligation ou volonté concernant le sujet grammatical :
  – possibilité ou capacité (*können*) *Sie* **kann** *gut Gitarre* **spielen**.
  – autorisation (*dürfen*) *Er* **darf** *heute Abend ins Konzert* **gehen**.
  – obligation absolue (*müssen*)
  Vor der Bandprobe **muss** *sie die Hausaufgaben* **machen**.
  – obligation par rapport à un tiers ou conseil (*sollen*)
  Er sagt, dass er sich in der Schule besser **konzentrieren** *soll.*
  – volonté (*wollen*) *Wir* **wollen** *eine Band* **gründen**.
  – préférence (*mögen*)
  Er **möchte** *nicht ins Konzert* **gehen**.

- ❗ Construit sans infinitif, le verbe *mögen* signifie aimer, apprécier qc ou qn.

3 * Complétez chaque phrase avec un verbe de modalité au présent.
 a. Ich höre gerade eine Aufnahme mit Mozarts Klavierkonzerten. Der Pianist … wirklich super spielen!
 b. Das Festival beginnt um 20 Uhr. Du … bitte pünktlich sein!
 c. Meine Eltern … Pop lieber als Klassik.
 d. Wenn ihr Profimusiker werden …, … ihr mehr üben!

4 ** Traduisez le texte suivant en français. Attention au sens des verbes de modalité.
 Viele Musiker wollen sich engagieren, um die Welt besser zu machen. Ihr Engagement kann viele Formen haben: Einige Musiker singen in ihren Liedern über Solidarität und Toleranz. Andere mögen lieber konkrete Aktionen und organisieren Benefizkonzerte für arme Menschen, die ein besseres Leben haben sollen.

76 KAPITEL 4 • ENGAGIERTE MUSIK

1 2 Projekt

ART ET POUVOIR

Eine Webradio-Sendung

A2-B1 Sie haben in diesem Kapitel Dokumente zum Thema Musik und Engagement studiert. In diesem Kontext sollen Sie eine Webradio-Sendung über engagierte Musiker oder ein engagiertes Musikprojekt aus den DACH-Ländern gestalten.

- Wählen Sie in der Klasse zwei Chefredakteure. Sie koordinieren die Gruppenarbeiten, präsentieren das Thema der Sendung und kündigen die Reportagen ihrer Mitschüler an.

- Bilden Sie Dreier- oder Vierergruppen. Jede Gruppe wählt einen Musiker, eine Gruppe oder ein Musikprojekt aus den DACH-Ländern aus. Wichtig ist das politische und / oder soziale Engagement.

- Sie finden ein paar Beispiele von engagierten deutschen Musikern auf der Webseite www.musik-bewegt.de/kuenstler.

- In jeder Gruppe müssen die Aufgaben genau aufgeteilt werden: Internetrecherche, Skript, Präsentation der Reportage, Montage des Podcasts …

- Sobald alle Gruppen fertig sind, bestimmen die Chefredakteure den Sendungsablauf und Sie nehmen Ihre Podcasts mit dem Smartphone auf.

Fetsum

Stefanie Heinzmann

Die Fantastischen Vier

Stratégies

▷ **Créer une émission de webradio**

- **Présentez le parcours de votre musicien / groupe.**
  – *Die Band wurde … gegründet. / Sie haben ihr erstes Album … veröffentlicht.*
  Le groupe a été fondé en… / Ils ont publié leur premier album en…

- **Parlez des causes pour lesquelles s'engage ce musicien / groupe.**
  – *Der Musiker engagiert sich für … . / Die Band setzt sich für … ein.*
  Le musicien / Le groupe s'engage pour…

- **Essayez de convaincre les auditeurs d'écouter les chansons de votre artiste.**
  – *Wir sind uns sicher, dass …* Nous sommes certains que…
  – *Wir sind der (festen) Überzeugung, dass …* Nous sommes (vraiment) convaincus que…
  – *Das Projekt ermöglicht …* Le projet permet de…

- **Présentez également une chanson du musicien / groupe qui traduit cet engagement.**

Fit für das Baccalauréat

Épreuve 1 — 2ᵉ trimestre de Première

Compréhension de l'oral

Macht der Musik

- Hören Sie sich die Tonaufnahme dreimal an. Sie haben zwischen jedem Anhören eine Minute Zeit, um sich Notizen zu machen. Berichten Sie schriftlich auf Französisch über das Hördokument.

Stratégies

▷ **Tirer profit de ce qui a été appris en classe**

- **Le titre** vous indique que le sujet vous est familier. **Vous allez donc déjà mobiliser toutes vos connaissances avant la 1ʳᵉ écoute.**
- **Lors de la 1ʳᵉ écoute**, vous allez repérer et noter les éléments connus.
- **Lors de la 2ᵉ écoute**, il faut non seulement se concentrer sur les nouveaux aspects, mais aussi vérifier si ce qui est dit correspond à ce que vous avez déjà noté.
- **La 3ᵉ écoute** vous permettra une dernière vérification. Concentrez-vous sur d'éventuelles négations et sur les liens logiques.

Expression écrite — Choisissez l'un des deux sujets.

1. In Deutschland engagieren sich viele Musiker für soziale Projekte. Welche Werte sollte Kunst generell vermitteln? Warum sollten sich Künstler Ihrer Meinung nach für eine gute Sache einsetzen? Begründen Sie Ihre Meinung.

Stratégies

▷ **Appuyer son argumentation sur des exemples**
– **Kunst sollte positive Werte wie … vermitteln.** (comme)
– **Zum Beispiel / Beispielsweise** könnten sich Musiker für … engagieren. (par exemple)
– **Ich möchte ein Beispiel / ein paar Beispiele** nennen.
Je voudrais donner un exemple / quelques exemples.

2. Lesen Sie die folgenden Beiträge deutscher Schüler auf einem Online-Forum zum Thema Musik und Politik. Welche Meinung teilen Sie? Begründen Sie Ihren persönlichen Standpunkt.

Stratégies

▷ **Prendre position**

- **Signaler son accord**
  – *Ich teile die Meinung von …* Je partage l'avis de…
  – *Ich bin mit … einverstanden.* Je suis d'accord avec…
  – *Ich sehe das genauso wie …* Je vois cela exactement comme…
  – *Ich halte es auch für richtig, dass …*
    Je trouve aussi que c'est bien de…

- **Signaler son désaccord**
  – *Ich teile die Meinung von … nicht.* Je ne partage pas l'avis de…
  – *Ich bin mit … nicht einverstanden.*
    Je ne suis pas d'accord avec…
  – *Ich sehe das ganz anders.* Je vois cela autrement.
  – *Ich halte es für falsch, dass …*
    Je trouve que ce n'est pas bien de…

> Musik und Politik gehören für mich auf jeden Fall zusammen! Ich denke dabei an die Musikzensur in kommunistischen Ländern oder Diktaturen. Diese Zensur beweist, dass Musik eine große Macht haben kann, wenn sie Werte wie Freiheit oder Gerechtigkeit vermittelt. **Georg**

> Ich denke, dass Musik völlig unpolitisch sein sollte und keine besondere Botschaft haben muss. Musik ist für mich persönlich ein Zeitvertreib[1] oder hilft mir zum Beispiel dabei, nach einem stressigen Tag in der Schule zu entspannen. **Jasmin**

> Wie alle Künste hat Musik meiner Meinung nach eine sehr wichtige Aufgabe: Sie soll Probleme in der Gesellschaft thematisieren und uns dadurch zum Nachdenken bringen. **Mathias**

1. der Zeitvertreib *le passe-temps*

Épreuve 2 — 3ᵉ trimestre de Première

ART ET POUVOIR

Compréhension de l'écrit

- Lesen Sie den folgenden Artikel. Verfassen Sie ausgehend von diesem Dokument für eine Informationsbroschüre einen kurzen Bericht über das Musikprojekt (in etwa 120 Wörtern).

Musikalische Projekte mit jugendlichen Flüchtlingen

In Freiburg initiiert eine Musikschule ein Projekt mit Flüchtlingen und Einheimischen[1].

Die Stimmung ist ausgelassen[2] in der Freiburger Schule Vianova, wo sich wöchentlich eine Gruppe aus jugendlichen Flüchtlingen, Migranten und Einheimischen zusammenfindet, um gemeinsam zu musizieren. Die zirka Sechzehn- bis Achtzehnjährigen entstammen einer Gruppe unbegleiteter Minderjähriger[3], die erst vor wenigen Monaten nach Deutschland kamen. Seitdem leben sie in Münstertal und werden hier unterrichtet.

Die Idee zu diesem Projekt stammt von Joachim Baar, dem Leiter der Jugendmusikschule Südlicher Breisgau. Neben Lehrkräften aus der eigenen Schule fragte er auch junge Studierende der Musikhochschule Freiburg an, um möglichst verschiedene Ideen zu einem offenen Projekt zusammenzufügen, das durch das Bundesförderprogramm „Kultur-macht-stark!" finanziert wird. „Es werden die Kenntnisse der Teilnehmer aus ihrer eigenen Musiktradition und Kultur mit einbezogen, gegebenenfalls sogar mit ihren Instrumenten aus der Heimat. Dabei folgen wir der Leitidee ‚Musik ist eine universelle Sprache' und überwinden Sprachbarrieren, insbesondere bei Kindern, auf kulturell-musikalischem Wege. Damit werden die Weichen für eine langfristige Integration gestellt[4]", erklärt Joachim Baar. Beim ersten Treffen kamen zunächst nur drei. Zur Einstimmung studierte man gemeinsam ein serbisch-mazedonisches Lied ein. Angelockt von dem Gelächter und den Trommelrhythmen fanden sich jedoch schon nach wenigen Minuten weitere Jugendliche ein. Gemeinsam stimmten nun alle, begleitet von Gitarre und Saxofon, eine Session an und improvisierten zusammen, bis die ersten Stimmen hinzukamen. Nun wollten die Jugendlichen auch Lieder aus ihrer Heimat vorstellen, was von allen mit großer Begeisterung aufgegriffen wurde. Und so wurde das Ganze mehr und mehr zu einem gegenseitigen Geben und Nehmen auf Augenhöhe[5].

Nach dem Erfolg der ersten Stunde war die Teilnehmerzahl beim nächsten Treffen sehr viel größer. Das ist jedoch nicht überraschend. Denn wir vergessen oft, dass die meisten Flüchtlinge in ihrer Heimat ein ganz normales Leben hatten. Viele mussten ihre Familie zurücklassen und müssen in Deutschland ein neues Leben aufbauen. Hier kann die Musik Trost spenden[6] und dabei helfen, die Kluft[7] zwischen den Menschen und unterschiedlichen Kulturen zu überwinden. Und es funktioniert.

„Wenn Integration gelingen soll, dann müssen wir möglichst früh die Kinder der Asylbewerber erreichen", ist Joachim Baar überzeugt. „Dies ist auch ein Signal an die Familien: Sie sind hier auch mit ihrem kulturellen Hintergrund willkommen. Sie können uns durch ihre Musikkultur bereichern und lernen die unsrige kennen." Dies gelingt insofern besonders gut, da an diesem Projekt auch Kinder mit Migrationshintergrund und Einheimische teilnehmen. Integration geschieht hier wie von selbst.

Nach www.jms-breisgau.de, 12.04.2016

Flüchtlinge und Einheimische musizieren gemeinsam

---

1. die Einheimischen *ici, les habitants du quartier, de la ville* 2. eine ausgelassene Stimmung *une ambiance festive* 3. unbegleitete Minderjährige *des mineurs non-accompagnés* 4. die Weichen für etw. stellen *poser les jalons pour qc* 5. auf Augenhöhe *d'égal à égal* 6. Trost spenden = trösten *consoler* 7. die Kluft *le fossé*

Fit für das Baccalauréat

Épreuve 2 (suite)

Stratégies

▷ **Déduire le sens des mots**

Vous pouvez essayer de déduire leur sens :

- **en vous appuyant sur le fait que certains mots sont « transparents » :** *das Projekt, finanzieren, die Session, improvisieren, das Asyl, das Signal, die Integration …*
- **grâce à la décomposition en éléments simples** des mots composés :
  - *die Jugendmusikschule* = l'école de musique pour la jeunesse → *die Jugend + die Musik + die Schule*
  - *die Lehrkraft* = l'enseignant → *lehren + die Kraft*
  - *das Bundesförderprogramm* = le programme d'aide fédéral → *der Bund + fördern + das Programm*
  - *die Teilnehmerzahl* = le nombre de participants → *der Teilnehmer + die Zahl*
  - *zurücklassen* = abandonner → *zurück + lassen*

Expression écrite — Choisissez l'un des deux sujets.

1. Wie kann Musik positiv auf die Gesellschaft wirken? Verfassen Sie einen argumentativen Text zum Thema Musik und Gesellschaft und nennen Sie auch konkrete Beispiele.

Stratégies

▷ **Organiser son travail de rédaction**

- Ne commencez pas tout de suite à rédiger votre texte.
- Prenez le temps de lire attentivement la consigne et de réfléchir à ce qui a été vu en classe par rapport au sujet proposé.
- Notez ensuite au brouillon toutes les idées et exemples qui vous viennent en tête, par exemple :

  Menschen vereinen, die Sprachbarriere überwinden, positive Werte vermitteln, gemeinsam musizieren → Toleranz …

- Puis choisissez les éléments que vous voulez mettre dans votre rédaction.
- Enfin, rédigez votre texte en respectant la structure en trois parties : introduction, argumentation, conclusion.

2. Alexandra (17) lernt Saxofon in der Freiburger Jugendmusikschule. Sie berichtet auf der Internetseite der Schule von ihren Erfahrungen bei einem Musik-Workshop mit jungen Flüchtlingen. Schreiben Sie ihren Beitrag zu Ende.

> ### Musik ist definitiv eine universelle Sprache!
> Ich habe letzte Woche zum ersten Mal am Musik-Workshop mit Jugendlichen teilgenommen, die aus ihrem Heimatland fliehen mussten …

Stratégies

▷ **Parler d'une expérience personnelle positive**

- **Utiliser les adjectifs qualificatifs**
  fantastisch, genial, spannend, toll, super, interessant, bereichernd …

- **Nuancer son propos**
  - *Es war wirklich toll, zu + inf.* (vraiment)
  - *Für mich war es besonders wichtig, zu + inf.* (surtout, particulièrement)
  - *Ich habe es total spannend gefunden, dass …* (absolument, complètement)

ART ET POUVOIR

Épreuve 3
▶ 2ᵉ trimestre de Terminale

Zoom sur la partie orale

Expression orale

- Schauen Sie sich das Festivalplakat und das Foto an. Welches Dokument illustriert Ihrer Meinung nach am besten die Thematik Kunst und Macht? Begründen Sie Ihre Antwort.

A — Affiche : **ROCK GEGEN RECHTS[1]** — Für Frieden und Solidarität — Sa 1.9.18, 12-22 Uhr, Opernplatz Frankfurt, Eintritt frei. Shantel & Bucovina Club Orkestar, Sookee, FEE., Gastone, Revolte Tanzbein, Azzis mit Herz, Baby Shoo. Alex im Westerland, Frankfurter Schulbands, Ethnotalia. Kinderwiese, Glitzertattoos, Bogenschießen, Kletterturm u.v.m. Street Food, Cocktails. www.rock-gegen-rechts.info

1. rechts = rechtsextrem

B — Das *West-Eastern Divan Orchestra* mit seinem Gründer und Dirigenten Daniel Barenboim.

Das Orchester wurde 1999 gegründet und besteht je zur Hälfte aus israelischen und arabischen Musikern. Es engagiert sich für friedliche Lösungen im Konflikt zwischen Israel und Palästina.

Stratégies

▷ **Présenter les documents et justifier son choix**

- **Indiquer la nature des documents proposés**
  – *Beim vorliegenden Dokument handelt es sich um ein Plakat für …*
  – *Das zweite Dokument ist ein Foto.*
- **Identifier le thème des documents**
  – *Das Plakat zeigt …* – *Auf dem Foto können wir … sehen.*
- **Choisir le document qui illustre le mieux l'axe étudié**
  – *Ich denke, dass das Plakat / das Foto am besten die Thematik … illustriert, denn …*
  – *Meiner Meinung nach passt das erste / zweite Dokument sehr gut zum Thema …, weil …*
- **Appuyer son propos sur des exemples étudiés en classe**
  – *Im Unterricht haben wir über das Thema Engagierte Musik / Musik und Politik gesprochen.*
  – *Das erste Dokument erinnert mich an ein Video, das wir im Unterricht gesehen haben. Das Video spricht über …*
  – *Bei diesem Plakat / Foto denke ich an ein Bild von / einen Zeitungsartikel / einen Romanauszug über …*
  – *Wir haben ein ähnliches Dokument im Unterricht analysiert. Es handelte sich um ein Interview mit … / eine Reportage über … / eine Radiosendung über …*

▷ **Demander des précisions et se corriger**

- **Demander de répéter**
  Si votre interlocuteur vous pose une question que vous n'avez pas comprise, vous pouvez lui demander de répéter ou de reformuler la demande.
  – *Entschuldigung, ich habe Ihre Frage / das Wort / den Begriff … nicht verstanden.*
  – *Ich habe Sie nicht verstanden.*
  – *Könnten Sie bitte die Frage wiederholen / anders formulieren / neu formulieren / präzisieren?*
  – *Könnten Sie bitte das Wort / den Begriff … erklären?*
  – *Könnten Sie mir bitte ein Synonym für das Wort / den Begriff … geben?*
- **Se corriger**
  Si vous remarquez que vous vous êtes trompé(e), n'hésitez pas à vous corriger.
  – *Entschuldigung, ich habe mich geirrt. / Das wollte ich nicht sagen.*
  – *Kann ich / Könnte ich bitte neu anfangen?*
  – *Entschuldigung, ich formuliere den Satz neu.*

Otto Dix, *Großstadt (Metropolis)*, 1927

SPRACHBOX

Goldene oder dunkle Jahre?

- **der Erste, der Zweite Weltkrieg**
  la Première, la Seconde Guerre mondiale
- **die Weimarer Republik (1918-1933)**
  la République de Weimar
- **die Goldenen Zwanziger**
  les années 1920, les Années folles
- **Hitlers Ernennung zum Reichskanzler**
  la nomination d'Hitler comme chancelier du Reich
- **das Dritte Reich** *le Troisième Reich*
- **der Anfang ≠ das Ende** *le début ≠ la fin*
- **das Triptychon** *le triptyque*
- **der Kriegsverletzte**
  le blessé de guerre, la gueule cassée
- **der Schrecken** *l'effroi, la peur*
- **der Bürger (-)** *ici, le bourgeois*
- **reich ≠ arm** *riche ≠ pauvre*
- **der Bettler (-)** *le mendiant*
- **der Luxus ≠ das Elend** *le luxe ≠ la misère*
- **im Luxus leben ≠ im Elend leben**
  vivre dans le luxe ≠ vivre dans la misère
- **golden ≠ dunkel** *doré ≠ sombre*
- **etw. an/prangern** *dénoncer qc*

→ p. 88

Kapitel 5 — ART ET POUVOIR

Kunst als Rebellion

> ### Kann Kunst die Gesellschaft verändern?

- Discuter de la portée de l'art. (p. 84)
- Rédiger un article sur l'émancipation de la femme. (p. 86)
- Le passif. (p. 85)
- Les équivalences temporelles. (p. 86)

Projekt

Enregistrer un podcast sur l'art. (p. 91)

BAC ÉPREUVES COMMUNES EN COURS D'ANNÉE

Épreuve 1
Marlene Dietrichs Engagement (p. 92)
Stratégie : Rendre compte d'une biographie (p. 92)
Stratégies : Illustrer son propos – Exprimer son opinion (p. 92)

Épreuve 2
„Die ‚Neue Frau' der 20er", www.swr.de (p. 93)
Stratégie : Comprendre un texte journalistique (p. 93)
Stratégies : Écrire un mail – S'appuyer sur une œuvre d'art (p. 94)

Épreuve 3
Stratégie : Interpréter une œuvre d'art (p. 95)
Stratégie : Réfléchir à haute voix (p. 95)

Großstadt

B1

1. Bilden Sie Dreiergruppen, lesen Sie die Sprachbox gemeinsam und hören Sie sich die Reportage an.
2. Schauen Sie sich nun das Gemälde, *Großstadt (Metropolis)*, von Otto Dix an. Um welche Epoche handelt es sich? Was wird hier dargestellt?

der Aufschwung *l'essor économique*
entmenschlicht *déshumanisé*
vereinsamt *isolé*
das Hungern *la famine*

1 → 2 Projekt

Krieg durch Kunst anprangern

Nie wieder Krieg!

A Kunst aus dem Graben

B1-B2

1 Bilden Sie Zweiergruppen. **PARTNER A** hört sich den Podcast über Ludwig Meidners *Apokalyptische Landschaft* an. **PARTNER B** hört sich den Podcast über Otto Dix' *Der Krieg* an. Beide machen sich Notizen und tauschen ihre Informationen aus.

2 Im Plenum präsentieren zwei Schüler die Dokumente. Inwiefern kann man zwischen den beiden Gemälden eine Parallele ziehen?

die Landschaft *le paysage* – das Schlachtfeld *le champ de bataille* – in Panik geraten* *être pris de panique* – der Komet ; die Feuersäule *la comète ; la colonne de feu* – herrschen *régner* – von kurzer Dauer *de courte durée* – die Erfahrung *l'expérience* – die Leiche (-n) *le cadavre* – der Reichskanzler *le chancelier du Reich*

Otto Dix, *Der Krieg*, 1929-1932

Ludwig Meidner, *Apokalyptische Landschaft*, 1912

SPRACHBOX

Kriegszeiten
- die Kriegseuphorie = die Kriegsbegeisterung
  l'euphorie, l'enthousiasme pour la guerre
- freiwillig in den Krieg ziehen*
  se porter volontaire pour partir au combat
- die Gewalt *la violence*
- unmenschlich ; die Unmenschlichkeit *inhumain ; la cruauté*
- der Tod ; das Sterben *la mort ; l'agonie*
- etw. zerstören *détruire qc*
- jn erschlagen* *tuer, écraser qn*
- Angst machen *faire peur*
- die Gefahr (-en) *le danger*
- der Verwundete = der Verletzte ; verletzt *le blessé ; blessé*
- ahnungslos = naiv *ignorant, ne se doutant de rien = naïf*

ein Kunstwerk interpretieren
- das Kunstwerk (-e) *l'œuvre*
- etw. interpretieren *interpréter qc*
- der Künstler, die Künstlerin *l'artiste*
- der Schriftsteller ; die Schriftstellerin *l'écrivain ; l'écrivaine*
- etw. dar/stellen = etw. symbolisieren
- etw. deuten = etw. interpretieren
- Es handelt sich um ein Gemälde. *Il s'agit d'une peinture.*
- etw. vor/ahnen ; die Vorahnung *pressentir qc ; le pressentiment*
- jn vor etw. (D) warnen ; die Warnung *prévenir qn de qc ; l'avertissement*
- die Botschaft = die Aussage *le message*
- sinnlos ; die Sinnlosigkeit *absurde ; l'absurdité*
- die Hoffnung ≠ die Hoffnungslosigkeit *l'espoir ≠ le désespoir*

→ p. 88

B › Nichts Neues aus dem Westen

B1-B2 Lesen Sie den Ausschnitt aus Erich Maria Remarques Roman und bearbeiten Sie zu zweit den Text:
– Wo findet die Szene statt? Wer sind die Protagonisten und was erfahren Sie über sie?
– Wie wird der Krieg implizit dargestellt? Inwiefern kann dieser Text als Kritik bzw. als Warnung verstanden werden?

Die Geschichte des Ersten Weltkrieges, erzählt aus der Sicht eines Soldaten: Der neunzehnjährige Paul Bäumer kommt als ahnungsloser Kriegsfreiwilliger von der Schulbank an die Front – und erlebt statt der erwarteten Kriegsbegeisterung das sinnlose Sterben seiner Kameraden.

Ich sitze am Bette Kemmerichs. Er verfällt mehr und mehr[1]. Um uns ist viel Radau. Ein Lazarettzug ist angekommen, und die transportfähigen Verwundeten werden ausgesucht. An Kemmerichs Bett geht der Arzt vorbei, er sieht ihn nicht einmal an.
5 Franz hebt sich in den Kissen auf die Ellbogen[2]. „Sie haben mich amputiert."
Das weiß er also doch jetzt. Ich nicke und antworte: „Sei froh, daß du so weggekommen[3] bist."
Er schweigt.
10 Ich rede weiter: „Es konnten auch beide Beine sein, Franz. Wegeler hat den rechten Arm verloren. Das ist viel schlimmer. Du kommst ja auch nach Hause."
Er sieht mich an. „Meinst du?"
„Natürlich."
15 Er wiederholt: „Meinst du?"
„Sicher, Franz. Du mußt dich nur erst von der Operation erholen."
Er winkt mir, heranzurücken. Ich beuge mich über ihn, und er flüstert[4]: „Ich glaube es nicht."
„Rede keinen Quatsch, Franz, in ein paar Tagen wirst du es selbst
20 einsehen. Was ist das schon groß: ein amputiertes Bein; hier werden ganz andere Sachen wieder zurechtgepflastert[5]."
Nach einer Pause sagt er langsam: „Ich wollte mal Oberförster[6] werden."
Da liegt er nun, weshalb nur? Man sollte die ganze Welt an diesem
25 Bette vorbeiführen und sagen: Das ist Franz Kemmerich, neunzehneinhalb Jahre alt, er will nicht sterben. Laßt ihn nicht sterben!
Eine Stunde vergeht. Ich sitze gespannt und beobachte jede seiner Mienen, ob er vielleicht noch etwas sagen möchte. Wenn er doch den Mund auftun und schreien wollte! Aber er weint[7] nur, den
30 Kopf zur Seite gewandt. Er spricht nicht von seiner Mutter und seinen Geschwistern, er sagt nichts, es liegt wohl schon hinter ihm; – er ist jetzt allein mit seinem kleinen neunzehnjährigen Leben und weint, weil es ihn verläßt.
Wir sind am Bette Kemmerichs. Er ist tot. Das Gesicht ist noch naß
35 von den Tränen.
Der Sanitäter stößt mich in die Rippen. „Nimmst du seine Sachen mit?" Ich nicke. Er fährt fort: „Wir müssen ihn gleich wegbringen, wir brauchen das Bett. Draußen liegen sie schon auf dem Flur."

Erich Maria Remarque, *Im Westen nichts Neues*, 1929

---

1. Er verfällt mehr und mehr. *Son état empire de plus en plus.*
2. sich auf die Ellbogen heben* *se mettre sur les coudes*
3. von etw. weg/kommen* *s'en sortir*
4. flüstern *chuchoter*
5. etw. zurecht/pflastern *ici, recoller les morceaux*
6. der Oberförster *le garde forestier en chef*
7. weinen *pleurer*

› SPRACHBOX

Le passif
- In mehreren Werken von Otto Dix **werden** die Schrecken des Kriegs <u>dargestellt</u>.
- Das Bein des jungen Soldaten Kemmerich **wurde** <u>amputiert</u>.
- Die Schüler **sind** zur Vernissage <u>eingeladen worden</u>.

→ p. 90

Nun sind Sie dran!

Im Westen nichts Neues wurde in 45 Sprachen übersetzt und hatte vier Jahre nach Erscheinen (1929) eine Auflage von eineinhalb Millionen Exemplaren erreicht. Wie erklärt sich Ihrer Meinung nach der sensationelle Erfolg des Romans? Diskutieren Sie in Kleingruppen darüber.

1 | 2 Projekt

Über die Emanzipation der Frauen berichten

Freie Frauen

Kultur BOX

Die zwanziger Jahre waren für die Emanzipation der Frau eine wichtige Zeit. Viele Männer kamen verletzt aus dem Krieg. So mussten die Frauen neue soziale Rollen (in der Familie oder in der Arbeitswelt) besetzen. Frauen wurden unabhängig, gingen aus, tanzten, waren kreativ und verdienten eigenes Geld.
Außerdem bekamen die Frauen 1918 das Wahlrecht. Nun waren sie endlich auch politisch gleichberechtigte Bürgerinnen.

A) Frauen auf der Leinwand

MÉDIATION – PARTNERBRIEFING → p. 18

B1 ① Lesen Sie den Text und machen Sie sich Notizen (wo, was, wann?).

B1-B2 ② Bilden Sie Zweiergruppen. PARTNER Ⓐ hört sich den ersten Podcast an. PARTNER Ⓑ hört sich den zweiten Podcast an. Beide notieren Informationen über die Schauspielerinnen, die Filme (Titel, Regisseur, Datum), die neue Rolle der Frau, die Kritik an der Gesellschaft.

③ Beide Partner tauschen dann ihre Informationen aus und jeder beschreibt das Filmplakat und das Foto des Films des Partners.

In den zwanziger Jahren wurde Berlin zu einer der größten Filmstädte der Welt, insbesondere mit den Babelsberger Filmstudios. Bereits 1919 produzierte Deutschland fünfhundert Filme. Es gab 3 000 Kinos und 350 Millionen Besucher. In den 20er Jahren ging man vom Stummfilm zum Tonfilm über. Riesen-Kinopaläste wurden eröffnet. Während dieser Epoche blühte[1] die deutsche Filmindustrie. Die Filme waren modern, frech und sozialkritisch. Und sie ermöglichten auch den Frauen, neue emanzipierte Rollen zu spielen.

[1]. blühen *être florissant*

ⓐ **FRAU im MOND** – EIN FILM VON FRITZ LANG – MANUSKRIPT: THEA v. HARBOU

die Rakete *la fusée*
die aufdringliche Liebe *l'amour pressant*

ⓒ MARLENE DIETRICH · EMIL JANNINGS – **Der blaue Engel** – MIT HANS ALBERS · KURT GERRON · ROSA VALETTI · EDUARD · WINTERSTEIN

SPRACH BOX

Les équivalences temporelles
- **Nach** dem Ersten Weltkrieg <u>waren</u> viele Menschen traumatisiert.
- **Früher** <u>war</u> es für Frauen schwieriger, interessante Rollen zu spielen.
- **Bevor** sie nach Amerika <u>emigrierte</u>, war Marlene Dietrich in Deutschland sehr erfolgreich.

→ p. 90

B> Eine Zeit, die keine Chance hatte ...

B1-B2 Lesen Sie den Romanausschnitt und machen Sie sich Notizen, um folgende Fragen zu beantworten:
- Wie beschreibt Angelikas Mutter, Else, die zwanziger Jahre in Berlin?
- Wie interpretieren Sie die folgende Aussage Elses: „Was für ein Glück, daß ich das alles noch mitbekommen habe … das kann mir keiner nehmen, keiner!"
- Was wiederum sagt Enie, eine alte Freundin Elses, über diese Zeit?
- Und wie interpretieren Sie Enies Aussage: „Naja, es ist uns gelungen, alles umzubringen: die Juden, die Kunst und den Geist."?

Angelikas Mutter, Else, ist Jüdin und wohnt in Berlin. Sie ist eine emanzipierte Frau, die gern ins Theater geht, viel liest und sich für Kunst und Geist interessiert. Sie liebt Berlin und die kulturelle Avantgarde der deutschen Hauptstadt. Dennoch muss sie sich nach Hitlers Machtergreifung[1] dazu entscheiden, mit ihren beiden Töchtern ins Exil nach Bulgarien zu gehen.

Von meiner Mutter habe ich nichts über die zwanziger Jahre erfahren. Sie sprach damals in Bulgarien, unserem Exil, nie mit mir über die Vergangenheit. Wahrscheinlich fürchtete[2] sie, mich damit zu verstören und die schlafenden
5 Wölfe des Heimwehs von neuem zu wecken. Nur einmal, als *Der träumende Mund* mit Elisabeth Bergner in Sofia gezeigt wurde, durchbrach[3] sie das Tabu. Die Bergner war für sie, wie für viele Frauen ihrer Generation, ein Idol gewesen, und sie hatte den Film schon einige Male in Berlin gesehen. Als
10 wir uns auf den Weg ins Kino machten, war sie aufgeregt wie ein junges Mädchen, das zu ihrem ersten Rendez-vous geht. „Ich bin in jedes Theaterstück gerannt, in dem die Bergner auf der Bühne stand", vertraute sie mir an. „Sie war die Größte! Ich sehe sie noch als ,Puck' in der Sommernachtstraum-
15 Inszenierung von Max Reinhardt. Was für ein Glück, daß ich das alles noch mitbekommen[4] habe … das kann mir keiner nehmen, keiner!"
„Wann war denn das?" fragte ich.
„In den zwanziger Jahren, den sogennanten goldenen."
20 „Waren die zwanziger Jahre wirklich so golden?" habe ich später von Enie wissen wollen.
„Sie waren phantastisch", hatte sie gesagt, „gar keine Frage. Der Aufbruch[5] in eine neue, moderne, emanzipierte Zeit, die keine Chance hatte. Ein grandioser Totentanz[6]! Was Berlin
25 damals, sozusagen über Nacht, an Kunst- und Geistesriesen ausgespuckt[7] hat, ist einfach unglaublich. Die Hälfte davon waren Juden. Naja, es ist uns gelungen, alles umzubringen[8]: die Juden, die Kunst und den Geist."

Angelika SCHROBSDORFF, *Du bist nicht so wie andre Mütter*, 1994

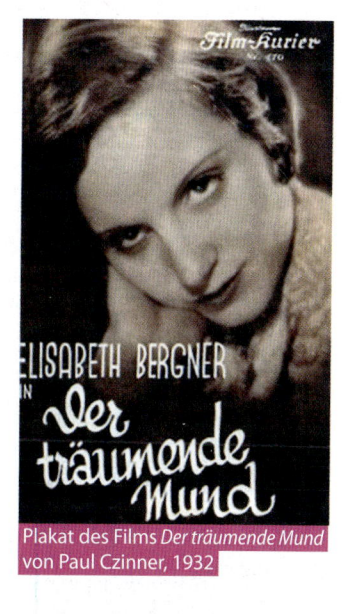

---
1. die Machtergreifung *la prise de pouvoir* 2. fürchten *redouter* 3. durch/brechen* *briser*
4. etw. mit/bekommen* *ici, pouvoir vivre qc* 5. der Aufbruch *le départ, le renouveau*
6. der Totentanz *la danse macabre* 7. etw. aus/spucken *cracher qc* 8. um/bringen* *assassiner*

Plakat des Films *Der träumende Mund* von Paul Czinner, 1932

SPRACHBOX

Kino
- der Stummfilm ≠ der Tonfilm
le film muet ≠ le film parlant
- der Regisseur *le réalisateur*
- der Schauspieler ; die Schauspielerin
l'acteur ; l'actrice
- der Erfolg (-e); erfolgreich sein
le succès ; avoir du succès
- avantgardistisch, futuristisch
avant-gardiste, futuriste

moderne Gesellschaft
- die Gesellschaft *la société*
- frech *effronté*
- sozialkritisch *critique de la société*
- emanzipiert, unkonventionell
émancipé, en dehors des conventions
- selbstbewusst *sûr de soi*
- etw. selber aus/suchen
choisir soi-même qc
- unabhängig *indépendant*
- gleichberechtigt *égal en droits*

→ p. 88

Nun sind Sie dran !

Schreiben Sie einen kurzen Artikel über die Emanzipation der Frau in den zwanziger Jahren in Deutschland.

TRAINING

WORTSCHATZ

Kunst als Rebellion

Geschichte

A2-B1
- der Erste, der Zweite Weltkrieg
  la Première, la Seconde Guerre mondiale
- die Weimarer Republik (1918-1933)
  la République de Weimar
- die Goldenen Zwanziger
  les années 1920, les Années folles
- der Anfang ≠ das Ende *le début ≠ la fin*
- der Aufschwung *l'essor*
- der Aufbruch *le départ, le renouveau*
- der Jude; die Jüdin *le Juif ; la Juive*
- Hitlers Ernennung zum Reichskanzler
  la nomination d'Hitler comme chancelier du Reich
- das Dritte Reich *le Troisième Reich*
- die Vergangenheit *le passé*

Krieg und Schrecken

A2-B1
- der Kriegsverletzte *le blessé de guerre, la gueule cassée*
- der Schrecken *l'effroi, la peur*
- die Kriegseuphorie = die Kriegsbegeisterung
  l'euphorie, l'enthousiasme de guerre
- herrschen *régner*
- die Erfahrung (-en) *l'expérience*
- freiwillig in den Krieg ziehen*
  se porter volontaire au combat
- die Gewalt *la violence*
- unmenschlich; die Unmenschlichkeit
  inhumain ; la cruauté
- der Tod; das Sterben *la mort ; l'agonie*
- das Schlachtfeld (-er) *le champ de bataille*
- die Leiche (-n) *le cadavre*
- etw. zerstören *détruire qc*
- jn erschlagen* *tuer, écraser qn*
- Angst machen *faire peur*
- die Gefahr (-en) *le danger*
- der Verwundete = der Verletzte *(adj. subst.)*; verletzt
  le blessé ; blessé
- ahnungslos = naiv *ignorant, ne se doutant de rien = naïf*

Gesellschaft im Umbruch

A2-B1
- die Gesellschaft *la société*
- das konservative Bürgertum *la bourgeoisie conservatrice*
- der Bürger (-) *ici, le bourgeois*
- reich ≠ arm *riche ≠ pauvre*
- der Bettler (-) *le mendiant*
- der Geist *l'esprit*
- avantgardistisch; futuristisch *avant-gardiste ; futuriste*
- sozialkritisch *critique de la société*
- gleichberechtigt *égal en droits*

B1
- die Frauenbewegung *le mouvement féministe*
- die Schönheitsikone *l'icône de beauté*
- selbstbewusst *sûr de soi*
- etw. selber aus/suchen *choisir soi-même qc*
- unabhängig *indépendant*
- frech *effronté*
- emanzipiert *émancipé*

Kunst, Literatur und Film

A2-B1
- das Werk (-e) *l'œuvre*
- der Künstler, die Künstlerin *l'artiste*
- der Schriftsteller; die Schriftstellerin *l'écrivain ; l'écrivaine*
- der Dichter; die Dichterin *le poète ; la poétesse*
- der Regisseur; die Regisseurin *le réalisateur ; la réalisatrice*
- der Schauspieler; die Schauspielerin *l'acteur ; l'actrice*
- der Stummfilm ≠ der Tonfilm *le film muet ≠ le film parlant*
- der Erfolg, erfolgreich sein *le succès, avoir du succès*
- Es handelt sich um ein Gemälde. *Il s'agit d'une peinture.*

engagierte Kunst

A2-B1
- etw. dar/stellen = etw. symbolisieren
- etw. deuten = etw. interpretieren
- etw. vor/ahnen; die Vorahnung *pressentir qc ; le pressentiment*
- jn vor etw. (D) warnen; die Warnung
  prévenir qn de qc ; l'avertissement
- die Botschaft = die Aussage *le message*
- die Hoffnung ≠ die Hoffnungslosigkeit *l'espoir ≠ le désespoir*
- etw. an/prangern *dénoncer qc*
- sich für oder gegen etw. / jn engagieren
  s'engager pour ou contre qc / qn

> ### Comprendre les consignes
> - Was wird hier dargestellt? *Qu'est-ce qui est représenté ici ?*
> - Ziehen Sie eine Parallele. *Faites une comparaison.*
> - Wo findet die Szene statt? *Où a lieu la scène ?*

ART ET POUVOIR

ÜBUNGEN

1 Retrouvez le genre des mots suivants.
- a. d… Krieg
- b. d… Botschaft
- c. d… Schriftstellerin
- d. d… Kunstwerk
- e. d… Gesellschaft
- f. d… Erfolg
- g. d… Gewalt
- h. d… Gefahr
- i. d… Sinnlosigkeit

2 Complétez par l'adjectif qui convient.
ahnungslos – arm – avantgardistisch – emanzipiert – erfolgreich – unmenschlich
- a. Im Krieg können Soldaten brutal und … werden.
- b. Zu dieser Zeit wollten viele Frauen nicht länger nur Mutter und Hausfrau sein und waren … .
- c. In seiner Jugend war er so …, dass er ein Bettler war.
- d. Sie wussten gar nichts davon. Sie waren … .
- e. Er war ein sehr beliebter Autor und seine Romane waren sehr … .
- f. Dieser Künstler war seiner Zeit voraus und sein Werk war … .

3 Classez les termes suivants selon qu'ils expriment quelque chose de positif ou de négatif.
der Aufschwung – jn erschlagen – die Gewalt – gleichberechtigt – der Krieg – selbstbewusst – der Schrecken – unabhängig – die Unmenschlichkeit

4 Complétez le texte avec les termes manquants.
Emanzipation – erfolgreiche – Gesellschaft – Regisseuren – Roman – Schauspieler – Schauspielerin – Schriftstellers – Goldenen Zwanziger – Weimarer Republik

2017 entstand die ▢ Fernsehserie *Babylon Berlin*, gedreht von den ▢ Tom Tykwer, Achim von Borries und Hendrik Handloegten. Die Hauptrollen spielen der ▢ Volker Bruch und die ▢ Liv Lisa Fries. Die Geschichte spielt während der ▢ in Berlin. Wir folgen sowohl den spannenden Kriminalfällen des Kommissars Gereon Rath wie auch der ▢ der jungen Charlotte und der politischen und sozialen Entwicklung der ▢ und der damaligen ▢. Die Serie wurde frei nach dem ▢ *Der nasse Fisch* des ▢ Volker Kutscher adaptiert.

Extra

5 Schauen Sie sich die zwei Fotos der Fernsehserie *Babylon Berlin* an. Die Serie spielt in Berlin in den zwanziger Jahren. Inwiefern könnten sie das Gemälde von Dix, *Großstadt (Metropolis)*, Seite 82, widerspiegeln?

WORTBILDUNG

La formation du féminin

a. Pour former le féminin, il suffit d'**ajouter le suffixe -in**
- der Schüler → die Schüler**in**
- der Schauspieler → die Schauspieler**in**
- der Künstler → die Künstler**in**

b. Tous les noms féminins terminés par **-in** forment leur **pluriel** en ajoutant **-nen**
- die Schriftstellerin → die Schriftstellerin**nen**

⚠ Cette formation ne concerne pas les adjectifs substantivés.
der Deutsche, ein Deutscher → die Deutsche, eine Deutsche

ÜBUNGEN

1 Formez le féminin des mots suivants.
der Politiker – der Journalist – der Regisseur – der Kanzler – der Autor – der Polizist – der Tänzer

2 Formez l'abord le masculin, puis le féminin des adjectifs substantivés sur le modèle suivant :
der Verletzte → ein Verletzter   die Verletzte → eine Verletzte
der Ahnungslose – der Arbeitslose – der Hoffnungslose – der Selbstbewusste – der Verwundete

TRAINING
GRAMMATIK

LERNTEMPODUETT → p. 19

❯ Le passif → p. 85

→ PRÉCIS p. 213

- Le passif est très employé en allemand. On l'utilise pour **mettre en évidence l'action,** plus que celui qui l'effectue.
- Le passif se compose de l'auxiliaire **werden** conjugué et **du participe II du verbe.** Pour varier le temps, il suffit de changer le temps de l'auxiliaire.
  – Présent : *Das Bild **wird** von den Schülern beschrieben.*
  – Prétérit : *Die Städte **wurden** im Krieg zerstört.*
  – Parfait : *Dieses Gemälde **ist** von einem deutschen Künstler gemalt **worden**.*
- On peut indiquer **par qui l'action est effectuée** à l'aide d'un complément d'agent introduit par la préposition **von** qui est **suivie du datif.**
  *Die Skulptur wurde **von** ein**em** Historiker restauriert.*
- Pour indiquer **le moyen par lequel l'action est effectu**ée, on emploie la préposition **durch** suivie de l'accusatif.
  *Diese Stadt wurde **durch** ein**en** langen Krieg komplett zerstört.*

1 Indiquez de quel temps du passif il s'agit. Retrouvez l'infinitif du verbe.
  a. 1918 wurde die Weimarer Republik gegründet.
  b. Die Ausstellung wird von ihm subventioniert.
  c. Alle Künstler werden zensiert.
  d. Dieses Bild ist von einem Kunsthistoriker aus Russland interpretiert worden.
  e. Wir sind von unserem Lehrer zur Vernissage eingeladen worden.

2 Réécrivez les phrases suivantes au passif (attention aux temps).
  a. Der Regisseur dreht den Film in Berlin.
  b. Der Händler hat die Skulptur verkauft.
  c. 1933 gewann Hitler die Wahlen.
  d. Der Maler hat die Schrecken des Ersten Weltkriegs dargestellt.
  e. Ein amerikanischer Regisseur verfilmte den Roman *Im Westen nichts Neues*.

❯ Les équivalences temporelles → p. 86

→ PRÉCIS p. 218

- Pour donner une indication temporelle, on peut utiliser :
  – un complément circonstanciel introduit par une préposition suivie du datif :
  *Seit **dem** Tod des Künstlers sind seine Werke sehr teuer.*
  – un adverbe temporel :
  ***Vorher** war es für Frauen schwierig, selbst ihr Geld zu verdienen.*
  – une subordonnée temporelle introduite par une conjonction de subordination. Dans ce cas, le verbe se trouve en dernière position :
  ***Als** der Krieg endlich zu Ende **war**, waren viele Städte komplett zerstört.*

* Contrairement au français, après *nachdem* et *bevor*, le verbe est obligatoirement conjugué. Le verbe de la subordonnée introduite par *nachdem* est à un temps composé.

Prépositions	Adverbes	Conjonctions de subordination
nach + datif	danach, dann	nachdem
vor + datif	vorher, früher	bevor
seit + datif	seither, seitdem	seit, seitdem
bis zu + datif	bisher, bislang	bis
bei + datif	da	als

3 Complétez les phrases par *bevor, nachdem* ou *seitdem*.
  a. Ich möchte Informationen über den Künstler lesen, … wir in die Ausstellung gehen.
  b. Ich interessiere mich viel mehr für Kunst und Kultur, … ich an einem Malkurs teilnehme.
  c. … sie nach Amerika emigrierte, hatte sie schon mehrere Filme in Deutschland gedreht.
  d. Meine Tochter möchte Kunst studieren, … sie den Film *Paula* gesehen hat.

4 Reformulez les parties soulignées en utilisant les termes entre parenthèses.
  a. Nachdem wir das Museum besucht haben, gehen wir nach Hause. (der Besuch)
  b. Vor unserer Rückkehr nach Berlin, besuchen wir Freunde in Frankreich. (zurück/kehren)
  c. Bevor sie ihn traf, war sie nervös. (das Treffen)
  d. Nach einer langen Diskussion darüber waren sie sich schließlich einig. (diskutieren)

Projekt

ART ET POUVOIR

Ein Podcast über Kunst als Rebellion

B1

- Bilden Sie Zweiergruppen und suchen Sie sich ein Kunstwerk für Ihren gemeinsamen Podcast aus:
    – ein Kunstwerk gegen Gewalt und Krieg
    – ein Kunstwerk, um die Gesellschaft zu verändern
- Jeder macht Recherchen und Sie strukturieren dann Ihre gemeinsamen Notizen für die Gliederung Ihres Podcastes:
    – Berichten Sie kurz von der Epoche und dem Künstler.
    – Beschreiben Sie das Werk und interpretieren Sie es. Inwiefern ist Ihr ausgewähltes Kunstwerk repräsentativ?
- Nehmen Sie sich zu zweit mit Ihrem Smartphone auf.
- Sie können Ihren Podcast wie eine Reportage oder ein Gespräch gestalten.

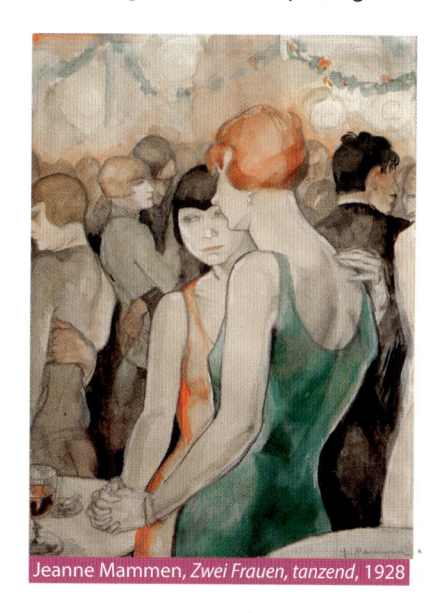

Käthe Kollwitz, *Nie wieder Krieg*, 1924

Jeanne Mammen, *Zwei Frauen, tanzend*, 1928

Georg Grosz, *Die Stützen der Gesellschaft*[1], 1926

1. die Stützen der Gesellschaft
les piliers de la société

Stratégies

▷ **Choix du thème**
Discutez au sein de votre binôme du choix de l'œuvre d'art : il est important que celle-ci vous touche, vous tienne à cœur.

▷ **Recherches**
– Vous pouvez vous répartir le travail ou faire des recherches en parallèle. Appuyez-vous sur les documents travaillés dans ce chapitre, mais essayez également d'apporter des idées et des exemples concrets personnels.
– N'hésitez pas à élargir vos recherches : pensez à vos cours d'histoire, toutes les périodes troubles ont donné lieu à des engagements artistiques forts !
– Notez seulement les éléments qui servent à étayer votre thèse.

▷ **Mise en son**
Avant de vous lancer dans votre enregistrement, décidez de la forme de votre podcast : s'agit-il d'un reportage à deux voix ou d'une conversation ? Vous pouvez imaginer l'interview d'un conservateur de musée ou d'un historien de l'art, par exemple. Dans ce cas, réfléchissez bien aux questions posées, elles vous permettront de formuler des réponses, avec les éléments que vous voulez mettre en lumière.

- **Pour un reportage, introduisez votre propos**
    – *Die Zeit zwischen 1918 und 1933 in Deutschland nennt man Weimarer Republik. Zu dieser Zeit …*
    – *1918 endete endlich der Erste Weltkrieg. Doch das Leiden war noch nicht vorbei, denn …*

- **Pour une interview : saluez votre interlocuteur et présentez-le. N'oubliez pas de vous vouvoyer entre vous !**
    – *Guten Tag, liebe Zuhörer. Heute bei uns im Studio der Kunsthistoriker / die Museumsdirektorin … Heute werden wir über … sprechen.*

- **Répétez plusieurs fois votre reportage / votre conversation avant de vous enregistrer**
Soignez votre prononciation et jouez la scène en mettant le ton.

Fit für das Baccalauréat

Épreuve 1 ▶ 2ᵉ trimestre de Première

Compréhension de l'oral

Marlene Dietrichs Engagement

- Hören Sie sich die Tonaufnahme dreimal an. Sie haben zwischen jedem Anhören eine Minute Zeit, um sich Notizen zu machen. Berichten Sie schriftlich auf Französisch über das Hördokument.

Stratégies

▷ **Rendre compte d'une biographie**

- Dates, lieux et noms propres
  – Gary Cooper, Josef von Sternberg, Alfred Hitchcock …
  – Berlin, Paris, Hollywood …
  – zwanziger Jahre, Nazis / Alliierte …

- Œuvre et héritage
  Pour quelles causes l'artiste s'est-il/elle engagé/e ?
  Notez des mots-clés : emanzipiert – Antifaschistin …

Expression écrite — Choisissez l'un des deux sujets.

1. Können Ihrer Meinung nach Künstler und Künstlerinnen mit ihren Werken die Gesellschaft verändern? Verfassen Sie einen gut strukturierten Text, indem Sie konkrete Beispiele anführen und zum Schluss Ihre persönliche Meinung zum Thema äußern.

Stratégies

▷ **Illustrer son propos**

- **S'appuyer sur les documents du chapitre**
  Avant d'entreprendre la rédaction, feuilletez une dernière fois le chapitre et prenez les titres des œuvres mentionnées en notes.
  → Remémorez-vous les points travaillés, les messages des œuvres, les époques.

- **S'appuyer sur des exemples personnels**
  – Prenez cinq minutes et rassemblez vos connaissances.
    → Sur quelles œuvres engagées avez-vous travaillé au collège, au lycée ?
    → Quelles expositions avez-vous vues ces derniers mois ?
    → Quels films ou séries dénoncent des injustices ?
  – Vous pouvez aussi illustrer vos propos avec des exemples d'autres époques. Si certaines œuvres vous semblent pertinentes, recherchez les traductions correctes de leurs titres en allemand avant de les intégrer à votre rédaction.

2. Nach einer Schülerdebatte über die Frage „Inwiefern können Kunst, Literatur oder Kino Geschichte und Gesellschaft beinflussen?" wurden folgende Beiträge in der Schülerzeitung veröffentlicht. Antworten Sie einer Schülerin und erklären Sie, warum Sie mit ihr einverstanden sind oder nicht.

> Ich glaube, dass Kunst hauptsächlich ästhetisch und für eine Elite gedacht ist. Wie können Künstler die Gesellschaft beeinflussen oder verändern, wenn der Eintritt ins Museum oder ins Kino so teuer ist? Dazu sind die Botschaften der meisten Kunstwerke unverständlich. Ich glaube, dass Dokumentarfilme und Debatten die Gesellschaft weiterbringen!
> **Lila**

> In jeder Epoche und während jedes Krieges gab es Künstler und Künstlerinnen, die mit ihren Werken Konflikte und Ungerechtigkeiten angeprangert haben. Manchmal haben sie es explizit gemacht, manchmal durch Symbole oder Metaphern. Aber Kunst war immer avantgardistisch und die Künstler haben sich mit ihren Bildern gegen Gewalt engagiert und somit die Gesellschaft gewarnt!
> **Anna**

Stratégies

▷ **Exprimer son opinion**

– *Meiner Meinung nach …* À mon avis…
– *Ich bin der Meinung / der Ansicht, dass …* Je suis de l'avis que…
– *Ich bin (nicht) mit Lila einverstanden, weil…*
  Je (ne) suis (pas) d'accord avec Lila, parce que…
– *Ich bin (nicht) von Annas Argument überzeugt, denn …*
  Je (ne) suis (pas) convaincu(e) par l'argument de Nicola, car…

Épreuve 2 — 3ᵉ trimestre de Première

ART ET POUVOIR

Compréhension de l'écrit

● Lesen Sie den Auszug des Online-Artikels „Die ‚Neue Frau' der 20er" und schreiben Sie eine strukturierte Zusammenfassung des Artikels, indem Sie folgende Aspekte in den Vordergrund bringen:
- die Frauenbewegungen und die Rechte der Frauen
- Wie waren und lebten diese modernen Frauen?
- Welche konkreten biographischen und künstlerischen Beispiele werden hier angeführt?

Eine Frau der zwanziger Jahre mit Bubikopf

Die „Neue Frau" der 20er

Die zwanziger Jahre gelten als goldenes Jahrzehnt. Die neue Frau mit Bubikopf und Zigarettenspitze[1] ist zur Ikone dieser Zeit geworden. Vielleicht weil sich in ihr all das kristallisiert, was uns heute an den Zwanzigern so modern
5 erscheint. Das Tempo, der Kampf um Emanzipation, Freiheit, Demokratie. Aber wer waren diese Frauen? Wie kam es, dass sie zu einem zentralen Motiv der Künste wurden und auch selbst als Künstlerinnen, als Autorinnen, Malerinnen, Musikerinnen oder Tänzerinnen für Aufsehen sorgten?
10 Die Frauenbewegung der Jahrhundertwende hat für politische Rechte gekämpft und 1918 das Wahlrecht erstritten. Jetzt geht es den Frauen um gesellschaftliche Teilhabe[2]. Der gesellschaftliche Wandel[3] beginnt zunächst als ökonomische Notwendigkeit[4]. Durch den Ersten Weltkrieg fehlen
15 Männer als Arbeitskräfte. Notgedrungen bleiben viele Frauen erst einmal ledig und beginnen zu arbeiten.
Die junge Weimarer Republik bringt einen neuen Berufszweig hervor: die Büro-Angestellte. Das ist das Berufsfeld, in das Frauen in großer Anzahl nach dem Ende des Ersten Weltkriegs
20 eintreten. Es ist ein neuer Typus von Frau: unverheiratet, berufstätig und orientiert am Fortkommen in diesem Beruf, wobei man immer sagen muss: grundsätzlich schlechter bezahlt als Männer.
Mascha Engel ist eines dieser Büro-Fräuleins. Später als
25 Dichterin nennt sie sich Mascha Kaléko. Mit ihren Texten und Gedichten über die urbane Lebenswelt der kleinen Leute wird sie zu einer der wenigen weiblichen Stimmen der Neuen Sachlichkeit[5].
Revolutionär ist auch das Werk der 17 Jahre älteren Malerin
30 Jeanne Mammen. Viele ihrer Bilder von Frauen in der Großstadt wirken wie Illustrationen zu Mascha Kalékos Gedichten. Beide Künstlerinnen bewegen sich damals in den Cafés rund um den Kudamm. Aber auch in Tanzlokalen, Lesbenclubs und Varietés findet Mammen ihre Motive. Das war neu und
35 ungewohnt: Bislang beschränkten[6] sich die Motive der Malerinnen auf den häuslichen Bereich: Interieurs, Stillleben, Porträts.
Jeanne Mammen selbst hat gar nichts Mondänes, aber das Streben nach Unabhängigkeit prägt ihr ganzes Leben. 1916
40 kehrt sie aus Paris in ihre Geburtsstadt Berlin zurück. Bald findet die Malerin Arbeit als Modezeichnerin und macht sich als Illustratorin und Karikaturistin einen Namen. Als eine der wenigen Künstlerinnen kann sie gut von dieser Arbeit leben. In ihren Auftragsarbeiten feiert Mammen den Geist
45 und den Schick der befreiten Frau. Doch in privaten Studien blickt sie auch hinter die glamouröse Fassade des beschleunigten Lebensstils[7]. Unter den dicken Schichten von Make-Up entdeckt sie Erschöpfung[8], Einsamkeit[9] und eine große Desillusionierung. Denn viele Frauen in der Weimarer Republik arbeiten hart und kommen doch kaum über die Runden[10].

Nach www.swr.de, 19. 09. 2018

---

1. mit Bubikopf und Zigarettenspitze *avec une coupe à la garçonne et un fume-cigarette* **2.** die gesellschaftliche Teilhabe *ici, la participation à la vie sociale* **3.** der Wandel *le changement* **4.** die Notwendigkeit *la nécessité* **5.** die Neue Sachlichkeit *la Nouvelle Objectivité, mouvement artistique des années 1920, issu de l'expressionnisme* **6.** sich beschränken *se restreindre* **7.** die Fassade des beschleunigten Lebensstils *la façade d'une vie menée tambour battant* **8.** die Erschöpfung *l'épuisement* **9.** die Einsamkeit *la solitude* **10.** über die Runden kommen* *boucler les fins de mois*

Stratégies

▷ **Comprendre un texte journalistique**

● **Dates et époques**
Prêtez attention aux dates et aux époques citées dans le texte.
zwanziger Jahre – 1918 – zwischen den beiden Weltkriegen – die Weimarer Republik

● **Noms propres**
Notez également les noms propres cités et toutes les informations biographiques (pays, villes, parcours, métiers).
Dichterin Mascha Kaléko – Malerin Jeanne Mammen

● **Champs lexicaux**
Identifiez les différents champs lexicaux, ils vous aideront à comprendre les propos.
– Frauenrechte
– Frauen in der Berufswelt
– Frauen in Kunst und Kultur

Fit für das Baccalauréat

Épreuve 2 (suite)

Expression écrite — Choisissez l'un des deux sujets.

1. Inwiefern ist Kunst eine Waffe? Ist es Ihrer Meinung nach möglich, Kriege oder Ungerechtigkeit mit Kunst zu bekämpfen? Schreiben Sie einen kurzen Text, in dem Sie versuchen, anhand von Beispielen aus Kunst und Literatur diese Frage zu beantworten.

2. Sie haben gerade eine Ausstellung über Käthe Kollwitz besucht und fanden ihre Werke besonders interessant. Schreiben Sie eine E-Mail, in der Sie die Werke kurz beschreiben. Erklären Sie, welche Botschaft sie vermitteln und warum sie Ihnen gefallen haben oder nicht.

Zwischen 1921 und 1938 kreierte Käthe Kollwitz den Holzstich *Die Mütter* und die Rundplastik aus Bronze *Turm der Mütter*. Hier weigern[3] sich die Frauen, ihre Kinder als Soldaten in den Krieg zu schicken. In ihrem Werk verarbeitete Kollwitz auch ihre persönliche Erfahrung: 1914 starb ihr Sohn Peter an der Front.

Käthe Kollwitz, *Die Mütter* (Folge „Krieg"), Holzstich[1], 1921-22

Käthe Kollwitz, *Turm*[2] *der Mütter*, Bronze, 1938

1. der Holzstich *la gravure sur bois*
2. der Turm *la tour*
3. sich weigern *refuser, s'opposer*

Stratégies

▷ Écrire un mail

- **Pour mettre en forme votre mail, veillez à indiquer les informations suivantes.**
  – *An:* moritz.schäfer@gmx.de
  – *von:* ceciledupont.2002@orange.fr
  – *Betreff:* Mein Besuch der Käthe Kollwitz-Ausstellung / Was denkst du über engagierte Kunst?

- **Rédigez le corps du mail**
  – Vous écrivez à un(e) ami(e), donc vous le (la) tutoyez.
  *Hallo / Hi / Liebe Isabelle / Lieber Moritz
  Wie geht es dir? Ich hoffe, es geht dir gut.*

  – Introduisez votre propos.
  *Heute habe ich eine Ausstellung über die Künstlerin Käthe Kollwitz besucht / besichtigt. Das war sehr interessant, weil …
  Die Kunstwerke haben mir sehr gut gefallen, denn …
  Ich möchte dir kurz von einem / von zwei Werk(en) erzählen / berichten, das / die mir besonders gefallen / mich besonders angesprochen / betroffen hat / haben.*
  (plu / interpellé / touché)

  – Demandez-lui s'il / elle connaît Käthe Kollwitz ou un autre artiste engagé.
  *Kennst du die Künstlerin Käthe Kollwitz?
  Interessierst du dich für engagierte Kunst?*

- **Terminez votre mail par des salutations appropriées**
  – *Ich hoffe, bald von dir zu hören.*
  – *Liebe Grüße an deine Eltern / deine Familie.*
  – *Bis bald.*
  – *Dein Antoine / Deine Cécile*

▷ S'appuyer sur une œuvre d'art

- **Décrire brièvement l'œuvre**
  – *Es handelt sich um einen Holzstich / eine Rundplastik / eine Skulptur der Künstlerin Käthe Kollwitz / von 1921-22 / 1938. Der Titel lautet …*
  – *Käthe Kollwitz war eine der bekanntesten Künstlerinnen des Expressionismus.*
  – *Auf dem Werk kann man … sehen.*
  – *Mit diesem Werk wollte die Künstlerin den Krieg / die Nationalsozialisten anprangern.*

- **Décrire ses sentiments**
  – *Mir haben / hat besonders die Figuren / die Komposition gefallen, weil …* J'ai particulièrement aimé les personnages / la composition car…
  – *Ich fand die Botschaft sehr beeindruckend / rührend / ausdrucksvoll.* J'ai trouvé le message très impressionnant / touchant / expressif.
  – *Mir hat die Rundplastik besser gefallen als der Holzstich, denn …*
  – *Käthe Kollwitz' Holzstich hat mich sehr berührt, weil …*

KAPITEL 5 • KUNST ALS REBELLION

ART ET POUVOIR

Épreuve 3 ▶ 2ᵉ trimestre de Terminale

Zoom sur la partie orale

💬 Expression orale

● Schauen Sie sich die folgenden Werke an. Welches Kunstwerk ist für Sie das bessere Beispiel für engagierte Kunst? Begründen Sie Ihre Antwort.

A — KRIEG UND LEICHEN — DIE LETZTE HOFFNUNG DER REICHEN
John Heartfield, *Krieg und Leichen, die letzte Hoffnung der Reichen*, Fotomontage, *AIZ*, n°18, 1932

B — Georg Grosz, *Strafe*[1], Aquarell, 1934

1. die Strafe *la punition*

Stratégies

▷ **Interpréter une œuvre d'art**

● **Artiste, titre, date de création**
Le cartel d'une œuvre vous donne de nombreuses informations, qui vous permettent de la comprendre et de l'interpréter.
→ Soyez attentif ici au nom de l'artiste et à la date. Vous aurez probablement des connaissances historiques qui vous permettront d'interpréter le visuel.

● **La forme au service du sens**
Décrivez d'abord rapidement ce que vous voyez.
→ Les couleurs, les formes, la narration dans un tableau sont autant d'éléments significatifs.

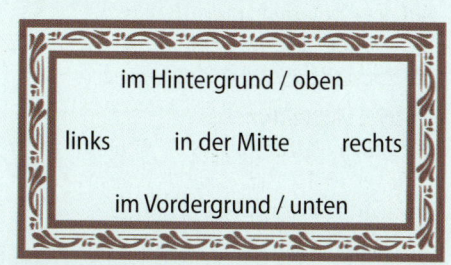

```
           im Hintergrund / oben

  links         in der Mitte        rechts

           im Vordergrund / unten
```

● **Interpréter une œuvre**
– Mit diesem Bild / Gemälde / dieser Fotomontage prangert John Heartfield / Georg Grosz die Schrecken des Krieges / die Ideologie des Nationalsozialismus an.

– Der Künstler / Georg Grosz / John Heartfield stellt in seinem Werk den Krieg / die soziale Ungerechtigkeit / die Kriegseuphorie dar.

❗ Pour l'interprétation de *Krieg und Leichen, die letzte Hoffnung der Reichen* de John Heartfield, vous pouvez vous appuyer sur les aides lexicales suivantes :
die Hyäne la hyène
das Eiserne Kreuz = militärische Medaille
der Zylinder le chapeau haut-de-forme

▷ **Réfléchir à haute voix**

– Le propre de l'interaction orale est de vous confronter à des questions nouvelles. N'hésitez pas à l'indiquer à votre interlocuteur.
– Diese Frage habe ich mir noch nie gestellt.
– Ich habe noch nie über diesen Aspekt nachgedacht.

– Cette partie de l'épreuve orale vous permet de montrer votre ouverture d'esprit, votre capacité à réfléchir à haute voix et à faire part d'impressions personnelles.
Ich habe das Gefühl, dass … . Ich habe den Eindruck, dass … . Mir scheint, dass …

– Vous pouvez tout à fait évoquer des hypothèses ou des incertitudes.
Vielleicht / Möglicherweise … . Ich könnte mir vorstellen, dass … . Ich bin mir nicht sicher, aber …

Schulen für Afrika

Kapitel 6

DIVERSITÉ ET INCLUSION

Miteinander, füreinander

Was kann ich für Andere tun?

- Envisager de s'engager sur le plan social. (p. 98)
- Décrire l'engagement de bénévoles. (p. 100)
- Le complément au datif. (p. 98)
- Exprimer la concession. (p. 100)

Projekt

Discuter de l'engagement social. (p. 105)

MÉDIATION — PARTNERPUZZLE

BAC ÉPREUVES COMMUNES EN COURS D'ANNÉE

Épreuve 1
- ▶ViDEO Wie kann ich Flüchtligen helfen? (p. 106)
- **Stratégies** : Comprendre les sigles – Le champ lexical (p. 106)
- **Stratégies** : Articuler son discours – Le subjonctif II (p.106)

Épreuve 2
- *Der Bufdi aus Daara*, Fluter (p. 107)
- **Stratégies** : L'adjectif substantivé – Les adverbes (p. 107)
- **Stratégies** : Se justifier – Rendre compte d'une expérience personnelle (p. 108)

Épreuve 3
- **Stratégie** : Commenter une image (p. 109)
- **Stratégie** : Exposer ses connaissances culturelles (p. 109)

SPRACHBOX

- der Senior (-en) *le senior, la personne âgée*
- einsam *seul, solitaire*
- jn unterhalten* *divertir qn*
- behindert *handicapé*
- jn begleiten *accompagner qn*
- jn unterstützen *soutenir qn*
- Geld, Schulmaterial spenden *donner de l'argent, des fournitures scolaires*
- obdachlos *sans-abri*
- auf der Straße leben *vivre dans la rue*
- Essen, Decken verteilen *distribuer à manger, des couvertures*

→ p. 102

Wem und wie kann man helfen?

A2
1. Erklären Sie mit Hilfe dieser Bilder, wer Hilfe braucht und warum.
2. Wie kann man diesen Menschen helfen?

Projekt

Sich in einem sozialen Bereich engagieren

Meinen Mitbürgern helfen

A) Ab 16 wählen?

A2 **1** Hören Sie sich die Argumente der Interviewten über das Wahlrecht ab 16 Jahren an. Machen Sie sich Notizen zu den Pro- und Kontra-Argumenten.

reif sein *être mature* – Erfahrung haben *avoir de l'expérience* – stören *déranger* – vernünftig *raisonnable* – sich beschweren *se plaindre* – die Gesellschaft *la société* – die Verantwortung *la responsabilité* – verantwortlich *responsable*

B1 **2** Was könnten Sie mit dem Wahlrecht ab 16 Jahren machen? Ist es Ihnen wichtig? Hier sind ein paar Ideen: sich mehr für Politik interessieren – sich politische Debatten anhören – sich in einer Partei engagieren …

3 Fühlen Sie sich von der Aussage des Plakats angesprochen?

Freistaat Thüringen

Willkommen im nächsten Level.

Für alle ab 16: Am 15. April wählen gehen!

Zum ersten Mal sind in Thüringen Jugendliche ab 16 Jahren eingeladen, Bürgermeister|innen, Landräte|innen und Oberbürgermeister|innen zu wählen.

Entscheide mit, wer in deinem direkten Umfeld entscheidet!

DENK BUNT
www.nächstes-level.de

KulturBOX

In Österreich dürfen seit 2007 alle Bürger ab 16 Jahren wählen.
In Deutschland dürfen 16-Jährige in einigen Bundesländern (Niedersachsen, Mecklenburg-Vorpommern, Nordrhein-Westfalen, Sachsen-Anhalt, Schleswig-Holstein) an Kommunalwahlen[1] teilnehmen.

1. die Kommunalwahlen *les élections municipales*

SPRACHBOX

als Bufdi helfen
- sich um etw. (A) bewerben*
  postuler pour qc
- im sozialen, ökologischen, kulturellen Bereich
  dans le domaine social, écologique, culturel
- etw. freiwillig tun*
  être volontaire (pour faire qc)
- Freiwilliger / Freiwillige sein
  être un / une volontaire
- sich um jn kümmern *s'occuper de qn*
- die Natur schützen *protéger la nature*
- Tiere, Pflanzen pflegen
  soigner des animaux, s'occuper des plantes

→ p. 102

SPRACHBOX

Utiliser un complément au datif
- Es gefällt mir, dem alten Mann die Einkäufe zu bringen.
- Ich helfe dieser Schülerin bei ihren Matheaufgaben.
- Man sollte den jungen Leuten mehr zuhören.

→ p. 104

B › Was kann man als Bufdi machen?

DIVERSITÉ ET INCLUSION

MÉDIATION — MINDMAP → p. 25

B1
1. In jeder Vierer-Gruppe arbeitet jeder Schüler an einem Text.
2. Nach der Einzelarbeit erstellt die Gruppe eine Mindmap zum BFD.
3. Eine Gruppe präsentiert der Klasse ihre Mindmap.

a) Wer? Wie lange? Was?

Alle Bürgerinnen und Bürger, die ihre obligatorische Schulzeit absolviert haben, können einen Bundesfreiwilligendienst machen. Alter, Geschlecht, Nationalität oder die Art des Schulabschlusses spielen dabei keine Rolle. Die Regeldauer sind 12 Monate. Der Bundesfreiwilligendienst (Bufdi) ist ein enormer Erfolg. Es kann daher in Einzelfällen vorkommen, dass eine gewünschte Stelle nicht direkt verfügbar[1] ist.

1. verfügbar *disponible*

c) Wie kann ein Bufdi im ökologischen Bereich helfen?

Johanna liebt die Natur und hilft den Rangern in einem Nationalpark dabei, bedrohte Tierarten[1] zu beobachten oder die Wanderwege in Stand zu halten.
Sabine ist Bundesfreiwillige im Zoo. Sie assistiert bei Besucherführungen, Aktionstagen oder Kindergeburtstagen oder pflegt die Pflanzen.

1. bedrohte Tierarten *des espèces animales menacées*

b) Wie kann ein Bufdi im sozialen Bereich helfen?

Felix ist Freiwilliger in einem Kindergarten, wo Kinder mit und ohne Behinderung zusammen lernen und spielen. Seine Aufgaben sind vielfältig: Er hilft beim Verteilen des Mittagessens, organisiert die Spiele und leitet[1] die Fußball-AG für Mädchen.
Nina arbeitet in der Obdachlosenhilfe. Sie hilft im Obdachlosencafé mit und hilft Menschen ohne Wohnsitz bei Formalitäten.

1. leiten *diriger*

d) Wie kann ein Bufdi im kulturellen und sportlichen Bereich helfen?

Svenja assistiert einer Museumspädagogin in einem ethnologischen Museum. Hier bietet sie Führungen an, arbeitet in den Büros mit und recherchiert Informationen.
Tobias interessiert sich schon immer für Musik und Kunst und hat sich deshalb den Bundesfreiwilligendienst beim Theater ausgesucht. Er hilft bei theaterpädagogischen Angeboten sowie im Bereich Tontechnik mit.

www.bundesfreiwilligendienst.de

Nun sind Sie dran!!

In welchem Bereich würden Sie sich engagieren? Wie würden Sie helfen?

1 **2** Projekt
Das Engagement von Freiwilligen beschreiben

Meinen Mitmenschen helfen

SPRACHBOX

bei der Integration helfen
- der Flüchtling (-e) *le réfugié*
- der Pate (-n); die Patin (-nen) *le parrain ; la marraine*
- das Familienmitglied (-er) *le membre de la famille*
- jm den Alltag zeigen *montrer la vie quotidienne à qn*
- mit jm Zeit verbringen* *passer du temps avec qn*

das Flüchtlingsleben
- aus seiner Heimat fliehen* *fuir son pays*
- vor dem Krieg fliehen* *fuir la guerre*
- monatelang auf der Flucht sein *être en fuite pendant des mois*
- verfolgt werden* *être persécuté*
- in Not leben *vivre dans le besoin*

zu Hause mithelfen
- (etw.) kochen *faire la cuisine, cuisiner (qc)*
- den Tisch decken ≠ ab/decken *mettre ≠ débarrasser la table*
- die Spülmaschine aus/räumen *vider le lave-vaisselle*
- Staub saugen *passer l'aspirateur*
- den Müll weg/bringen* *sortir la poubelle*

Freiwilliger im Ausland
- die Freude; froh *la joie ; content, joyeux*
- die Begeisterung; begeistert *l'enthousiasme ; enthousiaste*
- ein Land entdecken *découvrir un pays*
- ein Abenteuer erleben *vivre une aventure*
- seinen Traum verwirklichen *réaliser son rêve*
- vor etw. (D) Angst haben *avoir peur de qc*
- der Mut; mutig *le courage ; courageux*
- den Mut nicht verlieren* *ne pas se décourager*
- (keine) Vorurteile haben *(ne pas) avoir des (de) préjugés*
- anders leben *vivre autrement*

→ p. 102

A) Ein Flüchtling bei einer deutschen Familie

VIDEO

- **A2** ① Wie hilft die Familie Mattenklot dem jungen Zare?
- **B1** ② Berichten Sie über seine Geschichte als Flüchtling.
- **A2** ③ Bei Familie Mattenklot helfen alle beim Abendessen mit. Wie ist es bei Ihnen?

beheimatet werden s'accoutumer au pays

SPRACHBOX

Exprimer la concession

Avec une subordonnée introduite par *obwohl* (bien que) ou *auch wenn* (même si)
- Mein Bruder möchte nach Südamerika fahren, **obwohl** meine Eltern nicht einverstanden sind.
- Sie möchte in indischen Schulen arbeiten, **auch wenn** sie noch nie in Indien war.

Avec *trotzdem* (malgré tout, quand même)
- Das Leben in Afrika ist anders. **Trotzdem** will sie dorthin fahren.

→ p. 104

DIVERSITÉ ET INCLUSION

B) In die Fremde

B1
1. Welche Erfahrung hatte schon Deena im sozialen Engagement?
2. Wie hat sie auf Ostafrika reagiert? Wie haben die anderen reagiert?
3. Wie können Sie Deena charakterisieren? Was sind ihre Eigenschaften?

Schon seit Jahren war mir klar, dass ich nach Abschluss meiner Hochschulreife nicht gleich ein Studium aufnehmen wollte. [...] Ich wollte etwas von der Welt und vor allem mich kennenlernen. [...]

5 Ältere Freunde von mir waren nach dem Abitur für einen Freiwilligendienst ins Ausland gegangen. Was für eine tolle Möglichkeit! Ich erhoffte mir intensivere Erfahrungen und ein noch tieferes Eintauchen[1] in Kultur und Gesellschaft, als das beim einfachen Reisen möglich
10 ist. Also habe ich mich beworben, denn das passte auch mit meinem sonstigen sozialen Engagement zusammen. Ich hatte als Schülersprecherin schon seit Jahren mit Kindern und Jugendlichen zusammengearbeitet, Benefizkonzerte oder Seminare mitorganisiert, verschie-
15 denste Veranstaltungen geleitet oder Aktionen mit Amnesty International und Fair-trade-Gruppen gestartet. Jetzt sollte es ein Straßenkinderzentrum sein. Und vor zwei Monaten kam dann auch tatsächlich eine positive Rückmeldung auf eine Bewerbung in Ruanda. Ich war überwältigt vor Freude[2].
20 „Als Freiwillige im Ausland arbeiten, voll finanziert, bildet euch, testet Grenzen und tauscht euch mit einer anderen Kultur aus." Zumindest lautete so die Werbung zum organisierten Freiwilligenjahr. Was für eine Chance. [...]
Ostafrika. Eigentlich wusste ich zu dem Zeitpunkt fast
25 nichts über Ostafrika. [...] Die meisten Menschen in unserem Umfeld waren eher wenig begeistert von der Entscheidung. Ob es da fließendes Wasser und Krankenhäuser gäbe? Ob da nicht Krieg wäre? Ob ich keine Angst vor Malaria hätte? [...] Ob das nicht
30 gefährlich sei? Mutig nannten sie uns. Mutig warum? Angst wovor? Ich konnte die negative Stimmung und die Vorurteile nicht wirklich nachvollziehen[3]. [...] Ich konnte ja erst wissen, wie es wirklich war, wenn ich dort gewesen
35 war. Ich war mir sicher, dass sie die beste Bildungsreise meiner jungen Jahre werden würde. Und in nur zwei Wochen sollte es tatsächlich los gehen.

DEENA, *So frei bin ich nur hier – Mein zweites Leben in Afrika*, 2017

1. das Eintauchen *l'immersion*
2. vor Freude überwältigt *submergée par la joie*
3. nachvollziehen *comprendre*

Kultur BOX

Sabrina Herr, als Deena bekannt, ist eine schwäbische Studentin, die als Sozialhelferin in Ruanda gearbeitet hat. Eines Abends sang sie in einer Bar in Uganda in der Landessprache, Luganda. Sie wurde von der Musikindustrie entdeckt und begann eine Karriere als Sängerin. Sie ist seitdem ein Popstar in Uganda geworden.

MEHR INFOS > über Deena und ihre Hits
– Interview im SWR: bit.ly/2zl6bSy
– *Kankuleke (Ich lasse dich gehen)*: bit.ly/2QkLZeG

Nun sind sie dran!!

Zare und Deena haben ihre Heimat aus unterschiedlichen Gründen verlassen. Stellen Sie Ihrer Klasse diese Gründe vor und erklären Sie, inwiefern Sie Zare oder Deena bewundern[1].

1. bewundern *admirer*

TRAINING
WORTSCHATZ
Miteinander, füreinander

zu Hause mithelfen

A2
- (etw.) kochen faire la cuisine, cuisiner (qc)
- sein Zimmer auf/räumen ranger sa chambre
- sein Bett machen faire son lit
- ein/kaufen faire les courses
- das Auto waschen* laver la voiture
- etw. putzen nettoyer qc
- (das Geschirr) spülen faire la vaisselle
- sauber ≠ schmutzig propre ≠ sale

A2-B1
- seine Wäsche auf/räumen ranger son linge
- den Tisch decken ≠ ab/decken mettre ≠ débarrasser la table
- die Spülmaschine aus/räumen vider le lave-vaisselle
- Staub saugen passer l'aspirateur
- den Müll weg/bringen* sortir la poubelle

Hilfe brauchen

A2
- Hilfe brauchen avoir besoin d'aide
- jm danken remercier qn
- krank malade
- arm pauvre

A2-B1
- um Hilfe rufen* appeler à l'aide
- einsam seul, solitaire
- behindert handicapé
- obdachlos sans abri

Hilfe leisten

A2
- jm helfen* aider qn
- hilfsbereit serviable
- jm Hilfe leisten apporter de l'aide à qn
- jn begleiten accompagner qn
- jm etw. geben*, schenken donner, offrir qc à qn
- jm etw. zeigen montrer qc à qn
- solidarisch solidaire

A2-B1
- jn unterhalten* divertir qn
- jm etw. erklären expliquer qc à qn
- sich um jn kümmern s'occuper de qn
- Nachhilfe geben* donner des cours particuliers
- die Natur schützen protéger la nature
- sich in einer Organisation engagieren s'engager dans une association
- etw. freiwillig tun* être volontaire (pour faire qc)
- Freiwilliger / Freiwillige sein être un / une volontaire
- jn auf/nehmen* accueillir qn
- Geld spenden donner de l'argent
- die Spende (-n) le don
- Essen, Decken verteilen distribuer à manger, des couvertures
- ein Land entdecken découvrir un pays
- ein Abenteuer erleben vivre une aventure

Flüchtlingen helfen

A2
- der Flüchtling (-e) le réfugié
- seine Heimat, seine Familie verlassen* quitter son pays, sa famille
- auf der Flucht sein être en fuite
- aus seiner Heimat fliehen* fuir son pays
- freiwillig im Ausland arbeiten être bénévole à l'étranger
- anders leben vivre autrement

A2-B1
- die Gefahr (-en) le danger
- der Krieg (-e) la guerre
- in Not leben vivre dans le besoin
- verfolgt werden* être persécuté

Comprendre les consignes
- Der Zuhörer macht sich Notizen und fasst dann mündlich zusammen. L'auditeur prend des notes puis résume oralement.
- Berichten Sie über dieses Dokument. Rendez compte de ce document.
- Fühlen Sie sich von … angesprochen? Vous sentez-vous concerné(e) par… ?

ÜBUNGEN

1 Trouvez l'intrus.
a. die Wäsche – die Spülmaschine – entdecken – putzen – aufräumen
b. arm – obdachlos – kochen – krank – einsam
c. spülen – danken – schenken – spenden – geben
d. begleiten – freiwillig – solidarisch – verfolgt – schützen

2 Associez les éléments afin de former des groupes infinitifs cohérents.

armen Schülern Schulmaterialen •   • erleben
Senioren Hilfe •   • arbeiten
tolle Abenteuer •   • entdecken
ein asiatisches Land •   • leisten
als Freiwilliger •   • verteilen

3 Choisissez parmi les éléments donnés les actions correspondant aux besoins suivants.
aufnehmen – bis zur Schule begleiten – Decken verteilen – Nachhilfe geben – unterhalten
a. obdachlos sein → …
b. einsam leben → …
c. auf der Flucht sein → …
d. behindert sein → …
e. schlechte Noten in Mathe haben → …

4 Complétez le texte à l'aide des éléments suivants.
bewerben – einsam – engagieren – helfen – hilfsbereit – kümmert – räumt … auf – spült

> Mein Bruder möchte sich als Bufdi ☐.
> Er ist sehr ☐ und möchte Senioren ☐.
> Er ☐ sich schon oft um unsere Großmutter, sie fühlt sich nicht mehr so ☐, weil er zu ihr kommt: Er ☐ Geschirr und ☐ ihr Wohnzimmer ☐. Er wird sich nach dem Abi ☐, um vor dem Studium eine Erfahrung zu haben.

> **Extra**
>
> **A2 5** Wie helfen Sie zu Hause mit? Erklären Sie es in ein paar Sätzen.

WORTBILDUNG

Les noms composés complexes

En allemand, les mots composés complexes se composent d'un **déterminé**, c'est-à-dire le dernier élément du nom, et d'un **déterminant**, qui est lui-même parfois composé ou dérivé.
Pour mieux les comprendre, il suffit de les décomposer en éléments simples.

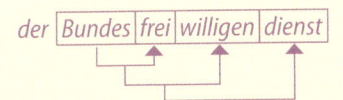

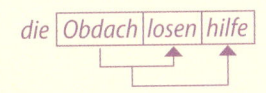

der | Bundes | frei | willigen | dienst   die | Obdach | losen | hilfe

Dans cette structure complexe, c'est le **déterminé** qui donne **le genre et le nombre** au mot composé.
→ *der* Bundesfreiwilligen**dienst**
→ *die* Obdachlosen**hilfe**

ÜBUNG

À partir des éléments ci-dessous, formez des mots composés qui correspondent à la traduction donnée. Ajoutez pour chaque nom l'article correspondant.
Geschirr – Hilfe – Maschine – Materialen – nach – Natur – Park – Schul – Schutz – Spende – Spül – Stunde

a. Le don de fournitures scolaires → …
b. Le lave-vaisselle → …
c. L'heure d'aide aux devoirs → …
d. Le parc naturel protégé → …

TRAINING
GRAMMATIK

LERNTEMPODUETT → p. 19

❯ Le complément au datif → p. 98

→ PRÉCIS p. 215, 217, 223

- Le datif correspond au COI ou au complément d'objet second (bénéficiaire).
  Il est indiqué dans le lexique par l'abréviation **jm** (*jemandem* = **à** qn)
  Il peut être le seul complément du verbe ou être suivi d'un COD à l'accusatif (*jemandem etwas* = qc à qn).

jm gefallen	plaire **à qn**	→ *Diese Hilfsorganisation hat mein**em** Bruder gefallen.*
jm gehören	appartenir **à qn**	→ *Dieses Auto gehört sein**er** Deutschlehrerin.*
jm etw. geben	donner qc **à qn**	→ *Sie hat dies**em** Mann eine Decke gegeben.*

d**em** Mann	ih**m**
d**em** Kind	ih**m**
d**er** Frau	ih**r**
d**en** Kinder**n**	ih**nen**

- Les marques du datif sont **-m** (masc./neut.), **-r** (fém.) et **-n /-n** (pl.). On retrouve ces marques également sur les pronoms personnels de la 3ᵉ personne au datif (*ihm, ihr, ihnen*).

❗ Certains verbes ont un complément au datif en allemand, mais un COD en français.
jm helfen* aider **qn**   *jm danken* remercier **qn**   *jm zuhören* écouter **qn**

1 Complétez par les marques du datif.
a. Man sollte d… Schülern mehr zuhören.
b. Du solltest vielleicht dein… Vater helfen.
c. Hast du dein… Großeltern für das Geschenk gedankt?
d. Diese soziale Arbeit gefällt mein… Freundin sehr.
e. Für mein Engagement vertraue ich dies… Organisation.

2 Complétez par les marques du datif pour le 1ᵉʳ complément et de l'accusatif pour le second.
a. Ich habe dies… Schüler… d… Lektion erklärt.
b. Sie hat d… Bufdi ein… Frage gestellt.
c. Die Organisation hat mein… Schwester ein… Arbeit in Indien angeboten.
d. Du solltest dein… Tante dies… Buch über Amnesty International schenken.

3 Complétez par le pronom au datif qui convient.
a. Mein Onkel arbeitet freiwillig in einer Organisation. Ich höre … gern zu, wenn er darüber spricht.
b. Ich schaffe das nicht allein. Kannst du … bitte helfen?
c. Sie kann diese Bücher nicht spenden. Sie gehören … nicht.
d. Die Freiwilligen verstehen diese Aktion nicht. Sie gefällt … überhaupt nicht.

❯ Exprimer la concession → p. 100

→ PRÉCIS p. 218

La concession exprime une contradiction entre deux faits. On peut exprimer la concession à l'aide :
- de l'adverbe ***trotzdem*** (malgré tout, quand même)
  *Er ist schwer behindert, aber er kann **trotzdem** unsere Schule besuchen.*
- d'une subordonnée introduite par ***obwohl*** (bien que)
  *Sie ist nach Afrika gefahren, **obwohl** ihre Eltern nicht einverstanden waren.*
- d'une subordonnée introduite par ***auch wenn*** (même si)
  *Sie möchten Flüchtlinge aufnehmen, **auch wenn** sie nicht viel Platz haben.*

4 Complétez par *trotzdem* ou *obwohl*.
a. Dieser junge Mann wollte mich unbedingt begleiten, … er behindert ist.
b. Er hat gute Noten in Französisch. Er will … Nachhilfe bekommen.
c. Sie war noch nie in Asien. Sie will … dort freiwillig arbeiten.
d. Sie interessieren sich nicht für Politik, … sie das Wahlrecht haben.
e. Das Zimmer ist sehr sauber. Er will … alles putzen.

5 Placez les propositions où il convient en les faisant précéder de *auch wenn*.
der behinderte Schüler schafft es allein – ich zeige ihm den Weg – sie lebt in Not – wir haben nicht viel Geld
a. Wir haben dieser Flüchtlingsfamilie finanziell geholfen, … .
b. Diese Familie will in ihrer Heimat bleiben, … .
c. …, wird mein Großvater mein neues Haus nicht allein finden.
d. …, will er ihn begleiten.

Projekt

DIVERSITÉ ET INCLUSION

Sozial engagiert, aber wie?

MÉDIATION — PARTNERPUZZLE (→ p. 20)

B1 Viele Leute möchten sich engagieren, aber sie wissen nicht wirklich wie und stellen sich auch viele Fragen. Die beiden Texte sind Beispiele für soziales Engagement.

- Sie arbeiten in einer ersten Zweier-Gruppe an einem Text, um eine Präsentation darüber zu erstellen.
- Sie bilden eine neue Zweier-Gruppe mit einem Partner, der an dem anderen Text gearbeitet hat. Jeder präsentiert dem anderen seinen Text.
- Die ganze Klasse diskutiert anschließend über beide Formen des Engagements. (Würden Sie sich auch auf diese Weise engagieren? Verstehen Sie dieses Engagement? …)

❶ Anne, 22, Studentin

„In Deutschland gibt es viele Freiwillige, die den Flüchtlingen helfen wollen. Über Facebook habe ich eine Gruppe kennengelernt, die nach Kroatien fährt. Spontan habe ich mir das Auto von meiner Mutter geliehen und bin für fünf Tage hingefahren. Die Situation dort ist extrem: Tausende von Flüchtlingen übernachten in der riesigen Zeltstadt[1]. Viele haben nur Flip-Flops[2] und kurze Hosen an. Einmal musste ich entscheiden, wer eine der letzten 50 Decken bekommt. Geschlafen habe ich in der Zeit gar nicht. Es gibt einfach immer was zu tun, besonders nachts braucht man die Hilfe von jedem. Vor zwei Tagen bin ich wieder in Deutschland angekommen, aber ich fahre morgen wieder hin. Meine Freunde finden gut, dass ich helfe, können aber nicht verstehen, warum ich morgen schon wieder fahre. Aber es fühlt sich komisch an, hier zu sein, wenn dort Hilfe so dringend gebraucht wird."

www.yaez.de

1. die Zeltstadt *le campement*
2. die Flip-Flops *les claquettes, les tongs*

❷ Sofija, 18, Schülerin

„Ein paar Skate-Workshops habe ich schon gegeben. Doch dieses Jahr hatte ich die Möglichkeit, Flüchtlingskindern Skaten beizubringen. Am Tag davor hatte ich schon ein bisschen Angst. Was ist, wenn die Kids mich überhaupt nicht verstehen? Aber da habe ich mir umsonst Gedanken gemacht. Viele der Kinder gehen hier schon zur Schule und sprechen ganz gut deutsch. Und sonst verständigt man sich eben mit Händen und Füßen. Ich habe einfach mit den Fingern auf dem Skateboard gezeigt, wo der Fuß bleiben soll. Schon von Anfang an kamen die Kinder ganz froh auf mich zu. Ein Mädchen ist in einer Pause zu mir gekommen und hat mir erzählt, wie gerne sie hier zur Schule geht. Darüber habe ich noch lange nachgedacht. Ich bin oft von der Schule genervt, dabei kann ich froh sein, eine Schulausbildung zu bekommen. Es hat mir unglaublich viel Spaß gemacht, und ein nächster Workshop ist schon geplant."

www.yaez.de

Stratégies

▷ **Définir les thèmes du texte et en rendre compte**

- **Chaque texte décrit**
  – la situation des personnes à aider
  → *Im Text geht es um Leute, die …*
  → *Anne / Sofija beschreibt, wie …*
  – les difficultés rencontrées lors des actions
  → *Eines Tages / Einmal …*
  – l'enthousiasme de ceux qui aident
  → *Anne / Sofija hat sich … gefühlt.*
  → *Sie hat sich gefreut, weil …*

▷ **Prendre position**

- **Vous pouvez utiliser le subjonctif II** (→ p. 62)
  – *An Annes / Sofijas Stelle wäre / hätte / würde ich …*
  – *Ich könnte (nicht) wie Anne / Sofija …*
  – *Ich könnte mir schon / gar nicht vorstellen, wie Anne …* (infinitif + zu)
  – *Für mich wäre es schon / gar nicht vorstellbar, …* (infinitif + zu)

▷ **Débattre en classe** (→ p. 22, → p. 70 - Nuancer son propos)

Fit für das Baccalauréat

Épreuve 1 — 2ᵉ trimestre de Première

Compréhension de l'oral — VIDEO

Wie kann ich Flüchtlingen helfen?

- Sehen Sie sich das Video dreimal an. Sie haben zwischen jedem Ansehen eine Minute Zeit, um sich Notizen zu machen. Berichten Sie schriftlich auf Französisch über das Video.

Stratégies

▷ **Comprendre les sigles**
Certains sigles internationaux sont empruntés à l'anglais.
– die UN = die Vereinten Nationen
  l'ONU, les Nations Unies
– UNICEF

▷ **Le champ lexical**

• **Repérer le champ lexical**
Le sujet et le contexte vous permettent de définir le champ lexical principal. Ce champ lexical vous permettra de comprendre des mots que vous avez appris, voire de réactiver ceux que vous auriez oubliés.

• **Exploiter le champ lexical**
Dans cette vidéo, le champ lexical est celui de l'aide. Vous connaissez déjà de nombreux mots et expressions dans ce domaine. Il vous sera donc plus facile de les comprendre.
– jm helfen, die Hilfe, Hilfe leisten, jn unterstützen, zu etw. bei/tragen …

Expression écrite — Choisissez l'un des deux sujets.

1. Sowohl in Deutschland als auch in Frankreich brauchen immer mehr Menschen unsere Solidarität: Menschen, die vor Krieg oder Hunger fliehen, Menschen, die ohne Arbeit sind, Obdachlose, behinderte oder kranke Menschen, alte Menschen mit Demenz …
Welchen Menschen in der Not möchten Sie besonders helfen? Argumentieren Sie und sagen Sie, wie Sie diese Menschen unterstützen möchten oder warum nicht.

2. Kerstin hat auf einem Forum über Engagement den folgenden Beitrag gepostet. Was würden Sie ihr antworten?

> In meiner Stadt sind in den letzten Jahren viele Flüchtlinge aus Syrien und Eritrea angekommen. Einige sind 16 Jahre alt wie ich und sind allein gekommen. Ich möchte ihnen gern helfen, aber ich weiß nicht wirklich, wie und allein kann ich nicht viel tun. Wenn ihr einige Ideen habt, danke ich euch im Voraus.
> Kerstin

> Hallo Kerstin,
> …

Stratégies

▷ **Expressions pour articuler son discours**
– *In der Tat* … En réalité / En fait / Effectivement…
– *Außerdem* … De plus…
– *Ich finde es wichtig, dass* … Je trouve important que…
– *Es hängt davon ab, ob* … Cela dépend si…

Stratégies

▷ **Le subjonctif II pour exprimer son point de vue**
– *Wenn ich du wäre, würde ich* … Si j'étais toi je…
– *An deiner Stelle würde ich* … À ta place, je…
– *Du könntest auch* … Tu pourrais aussi…
– *Ich meine, du solltest auch* … Je pense que tu devrais aussi…

Épreuve 2 — 3ᵉ trimestre de Première

Compréhension de l'écrit

- Lesen Sie den folgenden Artikel. Erklären Sie mit Hilfe der Lektüre in einem Blog, wie ein Flüchtling als Bufdi arbeiten und integriert sein kann.

Der Bufdi aus Daraa

Geflüchtete dürfen in Deutschland nicht gleich studieren oder arbeiten. Was viele nicht wissen: Ein Bundesfreiwilligendienst[1] (Bufdi) ist möglich – und hilft beim Ankommen.

Am Anfang hat Mohammed Deaa al-Ghazawi auf die Bufdi-Stelle nicht sofort Ja geantwortet. Vielleicht findet er ja doch noch einen richtigen Job, dachte er sich. Und meinte damit: einen richtig bezahlten Job. Einer, bei dem er mehr
5 als maximal 200 Euro Taschengeld im Monat bekommt. Heute, ein paar Monate später, ist Deaa froh, ein „Bufdi" zu sein, ein Bundesfreiwilligendienstleistender. Zweimal in der Woche kommt der 21-jährige Syrer ins Begegnungszentrum der Volkssolidarität in Berlin-Mitte. Hier treffen
10 sich Senioren zum Steppen oder Nähen[2], für Jüngere gibt es Kurse für Tai-Chi und Yoga und eine Disco.
20 Stunden in der Woche hilft Deaa, wo er kann. Auch anderen Geflüchteten, die zum kostenlosen Deutschkurs ins Begegnungszentrum kommen. „Ich wollte etwas arbei-
15 ten", erzählt er. „Hier kann ich sogar eigene Projekte machen." Derzeit plant Deaa mit einem Bekannten einen Kurs für alle, die lernen wollen, selbst eine Website zu gestalten. Deaa ist einer von derzeit 731 Geflüchteten in Deutschland, die einen Bundesfreiwilligendienst leisten. Für Geflüchte-
20 te wie Deaa, die nicht sofort Arbeit finden und nicht studieren dürfen, gibt es diese Alternative.
Als Bufdis können Flüchtlinge etwas Sinnvolles tun. Sie lernen Deutsche kennen und verdienen sogar etwas Geld. Bevor er vor dem syrischen Bürgerkrieg floh, studierte Deaa
25 al-Ghazawi zwei Semester an der Wirtschaftshochschule in Daraa an der Grenze zu Jordanien. Nach seiner Ankunft in Deutschland im Mai vergangenen Jahres konnte er allerdings nicht einfach weiterstudieren. Er konnte nämlich kein Deutsch und hatte auch keine Diplome oder Schulzeugnisse. Deaa wollte aber schnell Deutsch lernen. Sein
30 Cousin aus Hannover schickte ihm einen Link zu einem kostenlosen Deutschkurs in Berlin-Mitte – dem Kurs der Volkssolidarität. Seit April arbeitet er für diese Volkssolidarität.
Man sieht sofort, dass Deaa im Zentrum dazugehört. Er
35 begrüßt die Deutschlehrerin Christina und wartet auf die Kursteilnehmer. Er kennt sie alle. Ein syrischer Mann spricht Deaa auf Arabisch an. Er hat eine Frage zum Sprachniveau. Deaa antwortet ihm detailliert. Er, der hier selbst Orientierung suchte, kann heute andere Geflüchtete beraten.
40 „Deaa macht es Spaß, mit Menschen zu arbeiten", beobachtet Margit Beutler. Sie findet gut, dass Deaa als Bufdi die Zeit hat, auch über seine Berufswünsche nachzudenken. Deaa wollte immer in einer Bank arbeiten. Doch seit er sich bei der Volkssolidarität engagiert, ist er sich nicht mehr
45 sicher.
Die Geflüchteten, die sich wie Deaa als Bufdis engagieren, sind hochwillkommen. Der Bundesfreiwilligendienst hat nicht genug Mitarbeiter. Von den 10.000 Stellen mit Flüchtlingsbezug waren im April erst 2.713 besetzt. „Wir haben
50 mehr Freiwillige erwartet", sagt Robert Löber. Der Bildungsreferent koordiniert die Freiwilligenstellen bei den Internationalen Jugendgemeinschaftsdiensten (ijgd) in Berlin. Er meint, dass das Angebot bei Geflüchteten nicht bekannt genug ist.

Nach Ralf Pauli, *Fluter*, 23. 05. 2016

---

1. der Bundesfreiwilligendienst *le service civil volontaire* – der/die Bufdi = die Person, die einen Bundesfreiwilligendienst macht
2. Steppen und Nähen *broderie et couture*

Stratégies

❯ Fit für das Baccalauréat

Épreuve 2 (suite)

Stratégies

▷ **etwas / nichts**
- Le pronom *etwas* et sa négation *nichts* peuvent être suivis d'un adjectif substantivé neutre. Comme il s'agit d'un substantif, il prend une majuscule.
  – *etwas Neues / nichts Neues* quelque chose de nouveau / rien de nouveau
  – *etwas Interessantes / nichts Interessantes* quelque chose d'intéressant / rien d'intéressant

❗ *etwas* peut être un synonyme de *ein bisschen* (un peu).
Dans ce cas, il est suivi d'un nom ou d'un adjectif non substantivé.
  – *etwas Geld* un peu d'argent
  – *etwas teuer* un peu cher

▷ **Comprendre les adverbes qui servent à :**
- expliquer : *allerdings, nämlich* en effet
- nuancer : *vielleicht* peut-être
- opposer : *doch* cependant
- donner une indication temporelle :
  derzeit en ce moment
  sofort tout de suite

✏️ Expression écrite — Choisissez l'un des deux sujets.

1. Finden Sie, dass man sich als Jugendlicher in Politik und Gesellschaft engagieren soll? Begründen Sie Ihre Meinung und nennen Sie konkrete Beispiele.

Stratégies

▷ **Justifier son avis**
- *Diese Leute brauchen Hilfe, deshalb / deswegen …*
  Ces personnes ont besoin d'aide, c'est pourquoi …
- *Es ist (nicht so) wichtig, sich zu engagieren, weil …*
  Il (n')est (pas si) important de s'engager, parce que …
- *Aus diesem Grund / diesen Gründen …*
  Pour cette raison / ces raisons …

2. Baitullah, 18, ist aus Afghanistan in die Schweiz geflohen. Er wohnt heute bei Familie Häuselmann. Für die lokale Zeitung soll er einen kurzen Artikel über seine Flucht, das Familienleben in der Schweiz und seine Pläne schreiben. Schreiben Sie Baitullahs Artikel weiter.

Mein Leben in der Schweiz
Ich heiße Baitullah, bin 18 Jahre alt und komme aus Afghanistan …

Baitullah mit Philipp, seiner Frau Annamaria (in Rumänien geboren) und ihrem 8-jährigen Sohn, Thomas

Stratégies

▷ **Rendre compte d'une expérience personnelle**
- Utiliser les marqueurs chronologiques
  – *Als ich geflohen bin, …* Quand j'ai fui…
  – *Da war ich …* À ce moment-là, j'étais…
  – *Seitdem fühle ich mich…* Depuis cela je me sens…
- Rendre compte de ses impressions
  – *Es fällt mir schwer, … zu …* Il m'est difficile de…
  – *Ich befürchte immer noch / nicht mehr, dass …*
    Je crains encore / ne crains plus que…
  – *Ich freue mich über (A) …* Je suis content de…
  – *Ich hoffe, dass … / Hoffentlich …* J'espère que…

DIVERSITÉ ET INCLUSION

Épreuve 3 ▶ 2ᵉ trimestre de Terminale

Zoom sur la partie orale

Expression orale

- Schauen Sie sich die folgenden Bilder an.
  Welches Bild illustriert Ihrer Meinung nach am besten das Thema Vielfalt und Inklusion?
  Begründen Sie Ihre Antwort.

A Eine ältere Bufdi hilft einer Schülerin

B Berliner aus Südamerika beim Karneval der Kulturen – Berlin 2017

Stratégies

▷ Commenter une image

Commenter une image, ce n'est pas seulement décrire ce que tout le monde voit, mais c'est, à partir de cette image, imaginer une situation, ses causes et ses conséquences. Vous devez donc vous poser des questions qui sortent du cadre de la description.

- **Image A**
  – *Welche Motivation(en) hat diese Dame?*
  – *Was hat das Mädchen erlebt und wie lebt es in Deutschland?*
  – *Inwiefern hilft auch das Mädchen dieser Dame?*

- **Image B**
  – *Was ist Ihrer Meinung nach der Karneval der Kulturen?*
  – *Welche Motivationen haben diese Leute für den Karneval?*
  – *Wie können die anderen Berliner darauf reagieren?*
  – *Wie sieht das Leben in Berlin für diese Leute aus?*

▷ Exposer ses connaissances culturelles en entretien

- Vous n'aurez sûrement pas le temps de tout dire lors de votre exposé. L'entretien est une occasion de valoriser vos connaissances culturelles, car le professeur vous interrogera de façon plus générale sur l'axe choisi.

- Vous devez par exemple être prêt à répondre aux questions suivantes :
  – *Was bedeutet es, ein Bufdi zu sein?* (image **A**)
  – *Welche Rolle spielt der Karneval in der deutschen Kultur?*
  – *Wie entwickeln sich die Beziehungen zwischen den Generationen?* (image **B**)

1

A Als die Königin einmal ihren Spiegel fragte: „Spieglein, Spieglein an der Wand, wer ist die Schönste im ganzen Land?", so antwortete er: „Frau Königin, Ihr seid die Schönste hier, aber sie ist tausendmal schöner als Ihr."
Da erschrak[1] die Königin und wurde gelb und grün vor Neid[2]. Da rief sie einen Jäger und sprach: „Bring das Kind hinaus in den Wald."

1. erschrecken *avoir peur* 2. vor Neid *de jalousie*

Es war

Rotkäppchen

Schneewittchen

Hänsel und Gretel

B Es war einmal ein kleines süßes Mädchen, das hatte jedermann lieb. Eines Tages sprach seine Mutter zu ihm: „Komm, da hast du ein Stück Kuchen und eine Flasche Wein, bring das der Großmutter hinaus; sie ist krank und schwach und wird sich daran laben[1]."
Die Großmutter aber wohnte draußen im Wald, eine halbe Stunde vom Dorf. Wie es nun in den Wald kam, begegnete ihm der Wolf.

1. sich laben *se délecter*

Kapitel 7

FICTIONS ET RÉALITÉS

einmal der Wald ...

Wie vielseitig ist der Wald für die Deutschen?

- Dire ce que la forêt évoque pour vous. (p. 112)
- Décrire l'atmosphère de la forêt. (p. 114)
- L'accusatif. (p. 113)
- Le datif. (p. 115)

Projekt

Imaginer une histoire ou un poème en lien avec la forêt. (p. 119)

BAC ÉPREUVES COMMUNES EN COURS D'ANNÉE

Épreuve 1

Therapie unter Tannen (p. 120)
Stratégies : Organiser son brouillon – Identifier les marqueurs chronologiques (p. 120)
Stratégie : Relire sa production écrite (p.120)

Épreuve 2

Deutschlands schönste Märchenwälder, www.geo.de – Elias Canetti, *Masse und Macht* – *Die Deutschen und der Wald*, www.suedkurier.de (p. 121)
Stratégies : Rapporter des propos – Mettre en relation des textes (p. 122)
Stratégies : Situer dans le temps et l'espace – Les temps du récit (p. 122)

Épreuve 3

Stratégie : Justifier son propos par des exemples (p. 123)

SPRACHBOX

der Wald in Grimms Märchen

- im Wald spazierengehen* se promener en forêt
- der Jäger le chasseur
- die (böse) Hexe la (méchante) sorcière
- der Vogel, das Vöglein l'oiseau, le petit oiseau
- jn treffen* = jm begegnen rencontrer qn
- das Dorf le village
- vor etw. (D) Angst haben avoir peur de qc
- etw. befürchten craindre qc

→ p. 116

Der Handlungsort

A2 ① Lesen Sie die zwei Auszüge aus den Märchen der Gebrüder Grimm (Ⓐ – Ⓑ) und hören Sie den dritten (Ⓒ). Assoziieren Sie dann jeden Auszug mit dem passenden Titel und dem passenden Bild (❶, ❷, ❸).

B1 ② Wen treffen die Protagonisten im Wald?

③ Kennen Sie andere Märchen oder Geschichten, die im Wald stattfinden?

1 → 2 Projekt

Sein Verhältnis zum Wald definieren

Die Deutschen und ihr Wald

A> Ein Ort, viele Bedeutungen

A2-B1 ① **PARTNER A** liest den Text. **PARTNER B** hört sich die Audio-Datei an. Jeder sagt, was der Wald für die Deutschen symbolisiert. Welche Epochen werden genannt?

B1 ② Nennen Sie die verschiedenen Bedeutungen und Interpretationen des Waldes. Existiert das Magische des Waldes immer noch?

③ Beide Partner tauschen ihre Informationen aus und schreiben zusammen eine kurze Zusammenfassung über die Beziehung der Deutschen zum Wald.

Was wären „die Deutschen" ohne ihren Wald? In der Romantik wurde der Wald als Sehnsuchtsort überhöht und zum nationalen Symbol stilisiert. Der Wald war von zentraler Bedeutung für die frühe Umwelt- und Naturschutzbewegung. Tatsächlich ist noch immer ein vergleichsweise großer Teil Deutschlands mit Wald bedeckt, doch das spezifisch Deutsche am Wald ist wohl nicht der Wald an sich, sondern die Gleichsetzung[1] von Natur und Wald im Empfinden der Deutschen.

Der Wald tritt in sehr vielen deutschen Märchen als wesentlicher Handlungsort auf. Doch was bedeutet der Wald im Märchen? Die Landschaft, in der gefährliche, aber auch liebliche Tiere leben, die wichtige Ressourcen (Holz, Nahrung[2]) liefert und die den Gegensatz zur menschlichen Siedlung[3] verkörpert. Das kleine, naive Rotkäppchen lernt im Wald durch die Begegnung mit dem Wolf, dass es nicht jedem trauen[4] darf. Die hilflosen, verängstigten Kinder Hänsel und Gretel besiegen[5] im Wald die böse und mächtige Hexe. Das junge Schneewittchen muss eine Zeitlang im Wald bei den sieben Zwergen leben, bevor es mit Glanz und Gloria als junge Königin auf das Schloss ihres Vaters zurückkehrt. Im Wald durchlebt der Held eine innere Wandlung oder Reifung[6], die oft von Prüfungen und Gefahren begleitet ist. Als Ort der Wandlung symbolisiert der Wald sowohl das Ungewisse, das Bedrohliche, als auch einen verheißungsvollen[7] Ort.

Eine ähnlich große Bedeutung hat der Wald in den Märchen der deutschen Romantiker. Gleichzeitig wird der Wald mit Gefühlen wie Melancholie assoziiert. Hier ist der Wald der Rückzugsort, in dem alte Märchen, Sagen und Werte noch lebendig sind.

Nach Karen LIPPERT, „Der Wald im Märchen", www.maerchenatlas.de

1. die Gleichsetzung *l'assimilation*
2. die Nahrung *la nourriture*
3. die menschliche Siedlung *ici, les cités des Hommes*
4. jm trauen *faire confiance à qn*
5. jn besiegen *vaincre qn*
6. eine innere Wandlung oder Reifung durchleben *vivre une transformation intérieure ou devenir adulte*
7. verheißungsvoll *prometteur*

SPRACHBOX

Mensch und Wald
- zahm ≠ wild *domestiqué ≠ sauvage*
- mächtig *puissant*
- jm imponieren; imponierend *impressionner qn ; imposant*
- etw. / jn bewundern *admirer qc / qn*
- eine übernatürliche Kraft verkörpern *incarner une force surnaturelle*

im Wald
- der Ort (-e) *le lieu*
- der Sehnsuchtsort *le lieu auquel on aspire*
- die Ruhe; die Stille *le calme ; le silence*
- der innere Frieden *la paix intérieure*
- der Rückzugsort *le refuge*
- Emotionen, Reaktionen aus/lösen *provoquer des émotions, des réactions*
- die Legende (-n) = die Sage (-n) *la légende*
- der Mythos (die Mythen) *le mythe*
- das Ungewisse *l'inconnu*
- das Bedrohliche *ce qui est menaçant*
- der Geist; auf Geister treffen* *l'esprit ; tomber sur des esprits*
- der Räuber (-) *le voleur*
- sich verirren, sich verlaufen* *se perdre*

bei Mondschein
- die Landschaft *le paysage*
- das Gemälde; das Bild *le tableau ; l'image*
- der Vollmond *la pleine lune*
- etw. beleuchten *éclairer qc*
- im Vordergrund ≠ im Hintergrund *au premier plan ≠ à l'arrière-plan*
- im Schatten sein *être dans l'ombre*
- der Riese (-n) *le géant*
- riesig ≠ winzig *géant, immense ≠ minuscule*
- im Gegensatz zu, im Vergleich zu *contrairement à, comparé à*
- etw. verherrlichen *glorifier qc*

→ p. 116

B Von der Landschaft angezogen

A2 **1** PARTNER A betrachtet das Gemälde und beschreibt den Himmel, die Bäume, das Mondlicht, die Hügel und das Paar im Vordergrund. PARTNER B liest das Gedicht von Hölderlin. Wie werden die Bäume beschrieben? Und die Menschen?

B1 **2** Beide Partner tauschen sich aus. Kann Ihrer Meinung nach das Gemälde das Gedicht illustrieren? Begründen Sie Ihre Antwort.

3 Welche Reaktion oder Emotionen lösen diese Werke bei Ihnen aus? Bevorzugen Sie, Gedichte zu lesen oder Gemälde zu betrachten?

Die Eichbäume[1]

Aus den Gärten komm ich zu euch, ihr Söhne des Berges!
Aus den Gärten, da lebt die Natur geduldig und häuslich[2],
[...]
Aber ihr, ihr Herrlichen[3]! steht, wie ein Volk von Titanen
In der zahmeren Welt und gehört nur euch und dem
    Himmel,
Der euch nährt' und erzog[4], und der Erde, die euch
    geboren[5].

Friedrich HÖLDERLIN, 1796

1. der Eichbaum (¨e) = die Eiche (-n) *le chêne*
2. geduldig und häuslich *ici, soumise et familière*
3. herrlich *magnifique, splendide*
4. der euch nährt' und erzog *qui vous a nourri et (vous a) élevé*
5. der Erde, die euch geboren *la terre qui vous a enfanté*

Caspar David Friedrich, *Waldinneres bei Mondschein*, 1823-1830

KulturBOX

Caspar David Friedrich (1774-1840) war ein deutscher Maler und Zeichner der frühen Romantik. Er unternahm regelmäßige Reisen an die Ostseeküste und in die deutschen Berge, die seine Lieblingsinspirationsquellen waren. Er malte viele Landschaftsbilder, die die Natur in den Vordergrund stellten, während die Menschen eine Nebenrolle spielten.

SPRACHBOX

L'accusatif
Le GN
- Er malt riesig**e** Bäume und ein**e** ruhig**e**, prächtig**e** Landschaft.
- Im Wald findet man oft d**en** inneren Frieden.
- Sie brauchen eur**e** Hilfe.

Le pronom personnel
- Der Held ist im Wald verschwunden. Wir haben **ihn** nicht mehr gesehen.
- Das Mondlicht? Ich finde **es** wunderschön.

→ p. 118

Nun sind Sie dran!
Was ist Ihr persönliches Verhältnis zum Wald? Ist der Wald für Sie ein Ort der Ruhe und der Meditation, ein Ort des Abenteuers oder einfach ein Ort, um Sport zu treiben?

2 Projekt

Die Atmosphäre im Wald beschreiben

Schrecken im Wald

A) Auf dem Weg in die Angst

A2 1. Lesen Sie den Artikel und sammeln Sie Informationen über die Serie: Handlung, Epoche, Handlungsort, Figuren, Themen, Land, Drehort, Genre …

B1 2. Was erfahren wir über den Wald als Handlungsort? Welche Motive kommen vor?

3. Welche Aspekte der Serie können Ihrer Meinung nach Angst beim Zuschauer auslösen?

4. Vergleichen Sie die Hauptelemente der Handlung in „Dark" mit den wiederkehrenden Motiven eines Märchens. Was ist ähnlich? Was wird übernommen? Was ist neu oder modern?

„Dark" ist die erste Netflix-Serie made in Germany. Sie wirkt sehr deutsch, hat aber nur ein Ziel: internationales Publikum zu erobern[1]. Das geht am besten mit einer Geschichte aus dem dunklen Wald.

Da rauscht[2] er wieder, der deutsche Wald in seiner Schauervariante, dass die Brüder Grimm und Vertreter der Schwarzen Romantik ihre helle Freude
5 gehabt hätten: Kinder verschwinden auf Nimmerwiedersehen im finsteren Tann[3]. Dann verwandelt sich der endlos wirkende Märchenwald der ersten deutschen Netflix-Serie „Dark" in eine
10 apokalyptische Landschaft, in der es tote Vögel regnet.
Gedreht wurde in und um Berlin. Die Drehbuchautorin und der Regisseur, beide Absolventen der Münchner
15 Filmhochschule, haben diese Serie für den amerikanischen Streamingdienst produziert.

In „Dark" wird multiperspektivisch erzählt wie in „Sense 8" der Wachow-
20 ski-Geschwister. Mit dem Netflix-Erfolg „Stranger Things" teilt die Serie eine ganze Reihe von Eigenschaften: Hier wie dort gehen Kinder im Wald verloren und es gibt grauenerregende
25 übernatürliche Kräfte[4].
Die Handlung von „Dark" spielt in den achtziger Jahren, nach dem Tschernobyl-Schock, eine endzeitliche No-Future-Stimmung. Dann geht es
30 Schlag auf Schlag[5]: Ein Junge leidet an Albträumen[6]. Ein anderer Junge ist vermisst[7]. Dann verschwindet[8] das nächste Kind, ein Alter rennt durch das Städtchen und ruft: Es ist
35 wie damals. Vergangenheit, Gegenwart[9] und Zukunft sind miteinander verbunden. Die Dutzenden Figuren sind durch dunkle Geheimnisse vernetzt. Die Tricks sind ziemlich billig,
40 aber mit großem Effekt arrangiert. Es ist das erste Mal, dass es eine solche Serie in Deutschland gibt. Ein Ausflug in ein Land der Finsternis[10] wird vermutlich internationalen Zuschauern
45 gefallen. Nur besonders originell wirkt „Dark" nach „Stranger Things" nicht mehr.

Nach Ursula Scheer,
Frankfurter Allgemeine Zeitung, 01. 12. 2017

---

1. erobern *conquérir* 2. rauschen *bruisser* 3. im finsteren Tann *dans la sombre forêt de sapins* 4. grauenerregende übernatürliche Kräfte *des pouvoirs surnaturels effrayants* 5. Schlag auf Schlag *coup sur coup* 6. an Albträumen leiden* *souffrir de cauchemars* 7. vermisst sein *être porté disparu* 8. verschwinden* *disparaître* 9. die Vergangenheit ≠ die Gegenwart *le passé ≠ le présent* 10. die Finsternis *l'obscurité*

B) Erschreckend?

VIDEO

A2

1. Sagen Sie, was das Positive und das Negative an der Serie „Dark" ist.
2. Wie wird der Wald in der Serie dargestellt? Entspricht es auch Ihrer Auffassung des Walds?
3. Schauen Sie sich jetzt den Trailer an und sagen Sie, ob Sie Lust hätten, diese Serie zu sehen. Begründen Sie Ihre Antwort.

---

http://www.serienfans.de

Kommentare ▼

a Diese Serie ist genial und ich finde es toll, wie die Handlung im Wald spielt, als ob es bei uns in der Gegend spielen würde. Total gruselig! So anders, aber auch Hollywood-mäßig, tolle Bilder, super Schauspieler!

b Mir hat die erste Staffel irgendwie gar nicht gefallen. Das Ganze war zu künstlich. Zu viele Protagonisten, zu viele Orte oder Zeitspannen. Mal sehen, vielleicht gebe ich „Dark" doch noch eine Chance :)

c „Dark" ist so stark, spannend und interessant! Die Serie ist eine meiner Lieblingsserien geworden. Am Anfang habe ich mir gedacht, die Serie wird nicht so gut laufen, weil es eine deutsche Serie ist, aber da habe ich mich wohl getäuscht. #Darkistcool

d Eine der besten deutschen Serien! Habe gestern die erste Staffel zu Ende durchgeschaut, 10 Episoden in 3 Tagen und war total begeistert! Ich habe gemocht, wie die Geschichten erzählt werden (heute, in den 50ern, in den 80ern), die Handlungsorte haben mir gut gefallen (der Wald, das AKW[1] und die Höhle[2] machen einfach Angst). Ich freue mich schon auf die 2. Staffel.

e Tut mir leid, ich finde, die Musik zu laut, zu stark! Klar ist die Stimmung düster. Im Wald wirkt alles bedrohlich. Wir haben es verstanden!

1. das AKW = das Atomkraftwerk *la centrale nucléaire* 2. die Höhle *la caverne*

FICTIONS ET RÉALITÉS

SPRACHBOX

neue Erzählungen
- die Serie; sich eine Serie an/sehen* *la série ; regarder une série*
- die Staffel *la saison (pour une série)*
- die Erzählung (-en) *le récit*
- der Handlungsort *le lieu de l'action*
- eine spannende Geschichte *une histoire passionnante, captivante*
- etw. schätzen *apprécier qc*
- originell, moderner wirken *paraître original, plus moderne*
- von etw. begeistert sein *être enthousiasmé par qc*
- künstlich, nicht wahrheitsgetreu sein *être artificiel, ne pas être fidèle à la vérité*
- der Realität nicht entsprechen* *ne pas correspondre à la réalité*
- einen großen Eindruck auf jn machen *faire grande impression sur qn*
- sich in etw. (D) wieder/finden* *se retrouver dans qc*

grauenerregende Geschichten
- eine grauenerregende Geschichte *une histoire d'épouvante*
- eine düstere Stimmung *une ambiance sombre*
- erschreckend *effrayant*
- jn erschrecken *effrayer qn*
- gruselig *qui donne le frisson*
- bedrohlich *menaçant*
- im Wald statt/finden* *se dérouler en forêt*
- sich in etw. (A) verwandeln *se transformer en qc*
- Angst aus/lösen *provoquer la peur*
- etw. vermitteln *transmettre qc*

→ p. 116

SPRACHBOX

Le datif

Le GN
- Sie bringt <u>ihrer Oma</u> einen Kuchen.
- Ich lese <u>meinem Bruder</u> ein Märchen vor.
- Wir helfen <u>unseren Lehrern</u>.

Le pronom personnel
- Diese Geschichte gefällt **mir** besonders.
- Die Natur bringt **ihr** Ruhe.

→ p. 118

Nun sind Sie dran!

Assoziieren Sie den Wald auch mit dem Schrecken? Begründen Sie Ihre Antwort.

TRAINING

WORTSCHATZ

Es war einmal der Wald …

ein Ort für Naturliebhaber

A2
- der Ort (-e) *le lieu*
- der Wald (¨-er) *la fôret*
- der Baum (¨-e) *l'arbre*
- das Holz *le bois*
- der Vollmond *la pleine lune*
- spazieren gehen* *se promener*
- einen Spaziergang machen *faire une promenade*
- wandern *faire de la marche*
- der Jäger *le chasseur*
- der Vogel (¨-) *l'oiseau*
- Vögel beobachten, hören *observer, entendre des oiseaux*

A2-B1
- die Landschaft *le paysage*
- Feuer an/machen *faire du feu*
- die Natur verherrlichen *glorifier la nature*
- die pure / reine Luft genießen* *apprécier, profiter de l'air pur*
- Landschaftsbilder malen *peindre des paysages*

ein Rückzugsort

A2
- ruhig; still *calme ; silencieux*
- die Ruhe; die Stille *le calme ; le silence*
- die Meditation; meditieren *la méditation ; méditer*

A2-B1
- der Rückzugsort *le refuge*
- sich von der Natur inspirieren lassen* *s'inspirer de la nature*
- der Sehnsuchtsort *le lieu auquel on aspire*
- der innere Frieden *la paix intérieure*
- in Harmonie mit der Natur leben *vivre en harmonie avec la nature*

ein Ort voller Legenden

A2
- die Legende (-n), die Sage (-n) *la légende*
- das Mythos (die Mythen) *le mythe*
- der Räuber (-) *le voleur*
- die Erzählung (-en) *le récit*
- die böse Hexe *la méchante sorcière*
- der Wolf *le loup*

A2-B1
- der Geist; auf Geister treffen *l'esprit ; tomber sur des esprits*
- jm begegnen *rencontrer qc*
- das Bedrohliche *ce qui est menaçant*
- bedrohlich *menaçant*
- sich verirren; sich verlaufen* *se perdre ; s'égarer*
- eine spannende Geschichte *une histoire passionnante*
- vor etw. (D) Angst haben *avoir peur de qc*
- Angst, Furcht aus/lösen *provoquer la peur*
- etw. befürchten *craindre qc*
- gruselig *qui donne le frisson*
- eine grauenerregende Geschichte *une histoire d'épouvante*
- eine düstere Stimmung *une ambiance sombre*
- erschreckend *effrayant*
- jn erschrecken *effrayer qn*
- erschrecken* *prendre peur*
- die Gefahr (-en); gefährlich *le danger ; dangereux*
- einer Gefahr ausgesetzt sein *être exposé(e) à un danger*
- sich in etw. (A) verwandeln *se transformer en qc*
- die Verwandlung *la métamorphose*

Comprendre les consignes

- Entspricht es Ihrer Auffasung …? *Est-ce que cela correspond à votre conception… ?*
- Vergleichen Sie mit … *Comparez à…*
- Fassen Sie zusammen! *Résumez !*

116 KAPITEL 7 • ES WAR EINMAL DER WALD …

ÜBUNGEN

1 Associez les termes ayant un sens proche.

- die Angst • • sich verirren
- die Legende • • die Geschichte
- die Stille • • die Furcht
- die Handlung • • die Sage
- sich verlaufen • • die Ruhe

2 Complétez le texte suivant avec le bon terme.
Angst – bösen – Gefahren – Kindern – Märchen – Wald – Wolf

Die ▢ der Gebrüder Grimm sind kurze Geschichten, die den ▢ besonders gut gefallen, wenn sie sie vor dem Schlafen hören. Diese Erzählungen sind voller Geheimnisse: Oft versteht man schnell, dass die Protagonisten bestimmte ▢ eingehen. Wem werden sie begegnen? Dem ▢, der sie fressen wird? Der ▢ Hexe, die sie einsperren wird? Am häufigsten findet die Handlung in einem ▢ statt. Der perfekte Ort, um große ▢ auszulösen!

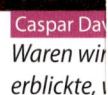

3 Retrouvez la traduction de ces adjectifs.

- böse • • menaçant
- düster • • silencieux
- erschreckend • • effrayant
- bedrohlich • • méchant
- still • • sombre

4 Complétez de manière à obtenir une phrase synonyme.
a. Wir haben uns verlaufen. = Wir haben uns … .
b. Plötzlich begegnete sie ihm. = Plötzlich … sie ihn.
c. Er hat ihr Angst gemacht. = Er hat sie … .
d. Diese Geschichte hat mich fasziniert. = Ich fand diese Geschichte … .
e. Hier kann man wirklich zur Ruhe kommen. = Es ist wirklich ein …er Ort.

5 Traduisez les phrases suivantes.
a. Im Wald kann man sich leicht verlaufen.
b. Wegen der düsteren Stimmung haben einige Personen Angst davor, im Wald spazieren zu gehen.
c. Der Junge wollte Vögel beobachten.
d. Er genießt die reine Luft.

e. Caspar David Friedrich hat beeindruckende Landschaftsbilder gemalt.
f. Die Natur kann ein Rückzugsort für diejenigen sein, die den Stress von Großstädten nicht mögen.

Extra

6 Schreiben Sie zu dritt eine Geschichte mit einem Jäger, einer Hexe und einem Vogel, die im Wald stattfindet. Denken Sie auch an Gefahren, die die Protagonisten erleben werden.

WORTBILDUNG

L'infinitif substantivé

En allemand, il est facile de créer de nouveaux substantifs en transformant par exemple le verbe à l'infinitif en substantif.

a. L'infinitif substantivé prend alors une majuscule, il est toujours du genre neutre, il peut être composé et se met rarement au pluriel.

b. Ces noms désignent généralement une notion générique.
→ *das Empfinden* (le fait de ressentir qc)
→ *das Treffen* (la rencontre)

ÜBUNG

Complétez par l'infinitif substantivé qui convient.
a. Sie wandert sehr gern.
→ Das … macht ihr wirklich Spaß.
b. Dieser Schüler kann nicht gut lesen.
→ Das … fällt ihm schwer.
c. Sie hört so gern den Wald rauschen.
→ Sie genießt das … des Waldes.
d. Es ist schön, eine neue Kultur kennenzulernen, wenn man reist. → Wenn man reist, ist das … einer neuen Kultur immer ein schönes Erlebnis.
e. In diesem Wald darf man nicht rauchen.
→ Das … ist verboten.
f. Er will nicht mehr Rad fahren.
→ Er hat mit dem … aufgehört.
g. Sie joggt wirklich sehr gern.
→ Sie hat eine Leidenschaft für das … .

Fit für das Baccalauréat

Épreuve 1 — 2ᵉ trimestre de Première

Compréhension de l'oral

Therapie unter Tannen

- Hören Sie sich die Tonaufnahme dreimal an. Sie haben zwischen jedem Anhören eine Minute Zeit, um sich Notizen zu machen. Berichten Sie schriftlich auf Französisch über das Hördokument.

Stratégies

▷ **Organiser son brouillon**
Prenez une feuille A4 dans le sens de la largeur afin d'avoir assez de place pour pouvoir y noter des mots-clés en allemand ou en français et apporter des précisions aux 2ᵉ et 3ᵉ écoutes.
– Indiquez les liens logiques par des flèches ou d'autres signes.
– Soulignez les informations principales.
– Pensez également à utiliser des abréviations afin de noter le maximum d'informations.

▷ **Identifier les marqueurs chronologiques**
– *inzwischen* entre-temps
– *längst* depuis longtemps
– *plötzlich* soudain
– *in Zukunft* à l'avenir

Expression écrite — Choisissez l'un des deux sujets.

1. Elias Canetti hat in seinem Essay *Masse und Macht* (1960) geschrieben: „Wer einmal im Wald ist, fühlt sich geborgen[1]."
   Wie stehen Sie dazu? Entspricht es Ihrem Waldbild und dem, was Sie über den Wald erfahren haben?

   [1]. geborgen *en sécurité*

2. Der Wald wird oft als eine Alternative zum lauten und chaotischen Alltagsleben präsentiert. Was meinen Sie? In welcher dieser drei Aussagen finden Sie sich wieder?

   Leonie, Berlin, 17 Jahre alt
   Was ich am Anfang immer total deprimierend finde, ist, dass es kein WLAN[1] im Wald gibt. Nach ein paar Minuten denke ich nicht mehr daran, auf mein Handy zu gucken.

   [1]. das WLAN *le wifi*

   Hakan, Düsseldorf, 29 Jahre alt
   Ich genieße die pure Luft. Beim Spazierengehen im Wald werden wir von Werbeplakaten, Alarmsirenen und Autoverkehr nicht gestört. Das schätze ich als eine echte Pause in meiner Woche.

   Tina, Hamburg, 15 Jahre alt
   Ich habe keine Lust, mich allein mit meinen Gedanken wiederzufinden. Der Gesang der Vögel entspannt mich schon, jedoch finde ich die absolute Ruhe zu stressig.

Stratégies

▷ **Relire sa production écrite**
Certaines erreurs portent sur des règles de grammaire que pourtant vous connaissez. Vous pouvez les corriger en prenant le temps nécessaire à la relecture. Vérifiez en particulier que :
– vous avez placé les formes verbales au bon endroit :
  → verbes conjugués en 2ᵉ place dans la principale / en dernière position dans la subordonnée
  → verbes non conjugués en dernière position
– les verbes sont bien accordés avec leur sujet
– les temps des verbes sont bien cohérents
– le sens du texte est bien celui que vous souhaitez.

⚠ L'oubli d'une négation transforme la phrase en son contraire.

⚠ Vous avez sans doute repéré dans les copies corrigées par votre professeur vos erreurs récurrentes : place des verbes, infinitif avec ou sans *zu*…
→ Faites une relecture spécifique consacrée à ce(s) point(s) précis et à lui (eux) seul(s).

Épreuve 2 — 3ᵉ trimestre de Première

FICTIONS ET RÉALITÉS

Compréhension de l'écrit

- Lesen Sie folgende Texte und fassen Sie sie zusammen. Sie erklären zum Schluss, inwiefern der Titel gut zu den drei Texten passt.

Die Deutschen und der Wald: eine ganz besondere Beziehung

Text A

„Das Leserfoto des Monats entstand in einem Wald an der Ostsee bei Nienhagen gegen sieben Uhr morgens, wo ich mich bereits seit Beginn der Morgendämmerung aufhielt. Die Sonne schien durch die Baumkronen, eine unbeschreiblich schöne Stimmung für wenige
5 Minuten, als Fotograf heißt es, Situation erkennen und schnell sein."

Thomas Ulrich, All-IP-Experte bei T-Systems in Bielefeld, liebt die alten Buchen[1] im heimatlichen Hutewald bei Bad Wildungen. Hier hat 2005 seine Natur-, Kultur- und Landschaftsfotografie angefangen und noch immer zählt dieser Ort zu
10 seinen liebsten Fotomotiven. Generell haben es ihm die Wälder angetan[2] und so reist er durch die Republik, immer auf der Suche nach der nächsten schönen Waldaufnahme[3]. In den frühen Morgenstunden sei das beste Licht für seine Aufnahmen, sagt Ulrich. Manchmal bedeute dies auch eine
15 Stunde vor Sonnenaufgang durch den dunklen Wald zu laufen, um rechtzeitig[4] am richtigen Platz zu sein.
Wenn er dann mit einem besonderen Moment belohnt wird[5], den er bildlich festhalten kann, ist es für den 47-Jährigen Lohn und Erfolg zu gleich. „Die Fotografie hilft mir abzuschalten, dadurch schöpfe ich Kraft für den Alltag und für meinen Job."

Nach www.geo.de

1. die Buche *le hêtre* 2. es jm an/tun *séduire, plaire à qn*
3. die Aufnahme = das Foto 4. rechtzeitig *au bon moment*
5. belohnt werden *être récompensé*

Text B

In keinem anderen Lande der Welt ist das Waldgefühl so lebendig geblieben wie in Deutschland. Das Rigide und Parallele der aufrechtstehenden Bäume, ihre Dichte[1] und ihre Zahl erfüllt das Herz des Deutschen mit tiefer und geheimnisvoller Freude. Er sucht den Wald, in dem seine Vorfahren[2] gelebt haben, noch heute gern auf und fühlt sich eins mit Bäumen.

Elias CANETTI, *Masse und Macht*, 1960

1. die Dichte *la densité*
2. die Vorfahren *les ancêtres*

Text C

Für die Schweizer sind die Berge ein Mythos, für die Deutschen ist es der Wald. Was meinen Sie? Inwieweit haben Wald und Berge das Selbstverständnis der beiden Völker unterschiedlich geprägt?

„Ja, die Berge sind für Schweizer so etwas wie Schutzwälle für die Eigenheit[1], die man bewahren[2] möchte. In der deutschen Tradition ist der Wald das Bild für das Geheimnisvolle, für das, was aus dem Dunkeln kommt. Im Wald kann man sich verlieren, dort ist man schwer zu fassen[3]. Der Wald, eine Zuflucht, auf jeden Fall auch etwas Unheimliches. Die deutsche Waldobsession gibt es immer noch."

Aus einem Interview mit dem Philosophen Rüdiger SAFRANSKI, *Südkurier*, 11. 11. 2018

1. Schutzwälle für die Eigenheit *des remparts pour la singularité*
2. bewahren *conserver* 3. schwer zu fassen *difficile à attraper*

Stratégies

Fit für das Baccalauréat

Épreuve 2 (suite)

Stratégies

▷ **Rapporter des propos**
- *Im ersten Text wird gesagt / erklärt, dass …*
- *Im Text steht, dass …*
- *Im Beitrag vom Fotografen lesen wir, dass …*
- *Im Auszug von Elias Canetti aus* Masse und Macht *erfahren wir, dass …*
- *Im Interview mit Rüdiger Safranski …*

▷ **Mettre en relation des textes**
- **Opposition**
- *während* tandis que
- *dagegen* en revanche
- *im Gegensatz dazu* contrairement à cela

- **Comparaison, équivalence**
- *auch … wie* aussi bien… que
- *genauso … wie* tout autant… que
- *im Vergleich zu (D)* comparé à, en comparaison de

- **Eine besondere Beziehung**
- *etw. genießen** apprécier, savourer qc
- *ein Gefühl (Glück, Liebe …) empfinden** ressentir une émotion (bonheur, amour…)
- *jm wichtig sein* être important pour qn
- *etw. schön, entspannend finden** trouver qc beau, apaisant
- *zum Glück / zur Freude bei/tragen** contribuer au bonheur, à la joie
- *in Harmonie mit der Natur sein* être en harmonie avec la nature
- *ein starkes / gutes / besonderes Verhältnis zu … haben* avoir une relation forte / bonne / particulière avec…

Expression écrite — Choisissez l'un des deux sujets.

1. Was kann man alles im Wald machen? Welche Ressourcen bietet der Wald an? Denken Sie sowohl an natürliche als auch an sportliche als auch an geistige Ressourcen.

2. Schreiben Sie diese Geschichte eines außergewöhnlichen Tages im Wald weiter.

> Wie schön war es doch in diesem Wald!
> Die Sonne strahlte vom Himmel und die Blätter rauschten im Winde.
> So kam sie immer tiefer in den Wald …

Stratégies

▷ **Situer dans le temps et dans l'espace**
- La localisation, qu'elle soit temporelle ou spatiale, entraîne l'utilisation du **datif** après les prépositions mixtes.
  An diesem Nachmittag war es besonders kalt / warm.
  In dieser frühen Morgenstunde …
  Bald war sie hinter den Bäumen verschwunden.
  Sie lag unter einem Baum.
- En revanche, on utilise l'**accusatif** pour marquer le directionnel après ces mêmes prépositions.
  Sie kletterte auf einen Baum.

▷ **Les temps du récit**
Pour votre sujet d'imagination, il vous faudra situer l'action dans le passé à l'aide du prétérit et du parfait (→ Précis pp. 209-212) et d'indications temporelles :
- *am Morgen* le matin
- *damals* à l'époque
- *plötzlich* soudain
- *als sie das Tier erblickte* quand elle aperçut la bête

FICTIONS ET RÉALITÉS

Épreuve 3
▶ 2ᵉ trimestre de Terminale

Zoom sur la partie orale

Expression orale

● **Fiktion und Realität:** Suchen Sie sich die Kombination von zwei Bildern aus, die Ihrer Meinung nach am besten diese Ambivalenz des deutschen Waldes illustriert und begründen Sie Ihre Wahl.

A

ab/holzen *déboiser*

das Wunder *le miracle*

B

Carl Spitzweg, *Der Maler (Rast im Walde)*, um 1850

Stratégies

▷ **Justifier son propos par des exemples**
– *zum Beispiel, beispielsweise*
– *Ich möchte ein Beispiel nennen / anführen.*
– *Ein Beispiel wäre …*

● Vous pouvez les emprunter à votre expérience personnelle.
– *Im Unterricht haben wir einen Text zu diesem Thema besprochen.*
– *Persönlich denke ich, dass …*

● Vous pouvez vous référer à des textes que vous avez lus ou étudiés, à des interviews que vous avez entendues, à des reportages, émissions que vous avez vus…
– *Ich habe zum Beispiel einen sehr interessanten Text über die Bedeutung des Waldes gelesen und ich habe dabei erfahren, dass …*

A Die Studentin Sophie Scholl gehörte der Gruppe „Weiße Rose" an und engagierte sich gegen die Politik der Nationalsozialisten.

B Die deutsche Biochemikerin Christiane Nüsslein-Volhard bekam 1995 den Nobelpreis für Medizin.

C Der deutsche Politiker Helmut Kohl gilt als Vater der deutschen Einheit[1].

1. die deutsche Einheit *l'unité allemande*

D Die Tennisspielerin Angelique Kerber wurde 2016 und 2018 zur deutschen Sportlerin des Jahres gewählt.

E Der schweizerisch-deutsche Physiker Albert Einstein ist für seine Relativitätstheorie bekannt[1].

1. bekannt *connu*

F Der deutschen Politikerin Elisabeth Selbert ist der Satz „Männer und Frauen sind gleichberechtigt" im Grundgesetz[1] von 1949 zu verdanken.

1. das Deutsche Grundgesetz
la Loi fondamentale (la Constitution allemande)

Kapitel 8

FICTIONS ET RÉALITÉS

Heldenzeiten

SPRACHBOX

- der Held (-en) *le héros*
- die Heldin (-nen) *l'héroïne*
- das Vorbild (-er) *le modèle, l'exemple à suivre*
- etw. illustrieren = für etw. (A) stehen*
  illustrer qc
- die Wissenschaft und die Forschung
  la science et la recherche
- die Gleichberechtigung von Mann und Frau
  l'égalité des sexes
- ohne übermenschliche Kräfte
  sans pouvoirs surhumains
- sich durch etw. (A) aus/zeichnen
  se distinguer par qc
- etw. revolutionieren *révolutionner qc*
- mutig ≠ feig *courageux ≠ lâche*
- stark ≠ schwach *fort ≠ faible*
- furchtlos ≠ ängstlich *intrépide ≠ peureux*
- jm helfen* *aider qn*
- jn unterstützen *soutenir qn*
- jn für etw. (A) bewundern; bewundernswert
  admirer qn pour qc ; admirable
- die Leistung (-en)
  l'acte remarquable, la performance
- jm etw. verdanken *devoir qc à qn*

→ p. 130

Können uns Heldenfiguren im Alltag inspirieren?

- Caractériser les héros du quotidien. (p. 126)
- S'interroger sur le sens d'histoires mythiques. (p. 128)
- La proposition relative. (p. 127)
- Mettre en relation. (p. 129)

Projekt

Présenter une figure héroïque fictive ou réelle. (p. 133)

MÉDIATION GALERIEGANG

BAC ÉPREUVES COMMUNES EN COURS D'ANNÉE

Épreuve 1

Meine Vorbilder (p. 134)
Stratégie : Créer des attentes d'écoute à partir du titre (p. 134)
Stratégies : Comment bien gérer son temps – Commenter et exprimer son opinion (p.134)

Épreuve 2

„100 Jahre Frauenwahlrecht: Braucht es neue weibliche Vorbilder?", www.hr-fernsehen.de (p. 135)
Stratégie : Identifier la structuration du texte (p. 135)
Stratégies : Structurer sa production écrite – Écrire un article (p. 136)

Épreuve 3

Stratégie : Souligner la structuration de son propos (p. 137)
Stratégie : Approuver et contredire (p. 137)

Reale Superhelden?

A2 1. Ordnen Sie die Legenden den Bildern zu.

B1 2. Welche Bereiche werden durch die Personen illustriert?

3. Sind die abgebildeten Personen für Sie Helden? Wodurch zeichnen sich Helden Ihrer Meinung nach aus? Sprechen Sie mit einem Mitschüler / einer Mitschülerin und finden Sie Beispiele.

Projekt

Alltagshelden charakterisieren

Ein Held sein

A) Mich inspiriert ...

PARTNERBRIEFING → p. 18

1 **PARTNER A** sieht sich die Grafik über die Vorbilder der deutschen Jugendlichen an.

PARTNER B hört sich die Interviews an und notiert Informationen zu den konkreten Vorbildern und deren Begründung.

2 Beide Partner vergleichen die Ergebnisse und berichten der Klasse: Wer sind die wichtigsten Vorbilder für die deutschen Jugendlichen? In welche Kategorien der Statistik lassen sich die Vorbilder aus den Interviews einordnen?

3 Wer sind Ihre persönlichen Vorbilder? Und warum? Diskutieren Sie in der Klasse.

JUGENDLICHE UND IHRE VORBILDER
Die wichtigsten Vorbilder für Jugendliche sind ...

Ich habe kein Vorbild	2%
sonstige / keine Angabe	5%
Popstars, Models, Schauspieler	5%
Freunde	9%
Spitzensportler	9%
die eigenen Geschwister	9%
sozial engagierte Menschen	15%
die eigenen Eltern oder Großeltern	46%

Quelle: TNS Emnid 2015 – Befragt wurden 501 Kinder und Jugendliche zwischen 14 und 20 Jahren

der Kumpel (-) *le copain, le pote* – etw. vermitteln *transmettre qc* – die Frauenrechte *les droits des femmes* – der Widerstand *la résistance* – Karl Ess: berühmter deutscher YouTuber – Cara Delevingne: britische Schauspielerin und Model – Stefan Kießling: deutscher Fußballspieler

B) Helden in Fiktion und Realität

PARTNERPUZZLE → p. 20

1 Schüler der **GRUPPE A** lesen und erarbeiten das Dokument **a** mit einem Partner.
Schüler der **GRUPPE B** lesen und erarbeiten das Dokument **b** mit einem Partner.

2 Jeder Schüler der **GRUPPE A** präsentiert dann einem Schüler der **GRUPPE B** sein Dokument. Beide Gruppen tauschen sich nun aus.

3 Im Plenum diskutieren Sie über folgende Fragen: Was charakterisiert Superhelden und Alltagshelden? Was unterscheidet sie?

---

www.moviepilot.de

a) SIND FIKTIVE SUPERHELDEN VORBILDER?

In Superheldenfilmen geht es meist um Gut gegen Böse – wir sollen für die Helden sein. Eine neue Studie der Pennsylvania State University zeigt aber, dass Superhelden mehr Gewalttaten begehen[1] als ihre Gegenspieler.

Für die Studie wurden zehn Marvel- und DC-Filme aus den Jahren 2015 und 2016 betrachtet (u.a. *The Avengers 2, Fantastic Four, Captain America, X-Men*). In den Filmen wurden dann alle Gewalttaten gezählt und auf Helden und Schurken[2] verteilt. Das Ergebnis ist überraschend: Während die Superhelden auf ganze 23 gewalttätige Aktionen pro Stunde kommen, sind es bei den sogenannten Bösewichten[3] nur 18. Noch einmal deutlicher wird es dann bei den Morden[4]: In allen Filmen stehen den 93 Morden auf Seiten der Bösen fast doppelt so viele bei den „Guten" gegenüber, nämlich 168. Das kann laut Studie zur Nachahmung und potenziell zu aggressivem Verhalten[5] führen. Die Forscher empfehlen Erwachsenen, sich Superheldenfilme gemeinsam mit ihren Kindern anzuschauen und im Anschluss darüber zu diskutieren.

1. Gewalttaten begehen* *commettre des actes de violence*
2. der Schurke (-n) *la crapule, la canaille*
3. der Bösewicht (-e) *la personne méchante*
4. der Mord (-e) *le meurtre*
5. das Verhalten *le comportement*

FICTIONS ET RÉALITÉS

www.zwischenbetrachtung.de

b) SUPERHELDEN IN DER REALEN WELT

Im Internet sehe ich Bilder von Superhelden. Nein, nicht nur verkleidete[1] Fans auf einer Comic Convention. Ich sehe einen Mann in einem Superheldenkostüm, der bei einem nächtlichen Streit zwischen zwei Männer geht und so verhindert[2], dass jemand verletzt[3] wird. Und ich sehe eine Gruppe von Superhelden, die sich auf eine Nachtwache begeben[4], um ihre Nachbarn zu schützen. Sie sind alle Menschen, genauso wie du und ich. Sie kommen vom Planeten Erde und sie hatten auch nicht das Glück, durch ein Experiment außerordentliche Kräfte zu erhalten. Aber sie sind mutig und genau das ist ihre Superkraft. Diese Helden setzen ihre Superkraft ein, um uns eine bessere Welt zu ermöglichen, um uns zu beschützen oder auch einfach nur, um uns glücklich zu machen und ein Lächeln aufs Gesicht zu zaubern[5]. Das sind die mutigen Superhelden der realen Welt. Menschen, die es sich zur Aufgabe gemacht haben, die Welt ein kleines Stückchen besser zu machen und das genauso wie ihre Vorbilder, die fiktiven Superhelden. Oft reichen[6] die kleinen Dinge, die wir alle selbst in unserem Alltag leisten, um heldenhaft zu sein.

1. verkleidet *déguisé* 2. etw. verhindern *empêcher qc* 3. jn verletzen *blesser qn*
4. sich auf Nachtwache begeben* *effectuer des rondes de nuit*
5. jm ein Lächeln aufs Gesicht zaubern *redonner le sourire à qn*
6. reichen *suffire*

SPRACHBOX

Heldeneigenschaften
- die Eigenschaft (-en) *la qualité (humaine)*
- der Alltagsheld (-en) *le héros du quotidien*
- jn imitieren = jn nach/ahmen *imiter qn*
- eine Superkraft besitzen*, ein/setzen *posséder, utiliser un super-pouvoir*
- der Mut (sg.) *le courage*
- jn als (A) betrachten *considérer qn comme*
- im Vergleich zu (D) *comparé à*
- im Unterschied zu (D) *à la différence de*
- die Zivilcourage *le courage civique*
- freiwillig *bénévole*

Heldentaten
- die gute Tat (-en) *la bonne action*
- die Macht *le pouvoir*
- jn vor Gefahren (be)schützen *protéger qn de dangers*
- sich für jn / etw. (A) ein/setzen *s'engager pour qn / qc*
- für eine gute Sache kämpfen *se battre pour une bonne cause*

→ p. 130

c) Zivilcourage mit Macht

VIDEO B1

1. Sehen Sie sich das Video zum Thema „Zivilcourage" an. Was passiert in der Geschichte?
2. Wie unterschiedlich reagieren die beiden Freunde auf die Situation? Vergleichen Sie.
3. Was bedeutet für Sie „Zivilcourage zeigen"? Sprechen Sie mit einem Mitschüler / einer Mitschülerin.

etw. geht ab = etw. passiert – das Geschenk *le cadeau* –
ohne Quatsch *sans blague* – jn in Ruhe lassen* *laisser qn tranquille* –
Die Sache ist aus der Welt. *L'affaire est réglée.*

SPRACHBOX

Caractériser un héros

La relative au nominatif
- Meiner Meinung nach ist ein Held ein Vorbild, **das** solidarisch handelt.
- Ich denke, dass alle Menschen, **die** Zivilcourage zeigen, Alltagshelden sind.

La relative à l'accusatif
- Mein Großvater ist ein Mann, **den** ich als mein Vorbild betrachte.
- Für mich ist Sophie Scholl eine Frau, **die** wir bewundern müssen.

→ p. 132

Nun sind Sie dran! MÉDIATION TISCHSET → p. 25

Welche Eigenschaften zeichnen Alltagshelden Ihrer Meinung nach aus? Welche guten Taten könnten sie vollbringen? Sammeln Sie in Dreiergruppen Ideen nach der Tischsetmethode. Finden Sie auch konkrete Beispiele. Präsentieren Sie Ihre Ideen.

Projekt

Die Bedeutung mythischer Geschichten hinterfragen

Metropolis: eine reale Fiktion?

A) Stadt der Helden

B1
1. Lesen Sie die Zusammenfassung des Romans *Metropolis* (1926) von Thea von Harbou. Welche sozialen Probleme werden im Roman beschrieben?
2. Was erfahren wir über die Hauptpersonen Joh Fredersen, Freder und Maria?
3. Sind Freder und Maria Ihrer Meinung nach Helden? Warum?

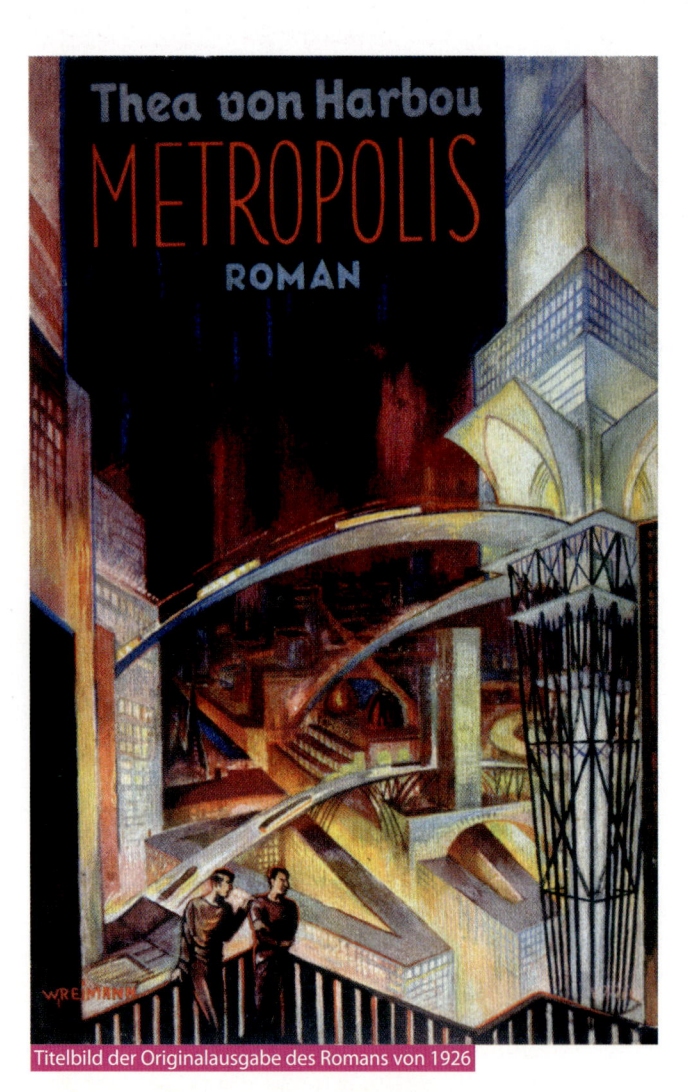

In der Superstadt Metropolis im Jahre 2026. Die Menschen leben in zwei getrennten Welten: In der Oberstadt leben der Herrscher[1] von Metropolis, Joh Fredersen, und die reichen Familien im Luxus; in der Unterstadt leben die Arbeiter in Armut.

Freder, der Sohn von Joh Fredersen, verliebt sich in das Mädchen Maria, die pazifistische Führerin der Arbeitermassen, die an gigantischen Maschinen schuften[2]. Von ihr beeinflusst, will
5 Freder seinem Vater klarmachen, dass die in den untersten Kelleretagen von Metropolis schuftenden Menschen seine Brüder sind. Doch der alte Fredersen hat kein Ohr für seinen Sohn. Während Freder sich auf die Seite der Arbeiter
10 schlägt, verbündet sich[3] sein Vater mit dem Wissenschaftler Rotwang. Maria ist für ihn eine Aufrührerin[4], die es auszuschalten[5] gilt. Das Mädchen wird gefangen genommen und durch einen Androiden ersetzt[6]: Dieser Kunstmensch wiegelt
15 die bisher friedlichen Unterprivilegierten auf[7]. Endlich hat Fredersen einen legalen Grund, gegen die „Revolutionäre" vorzugehen[8]. Zwar kann sein Sohn die echte Maria befreien und den Androiden entlarven[9], aber es ist bereits zu spät: Die auf-
20 gebrachten Arbeiter sabotieren die Maschinen und lösen damit die Überflutung[10] der Stadt aus. Und plötzlich brechen die Wassermassen eines unterirdischen Flusses in ihren Wohnbereich ein … Nur Freder und Maria können Metropolis
25 retten. Fredersen und die Arbeiter erkennen schließlich: „Mittler[11] zwischen Hirn[12] und Hand muss das Herz sein".

Nach der Zusammenfassung des Umschlags des Buchs *Metropolis*, Thea von Harbou, 1984

Titelbild der Originalausgabe des Romans von 1926

---
1. der Herrscher *le souverain, le dominateur* 2. schuften = sehr hart arbeiten 3. sich mit jm verbünden *s'allier à qn* 4. die Aufrührerin *la révoltée* 5. jn aus/schalten = jn eliminieren 6. jn durch etw. / jn ersetzen *remplacer qn par qc / qn* 7. jn auf/wiegeln *inciter qn à la révolte* 8. gegen jn / etw. vor/gehen* *ici, sévir contre qn, réprimer qn* 9. jn entlarven = jn demaskieren 10. die Überflutung *l'inondation* 11. der Mittler *le médiateur* 12. das (Ge)Hirn *le cerveau*

FICTIONS ET RÉALITÉS

B › Visionär, modern, zeitlos 🎧 💬

VIDEO

A2 ① Sehen Sie sich den Trailer zum Film *Metropolis* an. Bilden Sie dafür zwei Gruppen. Eine Gruppe macht sich Notizen zur filmischen Darstellung der Stadt, die andere zur Darstellung des Lebens der Arbeiter.

B1 ② Welche Elemente aus Dokument Ⓐ können Sie im Trailer wiederfinden?

③ Welche Gemeinsamkeiten können Sie zwischen der Darstellung der Stadt im Trailer und auf dem Cover des Romans feststellen?

④ Der Film spielt im Jahre 2026. Ist Fritz Langs Darstellung der Stadt für Sie realistisch oder utopisch? An welche realen Städte erinnert Sie Metropolis?

KulturBOX

Der Regisseur **Fritz Lang** (1890-1976) wurde in Wien geboren. 1933 emigrierte er über Frankreich in die USA und kehrte 1956 nach Europa zurück. Wichtige Werke sind die Stummfilme *Frau im Mond* (→ Seite 86) und *Metropolis* (1927) sowie sein erster Tonfilm *M – Eine Stadt sucht einen Mörder*.
Mit 310 Drehtagen, 36 000 Statisten, 200 000 Kostümen und 50 speziell designten Autos ist *Metropolis* eine Fiktion der Superlative. Der Film inspirierte Blockbuster wie *Star Wars* oder *Matrix* sowie die *Superman*-Comics.
Die literarische Vorlage zu *Metropolis* stammt von der deutschen Autorin **Thea von Harbou**, die ein paar Jahre mit Lang verheiratet war. Da sie jedoch mit dem Nazi-Regime kollaborierte, trennte sich der Regisseur von ihr: Lang hatte eine Zusammenarbeit mit den Nazis stets verweigert.

SPRACHBOX

Mettre en relation

Le comparatif
- Am Ende des Romans ist Freder **so** mutig **wie** Maria.
- Mir gefallen utopische Kinofilme **besser als** romantische Komödien.

Les connecteurs doubles
- In Märchen gibt es **sowohl** gute **als auch** böse Figuren.
- Fredersen scheint sich **weder** für die Arbeiter **noch** für seinen Sohn zu interessieren.
- **Entweder** bleibt Freder in der Oberstadt **oder** er engagiert sich für die Arbeiter.

→ p. 132

SPRACHBOX

Science-Fiction-Kino
- der Stummfilm ≠ der Tonfilm *le film muet ≠ le film parlant*
- einen Film drehen *tourner un film*
- die Darstellung (-en) *la représentation*
- futuristisch *futuriste*
- das Hochhaus (¨-er) *l'immeuble, la tour*
- das Gebäude (-) *le bâtiment*
- die Brücke (-n) *la passerelle, le pont*
- die Ober- / Unterstadt *la ville du haut / du bas*
- etw. scheint … zu sein *qc semble être…*
- gut ≠ schlecht aus/gehen* *se terminer bien ≠ mal*
- der Mythos (Mythen); mythisch *le mythe ; mythique*

soziale Probleme
- die soziale Ungerechtigkeit *l'injustice sociale*
- der Arbeiter (-) *l'ouvrier*
- gegen jn / etw. revoltieren; die Revolte *se révolter contre qn / qc ; la révolte*
- getrennt voneinander leben *vivre séparés les uns des autres*
- die Armut *la pauvreté*
- arm ≠ reich *pauvre ≠ riche*
- gleich ≠ verschieden *pareil ≠ différent*
- jn mit jm versöhnen *réconcilier qn avec qn*
- an jds Seite sein *être aux côtés de qn*
- sogar *même, voire*

→ p. 130

Nun sind Sie dran!

Filmkritiker meinen, dass *Metropolis* ein Kultfilm geworden ist, weil er die Form eines Märchens hat und gut ausgeht. Müssen mythische Geschichten immer gut ausgehen? Was meinen Sie?

TRAINING

WORTSCHATZ

Heldenzeiten

Heldentum

A2-B1
- das Heldentum (sg.) *l'héroïsme*
- der Held (-en) *le héros*
- die Heldin (-nen) *l'héroïne*
- das Vorbild (-er) *le modèle, l'exemple à suivre*
- sich durch etw. (A) aus/zeichnen *se distinguer par qc*
- mutig ≠ feig *courageux ≠ lâche*
- stark ≠ schwach *fort ≠ faible*
- furchtlos ≠ ängstlich *intrépide ≠ peureux*
- jm helfen* *aider qn*
- jn unterstützen *soutenir qn*
- jn retten *sauver qn*
- jn verteidigen *défendre qn*
- jn vor Gefahren (be)schützen *protéger qn de dangers*
- sich für jn / etw. (A) ein/setzen *s'engager pour qn / qc*
- die Macht *le pouvoir*
- heldenhaft handeln *agir héroïquement*

Heldentypen

A2-B1
- die Eigenschaft (-en) *la qualité (humaine)*
- der Alltagsheld (-en) *le héros du quotidien*
- die Heldenfigur (-en) *la figure héroïque*
- jn inspirieren *inspirer qn*
- jn imitieren = jn nach/ahmen *imiter qn*
- jn für etw. (A) bewundern; bewundernswert *admirer qn pour qc ; admirable*
- eine Superkraft besitzen*, ein/setzen *posséder, utiliser un super-pouvoir*
- die übermenschliche Kraft (¨e) *le pouvoir surhumain*
- der Mut (sg.) *le courage*
- bescheiden *modeste*
- jn als (A) betrachten *considérer qn comme*
- im Vergleich zu (D) *comparé à*
- im Unterschied zu (D) *à la différence de*

Kino-Mythen

A2-B1
- der Mythos (Mythen); mythisch *le mythe ; mythique*
- der Stummfilm ≠ der Tonfilm *le film muet ≠ le film parlant*
- einen Film drehen *tourner un film*
- die (filmische) Darstellung (-en) *la représentation (cinématographique)*
- die literarische Vorlage *le modèle littéraire*
- futuristisch *futuriste*
- gut ≠ schlecht aus/gehen* *se terminer bien ≠ mal*
- realistisch ≠ utopisch *réaliste ≠ utopique*
- real ≠ fiktiv *réel ≠ fictif*
- etw. bewirken *provoquer qc*
- etw. illustrieren = für etw. (A) stehen* *illustrer qc*

Engagement

A2-B1
- die gute Tat (-en) *la bonne action*
- etw. leisten *accomplir qc*
- die Leistung (-en) *l'acte remarquable, la performance*
- etw. vollbringen* = etw. realisieren *réaliser qc*
- für eine gute Sache kämpfen *se battre pour une bonne cause*
- die Zivilcourage *le courage civique*
- freiwillig *bénévole*
- die Wissenschaft und die Forschung *la science et la recherche*
- die Gleichberechtigung von Mann und Frau *l'égalité des sexes*
- gegen etw. / jn (A) Widerstand leisten *résister à qc / qn*
- die soziale Ungerechtigkeit *l'injustice sociale*
- gegen jn / etw. rebellieren; die Revolte, die Rebellion *se révolter contre qn / qc ; la révolte*
- die Armut *la pauvreté*
- arm ≠ reich *pauvre ≠ riche*
- gleich ≠ verschieden *pareil ≠ différent*
- jn mit jm versöhnen *réconcilier qn avec qn*
- an jds Seite sein *être aux côtés de qn*

Comprendre les consignes

- Woran erinnert Sie …? *Que vous évoque… ?*
- Vergleichen Sie die Ergebnisse und berichten Sie der Klasse. *Comparez les résultats et présentez-les à la classe.*
- Welche Elemente aus dem Dokument können Sie im Trailer wiederfinden? *Quels éléments du document pouvez-vous retrouver dans la bande-annonce ?*

ÜBUNGEN

1 Complétez l'article défini des noms suivants.
a. d… Vorbild
b. d… Heldin
c. d… Mythos
d. d… Tat
e. d… Tonfilm
f. d… Macht

2 Reliez les expressions contraires.
- mutig • • schwach
- furchtlos • • realistisch
- utopisch • • feig
- gleich • • ängstlich
- stark • • verschieden

3 Ajoutez à chaque expression le verbe qui convient.
besitzen – kämpfen – leisten – schützen – vollbringen
a. Widerstand …
b. für eine gute Sache …
c. jn vor Gefahren …
d. eine Superkraft …
e. gute Taten …

4 Complétez ce texte avec les mots suivants.
Armut – fiktiven – gut – heldenhaft – Heldenfiguren – inspiriert – literarische – Mut – Stummfilm – Ungerechtigkeit

Metropolis ist ein ☐ von Fritz Lang, der in einer ☐ Stadt spielt. Die ☐ Vorlage stammt von Thea von Harbou. Im Film kämpfen die zwei ☐ Freder und Maria gegen die soziale ☐ und die ☐ in der Stadt. Sie zeigen großen ☐ und handeln ☐. Die Geschichte geht schließlich ☐ aus. Der Film hat viele moderne Blockbuster ☐.

> **Extra**

5 (B1) Welche Helden / Heldinnen aus Literatur, Filme, Serien oder Computerspielen mögen Sie? Was ist besonders an ihnen? Erzählen Sie.

WORTBILDUNG

Les noms composés

Dans un nom composé allemand, le déterminé – le mot de base qui se trouve en dernière position – est précédé par le déterminant. C'est **le déterminé** qui **donne le genre et le nombre au mot composé**.
On distingue la composition :

a. sans liaison entre
– deux noms
→ *der Filmklassiker* le classique cinématographique
→ *der Tonfilm* le film parlant
– le radical d'un verbe + un nom
→ *der Drehtag* le jour de tournage
– un adjectif et un nom
→ *die Superkraft* le super-pouvoir
→ *die Zivilcourage* le courage civique

b. avec un élément de liaison
– *-s*
→ *der Alltagsheld* le héros du quotidien
→ *der Lieblingsfilm* le film préféré
– *-n* ou *-en*
→ *die Heldentat* l'acte héroïque
→ *die Heldenfigur* la figure héroïque

ÜBUNG

À partir des éléments ci-dessous, formez des noms composés qui correspondent à la traduction donnée.
N'oubliez pas de mettre l'élément de liaison, si nécessaire, et ajoutez pour chaque nom l'article correspondant.

a. le héros du quotidien	Jugend-		-held
b. le courage civique	Held-		-figur
c. les qualités d'un héros	Zivil-	-s	-eigenschaften
d. le super-pouvoir	Held-	-en	-kraft
e. l'idole des jeunes	Super-		-idol
f. la figure héroïque	Alltag-		-courage

TRAINING
GRAMMATIK

LERNTEMPODUETT → p. 19

❯ La proposition relative → p. 127

→ PRÉCIS p. 216

- Une proposition relative permet d'apporter une information complémentaire sur une personne ou une chose. Elle est introduite par le **pronom relatif**. Le verbe conjugué est en dernière position :
  *Ein Held ist eine Person, **die** mutig ist.* Un héros est une personne qui est courageuse.

- L'**antécédent** détermine le genre et le nombre du pronom relatif :
  *Das ist mein Freund, **der** ein Alltagsheld ist.* C'est mon ami qui est un héros du quotidien.

- Le **cas** du pronom relatif dépend de sa fonction dans la subordonnée : le nominatif pour le sujet (qui), l'accusatif pour le COD (que).
  *Das ist mein Freund, **den** ich bewundere.* C'est mon ami que j'admire.

- Au nominatif et à l'accusatif, le pronom relatif est identique à l'article défini.

1 Complétez les phrases avec le pronom relatif au nominatif.
a. Für mich ist ein Held eine Person, … sich um arme Menschen kümmert.
b. Albert Einstein war ein Forscher, … die moderne Wissenschaft revolutioniert hat.
c. Er hat viele verschiedene Idole, … ihn inspirieren.
d. Viele Jugendliche haben ein Vorbild, … als Sportler oder Schauspieler bekannt ist.

2 Complétez le texte suivant et indiquez le cas (N ou A) et le nombre du pronom (sg. ou pl.).
Ich habe viele Vorbilder, … ich mag. Zuerst finde ich Personen bewundernswert, … für die gute Sache kämpfen. Zum Beispiel Gandhi, … sich für den Frieden engagiert hat. Oder auch Sophie Scholl, … gegen das Nazi-Regime Widerstand geleistet hat. Ich habe aber auch ein Vorbild, … im Sport arbeitet: den Fußballer Toni Kroos.

❯ Mettre en relation → p. 129

→ PRÉCIS p. 216

- **Le comparatif**
  – Le comparatif d'égalité
  *Der Film Metropolis ist **so** spannend **wie** der Roman.*
  – Le comparatif de supériorité
  Il faut ajouter **-er** à l'adjectif ou à l'adverbe quelle que soit sa longueur* + **als**.
  *Ich finde Alltagshelden viel interessant**er als** fiktive Superhelden.*
  * contrairement à l'anglais
  La plupart des adjectifs monosyllabiques prennent une inflexion.
  groß → größer, lang → länger, jung → jünger
  ❗ Il existe quelques cas particuliers.
  gut → besser, gern → lieber, viel → mehr

- **Les connecteurs doubles**
  – **nicht nur … sondern auch** (non seulement … mais aussi)
  *Metropolis gibt es **nicht nur** als Roman, **sondern auch** in der Filmfassung.*
  – **zwar … aber** (certes … mais)
  *Freder lebt **zwar** im Luxus, **aber** er möchte die Arbeiter unterstützen.*
  – **weder … noch** (ne … ni … ni)
  *Manche Jugendliche haben **weder** Superhelden **noch** Alltagshelden als Vorbilder.*
  – **entweder … oder** (soit … soit)
  *Vorbilder können **entweder** fiktive **oder** reale Figuren sein.*
  – **sowohl … als auch** (aussi bien … que)
  *Wir finden Heldenfiguren **sowohl** in der Fiktion **als auch** in der Realität.*

3 Complétez les phrases avec le comparatif de supériorité.
a. Der Roman *Metropolis* ist spannend, aber der Film ist viel … .
b. Ich lese gern Comics mit Superhelden, aber noch … lese ich Geschichten über Alltagshelden.
c. Ihr Interesse für Science-Fiction-Filme ist groß. Ihre Bewunderung für Zukunftsromane ist jedoch … .
d. Er findet Spiderman gut, aber Batman noch … .

4 Mettez les phrases dans le bon ordre. Le premier mot est déjà à la bonne place.
a. Sie – als auch – Superhelden – bewundert – sowohl – Alltagshelden
b. Er – sich – engagieren – oder – möchte – für das Rote Kreuz – entweder – für Greenpeace
c. Wissenschaftler – zwar – tolle Vorbilder – sind – aber – finde – Sportler – ich – interessanter
d. Sie – reale – weder – hat – fiktive – noch – Idole

KAPITEL 8 • HELDENZEITEN

Projekt

Porträt einer Heldenfigur

MÉDIATION — **GALERIEGANG** → p. 24

B1

- Bilden Sie Vierergruppen. Jede Gruppe überlegt sich eine Heldenfigur, die sie vorstellen möchte. Die Figur kann entweder fiktiv (aus Film, Serie, Comic, Computerspiel …) oder real (aus Geschichte, Politik, Alltag …) sein.

- Gestalten Sie ein Plakat mit Fotos der Heldenfigur, deren Eigenschaften sowie deren Taten.

- Präsentieren Sie dann Ihre Heldenfigur ausgehend vom Plakat nach der Methode des Galeriegangs.

Bertha von Suttner

Karlheinz Brandenburg, der „Vater des MP3"

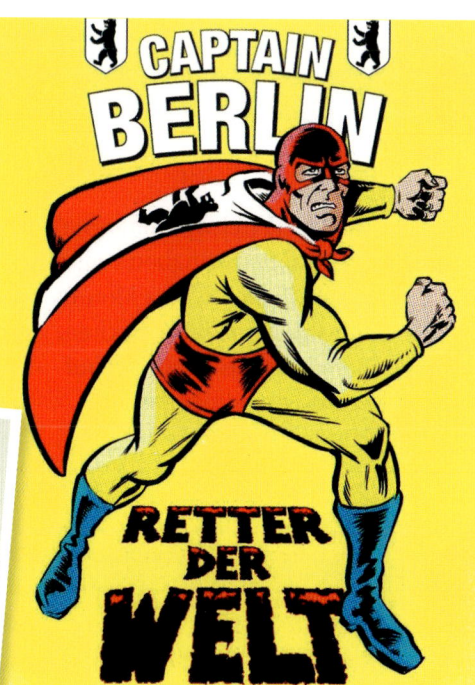

Captain Berlin

Stratégies

▷ **Réussir votre présentation orale**
– Pensez à marquer toutes les informations importantes sur votre affiche.
– Elle vous servira de support, vous n'aurez donc pas besoin de notes supplémentaires !

▷ **Structure de la présentation**

- **Identifiez votre personnage**
– *Unsere Heldenfigur ist eine Person aus der Wissenschaft / der Politik / der Fiktion …*
Notre figure héroïque est un personnage de la science / de la politique / de la fiction…
– *Der Held, den wir vorstellen, stammt aus dem Comic … / dem Computerspiel … / dem Film …*
Le héros que nous présentons est tiré de la BD… / du jeu vidéo… / du film…

- **Si votre personnage est un héros réel, pensez à présenter brièvement sa biographie**
– *Er / Sie wurde … in … geboren.* Il / Elle est né(e) en… à…
– *Er / Sie hat als … gearbeitet.* Il / Elle a travaillé comme…
– *Er / Sie ist vor allem für … bekannt / berühmt.*
Il / Elle est notamment connu(e) / célèbre pour…

- **Présentez les qualités et les actions de votre héros**
– *Unser/e Held/in zeichnet sich durch großen Mut aus.*
Notre héros/héroïne se distingue par son grand courage.
– *… ist jemand, der andere vor Gefahren beschützt.*
… est quelqu'un qui protège les autres de dangers.
– *Er / Sie ist ein Vorbild, das Leute in schwierigen Situationen unterstützt.* Il / Elle est un modèle qui soutient des personnes dans des situations difficiles.
– *Er / Sie engagiert sich sowohl für den Frieden als auch für die Gerechtigkeit.*
Il / Elle s'engage aussi bien pour la paix que pour la justice.

- **Invitez vos camarades à donner leurs avis**
– *Wir glauben, dass unsere Persönlichkeit viel mutiger ist als jeder Superheld. Was denkt ihr?*
Nous pensons que notre personnage est plus courageux que tout super-héros. Qu'en pensez-vous ?
– *Und ihr? Wer ist euer Superheld des Alltags?*
Et vous ? Quel est votre super-héros du quotidien ?

❗ – *ihr* (2e pers. pl.) : on s'adresse à plusieurs personnes que l'on tutoie.
– *Sie* (3e pers. pl.) : on s'adresse soit à une seule personne soit à plusieurs personnes que l'on vouvoie.

Fit für das Baccalauréat

Épreuve 1 — 2e trimestre de Première

Compréhension de l'oral

Meine Vorbilder

- Hören Sie sich die Tonaufnahme dreimal an. Sie haben zwischen jedem Anhören eine Minute Zeit, um sich Notizen zu machen. Berichten Sie schriftlich auf Französisch über das Hördokument.

Stratégies

▷ **Créer des attentes d'écoute à partir du titre**
Réfléchissez aux mots appris, en procédant par champ sémantique :
→ les différents types de modèle : *das Vorbild, der Held / die Heldin, der Alltagsheld, der Superheld …*
→ les caractéristiques : *mutig, stark, real, fiktiv, inspirierend …*
→ les actions : *für eine gute Sache kämpfen, helfen, unterstützen, sich engagieren …*

Expression écrite — Choisissez l'un des deux sujets.

1. Reagieren Sie auf das Hördokument „Meine Vorbilder", indem Sie einen Text über Ihre persönlichen realen und / oder fiktiven Vorbilder schreiben. Erklären Sie dabei, aus welchen Gründen Sie diese Vorbilder haben.

Stratégies

▷ **Comment bien gérer son temps**
– Avant de passer à la rédaction, prenez quelques minutes pour lire attentivement le sujet et vous rappeler les mots et expressions vus en classe en lien avec le sujet proposé.
– Pour cela, vous pouvez établir **au brouillon** une liste avec vos modèles et leurs caractéristiques :
→ *Eltern: immer für mich da sein, mich unterstützen / Superman: mutig, stark / Rotkreuz-Helfer: sich für arme Menschen einsetzen / Sophie Scholl: gegen das NS-Regime Widerstand leisten …*
– Mobilisez les adverbes qui vous seront utiles pour nuancer votre propos :
→ *übrigens* par ailleurs / *trotzdem* tout de même / *außerdem* en outre / *allerdings* toutefois / *tatsächlich* effectivement
– Passez ensuite à la **rédaction**. Afin de vérifier que vous avez utilisé tous les éléments du brouillon, vous pouvez les barrer au fur et à mesure.
– N'oubliez pas de vous **relire**.

2. Lesen Sie den Text zur Ausstellung „Helden", die Schülerinnen und Schüler 2017 in Graz organisiert haben. Was würden Sie den Jugendlichen auf ihre Fragen antworten? Verfassen Sie für die Webseite einen Kommentar über die Ausstellungsidee an die jungen Künstlerinnen und Künstler.

> http://culture-unlimited.com/blog/helden, 2017
>
> **Zur Ausstellung**
> Wer oder was sind Helden? Welche Eigenschaften zeichnen sie aus? Wo ist Heldenhaftes im fiktiven und im realen Leben zu finden? Solche Fragen bildeten für die Unter- und Oberstufenklassen am Akademischen Gymnasium den Einstieg in die praktische Arbeit zum Thema Helden.

Stratégies

▷ **Commenter et exprimer son opinion**
- Pour ce sujet, vous réagirez d'abord à l'idée de l'exposition.
– *Ich finde diese Ausstellung (nicht) toll / super / spannend / wichtig, weil …*
– *Mich interessiert diese Idee sehr / überhaupt nicht, denn …*
- Ensuite, vous répondrez aux questions posées par les élèves.
– *Für mich ist ein Held eine Person, die …*
– *Meiner Ansicht nach gibt es große Unterschiede zwischen fiktiven und realen Helden. …*
– *Meiner Meinung nach …*
– *Ich bin (fest) davon überzeugt, dass …*

Épreuve 2 — 3ᵉ trimestre de Première

FICTIONS ET RÉALITÉS

Compréhension de l'écrit

- Lesen Sie den folgenden Artikel und berichten Sie einem Freund / einer Freundin über das Instagram-Projekt in einer E-Mail, in der Sie folgende Punkte berücksichtigen:
Kontext und Entstehung des Projekts, Initiatorin und Teilnehmerinnen, Ziele.

100 Jahre Frauenwahlrecht[1]: Braucht es neue weibliche Vorbilder?

Sie haben die Wissenschaft revolutioniert. Die Politik verändert. Den Fußball in neue Sphären geführt. Sie sind Vorbilder, Ikonen, Denkmäler[2] – und vor allem: Männer. Männer dürfen Helden sein. Doch wo sind die HeldINNEN?

Haben Frauen überhaupt Vorbilder? Weibliche Vorbilder? Passanten sagen dazu: „Puuhh, eigentlich nicht, wenn ich ehrlich bin. Aber ... mir würde jetzt niemand einfallen, spontan. Nein." „Eigentlich nicht. Nee." „Wenn, dann meine
5 Mama und meine Oma. Aber sonst niemand, nein. Das war's." Mutti in Ehren, aber gibt es für junge Frauen vielleicht auch größere Vorbilder? Die Frankfurter Illustratorin Marie Hübner arbeitet an einem Projekt, das besondere, außergewöhnliche Frauen in den Mittelpunkt rückt[3]. „Ich finde, die Frauen,
10 die ich ausgesucht habe, waren sehr mutig, und das hat mich begeistert und fasziniert und hat mich motiviert, sie zu porträtieren", sagt Hübner.

Ein Instagram-Projekt

„100 Frauen" – ein Instagram-Projekt. Illustratorinnen, Gra-
15 phikerinnen, Künstlerinnen waren aufgerufen, ihre persönlichen Heldinnen zu porträtieren. Bis jetzt sind 65 Bilder entstanden. In dieser Galerie ist es immer eine subjektive Sicht auf die Porträtierten.
Marie Hübner hat sich für eine Frau ganz besonders interes-
20 siert: Meta Quarck-Hammerschlag, eine Frauenrechtlerin[4] der ersten Stunde: „Erst mal war sie Frankfurterin und war die erste Frankfurter Stadträtin. Das Faszinierende an ihr finde ich einfach, dass sie super engagiert war, also sie hat sich für Prostituierte eingesetzt, hat sich für Frauen einge-
25 setzt", so Hübner.
Anderer Ort, selbe Frau: Meta Quarck-Hammerschlag ist gerade auch im historischen Museum Frankfurt zu sehen. In der Ausstellung „100 Jahre Frauenwahlrecht". Zusammen mit anderen starken Frauen, die für ihre Rechte gekämpft
30 haben, die Großes bewirkt haben.

„Frauen sind einfach oft auch leiser als ihre männlichen Kollegen"

Für Politikwissenschaftlerin Antje Schrupp sind solche Ausstellungen wichtig, damit junge Frauen Vorbilder entdecken
35 können: „Wenn man in der Schule ist, kriegt man halt viele männliche Autoren, viele männliche Philosophen – man hat das im Unterricht automatisch und die Frauen nicht. Da kommt mal eine, oder zwei, aber man hat nicht eine Auswahl[5] von vielen Frauen", so Schrupp.
40 Woran liegt das? Antje Schrupp sagt, Frauen sind einfach oft auch leiser als ihre männlichen Kollegen. Die Ausstellung zeigt aber: Sie können auch laut sein, sich ihre Bühne erkämpfen. Für Antje Schrupp orientieren sich aber bis heute viel zu viele Frauen noch zu sehr an den Männern.
45 „Und deshalb braucht es eben Frauenvorbilder, die Sachen verändert haben, die nicht nur mitgemacht haben. Die ihre eigenen Ansichten irgendwo auch umgesetzt[6] haben und was bewirkt haben", so Schrupp.

Moderne Heldinnen

50 Moderne Feministinnen, führende Politikerinnen, Wissenschaftlerinnen – es gibt sie also doch, die weiblichen Idole. Und mal ehrlich, an denen könnten sich doch auch Männer ein Vorbild nehmen?

Nach Christiane Schwalm / Uli Zimpelmann, www.hr-fernsehen.de, 04. 09. 2018

1. das Frauenwahlrecht *le droit de vote des femmes* 2. das Denkmal (¨-er) *le monument* 3. jn in den Mittelpunkt rücken *mettre qn à l'honneur*
4. die Frauenrechtlerin = die Feministin 5. die Auswahl *le choix*
6. seine eigenen Ansichten um/setzen *mettre en œuvre ses propres idées*

Stratégies

▷ **Identifier la structuration du texte**

- **Repérez les idées globales**
  - Le titre et le chapeau vous informent sur le **contexte** ainsi que sur la **question traitée**.
  - Les intertitres structurent le texte et vous livrent un **résumé** des paragraphes concernés.

- **Repérez les informations suivantes à propos :**
  – du thème général
    → *Ein Instagram-Projekt und eine Ausstellung über weibliche Vorbilder anlässlich des 100. Jubiläums des Frauenwahlrechts*
  – des personnages et/ou du narrateur
    → *Marie Hübner, Illustratorin; Antje Schrupp, Politikwissenschaftlerin*
  – des indications temporelles et spatiales
    → *im Jahre 2018, in Frankfurt*

Fit für das Baccalauréat

Épreuve 2 (suite)

Expression écrite — Choisissez l'un des deux sujets.

1. Heutzutage sind in den Medien vor allem fiktive Superhelden und männliche Heldenfiguren anzutreffen. Denken Sie, dass wir in der Gesellschaft mehr weibliche Vorbilder brauchen? Was macht eine Frau oder einen Mann überhaupt zu einem Vorbild? Schreiben Sie einen argumentativen Text, in dem Sie Ihren Standpunkt begründen.

Stratégies

▷ **Structurer sa production écrite**

- **Dans l'introduction, présentez brièvement la situation actuelle, la problématique.**
  L'énoncé du sujet peut vous servir de base :
  → *Heute gibt es in den meisten Filmen, Serien oder Computerspielen vor allem männliche Helden. Aber wäre es nicht wichtig, mehr weibliche Vorbilder zu haben?*

- **Pour le développement**
  – Notez des informations précises et des exemples concrets afin de structurer votre réflexion et/ou votre argumentation.
  – Quelques pistes pour clairement articuler votre propos :

→ *Zuerst / Zu Beginn möchte ich …*
D'abord / Pour commencer je voudrais…
→ *Dann / Danach kann man sagen, dass …*
Ensuite, on peut dire que…
→ *Schließlich / Zum Schluss können wir feststellen, dass …*
Enfin, nous pouvons constater que…

- **Concluez en résumant votre réflexion et en posant éventuellement une nouvelle question :**
  → *Zusammenfassend kann man sagen, dass …*
  En résumé, on peut dire que…
  → *Abschließend können wir uns fragen, ob …*
  Pour conclure, nous pouvons nous poser la question de savoir si…

2. Sie finden das Instagram-Projekt *100 Frauen* sehr spannend und wollen Ihren Mitschülerinnen und Mitschülern davon berichten. Ausgehend von den Informationen im Zeitungsartikel und von der folgenden Illustration verfassen Sie einen kurzen Artikel über dieses Projekt für den Schulblog.

https://www.instagram.com/p/BobWtCwCAVk/

100frauenprojekt

Beate Klarsfeld (*1939), eine deutsch-französische Journalistin, wurde bekannt durch ihr Engagement bei der Aufklärung und Verfolgung von NS-Verbrechen. Zusammen mit ihrem Mann Serge Klarsfeld hat sie mit Dokumentationen auf zahlreiche unbehelligt lebende nationalsozialistische Täter hingewiesen. 2012 kandidierte sie für Die Linke bei der Wahl des deutschen Bundespräsidenten.

Moni Port

Die deutsch-französische Journalistin Beate Klarsfeld im *100frauenprojekt*

Stratégies

▷ **Écrire un article**

– Un article comporte un titre, de préférence court, et un chapeau ou un sous-titre qui résume les informations principales de l'article : qui ? quoi ? quand ? où ? pourquoi ? comment ?

– Le corps de l'article développe de manière objective et neutre les informations à l'aide de données précises. Il décrit la réalité en détaillant tous les éléments possibles se rapportant à l'objet évoqué.

– Pensez donc à bien préciser aussi le contexte et les objectifs du projet ainsi qu'à donner des exemples concrets d'œuvres réalisées dans le cadre de ce projet.

FICTIONS ET RÉALITÉS

Épreuve 3 — 2ᵉ trimestre de Terminale

Zoom sur la partie orale

Expression orale

● Schauen Sie sich das Foto und die Zeichnung mit den Legenden (Dokument Ⓐ) und die Karikatur (Dokument Ⓑ) an. Welches Dokument illustriert Ihrer Meinung nach am besten die Thematik „Helden in der Fiktion und in der Realität"? Begründen Sie Ihre Antwort und stützen Sie Ihre Argumentation auf Beispiele aus dem Unterricht.

Dokument Ⓐ

Im April 2018 rettet der 18-jährige Nils Döling in Bremen ein Kind vor dem Ertrinken[1]

1. das Ertrinken *la noyade*

Die Superheldin Donauweibchen kämpft in der Comic-Serie *Austrian Superheroes* gegen das Böse und rettet Menschenleben

Dokument Ⓑ

ALSO WIE SIE DIE MAUER ZU FALL GEBRACHT HABEN!
GANZ OHNE GEWALT!
SIE SIND DIE WAHREN HELDEN!
WIR SIND DAS VOLK!

ERL'9

Stratégies

▷ **Souligner la structuration de son propos**

● Pour mettre en évidence la structuration de votre propos, vous pouvez annoncer les aspects que vous aborderez :

– *Zuerst möchte ich die Thematik „Helden in der Fiktion und in der Realität" definieren.*

– *In einem zweiten Teil werde ich die beiden Dokumente analysieren.*

– *Schließlich werde ich versuchen zu erklären, welches Dokument die Thematik am besten illustriert und dazu Beispiele aus dem Unterricht anführen.*

▷ **Approuver et contredire**

● Durant votre entretien, vous serez amené/e à approuver ou à contredire votre interlocuteur.

Mémorisez quelques expressions qui vous permettront cela :

– *Ich bin mit Ihnen (nicht) einverstanden, weil …*
  Je (ne) suis (pas) d'accord avec vous parce que…

– *Ich bin damit (nicht) einverstanden, denn …*
  Je (ne) suis (pas) d'accord avec cela, car…

– *Ich bin ganz / überhaupt nicht mit Ihrer / dieser Meinung einverstanden.*
  Je suis tout à fait / ne suis pas du tout d'accord avec votre / cet avis.

– *Ich sehe das ganz anders. / Ich sehe das genauso.*
  Je vois cela différemment. / Je vois cela exactement de la même manière.

– *Diese Aussage halte ich für richtig / falsch, weil ….*
  Je trouve cette idée vraie / fausse parce que…

FIKTIVE WELT

ONLINE-TREFFPUNKT FÜR VIELE MENSCHEN

ERWEITERTE REALITÄT

KOMMUNIKATION

ORT DER FANTASIEAUSLEBUNG

KÜNSTLICHE INTELLIGENZ

ERLEBNIS

ORT ZUM ABSCHALTEN

ABHÄNGIGKEIT

> **SPRACHBOX**
>
> **virtuelle Welten**
> - der Treffpunkt *le point de rencontre*
> - die erweiterte Realität
>   (AR = Augmented Reality)
>   *la réalité augmentée*
> - die künstliche Intelligenz (= KI)
>   *l'intelligence artificielle*
> - etw. aus/leben
>   *expérimenter, vivre qc ; exprimer qc*
> - etw. / jn beeinflussen *influencer qc / qn*
> - ab/schalten *se couper du monde,
>   de la réalité ; se déconnecter*
> - die Einsamkeit *la solitude*
> - die Täuschung *l'illusion*
> - die Unterhaltung *le divertissement*
> - die Abhängigkeit
>   *la dépendance, l'addiction*
> - für etw. verantwortlich sein ;
>   die Verantwortung
>   *être responsable de qc ; la responsabilité*
> - mit etw. verbunden sein *être lié à qc*
>
> → p. 144

EINSAMKEIT

TÄUSCHUNG

ARBEIT

INFORMATION

UNTERHALTUNG

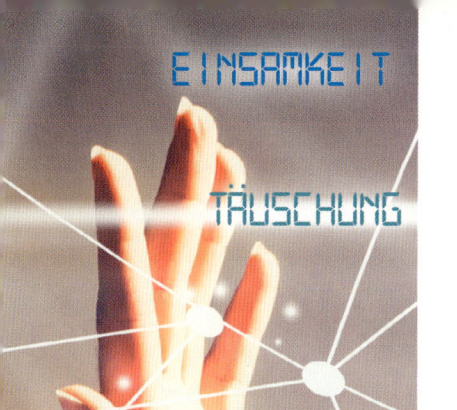

Kapitel 9

INNOVATIONS SCIENTIFIQUES ET RESPONSABILITÉ

Vom Menschen zur Maschine

> **Inwiefern sollte digitale Innovation immer mit Verantwortung verbunden sein?**

- Discuter des progrès liés à la digitalisation. (p. 140)
- Réfléchir aux dangers de la digitalisation. (p. 142)
- Exprimer le but. (p. 141)
- Les prépositions. (p. 143)

Projekt

Débattre des aspects positifs et négatifs des avancées technologiques et digitales. (p. 147) — MÉDIATION / DEBATTE

BAC ÉPREUVES COMMUNES EN COURS D'ANNÉE

Épreuve 1
- Treffpunkt Wissenschaft (p. 148)
- **Stratégie :** S'appuyer sur les questions dans une interview (p. 148)
- **Stratégie :** Rédiger un article (p. 148)

Épreuve 2
- „Digitalgipfel: Länger Leben mit KI?", www.br.de – Juli ZEH, *Corpus delicti* (p. 149)
- **Stratégie :** Identifier la thématique (p. 150)
- **Stratégies :** Structurer son essai – Le discours rapporté (p. 150)

Épreuve 3
- **Stratégie :** Intégrer les supports à son commentaire (p. 151)
- **Stratégie :** Exprimer des regrets, des craintes (p. 151)

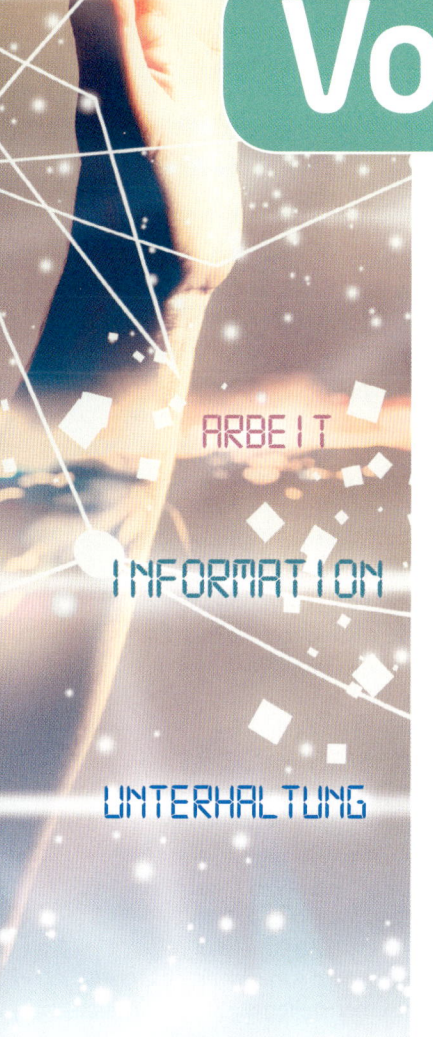

> **Tauchen Sie ein!**

A2-B1

1. Schauen Sie sich das Bild an und lesen Sie die Wörter. Welche Wörter oder Ausdrücke illustrieren Ihrer Meinung nach am besten das Foto?

2. Was empfinden Sie als positiv, als negativ? Welche anderen Begriffe kommen Ihnen in den Sinn?

Projekt

Über die positiven Aspekte des digitalen Fortschritts diskutieren

Die Welt verbessern?

A) Wie echt ist die erweiterte Realität?

A2 ① Wie wird die erweiterte Realität (AR = Augmented Reality) im Text definiert?

B1 ② Welche verschiedenen Apps ermöglichen die erweiterte Realität? Wie funktionieren sie? Assoziieren Sie jede App mit einem Foto.

③ Finden Sie, dass diese neuen Apps das Leben vereinfachen? Welche Apps benutzen Sie, um Ihr Leben einfacher zu machen? Berichten Sie der Klasse kurz davon.

---

www.bz-berlin.de

Was genau ist die erweiterte Realität (AR)?

AR ist nicht zu verwechseln[1] mit virtueller Realität (VR). Während etwa Gamer bei VR in eine virtuelle Spielwelt eintauchen, liefert AR über eine Kamera, ein Smartphone, Tablet und auch Software zusätzliche Infos zur Realität. Virtuelle Inhalte verschmelzen so auf dem Display mit der echten Welt.

AR im Supermarkt

Noch Zukunftsmusik, aber bereits in der Planung: AR als virtueller Einkaufshelfer. Die App blendet Infos zu einem Produkt ein[2], das in die Kamera gehalten wird: z. B. Kalorien, Zucker-Anteil usw. – danach zeigt die AR-App auch eine Alternative und die Route im Supermarkt, in welchem Regal sich das Produkt befindet.

AR im Restaurant

Die Firma Kabaq arbeitet an einer App, bei der Sie Speisekarten im AR-Modus anschauen können, bevor Sie Ihr Menü bestellen. Wenn Sie das Tablet auf den leeren Teller[3] halten, sehen Sie virtuell, wie die Gerichte[4] aussehen.

AR für Sport-Fans

Der FC Bayern hat Apples AR-Kit schon in seine offizielle App integriert. So können in der „AR-Arena" der App Bayern-Stars wie Manuel Neuer direkt ins Wohnzimmer gebeamt[5] werden, um dem Fan die neuesten Trikots zu zeigen.

Michael Gronau, www.bz-berlin.de, 23. 04. 2018

---

1. etw. (nicht) verwechseln *(ne pas) confondre qc*
2. etw. ein/blenden *insérer, afficher qc*
3. der leere Teller *l'assiette vide*
4. das Gericht (-e) *le plat*
5. beamen *téletransporter, téléporter*

SPRACHBOX

Forschung
- forschen; die Forschung *faire de la recherche ; la recherche*
- der Forscher; die Forscherin *le chercheur ; la chercheuse*
- der Fortschritt (-e) *le progrès*
- die Innovation (-en); innovativ *l'innovation ; innovant*
- etw. verbessern *améliorer qc*
- die Wissenschaft *la science*
- der Wissenschaftler, die Wissenschaftlerin *le, la scientifique*
- etw. ermöglichen *rendre qc possible*
- etw. entwickeln *développer qc*
- die Regierung *le gouvernement*
- etw. fördern; die Förderung *ici, financer ; la subvention*
- weltweit führend sein *être un leader mondial*
- der Exportweltmeister *le champion du monde des exportations*
- etw. her/stellen = etw. produzieren
- menschlich; das Menschliche *humain ; le caractère humain*
- etw. unterstützen *soutenir qc*
- der Zweck *le but, l'objectif*
- etw. sammeln *ici, collecter qc*
- die Datenbank *la banque de données*
- gegen etw. kämpfen *combattre qc*

erweiterte Realität
- das Ziel (-e) *le but*
- in etw. (A) ein/tauchen *plonger dans qc*
- mit etw. verschmelzen* *se fondre avec qc*
- echt ≠ unecht *vrai ≠ faux*
- einfach; etw. vereinfachen *simple ; simplifier qc*

→ p. 144

B Chancen der KI

B1-B2 ① **PARTNER A** liest den Artikel und macht sich Notizen zu folgenden Punkten:
– Wie steht die deutsche Regierung zur künstlichen Intelligenz?
– In welchen Bereichen könnte die KI Fortschritte erzeugen?
– Wen hat Angela Merkel letztlich kennengelernt?

PARTNER B hört sich die Sendung über das Serious Game *Sea Quest Hero* an und macht sich Notizen zu folgenden Punkten:
– Was ist das Ziel des Spiels für die Spieler? Und für die Wissenschaftler?
– Wie funktioniert es?

② Beide **PARTNER** präsentieren sich gegenseitig die bearbeiteten Dokumente und schreiben zu zweit einen kurzen Artikel für die Schülerzeitung der Austauschschule über die künstliche Intelligenz in Deutschland.

---

das Forschungsinstitut *l'institut de recherches* – die Krankheit *la maladie* – Normdaten errechnen *calculer des données destinées à définir une norme* – die verlorenen Erinnerungen *les souvenirs perdus*

Die Bundesregierung will in Potsdam mit einem milliardenschweren Programm die Künstlichen Intelligenz fördern. Von der Technik können beispielsweise autonom fahrende Autos profitieren, aber auch Medizintechnik und Sprachassistenten.

Deutschland soll so weltweit führend werden, sagt Helge Braun (CDU), Chef des Bundeskanzleramtes[1]. Die Regierung wolle, dass die Produkte „cleverer" werden. Deutschland stelle ja zum Beispiel Produktionstechnologie, Automobile und Medizintechnik her. „In all diesen Branchen, wo wir stark sind, müssen wir auch Führer in der Digitalisierung sein, sonst können wir nicht Exportweltmeister bleiben" sagt er.

Ende Juni lernt Bundeskanzlerin Angela Merkel (CDU) ganz persönlich eine Künstliche Intelligenz kennen. Sie heißt Sophia, trägt ein navy-blaues Jackett und sucht den Blickkontakt[2]. Sophia ist ein Roboter mit Künstlicher Intelligenz. Sophia kann deshalb etwas sehr Menschliches: Sie kommuniziert. „Danke Sophia, ich freue mich dich kennenzulernen", sagt Merkel mit leicht skeptischem Unterton[3]. Sophia antwortet freundlich, sie fühle sich geehrt[4], die Möglichkeit zu haben, die Kanzlerin kennenzulernen. "I'm so honored, to have an opportunity to meet you, chancellor", antwortet Roboter Sophia.

Künstliche Intelligenz kann nicht nur mit Menschen wie der Bundeskanzlerin kommunizieren. Künstliche Intelligenz sammelt vor allem Daten. Das kann einerseits helfen, beispielsweise in der Medizin: Krankheiten wie Krebs[5] könnten frühzeitig diagnostiziert werden. Oder sie könnte beim Verkehr unterstützen: Staus könnten der Vergangenheit angehören[6].

Nach Tobias BETZ, www.br.de, 14. 11. 2018

---

1. das Bundeskanzleramt *la chancellerie fédérale* 2. den Blickkontakt suchen *chercher le contact visuel* 3. mit leicht skeptischem Unterton *avec une pointe de scepticisme dans la voix* 4. sich geehrt fühlen *se sentir honoré* 5. der Krebs *le cancer* 6. der Vergangenheit angehören *appartenir au passé*

SPRACHBOX

Exprimer le but
- Wissenschaftliche Institute haben Serious Games entworfen, **um** der Forschung **zu** helfen.
- Institute haben Serious Games entworfen, **damit** die Forschung Normdaten errechnen **kann**.

→ p. 146

Nun sind Sie dran!

Diskutieren Sie in Kleingruppen, wie Videospiele, Apps oder KI Fortschritte in unserer Gesellschaft erzeugen bzw. unser Leben vereinfachen können. Entwerfen Sie dann ein Tischset zu den positiven Aspekten, die Sie in der Gruppe erwähnt haben. Präsentieren Sie Ihr Tischset der Klasse und ergänzen Sie es mit relevanten Argumenten der anderen Gruppen.

2 Projekt

Über die Gefahren der Innovationen nachdenken

Rück(fort)schritt?

A) QualityLand — MÉDIATION — GRUPPENPUZZLE → p. 20

B1-B2

1. Bilden Sie Dreiergruppen und lesen Sie zusammen den Vortext. Wie wird hier Deutschland beschrieben?

2. Jeder liest einen Textauszug und macht sich Notizen zu folgenden Punkten:
   Welche Innovationen werden hier dargestellt? Sind sie positiv oder negativ?
   Inwiefern könnten die Innovationen auch eine Gefahr sein?
   Bilden Sie nun Expertengruppen, in denen 3 Schüler, die den gleichen Text gelesen haben, an einer gemeinsamen Präsentation arbeiten.

3. Bilden Sie die Gruppen wie zu Beginn. In jeder Gruppe stellt jeder die Ergebnisse der Expertengruppe vor. Fassen Sie dann im Plenum zusammen, wie die künftige Gesellschaft im Roman dargestellt wird.

Wir sind in der Zukunft, in Deutschland. Alles ist anders, besser. Das Land trägt einen neuen Namen, QualityLand, weil es das beste Land der Welt ist. Alles ist automatisiert, modern, durch Algorithmen und Roboter optimiert: Arbeit, Beziehungen, Freizeit, Familie. Selbst die alten Familiennamen der Deutschen wurden modernisiert: Man trägt heute den Beruf seiner Eltern als Familiennamen und freut sich, in dieser perfekten Gesellschaft leben zu dürfen …

---

a) Peter Arbeitsloser[1] hat genug.
„Niemand[2]", sagt er.
„Ja, Peter?", fragt Niemand.
„Ich habe keinen Appetit mehr."
5 „Okay", sagt Niemand.
Niemand ist Peters persönlicher digitaler Assistent. Peter selbst hat diesen Namen gewählt, denn er hat oft das Gefühl, dass Niemand für ihn da ist. Niemand hilft ihm.
10 Niemand hört ihm zu. Niemand spricht mit ihm. Niemand beobachtet ihn. Niemand trifft für ihn Entscheidungen. Peter bildet sich sogar ein[3], dass Niemand ihn mag. Peter ist ein WINNER, denn Niemand ist ein WIN-
15 Assistant. WIN, ein Kürzel für „What-I-Need", war ursprünglich mal eine Suchmaschine, in die man per Sprachfeld[4], davor sogar noch per Tastatur[5], seine Fragen eingeben musste. Im Herzen ist WIN immer noch eine
20 Suchmaschine. Aber man braucht keine Fragen mehr zu stellen. WIN weiß, was man wissen will. Peter muss sich nicht die Mühe machen[6], relevante Informationen zu finden. Die relevanten Informationen machen sich die Mühe, Peter zu finden.

1. der Arbeitslose *le chômeur* 2. niemand *personne* 3. sich ein/bilden *s'imaginer à tort* 4. per Sprachfeld *par commande vocale* 5. die Tastatur *le clavier* 6. sich die Mühe machen *se donner la peine, faire l'effort de*

b) Exakt in dem Augenblick, als Peter zu Hause ankommt, trifft eine Lieferdrohne[1] von TheShop ein. Über Zufälle[2] dieser Art wundert sich Peter schon lange
5 nicht mehr. Es sind keine Zufälle. Es gibt überhaupt keine Zufälle mehr.
„Peter Arbeitsloser[3]", sagt die Drohne fröhlich. „Ich komme von TheShop, dem weltweit beliebtesten Versandhändler, und ich habe
10 eine Überraschung[4] für Sie."
Peter nimmt der Drohne grummelnd das Paket ab. Er hat nichts bestellt. Seit OneKiss ist das nicht mehr nötig. OneKiss ist ein Premiumservice von TheShop […]. Wer sich
15 durch nur einen Kuss auf sein QualityPad für OneKiss anmeldet, bekommt fortan alle Produkte, die er bewusst oder unbewusst haben will, zugeschickt, ohne sie bestellen zu müssen. Das System errechnet[5] für jeden
20 Kunden eigenständig, was er will und wann er es will. Schon der erste Slogan von TheShop lautete: „Wir wissen, was du willst."

1. die Lieferdrohne *le drone livreur* 2. der Zufall *le hasard* 3. der Arbeitslose *le chômeur* 4. die Überraschung *la surprise* 5. etw. errechnen *calculer qc*

INNOVATIONS SCIENTIFIQUES ET RESPONSABILITÉ

C Martyn [...] ist Politiker geworden. Er beschäftigt sich seit acht Jahren hauptsächlich damit, für ausgewählte Schüler, sogenannte QualiTeenies, Führungen¹ durchs Parlamentsgebäude zu machen. [...]

„Wie ihr sicherlich wisst", sagt er [...], „gibt es zwei große Parteien in QualityLand. Die Qualitätsallianz und natürlich die Fortschrittspartei. Früher hießen die Parteien anders, aber alle haben ihren Namen geändert, um im Einklang² mit der neuen, fortschrittlichen Country Identity zu sein."

„Und dabei", sagt eines der Mädchen, „sind sie praktischerweise gleich ein paar störende³ Adjektive losgeworden⁴, wie sozial, christlich, grün oder demokratisch."

Schon wieder eine Klugscheißerin⁵, denkt Martyn. Na prima. Er richtet seinen Blick auf die Zwischenruferin, und seine Augmented-Reality-Kontaktlinsen⁶ blenden ihren Namen ein: Tatjana Geschichtslehrerin. Immer diese Geschichtslehrerkinder. Wie weise von der Regierung, dass sie den Geschichtsunterricht schon vor fünfzehn Jahren abgeschafft und durch den Zukunftsunterricht ersetzt hat. Im Zukunftsunterricht wird den Schülern auf spannende und visuell beeindruckende Weise beigebracht, dass in Zukunft alles gut werden wird, denn in Zukunft werden sich alle Probleme ganz einfach technisch lösen lassen.

Marc-Uwe KLING, *QualityLand*, 2017

---
1. die Führung *la visite guidée* 2. mit etw. im Einklang sein *être en accord avec qc*
3. störend *dérangeant* 4. etw. los/werden* *se débarrasser de qc*
5. eine Klugscheißerin *(lang. fam.) une Madame « Je sais tout »*
6. die Kontaktlinsen *les lentilles de contact*

SPRACHBOX

Fortschritt vs Rückschritt
- der Fortschritt (-e); fortschrittlich *le progrès ; progressiste*
- der Rückschritt; rückschrittlich *la régression ; régressif*
- die Gefahr (-en); gefährlich *le danger ; dangereux*
- jm helfen* *aider qn*
- für jn Entscheidungen treffen* *prendre des décisions pour qn*
- bewusst ≠ unbewusst *conscient ≠ inconscient*
- etw. ab/schaffen ≠ etw. ersetzen *supprimer qc ≠ remplacer qc*
- jm etw. bei/bringen* *apprendre qc à qn*
- etw. lösen *résoudre qc*
- jn beurteilen; das Vorurteil (-e) *juger qn ; le préjugé*

der digitale Bürger
- der Bürger (-) *le citoyen*
- die Gesellschaft *la société*
- die Partei (-en) *le parti politique*
- etw. / jn kritisieren = Kritik an etw. (D) üben *critiquer qc / qn*
- (keine) Willensfreiheit haben *(ne pas) avoir de libre arbitre*
- einsam *isolé, seul*
- etw. / jm ausgesetzt sein *être à la merci de qc / qn*
- von etw. / jm (un)abhängig sein *être (in)dépendant de qc / qn*
- konditioniert, unterworfen *conditionné, soumis*

→ p. 144

SPRACHBOX

Les prépositions

durch, für, gegen, ohne, um + A
- Niemand ist <u>für</u> **ihn** da.
- Geschichte wurde <u>durch</u> **den** Zukunftsunterricht ersetzt.

aus, bei, mit, nach, seit, von, zu + D
- Peter bestellt alles <u>mit</u> **seinem** QualityPad.
- Ist es eine gute Idee <u>von</u> **der** Regierung?

(an)statt, trotz, während, wegen + G
- <u>Trotz</u> **des** Fortschritts ist Peter unglücklich.
- <u>Wegen</u> **der** Drohne kann er nicht machen, was er will.

→ p. 146

B OK 🎧 💬

VIDEO

B1 Welche weiteren Informationen entdecken Sie im Video?

Nun sind sie dran!!

Wie würden Sie die QualityLand-Gesellschaft beschreiben? Welche Innovationen werden hier dargestellt? Inwiefern sind diese positiv, negativ? Diskutieren Sie zu Dritt.

TRAINING
WORTSCHATZ
Vom Menschen zur Maschine

Digitalisierung

B1
- die Digitalisierung *la digitalisation*
- die Wissenschaft *la science*
- forschen; die Forschung *faire de la recherche ; la recherche*
- der Forscher; die Forscherin *le chercheur ; la chercheuse*
- das Ziel *le but*
- der Zweck *l'objectif*
- etw. sammeln *collecter qc*
- die Datenbank (-en) *la banque de données*
- die Wirklichkeit = die Realität
- die erweiterte Realität (AR) *la réalité augmentée*
- die künstliche Intelligenz (KI) *l'intelligence artificielle*
- etw. ein/blenden *insérer qc*
- in etw. ein/tauchen *plonger dans qc*
- ab/schalten *ici, se couper du monde, de la réalité*
- echt ≠ unecht *vrai ≠ faux*
- Videospiele spielen; das Videospiel (-e) *jouer aux jeux vidéo ; le jeu vidéo*

Vorteile der Digitalisierung

B1
- der Vorteil (-e) *l'avantage, le point positif*
- der Fortschritt (-e); fortschrittlich *le progrès ; progressiste*
- die Unterhaltung *le divertissement*
- etw. ermöglichen *rendre qc possible*
- etw. aus/leben *expérimenter, vivre qc ; exprimer qc*
- etw. bestellen *commander qc*
- etw. liefern *livrer qc*
- jm helfen* *aider qn*
- etw. ab/schaffen ≠ etw. ersetzen *supprimer qc ≠ remplacer qc*
- jm etw. bei/bringen* *apprendre qc à qn*
- etw. lösen; die Lösung (-en) *résoudre qc ; la solution*
- einfach; etw. vereinfachen *simple ; simplifier qc*

Nachteile der Digitalisierung

B1
- der Nachteil (-e) *l'inconvénient, le point négatif*
- der Missbrauch; etw. missbrauchen *l'abus ; abuser de qc*
- einsam sein; die Einsamkeit *être isolé, seul ; la solitude*
- die Täuschung *l'illusion*
- der Rückschritt (-e); rückschrittlich *la régression ; régressif*
- erniedrigend *humiliant*
- die Gefahr (-en); gefährlich *le danger ; dangereux*
- etw. / jm ausgesetzt sein *être à la merci de qc / qn*
- von etw. / jm (un)abhängig sein *être (in)dépendant de qc / qn*
- die Abhängigkeit *la dépendance, l'addiction*
- konditioniert, unterworfen sein *être conditionné, soumis*
- jn beurteilen; das Vorurteil (-e) *juger qn ; le préjugé*

Verantwortung tragen

A2-B1
- in der Zukunft *dans le futur*
- verantwortlich; Verantwortung für etw. tragen* *responsable ; porter la responsabilité de qc*
- die Gesellschaft *la société*
- die Regierung *le gouvernement*
- die Gesundheit *la santé*
- für jn Entscheidungen treffen* *prendre des décisions pour qn*
- bewusst ≠ unbewusst *conscient ≠ inconscient*
- die Partei (-en) *le parti politique*
- jn identifizieren *identifier qn*
- der Bürger (-); die Bürgerin (-nen) *le citoyen ; la citoyenne*
- Kritik an etw. (D) üben; etw. / jn kritisieren *faire une critique ; critiquer qc / qn*
- in Frage stellen, etw. hinterfragen *remettre en question qc*
- (keine) Willensfreiheit haben *(ne pas) avoir de libre arbitre*
- etw. fördern; die Förderung *financer ; la subvention*
- etw. her/stellen = etw. produzieren
- menschlich; das Menschliche *humain ; le caractère humain*
- etw. unterstützen *soutenir qc*

Comprendre les consignes

- Welche anderen Begriffe kommen Ihnen in den Sinn? *Quelles autres notions / Quels autres termes vous viennent à l'esprit ?*
- Lesen Sie den Vortext. *Lisez le chapeau introductif.*
- Bilden Sie Expertengruppen. *Constituez des groupes d'experts.*

INNOVATIONS SCIENTIFIQUES ET RESPONSABILITÉ

ÜBUNGEN

1 Retrouvez les verbes correspondant aux noms communs ci-dessous et traduisez-les.
das Gespräch – die Lösung – die Bestellung – die Lieferung – die Hilfe – die Unterstützung – die Forschung – die Entscheidung – die Abschaffung – der Gewinn

2 Retrouvez la définition correcte des mots ci-dessous.

- der Fortschritt • • die Vereinigung mehrerer Menschen
- die erweiterte Realität • • in der Wissenschaft arbeiten
- die Zukunft • • eine positive Entwicklung
- die Gesellschaft • • eine computergestütze Erweiterung der Wirklichkeit
- die Forschung • • die kommende Zeit

3 Pour rendre compte d'un texte, il vous faut reformuler les idées. Retrouvez les expressions correspondantes.

- ein wissenschaftliches Thema bearbeiten • • etw. in Frage stellen
- Fehler korrigieren • • etw. Negatives darstellen
- etw. produzieren • • etw. verbessern
- ein Nachteil sein • • an etw. forschen
- etw. hinterfragen • • etw. herstellen

4 Complétez le texte avec les termes manquants.
abschalten – bestellen – einblenden – geliefert – Gesellschaft – Zukunft

In der ⬜ wird vieles digital sein. Um ein Produkt zu kaufen, werden wir nur unser Profil auf unserem Smartphone ⬜ müssen und der Server wird sofort verstehen, was wir ⬜ möchten. Wahrscheinlich werden wir nicht mehr mit dem Versandhändler kommunizieren müssen.
Das Produkt wird dann per Drohne nach Hause ⬜.
Unsere ⬜ wird durchgehend vernetzt und online sein. Doch es ist auch wichtig, ⬜ zu können!

> **Extra**

5 (B2) Schauen Sie sich das Bild an und beschreiben Sie es kurz. Welche Gefahr wird hier illustriert?

WORTBILDUNG

Le genre des mots

En allemand, il faut apprendre les substantifs avec leur article et leur pluriel. Certaines règles facilitent néanmoins la mémorisation du genre.

a. Sont masculins les noms qui se terminent par :
→ -er ■ *der Spieler (-)* le joueur
→ -mus ■ *der Organismus (-men)* l'organisme

b. Sont féminins les noms qui se terminent par :
→ -heit ■ *die Gesundheit* la santé
→ -ion ■ *die Situation* la situation
→ -keit ■ *die Wirklichkeit* la réalité
→ -schaft ■ *die Gesellschaft* la société
→ -tät ■ *die Kreativität* la créativité
→ -ung ■ *die Abschaffung* la suppression

Pour former le pluriel, on ajoute *-en*.

c. Sont neutres les noms qui se terminent par :
→ -um ■ *das Museum* le musée
et les infinitifs substantivés :
→ *das Leben* la vie

ÜBUNG

Formez des substantifs à partir des adjectifs, radicaux verbaux ou noms communs suivants en utilisant ces suffixes : *-heit, -ion, -keit, -mus, -schaft, -tät, -ung.*
traurig – real – täuschen – der Tourist – krank – informieren – wissen

TRAINING
GRAMMATIK

LERNTEMPODUETT → p. 19

❯ Exprimer le but → p. 141

→ PRÉCIS p. 218, 219

- Pour exprimer le but, on utilise une proposition infinitive séparée par une virgule et introduite par la préposition *um*. Le verbe est précédé de la préposition *zu* (pour, afin de).
S'il a une particule séparable, *zu* s'intercale entre la particule et le radical.
  – *Er entwickelt eine App, **um** das Einkaufen **zu** vereinfachen.*
  – *Sie fährt nach München, **um** an diesem Projekt teilzunehmen.*
- On peut aussi utiliser la subordonnée introduite par la conjonction *damit* (pour que, afin que).
Dans la subordonnée, le verbe conjugué est en dernière position.
  – *Die Forscherin arbeitet an einem digitalen Prozess, **damit** Roboter in der Zukunft Operationen durchführen.*

1 Formez des phrases exprimant le but avec la proposition infinitive *um … zu*, en associant les éléments ci-dessous.
   a. Die Gruppe testet verschiedene Apps.
   b. Ich lade diese App herunter.
   c. Der Forscher ruft einen Kollegen aus Japan an.
   d. Die Jugendlichen lesen den Artikel.

   1. Tipps über das Spiel *Fortnite* sammeln
   2. eine Analyse teilen
   3. das Lernen vereinfachen
   4. über das Wetter in Wien informiert sein

2 Reliez les deux phrases en utilisant la conjonction de subordination *damit*. Attention à la place du GV !
   a. Die Regierung investiert Millionen in die Forschung. Deutschland wird weltweit führend sein.
   b. Fortschritte sollten kontrolliert werden. Es gibt keinen Missbrauch.
   c. Roboter könnten manche Aufgaben für uns durchführen. Wir haben mehr Freizeit.
   d. Ich benutze diese App. Es geht schneller.

❯ Les prépositions → p. 143

→ PRÉCIS p. 217

- Certaines prépositions sont toujours suivies de l'accusatif : *durch* (à travers, grâce à), *für* (pour), *gegen* (contre), *ohne* (sans), *um* (autour de).
  – *Er setzt sich gegen den Missbrauch der KI ein.*
  – *Wir sind ohne diese App verloren.*
  – *Um das Forschungsinstitut ist ein großer Park.*
- D'autres prépositions sont toujours suivies du datif : *aus* (hors de), *bei* (chez), *mit* (avec), *nach* (après), *seit* (depuis), *von* (de), *zu* (vers, chez).
  – *Sie holt die Analysen aus der Kommode raus.*
  – *Der Forscher verbringt ein Semester bei einem Kollegen in den USA.*
  – *Nach der Konferenz gehen sie ins Labor.*
  – *Seit dieser Entdeckung musste man alle Ergebnisse überprüfen.*
  – *Ich gehe heute Nachmittag zur Apotheke.*
- Certaines prépositions sont toujours suivies du génitif : *(an)statt* (au lieu de), *trotz* (malgré), *während* (pendant), *wegen* (à cause de).
  – *Ich kaufe dieses Buch anstatt der DVD.*
  – *Während der Ferien war das Institut geschlossen.*
- Enfin, il existe aussi des prépositions mixtes, qui sont suivies soit de l'accusatif, soit du datif : *an* (à, au), *auf* (sur), *hinter* (derrière), *in* (dans), *über* (au-dessus), *unter* (au-dessous), *vor* (devant), *neben* (à côté), *zwischen* (entre).
Elles sont suivies de l'accusatif pour le directionnel (*Wohin?*) : – *Sie geht in das Labor.*
Elles sont suivies par le datif pour le locatif (*Wo?*) :
  – *Sie befindet sich in dem Labor.*

3 Indiquez de quel cas sont suivies les prépositions dans le nuage : l'accusatif, le datif ou le génitif et quel est leur sens en français.

während, mit, für, seit, anstatt, gegen, trotz, aus, zu, nach, bei, durch, wegen, um, von, ohne

4 Traduisez les phrases suivantes en allemand.
   a. Je m'intéresse aux progrès de la réalité augmentée.
   b. Il s'engage contre l'abus des nouvelles technologies.
   c. Pendant la conférence, le chercheur a expliqué son analyse.
   d. Grâce à la recherche, il y a beaucoup de progrès dans la santé.

Projekt

Inwiefern ist digitaler Fortschritt positiv?

B1

INNOVATIONS SCIENTIFIQUES ET RESPONSABILITÉ

MÉDIATION • DEBATTE → p. 22

● **Vor der Debatte:** Bilden Sie zwei Gruppen in der Klasse.
In GRUPPE **A** diskutieren Sie über die positiven Aspekte, die digitaler und technologischer Fortschritt für unsere Gesellschaft erzeugen kann.
In GRUPPE **B** diskutieren Sie über negative Aspekte dieses Fortschritts.
Notieren Sie innerhalb jeder Gruppe die Argumente. Illustrieren Sie Ihre Argumente mit konkreten Beispielen und beziehen Sie sich auf die bearbeiteten Dokumente des Kapitels. Sie sollten auch persönliche Ideen und Beispiele einflechten.
(→ Wortschatz p. 60)

● **Während der Debatte:**
– In der Eröffnungsrunde stellt jede Gruppe ihre Meinung vor.
– Während der freien Aussprache werden die Argumente vertieft, illustriert, verglichen, widerlegt. Jeder Schüler / Jede Schülerin sollte mindestens einmal zu Wort kommen.
– In der Schlussrunde beantwortet jeder Schüler / jede Schülerin noch einmal die Streitfrage, indem er / sie sich auf die vorgebrachten Argumente bezieht.

Stratégies

▷ **Relativiser son propos**

● **Les adverbes *jedoch, dennoch, trotzdem, allerdings*** (toutefois, néanmoins, cependant)
– Erweiterte Realität vereinfacht unser Leben, ***jedoch / dennoch*** ersetzt sie die menschlichen Beziehungen nicht.
– Videospiele sind sehr unterhaltend, ***allerdings*** sollte man auch traditionelle Freizeitaktivitäten wie Sport und Kultur beibehalten.
– Es darf ***jedoch*** nicht vergessen werden, dass digitaler Fortschritt die Menschen manchmal auch einsam macht.

● **On peut aussi recourir à des conjonctions de subordination**
– ***Obwohl*** viele das so sehen, bin ich der Meinung, dass man auch echte, nicht nur virtuelle Freundschaften haben sollte.
– ***Anders als*** viele es sich vorstellen, können Serious Games der Wissenschaft weiterhelfen.

→ p. 70 – Nuancer son propos

▷ **S'appuyer sur ce qui a été dit précédemment**

● **Quelques amorces utiles**
– Ich bin mit dir / Lena (nicht) einverstanden, weil …
– Wie Manuel sagte, scheint es mir ebenfalls wichtig, … zu + V fin
– Ich glaube, dass Thomas (Un)recht hat, denn … +V2

▷ **Conclure, faire le bilan**

● **Rappeler la problématique**
– In dieser Debatte haben wir versucht, die positiven und negativen Aspekte des digitalen und technologischen Fortschritts zu präsentieren / analysieren / besprechen.

● **Conclure**
– Als Schlussfolgerung könnte man sagen, dass …
– Zum Schluss / Abschließend kann man sagen, dass …

● **Ouvrir le débat**
– Man könnte sich natürlich fragen, inwiefern …

Fit für das Baccalauréat

Épreuve 1 — 2ᵉ trimestre de Première

Compréhension de l'oral

Treffpunkt Wissenschaft

- Hören Sie sich die Tonaufnahme dreimal an. Sie haben zwischen jedem Anhören eine Minute Zeit, um sich Notizen zu machen. Berichten Sie schriftlich auf Französisch über das Hördokument.

etw. beschleunigen *accélérer qc* – der Umbruch *le bouleversement* – überflüssig *superflu* – die Fließbandarbeit *le travail à la chaîne* – die Patientenbefunde *les résultats médicaux des patients* – das Röntgenbild *la radiographie* – die seltene Krankheit *la maladie rare / orpheline*

Stratégies

▷ **S'appuyer sur les questions d'une interview**

- Pour comprendre les propos d'une personne interviewée, prêtez attention aux questions qui vous indiquent la thématique abordée et notez des mots-clés :
- Frage 1 → *Experte – Forschungsgebiet – künstliche Intelligenz – großer Boom*
- Frage 2 → *viel Geld investiert – große Veränderung – Gesellschaft*
- Frage 3 → *Medizin – Veränderung – erwarten*
- Frage 4 → *Zukunft – Gefahren*

Expression écrite — Choisissez l'un des deux sujets.

1. Digitalisierung verändert unser privates und berufliches Leben. Sie eröffnet neue Chancen, birgt aber auch Risiken und weckt Ängste. Schreiben Sie darüber einen Kurzartikel, in dem Sie frei sind, nur über die Chancen der Digitalisierung oder nur über die Risiken oder über beides zu berichten. Vergessen Sie nicht, Ihren Bericht mit Beispielen zu illustrieren.

2. Lesen Sie die folgenden Beiträge deutscher Schüler auf einem Online-Forum zum Thema „Künstliche Intelligenz" (KI). Schreiben Sie einem Schüler / einer Schülerin Ihrer Wahl eine E-Mail, in der Sie Ihren Standpunkt erklären und auf seinen / ihren Beitrag zurückkommen. Sie können mit diesem Schüler bzw. mit dieser Schülerin einverstanden sein oder seinen / ihren Standpunkt überhaupt nicht teilen.

Stratégies

▷ **Rédiger un article**

- **Trouvez un titre accrocheur**
  - Un GN : *Innovationen in der digitalen Welt*
  - Une interrogative : *Wie wird die Welt von morgen aussehen? Ist digitale Innovation nur eine Chance?*
  - Un groupe infinitif : *Forschen, innovieren und besser leben*
  - Une phrase injonctive ou une phrase interrogative : *Digital heute! Digitalisierung: ja oder nein?*
- **Rédigez un sous-titre qui présente rapidement vos propos**
  Le sous-titre peut annoncer ce qui va suivre ou résumer le paragraphe qui suit.
  - *Digitalisierung. Neue Chancen für die Gesundheit in unserer modernen Welt.*
  - *Die digitalen Innovationen bringen uns viele Fortschritte und neue Chancen. Aber gibt es auch Nachteile / Gefahren?*

Ist Künstliche Intelligenz unser Freund oder unser Feind?

Ich interessiere mich sehr für Wissenschaft und Forschung. Ich glaube, dass wissenschaftlicher Fortschritt, insbesondere mit der künstlichen Intelligenz, unsere Welt verbessern wird. Zum Beispiel kann KI einfacher und schneller medizinische Diagnosen erstellen.
Tobias, 18

Ich habe gelesen, dass viele Menschen wegen der Robotisierung schon ihren Arbeitsplatz verloren haben. Ich glaube, wir sollten nicht so viel in die neuen Technologien investieren und mehr den Menschen konkret helfen. Viele haben nicht genug zu essen oder müssen in Krisengebieten leben.
Veronika, 17

Ich denke, dass digitaler Fortschritt positiv ist. Vieles wird einfacher und präziser werden, wie zum Beispiel Operationen. Chirurgen finden mit KI eine große Hilfe. Dennoch glaube ich, dass die Regierungen diese Fortschritte kontrollieren sollten. Die Gesellschaft sollte hier auch Verantwortung tragen, damit die Gefahren unter Kontrolle bleiben.
Fabian, 20

Épreuve 2

INNOVATIONS SCIENTIFIQUES ET RESPONSABILITÉ

▶ 3ᵉ trimestre de Première

Compréhension de l'écrit

● Lesen Sie den Online-Artikel „Digitalgipfel: Länger Leben mit KI?" und den Romanausschnitt „Bohnendose" von Juli Zeh. In beiden Texten handelt es sich um Gesundheit und neue Technologien.
Beantworten Sie folgende Frage: Inwiefern ist der digitale und technologische Fortschritt, für die Menschheit positiv, order nicht? Beziehen Sie sich auf beide Texte mit konkreten Beispielen aus den zwei Auszügen.

Text A

Digitalgipfel: Länger Leben mit KI?

In Nürnberg trifft sich die Prominenz, um über die Digitalisierung zu sprechen. Wichtigstes Thema: künstliche Intelligenz. Vor allem Ärzte und Patienten sollen von dieser Technologie profitieren.

An zahlreichen Ständen und Diskussionsveranstaltungen geht es um die Frage, wie diese Schlüsseltechnologie[1] Wirtschaft, Arbeit und Gesellschaft verändern
5 wird. Die Bundesregierung hat kürzlich eine nationale KI-Strategie beschlossen, in den nächsten fünf Jahren sollen insgesamt 3 Milliarden Euro in diesem Bereich investiert werden.
10 Die Erwartungen, die an diese Technologie geknüpft werden, sind hoch und in kaum einem Gebiet scheinen Optimisten ein so großes Potenzial ausmachen zu können wie im Gesundheitsbereich.
15 So können KI-Programme heute schon mit einer höheren Zuverlässigkeit Hautkrebs erkennen[2] als Ärzte. Auch andere Krebsarten erkennen die Medizin-Algorithmen zuverlässiger als ihre menschli-
20 chen Pendants. „Software wird den Arzt nicht ersetzen[3], aber unterstützen" sagt Martin Pregler. „Die KI könnte zum Beispiel sagen: Schau dir diesen Bereich mal genauer an ... Am Ende entscheidet aber immer der Arzt."

Nach www.br.de, 04. 12. 2018

1. die Schlüsseltechnologie *la technologie-clé*
2. mit einer höheren Zuverlässigkeit Hautkrebs erkennen* *détecter avec davantage de fiabilité le cancer de la peau* 3. ersetzen *remplacer*

Text B

Bohnendose[1]

Der 2009 veröffentlichte Roman Corpus Delicti *der deutschen Autorin Juli Zeh behandelt die Problematik der Gesundheitsdiktatur in 2057. Die Autorin bezieht sich auf die heutigen Fortschritte in Medizin und neuen Technologien und beschreibt in ihrer Dystopie, wie diese die Menschen despotisch regieren werden. Mia Holl, die Hauptfigur, hat vergessen, eine Präventionsuntersuchung zu machen.*

Zwei Sichersheitswächter[2] in grauen Uniformen haben sie hereingebracht, sich in aller Höflichkeit[3] für die Unannehmlichkeiten[4] entschuldigt und beim Verlassen des Raumes leise die Tür geschlossen.
5 Jetzt sitzt Mia mit nacktem Oberkörper und leerem Blick im Untersuchungsstuhl. Von Handgelenken, Rücken und Schläfen[5] hängen Kabel. Der Amtsarzt streicht Mia mit einem Scanner über den Oberarm, als wäre sie eine Bohnendose auf dem Kassenband im Supermarkt. Auf der Präsentationswand er-
10 scheint ihr Photo, gefolgt von einer langen Reihe[6] medizinischer Informationen.
„Sehen Sie, Frau Holl, ist doch wunderbar, Frau Holl. Alles in schönster Ordnung. Kein Grund zur Veranlassung[7], wie ich gern sage."
15 Mia schaut auf.
„Sie haben wohl geglaubt, ich sei krank? Und würde meine Untersuchungsergebnisse[8] nicht abgeben, weil ich etwas zu verbergen[9] habe? Sehe ich aus wie eine Kriminelle?"
Der Arzt macht sich daran, die Kabel von ihrem Körper zu
20 entfernen.
„Alles schon vorgekommen, Frau Holl. Wahr, aber traurig, wie ich gern sage."
Hastig zieht Mia ihren Pullover über den Kopf.
„Guten schönen Tag noch, Frau Holl!", ruft der Arzt.

Nach Juli Zeh, *Corpus delicti*, 2009

1. die Bohnendose *la boîte de conserve de haricots* 2. der Sicherheitswächter (-) *l'agent de sécurité* 3. die Höflichkeit *la politesse* 4. die Unannehmlichkeit *le désagrément* 5. von Handgelenken, Rücken und Schläfen *des poignets, du dos, des tempes* 6. eine lange Reihe *une longue liste* 7. kein Grund zur Veranlassung *pas de raison de pousser les recherches plus loin* 8. die Untersuchungsergebnisse *les résultats d'examens médicaux* 9. verbergen* *cacher*

Stratégies

Fit für das Baccalauréat

Épreuve 2 (suite)

Stratégies

▷ **Identifier la thématique**
– Pour comprendre la thématique générale, essayez d'appréhender les champs lexicaux : dans le texte Ⓐ, de nombreux termes renvoient aux domaines de la médecine et des nouvelles technologies : *Digitalgipfel, KI, Operationssaal, Arzt* …

– Vous retrouvez ces champs lexicaux également dans le texte Ⓑ : *Kabel, Scanner, Herztöne, Amtsarzt* …
– En revanche, d'autres termes introduisent un autre aspect qui vous permet de comprendre l'enjeu du texte : *Dystopie, Sicherheitswächter, despotisch, Kriminelle* …

Expression écrite — Choisissez l'un des deux sujets.

1. „Ohne meine Apps läuft gar nichts!" meinte ein Abiturient aus Hamburg während einer Radiosendung des Gymnasiums zum Thema „Mein digitales Leben als Schüler". **Wie stehen Sie dazu? Inwiefern vereinfachen die heutigen Innovationen Ihr Leben? Oder sind diese Innovationen hauptsächlich für Unterhaltung und Spaß gedacht? Bearbeiten Sie beide Aspekte mit konkreten Beispielen.**

Stratégies

▷ **Structurer son essai**
- **Introduisez la problématique** en quelques phrases dans lesquelles vous reprenez le sujet.
- **Structurez votre développement** en deux ou trois parties, de taille équivalente. Sautez une ligne entre chaque partie et revenez à la ligne pour chaque nouvelle idée.
- **Concluez** en proposant un rapide bilan de votre réflexion ou donnez votre avis : *Zum Schluss / Abschließend kann man sagen, dass* … / *möchte ich meine Meinung geben* …

2. Nach der Projektwoche des Einstein-Gymansiums in Potsdam haben Schüler die Debatte „Digitalisierung heute: Was bringen Innovationen unserer Gesellschaft?" in der Schülerzeitung dokumentiert.
Lesen Sie die Zusammenfassung der verschiedenen Beiträge und schicken Sie der Redaktion eine E-Mail, in der Sie sich zu diesem Thema äußern und von Ihrer persönlichen Nutzung dieser Innovationen erzählen.

Digitalisierung heute: Was bringen Innovationen unserer Gesellschaft?

Liebe Leser,
die Projektwoche ist nun vorbei. Mehr als 45 Schüler und Lehrer waren anwesend und es wurden viele Standpunkte erläutert und widerlegt[1].
Ein Schüler der 10b meinte, dass er viel Zeit am Computer und auf der PlayStation verbringe. Er spiele total gern Online-Spiele wie *Fortnite* und fühle sich also nie alleine, da er online mit seinen Freunden immer in Kontakt sei.
Ein Lehrer erläuterte, wie er dank einer Gesundheitsapp einem kompletten Trainingsplan folge und somit viel fitter sei.
Eine Schülerin der 13c erklärte, wie sie anhand einer neuen App virtuelle Besuche in allen Museen der Welt mache.
Eine Lehrerin wiederum sagte, dass sie merken würde, wie ihr Sohn immer öfters zu Hause sei, um Solo-Games, wie *Assassin's Creed*, zu spielen. Er sitze manchmal mehrere Stunden vor dem Computer und wolle kaum mehr aus dem Haus gehen.

1. etw. widerlegen *réfuter qc*

Stratégies

▷ **Le discours rapporté**
Dans l'article, les propos des personnes ayant participé au débat sont rapportés à l'aide du discours indirect, qui se forme en allemand avec le subjonctif I. Le discours indirect est introduit par une proposition subordonnée avec ou sans *dass*.
Les verbes portent les terminaisons suivantes : *-e, -est, -e, -en, -et, -en*.
❗ *sein* est irrégulier : *er / sie → sei*

INNOVATIONS SCIENTIFIQUES ET RESPONSABILITÉ

Épreuve 3

▶ 2ᵉ trimestre de Terminale

Zoom sur la partie orale

Expression orale

● Technologischer Fortschritt ist immer mit Verantwortung verbunden. Die zwei folgenden Bildunterlagen illustrieren sowohl einen der negativen (Bild **A**) als auch einen der positiven Aspekte (Bild **B**) dieses Fortschritts.
Welche der zwei Bildunterlagen illustriert Ihrer Meinung nach am besten einen dieser Aspekte? Erarbeiten Sie eine kurze mündliche Präsentation, in der Sie einen dieser Aspekte erläutern. Beziehen Sie sich konkret auf die Bildunterlage während Ihrer Präsentation.

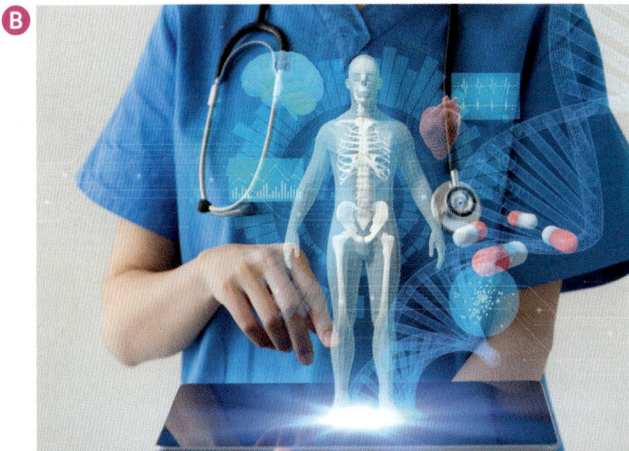

A

B

Stratégies

▷ **Intégrer les supports à son commentaire**

● **Identifiez les supports**
– *Es handelt sich um ein Foto, ein Gemälde, eine Zeichnung, einen Cartoon, eine Karikatur, eine Fotomontage, eine Werbung, einen Filmausschnitt, ein Zitat …*

● **Intégrez les supports à votre présentation**
– *Auf dieser Zeichnung kann man sehen, wie der Mensch der Maschine unterworfen ist / wird – der Mensch von der Maschine ersetzt wird – Maschinen / Roboter die Menschen kommandieren.*
– *Dieses Foto stellt die Fortschritte im Bereich der Gesundheit dar.*
– *Dieses Foto zeigt, inwiefern digitale Innovationen den Ärzten helfen können.*
– *Beide Bilder unterstreichen die Wichtigkeit der Verantwortung / die notwendige Verantwortung im digitalen Fortschritt / in der Digitalisierung.*

● **Les aspects positifs et négatifs**
– *Das Positive an (D) … / Das Negative an (D) …*
– *positiv = gut; vorteilhaft* avantageux*; günstig* favorable
– *negativ = schlecht; schädlich* nocif*; schlimm* grave

▷ **Exprimer des regrets, des craintes**

● **Lors de la discussion avec votre examinateur, vous pouvez être amené(e) à exprimer un regret à propos d'un phénomène ou d'une situation :**
– *Ich finde es sehr bedauerlich / schade, dass …*
Je trouve très regrettable que…
– *leider* malheureusement
– *Es ist ein Jammer, dass …*
Il est lamentable que…

● **Vous pouvez également exprimer des craintes :**
– *Ich mache mir Sorgen, denn …*
Je me fais de souci, car…
– *Ich bin über (A) … beunruhigt, weil …*
Je suis préoccupé(e) par… parce que…
– *Ich befürchte, dass …*
Je crains que…

Legende:
- Deutsche
- Ungarn
- Tschechen
- Slowaken
- Polen
- Ukrainer
- Slowenen
- Kroaten, Serben
- Rumänen
- Italiener, Ladiner

Die österreichisch-ungarische Monarchie, inoffiziell auch k. und k. Monarchie[1] genannt, war ein Vielvölkerstaat, der um 1900 aus etwa 52 Millionen Einwohnern bestand. Seine Fläche betrug 675 615 km².

Es wurden zahlreiche Sprachen gesprochen. Die wichtigsten waren: Deutsch, Ungarisch, Tschechisch, Polnisch, Serbisch, Kroatisch, Ukrainisch, Rumänisch, Slowakisch, Slowenisch und Italienisch.

1. k. und k. Monarchie = kaiserliche und königliche Monarchie

> **SPRACHBOX**
>
> **ein Vielvölkerstaat**
> - das Land (¨er) le pays
> - das Gebiet (-e) le territoire
> - die Monarchie la monarchie
> - der Kaiser (-); die Kaiserin (-nen) l'empereur ; l'impératrice
> - das Kaiserreich l'empire
> - der König; die Königin le roi ; la reine
> - das Königreich le royaume
> - der Einwohner (-) l'habitant
> - das Volk (¨er) le peuple
> - der Herrscher (-) le souverain
> - herrschen régner
> - regieren gouverner
> - aus etw. (D) bestehen* être composé de qc
> - Böhmen; Mähren la Bohême ; la Moravie
>
> → p. 158

Kapitel 10

TERRITOIRE ET MÉMOIRE

Österreich im Wandel der Zeit

Wer waren die Habsburger?

- Expliquer le rayonnement de Marie-Thérèse d'Autriche. (p. 154)
- S'interroger sur les conséquences de la fin de l'empire austro-hongrois. (p. 156)
- L'adjectif attribut et l'adjectif épithète – La subordonnée relative. (p. 155)
- Les adverbes. (p. 157)

Projekt

Écrire un article sur la vie du dernier héritier du trône d'Autriche. (p. 161)

BAC ÉPREUVES COMMUNES EN COURS D'ANNÉE

Épreuve 1

Wo liegen unsere Wurzeln? (p. 162)
Stratégie : Comprendre les noms géographiques (p. 162)
Stratégies : Structurer sa production écrite – Exprimer son opinion (p. 162)

Épreuve 2

„Kaisersohn, Abgeordneter und begeisterter Europäer", www.faz.net – „Reaktionen zum Tod von Otto von Habsburg", www.euractiv.de (p. 163)
Stratégie : Repérer les temps du passé et le passif (p. 163)
Stratégies : Se servir de ses connaissances – Exprimer son intention (p. 164)

Épreuve 3

Stratégie : Expressions utiles pour l'argumentation (p. 165)
Stratégie : Moduler son débit pour sa présentation (p. 165)

Die österreichisch-ungarische Monarchie

A2

1 Sehen Sie sich die Karte an und sagen Sie, welche Nationalitäten in welchen Gebieten Anfang des 20. Jahrhunderts lebten und welche Sprache die Menschen dort sprachen.
→ Die Rumänen lebten in Siebenbürgen und sprachen Rumänisch.

2 Sehen Sie auf der Karte Seite 2 des Umschlags nach und sagen Sie, wie die Länder heute heißen.

1 → 2 Projekt

Über die Ausstrahlung Maria Theresias berichten

Zur Zeit Maria Theresias

A› Die große Landesmutter

A2-B1

1. Bilden Sie eine Gruppe von vier Schülern. Jeder liest einen der vier Texte. Finden Sie die passende Überschrift und notieren Sie drei wichtige Informationen.

   Fortschrittliche Reformen   Das verlorene Glück
   Die Heiratspolitik   Von der jungen Kaiserin zur Powerfrau

2. Bilden Sie nun eine Expertengruppe. Tauschen Sie Ihre Informationen aus und bereiten Sie gemeinsam eine Präsentation des Textes vor.

3. Bilden Sie wieder die Gruppen wie zu Beginn. Jeder präsentiert seinen Text und die anderen machen sich Notizen.

B1

4. Mit Hilfe Ihrer Notizen zu den vier Präsentationen, können Sie nun erklären, warum Maria Theresia auch heute noch den Beinamen „die Mutter Österreichs" hat.

Das Maria-Theresien-Denkmal in Wien ist das wichtigste Herrscher-Denkmal der Habsburger

b

Nach und nach wurde sie zur schützenden[1] Mutterfigur, die sich für das Wohl[2] ihres Volkes einsetzte. Sie reformierte das Land in allen Bereichen. Sie war es, die als erste die Allgemeine Schulpflicht für alle Kinder ab sechs Jahren einführte. Da es im 18. Jahrhundert in ganz Europa eine schreckliche Pocken[3]-Epidemie gab, gründete sie die erste Wiener Medizinische Schule und setzte sich für die Forschung ein. Sie entschloss sich zur Pockenimpfung, die damals noch umstritten[4] war. Sie ließ nicht nur ihre eigenen Kinder impfen, sondern sie holte auch arme Kinder zur Impfung auf ihr Schloss Schönbrunn.

1. schützend *protectrice* 2. das Wohl *le bien-être* 3. die Pocken *la variole*
4. umstritten *contesté*

a

Maria Theresia und Franz Stephan von Lothringen heirateten am 12. Februar 1736. Sie kannten sich bereits seit ihrer Kindheit. Es war eine Liebesheirat. Vier Jahre später starb Maria Theresias Vater, Kaiser Karl VI., plötzlich. Und es war kein männlicher Erbe da. Nur die 23-jährige Tochter Maria Theresia, die völlig unerfahren[1] von heute auf morgen das Land regieren sollte. Doch langsam konnte Maria Theresia sich Respekt verschaffen und die Herzen der Bevölkerung gewinnen. Sie wurde zur ersten Dame Europas und machte das Habsburgerreich zu einem modernen, florierenden Staat. Bis heute ist sie die einzige Frau, die jemals Österreich regiert hat.

1. unerfahren *inexpérimenté*

c

Maria Theresia brachte 16 Kinder zur Welt und sicherte somit das Erbe ihres Reiches. Sie kümmerte sich persönlich um die Erziehung jedes einzelnen ihrer Kinder. Um ihre Macht zu festigen, verheiratete sie ihre Kinder mit einflussreichen Monarchen in ganz Europa nach der Devise: „*Bella gerant alii, tu felix Austria nube.*" („Mögen andere Länder Kriege führen, Du glückliches Österreich, heirate"). Die berühmteste Hochzeit war die zwischen Marie Antoinette und König Ludwig XVI.

d

1765 starb ihr geliebter Ehemann Franz Stephan. Maria Theresia verlor mit ihm ihren besten Freund. Und sie verlor auch ihre Lebensfreude. Sie wurde nach und nach depressiv und trug für den Rest ihres Lebens nur noch schwarze Kleidung. Sie selbst starb am 29. November 1780 nach einer Regierungszeit von 40 Jahren.

B) Ehefrau, Mutter und Regentin

B1
1. Mit wem vergleicht Elisabeth Badinter Maria Theresia?
2. Welche Gemeinsamkeiten hat sie mit den Frauen von heute?
3. Inwiefern kann man sie als moderne Powerfrau bezeichnen?

Frau Badinter, was hat Sie als Feministin an dem Schicksal Maria Theresias angezogen?

ELISABETH BADINTER: Maria Theresia war völlig einzigartig für ihre Zeit. Sie war sicher sehr konservativ eingestellt, autoritär insofern nicht sehr modern. Aber sie war auch mit einer Situation konfrontiert, die mich sehr an die Lage der Frauen im 21. Jahrhundert erinnert.

Ach wirklich?

ELISABETH BADINTER: Maria Theresia hatte wie viele unserer Zeitgenossinnen gleichzeitig drei Rollen. Als Frau, als Mutter und als Berufstätige. Sie war natürlich sehr weit vom heutigen Leben entfernt, herrschte sie doch im 18. Jahrhundert über ein immenses Reich. Aber sie leitete dessen Geschicke[1] 40 Jahre lang, was heute eine normale Berufsspanne[2] ist. Sie kümmerte sich um einen Gatten[3], den sie wahnsinnig liebte und dazu hatte sie viele Kinder. Es genügt, das auf die heutige Zeit zu übertragen.

Was war denn Maria Theresias Hauptleistung?

ELISABETH BADINTER: Sie führte ein Riesenreich in die Modernität … Und sie schaffte es, die Gunst des Volkes zu erlangen[4], indem sie sich als gute Mutter der Nation präsentierte. Maria Theresia vereinigte die drei femininen Attribute einer heutigen Frau, Mutter und Berufsfrau. Damit war sie in ihrer Zeit die einzige; weder Katharina die Große in Russland noch vorher Elisabeth I. in England haben dieses dreifache Nebeneinander geschafft. Maria Theresia ist deshalb ein wichtiger Bezugspunkt[5] für die Geschichte der Frauen.

Nach Stefan BRÄNDLE, *Frankfurter Rundschau*, 10. 03. 2017

---

1. Geschicke leiten *gérer les affaires*
2. die Berufsspanne *la durée d'une vie professionnelle*
3. der Gatte = der Ehemann
4. die Gunst des Volkes erlangen *gagner la faveur du peuple*
5. der Bezugspunkt *la référence*

SPRACHBOX

Ehefrau und Mutter
- heiraten *se marier*
- jn verheiraten *marier qn*
- die Ehe (-n) *le mariage*
- jn erziehen* *éduquer qn*
- die Erziehung *l'éducation*

Kaiserin
- der Erbe (-n); die Erbin (-nen) *l'héritier ; l'héritière*
- das Erbe *l'héritage*
- die Regierung *le gouvernement*
- die Bevölkerung *la population*
- sich Respekt verschaffen* *se faire respecter*
- die Macht *le pouvoir*
- einflussreich *influent*

Modernität
- retten *sauver*
- sich für das Wohl ein/setzen *agir pour le bien*
- die Forschung (-en) *la recherche*
- das Mitglied (-er) *le membre*
- jn impfen *vacciner qn*
- die Impfung (-en) *le vaccin*

→ p. 158

SPRACHBOX

Le marquage de l'adjectif
- Maria Theresia war ein**e** modern**e** Frau.
- Sie herrschte über ein groß**es** Land.
- Es war kein männlich**er** Erbe da.

La proposition subordonnée relative
- Maria Theresia war die einzige Frau, **die** jemals Österreich regierte.
- Sie kümmerte sich um einen Ehemann, **den** sie liebte.
- Sie herrschte über ein Land, **das** sich aus vielen Völkern zusammensetzte.

→ p. 160

Nun sind Sie dran!!

Erklären Sie vor der Klasse, welche Charaktereigenschaften der Person Maria Theresias und welche Aspekte ihres Lebens Sie am meisten beeindrucken und sagen Sie, warum.

Projekt

Das Ende der Monarchie hinterfragen

Ein anderes Österreich

A) Zita, die letzte Kaiserin

MÉDIATION — **PARTNERBRIEFING** → p. 18

VIDEO

B1
1. **PARTNER A** liest die kurze Biografie der letzten Kaiserin von Österreich und beantwortet folgende Fragen: Durch welches tragische Ereignis wurde Zita zur Kaiserin? Wo verbrachte sie die meiste Zeit ihres Lebens?

   PARTNER B sieht sich das Interview mit Kaiserin Zita aus dem Jahr 1972 an. Wovon berichtet sie? (Herkunft, Abstammung, Eltern, Kindheit, Wohnort.)
2. Danach tauschen beide Partner ihre Informationen aus.
3. Im Plenum präsentieren zwei Schüler ihr Dokument (oder das des Partners).

die Schar *la cohorte*
die Übersiedlung = der Umzug *le déménagement*

Kultur BOX

Der **Staatsvertrag von Saint-Germain-en-Laye** regelte nach dem Ersten Weltkrieg die Auflösung Österreich-Ungarns und stellte die Bedingungen für die neue Republik Österreich. Er wurde am 10. September 1919 im Schloss Saint-Germain-en-Laye unterzeichnet.
Österreich und seine Verbündeten[1] trugen die Alleinschuld[2] am Krieg und ein Großteil der Gebiete wurden abgetrennt[3]. Das einst so große Land (675 615 km^2 und 52 Millionen Einwohner) wurde auf einen Reststaat von etwa 6,5 Millionen Einwohnern mit einer Fläche von 84 000 km^2 reduziert.

1. die Verbündeten *les (pays) alliés*
2. die Alleinschuld am Krieg *la seule responsabilité de la guerre*
3. ab/trennen *séparer*

Zita Maria delle Grazie von Bourbon-Parma wurde am 9. Mai 1892 geboren. Am 21. Oktober 1911 heiratete sie Erzherzog Karl von Österreich, einen Großneffen[1] von Kaiser Franz Joseph I. Nach der Ermordung des Thronfolgers Franz Ferdinand und seiner Frau Sophie in Sarajevo am 28. Juni 1914 wurde Karl zum Thronfolger und Zita wurde dann Kaiserin
5 von Österreich. Allerdings nur für kurze Zeit, denn 1918 wurde Österreich eine Republik und Karl und Zita mussten ins Exil. Das Paar hatte acht Kinder und Zita blieb die wichtigste Stütze[2] für Karl, auch im Exil. Nach dem frühen Tod ihres Mannes 1922 auf Madeira lebte sie in Spanien, Belgien, Kanada und in der Schweiz. Sie durfte nämlich nicht nach Österreich zurückkommen.
10 Erst 1982 bekam Zita die Erlaubnis, wieder nach Österreich einzureisen. Sie starb 1989 im Alter von 96 Jahren in der Schweiz.

1. der Großneffe *le petit-neveu*
2. die Stütze *le soutien*

B) Die Welt von Gestern

B1
1. Worüber berichtet der Autor?
2. Wie ist die Stimmung? Warum?
3. Was sagt er über den alten Kaiser und die Habsburger? Wie beschreibt er Kaiser Karl?

Der Autor, Stefan Zweig, befindet sich am 24. März 1919 an der Bahnstation Buchs, an der Grenze zur Schweiz.

Langsam, ich möchte fast sagen, majestätisch, rollte der Zug heran, ein Zug besonderer Art [...], schwarze, breite Wagen, ein Salonzug. Die Lokomotive hielt an. Eine fühlbare Bewegung ging durch die Reihen der Wartenden[1], ich wusste noch immer nicht, warum. Da erkannte ich hinter der Spiegelscheibe des Waggons hoch aufgerichtet Kaiser Karl, den letzten Kaiser von Österreich und seine schwarz gekleidete Gemahlin[2], Kaiserin Zita. Ich schrak zusammen: der letzte Kaiser von Österreich, der Erbe der habsburgischen Dynastie, die siebenhundert Jahre das Land regiert, verließ sein Reich! Obwohl er die formelle Abdankung verweigert, hatte die Republik ihm die Abreise [...] gestattet[3] oder sie vielmehr von ihm erzwungen[4]. Nun stand der hohe ernste Mann am Fenster und sah zum letzten Mal die Berge, die Häuser, die Menschen seines Landes. Es war ein historischer Augenblick, den ich erlebte – und doppelt erschütternd[5] für einen, der in der Tradition des Kaiserreiches aufgewachsen war. [...] Ich hatte unzählige Male den alten Kaiser gesehen, [...] ich hatte ihn gesehen [...] vor der großen Treppe in Schönbrunn. [...] „Der Kaiser", dieses Wort war für uns der Inbegriff[6] aller Macht, allen Reichtums[7] gewesen, das Symbol von Österreichs Dauer. [...] Und nun sah ich seinen Erben, den letzten Kaiser von Österreich, als Vertriebenen das Land verlassen. [...] Schließlich gab der Zugführer das Signal. [...] Langsam entfernte sich der Zug. Die Beamten sahen ihm respektvoll nach. [...] In diesem Augenblick war die fast tausendjährige Monarchie erst wirklich zu Ende. Ich wusste, es war ein anderes Österreich, eine andere Welt, in die ich zurückkehrte.

Stefan ZWEIG, *Die Welt von Gestern*, 1941

1. die Wartenden *les personnes qui attendent*
2. die Gemahlin *l'épouse*
3. gestatten *autoriser*
4. etw. erzwingen* *obtenir qc par la force*
5. erschütternd *choquant*
6. der Inbegriff *le symbole*
7. der Reichtum *la richesse*

SPRACHBOX

das Ende der Monarchie
- der Thronfolger *l'héritier du trône*
- die Ermordung *l'assassinat*
- jn ermorden *assassiner qn*
- aus (D) stammen *être originaire de*
- die Mischung (-en) *le mélange*
- die Bedingung (-en) *la condition*
- von (D) nach (D) über/siedeln *déménager de… à…*
- die Erlaubnis *l'autorisation*
- die Grenze (-n) *la frontière*
- die Abdankung *l'abdication*
- etw. verweigern *refuser qc*
- jn vertreiben*; der Vertriebene (adj. subst.) *expulser qn ; l'expulsé*
- aus (D) aus/reisen *partir de*
- ins Exil müssen *être obligé de s'exiler*
- über etw. (A) schockiert, über etw. (A) entsetzt sein *être choqué, horrifié, effaré de qc*
- das Gebiet (-e) *le territoire*

→ p. 158

SPRACHBOX

Les adverbes
- **Zuerst** wurde Karl I. zum Kaiser gekrönt. **Dann** musste er sein Land verlassen.
- Stefan Zweig befand sich am Bahnhof in Buchs. **Deswegen** konnte er das letzte Kaiserpaar im Zug sehen.

Nun sind Sie dran!

Was meint Stefan Zweig, wenn er im letzten Satz des Auszuges von einem „anderen Österreich" spricht?

TRAINING WORTSCHATZ

Österreich im Wandel der Zeit

ein Kaiserreich

A2-B1
- der Vielvölkerstaat *l'État pluriethnique*
- das Kaiserreich *l'Empire*
- das Gebiet (-e) *le territoire*
- die Doppelmonarchie *la monarchie austro-hongroise*
- der Kaiser (-); die Kaiserin (-nen) *l'empereur ; l'impératrice*
- über ein Volk herrschen *régner sur un peuple*

B1
- Macht aus/üben *exercer un pouvoir*
- mächtig *puissant*
- der Herrscher; die Herrscherin *le souverain ; la souveraine*
- für das Wohl des Volkes sorgen *veiller au bien de son peuple*
- die Heiratspolitik *la politique matrimoniale*
- jn mit jm verheiraten *marier qn à qn*
- auf etw. / jn (A) Einfluss haben *avoir de l'influence sur qc / qn*

ein Vielvölkerstaat

A2-B1
- aus (D) stammen *être originaire de…*
- der Stammbaum *l'arbre généalogique*
- in (D) geboren sein *être né à…*
- die Staatsbürgerschaft *la nationalité*
- der Einwohner (-) *l'habitant*
- aus verschiedenen Ländern kommen* *venir de plusieurs pays*

B1
- das Erbe *l'héritage*
- eine Mischung aus mehreren Völkern sein *être un mélange de plusieurs peuples*

das Ende der Monarchie

A2-B1
- sein Land verlassen* (müssen) *(devoir) quitter son pays*
- die Ausreise, die Abreise *le départ*
- aus/reisen *partir*
- im Exil / in einem anderen Land leben *vivre en exil / dans un autre pays*
- ins Exil reisen *s'exiler*

B1
- jn aus seinem Land vertreiben* *chasser qn de son pays*
- die Grenze überqueren *passer la frontière*
- viele Jahre nicht zurückkommen dürfen *ne pas avoir la permission de revenir pendant de longues années*
- von einem Land in ein anderes Land ziehen* (müssen) *(devoir) déménager d'un pays à un autre*
- von (D) nach (D) über/siedeln / ziehen* *déménager de… à…*

die Spuren der Geschichte

A2-B1
- historische Orte besichtigen *visiter des lieux historiques*
- die Vergangenheit ≠ die Gegenwart *le passé ≠ le présent*
- die Geschichte eines Landes symbolisieren *symboliser l'histoire d'un pays*

B1
- ein Land prägen *marquer un pays*
- die Gegenwart besser verstehen* *mieux comprendre le présent*

Comprendre les consignes

- Inwiefern kann man … als … bezeichnen? *Dans quelle mesure peut-on qualifier… de… ?*
- Worüber berichtet der Autor? *De quoi l'auteur rend-il compte ?*
- Wie ist die Stimmung? *Comment est l'ambiance ?*

Regierungsformen in Österreich

B1 früher unter der Monarchie
- der Kaiser (-); der König (-e) *l'empereur ; le roi*
- über ein Land herrschen *régner sur un pays*
- den Thron besteigen* *monter sur le trône*
- die Krönung *le couronnement*
- Gebiete verlieren* *perdre des territoires*
- aus vielen Völkern bestehen* *être composé de beaucoup de peuples*
- mehrsprachig sein *parler plusieurs langues*
- damals, früher *à l'époque, auparavant*

B1 heute in der Republik
- der Präsident, (-en); der Kanzler (-) *le président ; le chancelier*
- ein Land regieren *gouverner un pays*
- vom Volk gewählt werden* *être élu par le peuple*
- die Wahl (-en) *l'élection*
- ein kleines Land werden *devenir un petit pays*
- nicht mehr zu Österreich gehören *ne plus appartenir à l'Autriche*
- nur Deutsch sprechen* *parler seulement allemand*
- heute, heutzutage *aujourd'hui, de nos jours*

ÜBUNGEN

1 Retrouvez les mots composés et ajoutez un -s ou -es de liaison si nécessaire. Trouvez ensuite l'article défini correspondant.
- a. d… Thron-
- b. d… Land-
- c. d… Heirat-   -s
- d. d… Staat-   -es
- e. d… Vielvölker-
- f. d… Kaiser-
- g. d… Stamm-

-sprache
-bürger
-reich
-staat
-erbe
-baum
-politik

2 Associez à chaque définition le terme qui convient.
abdanken – Heiratspolitik – ins Exil gehen – Monarchie – übersiedeln – Vielvölkerstaat
- a. von einem Land in ein anderes ziehen
- b. ein Regierungssystem, in dem ein König an der Macht ist
- c. die Macht eines Landes durch Hochzeiten statt durch Krieg festigen
- d. sein Land verlassen müssen
- e. ein Land, in dem mehrere unterschiedliche Bevölkerungsgruppen leben
- f. auf das Herrscherrecht verzichten

3 Associez les éléments afin de former des groupes infinitifs cohérents.

über ein Land • • verschaffen
sich Respekt • • ausreisen
aus einem Land • • einreisen
ein Land • • ausüben
in ein Land • • herrschen
Macht • • regieren

4 Complétez le texte avec le bon terme.
Kaiser – Kaiserreich – Geschichte – Monarchie – Österreich – Republik – verließ

Stefan Zweig sah den letzten … von Österreich in einem Zug. Er … sein Land für immer. Er musste ausreisen, weil Österreich kein … mehr war. Die … war am 12. November 1918 ausgerufen worden. Damit begann ein neues Kapitel in der … des Landes. Nach 700 Jahren war nun die … zu Ende. Von da an durfte die Familie Habsburg viele Jahre nicht mehr in … leben.

> **Extra**
>
> **B1**
>
> **5** Das Schloss Schönbrunn in Wien war 200 Jahre einer der bedeutendsten Wohnsitze der Kaiserfamilie. Heute ist es die meist besichtigte Sehenswürdigkeit in Wien. Können Sie verstehen, warum viele Menschen sich für Schlösser begeistern? Diskutieren Sie in Kleingruppen darüber und notieren Sie die Argumente.

WORTBILDUNG

La nominalisation d'un verbe avec le suffixe -ung

Ce suffixe est très fréquent et le nom ainsi obtenu est toujours féminin.
jn retten → *die Rettung* (le sauvetage)
stammen → *die Abstammung* (l'origine)
von etw. handeln → *die Handlung* (l'action)
verstehen → *die Verständigung* (la communication)
ab/machen → *die Abmachung* (l'accord)

ÜBUNG

Formez un nom à partir du verbe donné puis traduisez-le en français.
- a. krönen → d… …
- b. verfolgen → d… …
- c. impfen → d… …
- d. erinnern → d… …
- e. sich entfernen → d… …
- f. erziehen → d… …
- g. ermorden → d… …
- h. regieren → d… …
- i. sich bewegen → d… …
- j. übersiedeln → d… …

TRAINING
GRAMMATIK

LERNTEMPODUETT → p. 19

❱ L'adjectif attribut et l'adjectif épithète → p. 155

→ PRÉCIS p. 215-217, 219

- L'adjectif **attribut employé avec un verbe d'état** (*sein, werden, bleiben, scheinen*) est toujours **invariable**.
  Maria Theresias Kinder waren glücklichØ.
- L'adjectif **épithète** est placé **avant le nom** et porte la **marque du cas**. L'adjectif porte la marque :
  – faible **-e** au singulier lorsqu'il est précédé de *der, die, das*
  → *der alte Kaiser, die mutige Kaiserin, das große Erbe*
  – **-en** dans les autres cas
  → *die vielen Kinder, vor dem großen Schloss*
- Lorsque le déterminant ne porte pas la marque du cas ou lorsqu'il n'y a pas de déterminant, la marque est portée par l'adjectif.
  → *ein historischer Augenblick, glückliche Kinder*

1. Complétez par la marque manquante si nécessaire.
a. Vor dem Erst… Weltkrieg war Österreich ein groß… Land mit viel… Nationalitäten.
b. Heute ist das Land klein…, aber vielseitig… .
c. Maria Theresia war die einzig… weiblich… Regentin.
d. Sie führte zahlreich… Reformen durch und war beim Volk beliebt… .
e. Sie interessierte sich für den medizinisch… Fortschritt und ließ arm… Kinder auf ihrem Schloss impfen.
f. Heute besichtigen viel… Touristen das elegant… Schloss mit seinen schön… möbliert… Innenräumen.

❱ La subordonnée relative → p. 155

→ PRÉCIS p. 216

- La proposition subordonnée relative est placée **après** le nom qu'elle complète, appelé **l'antécédent**.
- Elle est introduite par un pronom relatif. Le **pronom relatif** porte le **genre** et le **nombre** de l'antécédent.
- Le cas du pronom relatif dépend de la fonction qu'il occupe dans la proposition subordonnée ou de la préposition qui le précède.
  → *Das Gebiet, **das** früher Böhmen hieß, gehört heute zu Tschechien.*
  → *Der Tag, **an dem** der Kaiser sein Land verließ, war traurig.*
  → *Die Kinder, **denen** ich von früher erzähle, sind aufmerksam.*

❗ Dans la proposition subordonnée relative, le verbe conjugué est en dernière position.

	masculin	féminin	neutre	pluriel
nominatif (qui)	der	die	das	die
accusatif (que, qu')	den	die	das	die
datif (à qui, auquel)	dem	der	dem	denen

2. Transformez la deuxième phrase en proposition relative.
a. Maria Theresia war die Kaiserin. Die Österreicher nennen sie „die große Landesmutter".
b. Marie Antoinette war die Tochter von Maria Theresia. Marie Antoinette heiratete Ludwig XVI.
c. Sissi ist die Kaiserin. Über Sissi gibt es mehrere Filme.
d. Karl I. war der Kaiser. Karl I. musste 1919 sein Land verlassen.

3. Complétez les phrases par le pronom relatif qui convient.
a. In vielen Ländern gab es früher einen Monarchen, … heute viele bewundern.
b. Die Welt, in … unsere Großeltern aufgewachsen sind, war anders.
c. Das Attentat, … den Ersten Weltkrieg auslöste, fand in Sarajevo statt.
d. Maria Theresia hatte alle Attribute, … eine moderne Powerfrau ausmachen.

Projekt

Kaiser ohne Krone und ohne Land

- Lesen Sie das Interview und machen Sie sich Notizen zu Otto von Habsburgs Erinnerungen.
- Erklären Sie dann auf einem Blog, inwiefern Otto von Habsburgs Leben außergewöhnlich war.

Otto von Habsburg war der Sohn des letzten Kaiserpaares von Österreich (1912-2011).

Herr von Habsburg, es gibt ein berühmtes Bild von Ihnen, auf dem Sie als Vierjähriger an der Hand Ihrer Eltern, des Kaiserpaares, zu sehen sind, bei der Beerdigung[1] des toten Monarchen Franz Joseph vor 90 Jahren, am 30. November 1916. Erinnern Sie sich an diesen Tag?

OTTO VON HABSBURG: Ich erinnere mich daran, ja. Ich bin beeindruckt[2] gewesen, speziell weil ich der Kleinste in einer Menge von riesiggroßen Menschen war. Außerdem war der Tod des Kaisers etwas, was sich sehr in der Atmosphäre ausgewirkt hat. Wenn ein Ereignis die Erwachsenen sehr bewegt, so überträgt sich das auch auf ein Kind.

Nach dem Ersten Weltkrieg begann für Sie eine lange Zeit des Exils in der Schweiz, in Portugal, später in Belgien und den USA. Wo liegen Ihre Wurzeln?

OTTO VON HABSBURG: Meine Wurzeln sind speziell durch meine Jahre in Amerika gestärkt worden. Meine Wurzeln sind in Europa. Und dass ich innerhalb Europas aus innerer Sympathie mehr mit Mitteleuropa verbunden bin, ist auch verständlich.

Und Österreich?

OTTO VON HABSBURG: Österreich, ja. Und Ungarn, die Slowakei, Tschechien, Kroatien – ich war ja kroatischer Staatsbürger[3] bei meiner Geburt. Das habe ich nicht vergessen. Und ich habe auch heute wieder einen kroatischen Pass.

Otto von Habsburg mit seinem Urgroßonkel Franz Joseph I, Wien, 1914

Sie sind der Sohn eines Kaisers und sind erzogen worden, um eines Tages den Thron zu besteigen. Später haben Sie sich demokratisch in ein Parlament wählen lassen. Wann hat diese Wandlung[4] stattgefunden?

OTTO VON HABSBURG: Das kann ich Ihnen natürlich nicht genau sagen, denn das war eine lange Prozedur. Wissen Sie, das kam mit der Lebenspraxis. Schließlich war ich auch zwanzig Jahre CSU-Abgeordneter im Europäischen Parlament und war wirklich glücklich dort.

Nach Johannes HONSELL und Oliver DAS GUPTA, www.sueddeutsche.de, 30. 11. 2006

1. die Beerdigung *les obsèques* 2. beeindruckt *impressionné*
3. der Staatsbürger *le citoyen* 4. die Wandlung *le changement*

Stratégies

▷ **Exprimez-vous de manière précise en utilisant des subordonnées relatives**
- Otto von Habsburg war eine interessante Persönlichkeit, **die** ein außergewöhnliches Leben hatte.
- Bereits als Kind erlebte er Momente, **die** die Geschichte prägten.
- Er war jemand, **der** sich stark für Europa engagierte.

▷ **Reliez vos propos à l'aide d'adverbes**
- **de concession**
 – Die Familie lebte seit vielen Jahren im Exil. **Trotzdem** fühlen sich alle als Österreicher.
- **de cause**
 – Österreich war ein Vielvölkerstaat. **Deshalb** betrachten sich die meisten Einwohner als Europäer.

Fit für das Baccalauréat

Épreuve 1 — 2ᵉ trimestre de Première

Compréhension de l'oral

Wo liegen unsere Wurzeln?

- Hören Sie sich die Tonaufnahme dreimal an. Sie haben zwischen jedem Anhören eine Minute Zeit, um sich Notizen zu machen. Berichten Sie schriftlich auf Französisch über das Hördokument.

Stratégies

▷ **Comprendre les noms géographiques**
- Pour bien comprendre cet enregistrement, il est important que vous identifiiez les noms géographiques dont il est question.
  – les villes : *Prag, Wien* Prague, Vienne
  – les régions : *Böhmen, Mähren* la Bohême, la Moravie
  – les pays : *Ungarn* la Hongrie
  – les langues : *tschechisch* le tchèque

Expression écrite — Choisissez l'un des deux sujets.

1. Lesen Sie den Auszug aus einem Artikel über die Sprachen, die in Österreich gesprochen werden. Erklären Sie, wie es dazu gekommen ist. Finden Sie es positiv, in einem Land mehrere Sprachen zu sprechen? Begründen Sie Ihre Meinung.

SPRACHEN IN ÖSTERREICH

In Österreich spricht man Deutsch. Ja, aber nicht nur. Deutsch ist die am meisten gesprochene Sprache und ist in der Bundesverfassung[1] als Staatssprache festgelegt. Daneben gibt es aber noch andere Sprachen, wie Ungarisch, Tschechisch, Slowakisch, Kroatisch und Slowenisch, die auch teilweise in Österreich gesprochen werden. Ungarisch, Slowenisch und Kroatisch gelten in bestimmten Gemeinden Österreichs sogar als Amtssprachen. Das heißt, dass es bei Ämtern und öffentlichen Stellen[2] Informationen und Formulare in diesen Sprachen gibt.

1. die Bundesverfassung *la constitution fédérale* 2. Ämter und öffentliche Stellen *administrations et pouvoirs publics*

2. „Wer die Gegenwart verstehen und die Zukunft meistern will, muss die Geschichte seines Landes kennen."
Wie stehen Sie dazu? Begründen Sie Ihre Antwort.

Stratégies

▷ **Structurer sa production écrite**
- **Dans l'introduction**, présentez brièvement pourquoi autant de langues sont parlées dans l'Autriche actuelle.
  – *Vor dem Ersten Weltkrieg war das Land viel größer.*
  – *Früher gab es in Österreich …*
- **Le développement**
  → Donnez votre point de vue sur ce sujet.
  – *sich besser verstehen* mieux se comprendre
  – *die Anderen besser kennen* mieux connaître les autres
  – *andere Kulturen kennen lernen* faire connaissance avec d'autres cultures
  – *seinen Horizont erweitern* élargir son horizon
  → N'oubliez pas de justifier.
  – *in der Tat, tatsächlich* en effet
  – *nämlich* à savoir
  – *zum Beispiel, beispielsweise* par exemple
- **Concluez** en résumant votre réflexion et en posant éventuellement une nouvelle question.

▷ **Exprimer son opinion**
  – *Ich bin der Meinung / Ansicht, dass …* Je suis d'avis que…
  – *Meiner Meinung nach …* À mon avis…
  – *Aus meiner Sicht …* De mon point de vue…
  – *Ich habe den Eindruck, dass …* J'ai l'impression que…
  – *Mir scheint, dass …* Il me semble que…
  – *Ich finde, dass …* Je trouve que…
  – *Ich glaube / denke, dass …* Je crois / pense que…
  – *Ich bin mit (D) … (nicht) einverstanden.* Je (ne) suis (pas) d'accord avec…

Épreuve 2 — 3ᵉ trimestre de Première

TERRITOIRE ET MÉMOIRE

Compréhension de l'écrit

● Lesen Sie die beiden Artikel und machen Sie sich Notizen zu Otto von Habsburgs Biografie. Machen Sie dann eine Zusammenfassung in Ihren eigenen Worten und sagen Sie, was Sie an diesem Leben außergewöhnlich finden.

Text A — Kaisersohn, Abgeordneter und begeisterter Europäer

Er war nicht nur der älteste Sohn des letzten Kaisers von Österreich und Ungarn – sondern vor allem Europa-Parlamentarier: Otto von Habsburg ist im Jahr 2011 im Alter von 98 Jahren gestorben.

5 Europa kannte er wie kaum ein anderer – aus persönlicher wie aus politischer Erfahrung. Aufgrund seiner Familiengeschichte und des Schicksals[1] hatte Seine Kaiserliche Hoheit Erzherzog Otto von Habsburg – so der ihm nach alter Tradition zustehende Titel – in der Schweiz, in Portugal, Spanien, 10 den Vereinigten Staaten, in Belgien, Frankreich und Deutschland gelebt. Als Präsident der Paneuropa-Union[2] bereiste der älteste Sohn des letzten Kaisers von Österreich und Königs von Ungarn unermüdlich die Staaten Mittel- und Osteuropas. Dass viele von ihnen heute der EU angehören, betrachtete 15 Otto von Habsburg als Krönung seines Lebenswerks.

Am 20. November 1912 wurde er als Sohn des damaligen Erzherzogs Karl und seiner Frau Zita von Bourbon-Parma geboren. Infolge des Attentats von Sarajevo 1914 wurde Ottos Vater Thronfolger und übernahm nach dem Tod von Kaiser 20 Franz Joseph 1916 die Herrschaft über die Doppelmonarchie. Zwei Jahre später wurde die Republik Österreich ausgerufen.

Ottos Kindheitserinnerungen waren geprägt vom Ersten Weltkrieg und den Jahren im Exil. Karl I., Ottos Vater, starb im Alter von 36 Jahren im Jahr 1922. Von da an lebte Otto 25 mit seiner Mutter, Zita und seinen sieben Geschwistern in mehreren Ländern. In Spanien lernte er Ungarisch, Tschechisch, Deutsch und Kroatisch. Sein Abitur legte er nach österreichischem und ungarischem Lehrplan ab. An der Universität Löwen in Belgien studierte er Politik- und Sozial- 30 wissenschaften.

Nach Österreich durfte er zunächst nicht zurückkommen, da die Mitglieder des Hauses Habsburg ihre Rechte verloren hatten. Erst im Sommer 1966 erhielt Otto von Habsburg wieder einen österreichischen Reisepass.

35 1978 hatte er auch die deutsche Nationalität erhalten, da er seit 1954 mit seiner Frau sowie zwei Söhnen und fünf Töchtern in Bayern lebte. Er wurde Mitglied der CSU und Abgeordneter im Europa-Parlament in Straßburg.

Nach www.faz.net, 04. 07. 2011

[1]. das Schicksal *le destin* [2]. Die Paneuropa-Union wurde 1922 gegründet und möchte im Sinne des europäischen Föderalismus ein politisch und wirtschaftlich geeintes, demokratisches und friedliches Europa aufbauen.

Stratégies

▷ **Repérer les temps du passé et le passif**

● Pour comprendre un texte, il est indispensable de **comprendre ce qui se passe maintenant, ce qui s'est passé et ce qui se passera**.
→ Il faut donc bien maîtriser les temps. (→ Précis, p. 209-210).
→ N'oubliez pas non plus que dans tout texte, on retrouve un grand nombre de verbes irréguliers. Bien connaître les verbes irréguliers vous permettra de comprendre une part importante du message. (→ Précis, p. 221-222).

● **Le passif** (→ Précis, p. 213)
→ En allemand, le passif est beaucoup plus fréquent qu'en français. Il suffit de le repérer : il est formé de l'auxiliaire *werden* (conjugué à tous les temps) + participe II.
→ En français, on a généralement recours à « on » suivi d'une forme active pour exprimer le même message.
– Mehrere Länder wurden von einem Kaiser regiert.
– In der k. und k. Monarchie wurden viele Sprachen gesprochen.

Text B — Ein europäischer Gigant

Der Präsident des Europäischen Parlaments (von 2009 bis 2012), Jerzy Buzek, erklärte: „An diesem Morgen ist ein europäischer Gigant verschieden. Ich trauere um den Tod von Otto von Habsburg, um den Tod eines Freundes, um den Tod eines langjährigen Mitglieds des Europäischen Parlaments, um den Tod eines Großen der europäischen Integration." In den dunkelsten Stunden der Geschichte des europäischen Kontinents sei Otto von Habsburg ein Felsen[1] der Wahrheit und Menschlichkeit[2] gewesen. „Er widerstand dem Nationalsozialismus mit derselben Entschlossenheit[3], mit der er gegen die kommunistischen Regime des Ostblocks opponiert hat", so Buzek.

www.euractiv.de, 04. 07. 2011

[1]. der Felsen *le rocher* [2]. die Menschlichkeit *l'humanité*
[3]. die Entschlossenheit *la détermination*

> **Fit für das Baccalauréat**

... **Épreuve 2 (suite)**

Expression écrite **Choisissez l'un des deux sujets.**

1. „Über eine halbe Milliarde Europäer leben heute in Frieden und Freiheit – dank der EU. ‚Die Einheit Europas war ein Traum von wenigen. Sie wurde eine Hoffnung für viele. Sie ist heute eine Notwendigkeit für uns alle.', sagte der deutsche Bundeskanzler Konrad Adenauer bereits 1954."

Nach ec.europa.eu/austria/eu60/frieden_de

Inwiefern hat die Europäische Union das Leben in Europa verbessert? Schreiben Sie einen Artikel für die Schülerzeitung zu diesem Thema. Nennen Sie konkrete Beispiele.

Stratégies

▷ **Se servir de ses connaissances sur l'Europe**

Afin de vous aider à rassembler vos idées, vous pouvez classer les items suivants dans les catégories correspondantes.
Bildung – Politik – Wirtschaft – Gesellschaft

der Frieden – die Solidarität – die Kultur – Jugendprogramme – die Rivalität – die Toleranz – der Nationalismus – die gemeinsame Währung: der Euro – Schüler- und Studentenaustauschprogramme – die Vielfalt – Schengen – die Landesgrenzen – Erasmus – ein höherer Lebensstandard – die Sicherheit – die Europawahlen – die Niederlassungsfreiheit[1]

---
[1]. die Niederlassungsfreiheit *la liberté d'installation*

2. Die Jungen Europäischen Föderalisten setzen sich seit 1946 für ein demokratisches und geeintes Europa ein. Die Mitglieder sind sehr unterschiedlich. Es gibt zum Beispiel eine Studentin, die Europa entdecken und besser verstehen möchte, einen Landtagsabgeordneten, dem Europapolitik wichtig ist, eine Lehrerin, die Europa an der Schule vermitteln möchte, und einen Rentner, der den Krieg nicht vergessen hat …

Könnten Sie sich vorstellen, sich in dieser Gruppe zu engagieren? Warum? Warum nicht?

Stratégies

▷ **Utiliser le subjonctif II ou le présent pour exprimer son intention**

La question à laquelle vous allez répondre est au subjonctif II (→ Précis, p. 212).

C'est ce mode qui se prête le mieux à la rédaction de votre réponse. Mais si vous n'êtes pas sûr de bien maîtriser les formes du subjonctif II, vous pouvez recourir au présent de l'indicatif.

- **Exemples d'expressions avec le subjonctif II**
  – *Ich könnte mir vorstellen, … zu* + inf.
  – *Ich möchte …*
  – *Ich würde gern … +* inf.
  – *Es würde mir (keinen) Spaß machen, … zu* + inf.
  – *Ich würde es gut / toll / interessant finden, … zu* + inf.

- **Exemples d'expressions avec le présent de l'indicatif**
  – *Ich habe (nicht) vor, … zu* + inf.
  – *Ich habe (keine) Lust, … zu* + inf.
  – *Ich habe (nicht) die Absicht, … zu* + inf.
  – *Ich finde es gut / toll / interessant, … zu* + inf.

Épreuve 3

2ᵉ trimestre de Terminale

Zoom sur la partie orale

Expression orale

- Lesen Sie die beiden Zitate.
  Welches illustriert Ihrer Meinung nach am besten die Geschichte Österreichs?
  Begründen Sie Ihre Meinung.

A

> Wer die Vergangenheit nicht kennt, kann die Gegenwart nicht verstehen und die Zukunft nicht gestalten.
>
> Helmut Kohl

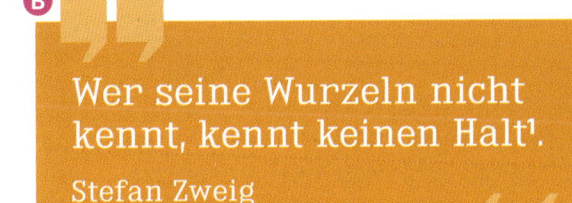

B

> Wer seine Wurzeln nicht kennt, kennt keinen Halt[1].
>
> Stefan Zweig

1. der Halt *l'équilibre*

▸ **Helmut Kohl (1930-2017)** war deutscher Bundeskanzler von 1982 bis 1998. Man nannte ihn den „Kanzler der Wiedervereinigung", da er 1989, im Jahr des Mauerfalls, die BRD regierte. Er erlebte das geteilte Deutschland und trug wesentlich zur Wiedervereinigung beider deutschen Staaten bei.

▸ **Stefan Zweig (1881-1942)** war einer der bedeutendsten Schriftsteller des 20. Jahrhunderts. Er wurde in Wien unter der Monarchie geboren, er erlebte den Ersten Weltkrieg, den Zusammenbruch der Monarchie, die Zwischenkriegsjahre und den Ausbruch des Zweiten Weltkriegs. Verzweifelt über den Untergang seiner Welt, nahm er sich 1942 in Brasilien das Leben.

Stratégies

▷ **Expressions utiles pour l'argumentation**

– *Einerseits … andererseits …*
  D'une part… d'autre part…
– *Zwar … aber …*   Certes… mais…
– *Während …*   Tandis que…
– *Es stimmt schon, dass …*   Il est vrai que…
– *Aber man darf nicht vergessen, dass …*
  Mais il ne faut pas oublier que…
– *Man darf nicht vergessen zu erwähnen, dass …*
  Il ne faut pas oublier de mentionner que…
– *Ich finde auch, dass …*   Je trouve aussi que…
– *Allerdings …*   Cependant…
– *Dazu / Hinzu kommt noch, dass …*
  À cela s'ajoute le fait…
– *Vor allem …*   Avant tout…
– *Ja, aber …*   Oui, mais…

▷ **Moduler son débit lors de sa présentation à l'oral**

Vous devez capter l'attention de votre interlocuteur en adoptant un débit naturel.
→ N'hésitez pas à faire une pause entre les différentes parties de votre exposé. Ces pauses permettront de marquer la structuration de votre propos et laisseront à votre interlocuteur la possibilité de la percevoir.
→ Ralentissez votre débit quand vous énoncez des informations que vous considérez comme importantes.
→ Pour être plus persuasif et rendre votre exposé plus vivant, regardez votre interlocuteur dont vous pouvez parfois solliciter l'accord tacite en ajoutant : *Nicht wahr?* N'est-ce pas ?

❗ Ne vous laissez pas déstabiliser si votre interlocuteur note des informations pendant votre exposé. Cela ne signifie pas qu'il note des fautes qui pénaliseront votre note. C'est au contraire plutôt bon signe. Il prend juste des notes pour se souvenir de ce que vous avez dit et pouvoir approfondir quelques points lors de l'expression en interaction.

→ N'oubliez pas de clore votre exposé par une phrase.
  – *Vielen Dank für Ihre Aufmerksamkeit.*   Merci de votre attention.
  …

Map labels

- Hochdeutsch: Brötchen
- Berlinerisch: Schrippe
- Fränkisch: Laabla
- Schwäbisch: Weck
- Bayerisch: Semmel

Bundesländer und Städte:
SCHLESWIG-HOLSTEIN · MECKLENBURG-VORPOMMERN · Hamburg · HAMBURG · BREMEN · Bremen · NIEDERSACHSEN · BRANDENBURG · BERLIN · Berlin · NORDRHEIN-WESTFALEN · SACHSEN-ANHALT · Köln · HESSEN · THÜRINGEN · Leipzig · SACHSEN · RHEINLAND-PFALZ · Frankfurt am Main · SAARLAND · BADEN-WÜRTTEMBERG · BAYERN · Stuttgart · München

SPRACHBOX

die Vielfalt Deutschlands
- die sprachliche Vielfalt *la diversité linguistique*
- der Unterschied (-e) *la différence*
- die Gemeinsamkeit (-en) *la similitude, le point commun*
- sich durch etw. (A) unterscheiden* *se distinguer par qc*
- mit etw. (D) vergleichen* *comparer à qc*
- gleich ≠ anders sein *être identique ≠ différent*
- verschieden *différent, divers*
- das Bundesland (¨er) *le land, l'État fédéré*
- der Stadtstaat (-en) *la ville-État*
- groß ≠ klein *grand ≠ petit*
- der Dialekt (-e) *le dialecte, la langue régionale*

→ p. 172

Kapitel 11

TERRITOIRE ET MÉMOIRE

Spuren der Geschichte

> **Inwiefern hat Geschichte das heutige Deutschland geprägt?**

- S'interroger sur l'importance de la connaissance de l'Histoire. (p. 168)
- Présenter les disparités régionales de son pays. (p. 170)
- Indiquer une date – Dire « quand », « lorsque ». (p. 168)
- Les noms géographiques. (p. 174)

Projekt

Donner son avis sur l'utilité d'un monument symbolisant la réunification des deux Allemagne. (p. 175)

BAC ÉPREUVES COMMUNES EN COURS D'ANNÉE

Épreuve 1

Die regionalen Unterschiede (p. 176)

Stratégies : Repérer les indications géographiques – Identifier les connecteurs – Comprendre les mots liés à l'histoire des deux Allemagne (p. 176)

Stratégies : Souligner la complexité du sujet – Dire que l'on est d'accord ou pas – Justifier son choix (p. 176)

Épreuve 2

Renate Ahrens, *Alles, was folgte* (p. 177)

Stratégie : Repérer les mots relatifs aux sentiments (p. 177)

Stratégie : Exprimer l'irréel (p. 178)

Épreuve 3

Stratégie : Se souvenir de, commémorer (p. 179)

Stratégie : Montrer l'importance de ces commémorations (p. 179)

Ein Staat, viele Gesichter

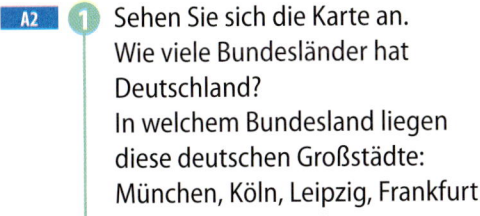

A2 ① Sehen Sie sich die Karte an. Wie viele Bundesländer hat Deutschland?
In welchem Bundesland liegen diese deutschen Großstädte: München, Köln, Leipzig, Frankfurt am Main, Stuttgart?
Was können Sie über Berlin, Hamburg und Bremen sagen?

B1 ② Vergleichen Sie die Bundesländer: Was fällt Ihnen auf? Wodurch unterscheiden sie sich?

Von der Geschichte geprägt

Sich fragen, wie wichtig es ist, Geschichte zu kennen

A ▶ Die Teile und das Ganze

A2 ① Schauen Sie sich die Karten an. Welche Legende passt zu welcher Karte?

Das geteilte Deutschland   Das Deutsche Reich   Das wiedervereinigte Deutschland

B1 ② Assoziieren Sie jede Karte mit einem der 3 Kurztexte und einem Datum.

1871   1949   1990

① Nach dem Zweiten Weltkrieg wurde Deutschland in zwei Staaten geteilt.

② Durch den Deutsch-Französischen Krieg bereitete[1] der spätere Reichskanzler Otto von Bismarck die deutsche Einheit[2] vor. Das Kaiserreich erstreckte sich[3] vom Elsass bis nach Ostpreußen.

1. vor/bereiten *préparer*   2. die Einheit *l'unité*   3. sich erstrecken *s'étendre*

③ Mit dem Beitritt[1] der DDR zur Bundesrepublik Deutschland kam es zur Wiedervereinigung der beiden deutschen Staaten.

1. der Beitritt *l'adhésion*

▶ SPRACHBOX

Indiquer une date
- 1871 / **Im Jahre** 1871 gründete Bismarck das Kaiserreich.
- **Am** 3. Oktober feiert man in Deutschland den Tag der Deutschen Einheit.
- **Im** Januar 1933 kam Hitler an die Macht.
- **Im** 19. Jahrhundert war Deutschland keine Nation.

Dire « quand », « lorsque »
- **Wenn** man nach Sachsen fährt, versteht man den Dialekt nicht immer.
- **Als** die Berliner Mauer gefallen ist, war er 17 Jahre alt.
- **Wann** hat Lisa ihren Sohn Wolfgang zum letzten Mal gesehen?

→ p. 174

KulturBOX

Der Föderalismus

Über Jahrhunderte war Deutschland ein Mosaik aus großen oder kleinen Fürstentümern[1] und Stadtstaaten. Erst zur Zeit des Nationalsozialismus (1933-1945) wurde mit der föderalen Tradition gebrochen[2]. Die Naziregierung in Berlin hatte die ganze Macht.
Nach dem Zweiten Weltkrieg wollten die Alliierten (die USA, Großbritannien, Frankreich, die Sowjetunion) diese Machtkonzentration verhindern[3] und beschlossen die Wiederherstellung[4] der Länder.
Seit der Wiedervereinigung 1990 besteht Deutschland aus 16 Bundesländern. Jedes Bundesland hat eine eigene Regierung und eigene Kompetenzen (Bildung und Kultur, innere Sicherheit …).

1. das Fürstentum (¨-er) *la principauté*   2. mit etw. (D) brechen* *rompre avec qc*   3. verhindern *empêcher*   4. die Wiederherstellung ; wieder her/stellen *la restauration ; rétablir*

TERRITOIRE ET MÉMOIRE

B) Die Teilung Deutschlands

VIDEO

A2-B1

1 **PARTNER A** sieht sich das Video an und antwortet auf folgende Fragen:
– Wann wurde die Berliner Mauer gebaut? Warum?
– Was waren die Konsequenzen für Berlin und Deutschland?
– Wie reagierten die Berliner?
– Was passierte, wenn man versuchte, nach West-Berlin zu fliehen?

PARTNER B liest den Text und antwortet auf folgende Fragen:
– Warum flohen viele Menschen aus der DDR?
– Welche Folgen hatte der Bau der Berliner Mauer für Lisa?

2 Jeder Partner präsentiert dem anderen seine Arbeit. Der Zuhörer macht sich Notizen und fasst dann mündlich zusammen.

3 Vor der Klasse präsentieren zwei Schüler ihr Dokument (oder das des Partners).

Stacheldraht spannen *tendre des fils de fer barbelés*
eingesperrt werden *être emprisonné*
Panzer an die Grenze schicken *envoyer des chars d'assaut à la frontière*
hindern *empêcher*
schießen* *tirer (avec une arme à feu)*

SPRACHBOX

die Teilung Deutschlands
- etw. teilen; die Teilung *diviser qc ; la division*
- etw. trennen; die Trennung *séparer qc ; la séparation*
- der Westen; der Osten *l'Ouest ; l'Est*
- zu etw. (D) gehören *faire partie de qc*
- fliehen*; die Flucht *s'enfuir ; la fuite*
- eine Mauer bauen *construire un mur*
- der Bau der Berliner Mauer *la construction du mur de Berlin*
- jn erschießen* *abattre, tuer qn*
- jn fest/nehmen* *arrêter qn*

Einflüsse
- der Einfluss (¨e) *l'influence*
- jn / etw. beeinflussen *influencer qn / qc*
- prägen *marquer, influencer*
- die Prägung *la marque, l'empreinte*
- zu etw. (D) bei/tragen* *contribuer à qc*

→ p. 172

Lisa hat zwei Söhne, Wolfgang und Klaus. Wolfgang lebt in Ost-Berlin und Klaus in West-Berlin. Die Handlung spielt kurz nach dem Bau der Berliner Mauer.

Lisa war schon über sechzig Jahre alt, da erlebte sie wieder etwas Schlimmes: Dem anderen deutschen Staat waren zu viele Menschen weggelaufen[1]. Die einen, weil es den Leuten im Westen besser ging, die anderen, weil sie endlich mal laut sagen
5 wollten, was sie dachten. Damit niemand mehr weglaufen konnte, ließ die DDR-Regierung eine Mauer bauen. Mitten durch die Stadt. Versuchte[2] es trotzdem einer, wurde auf ihn geschossen[3]. Nur wer sehr viel Glück hatte, konnte jetzt noch fliehen. Viele aber hatten kein Glück. Sie wurden an der Mauer erschossen oder gefangen
10 genommen[4] und eingesperrt[5]. Für Lisa bedeutete das, dass ihr Wolfgang sie nicht mehr besuchen konnte. Und sie durfte nicht zu ihm. Nur noch telefonieren konnten sie miteinander. Und Briefe schreiben.

Klaus Kordon, *Die Lisa*, 2015

1. weg/laufen* *partir, s'enfuir* 2. versuchen *essayer, tenter* ; versuchte es trotzdem einer = wenn einer es trotzdem versuchte 3. auf jn schießen* *tirer sur qn* 4. gefangen nehmen* *arrêter, faire prisonnier*
5. ein/sperren *incarcérer*

Nun sind Sie dran !!

Einige deutsche Lehrer meinen, dass deutsche Schüler und Schülerinnen mehr über die Teilungsgeschichte Deutschlands wissen sollten. Was ist Ihre Meinung?
Ist es wichtig, die Geschichte seines Landes zu kennen? Warum? Diskutieren Sie zu zweit darüber.

2 Projekt

Die regionalen Unterschiede seines Landes vorstellen

Regionale Unterschiede heute

A) Ost-West war gestern

A2-B1 Jugendliche aus ganz Deutschland haben auf diese Frage geantwortet:
„Spielt es für dich eine Rolle, ob ein Mensch aus Ost- oder Westdeutschland kommt?"
Hören Sie sich ihre Antworten an und fassen Sie sie kurz zusammen.

B) Gibt es immer noch eine „Mauer in den Köpfen"?

A2 1. Stellen Sie die beiden Schülerinnen vor, die an diesem Austausch teilgenommen haben, und beschreiben Sie ihre Eindrücke.

B1 2. Warum werden so lange nach dem Mauerfall immer noch Schüleraustausche zwischen Ost- und Westdeutschland organisiert?

3. Was stellt der Schulleiter fest?

Nach dem Mauerfall gab es viele Bemühungen[1], Menschen aus Ost- und Westdeutschland zusammenzuführen: Städte gründeten Partnerschaften, Schulklassen besuchten sich gegenseitig. Einzelne Schulen im Osten und Westen haben über die Jahre nicht aufgehört, sich gegenseitig zu besuchen.

Die 15-jährige Hannah aus Sachsen hat den Austausch vor drei Jahren mitgemacht. Sie will ihre Gastfamilie in Rheinberg in Nordrhein-Westfalen wieder
5 besuchen. „Sie waren alle sehr nett." Die Austauschwoche war Hannahs erster Besuch in Westdeutschland. „Es war lustig, wie hochdeutsch[2] sie dort geredet haben", erzählt sie. „Und es gab auch
10 Gulasch!"

Vera, 14, aus Rheinberg fuhr im selben Jahr nach Sachsen. „Der Dialekt war manchmal schwer zu verstehen", erinnert sie sich. Aber es war sehr interessant
15 zu hören, wie Menschen dort die DDR und die Wiedervereinigung erlebt hatten. Und eigentlich war der Alltag in ihrer Gastfamilie auch nicht anders als zu Hause.

20 Vera und Hannah sagen, sie sind ohne Vorurteile[3] nach Sachsen und nach Nordrhein-Westfalen gefahren. „Doch viele Jugendliche im Westen haben immer noch eine abwertende[4] Haltung gegen-
25 über[5] dem Osten", sagt Klaus Schroeder, Historiker an der Freien Universität Berlin. Es ist für ihn auch erschreckend, wie wenig Schüler und Studenten über die deutsche Teilungsgeschichte wissen.
30 Vorurteile und Unwissen kennt auch Lehrerin Ilka Schuchardt vom Elisabeth-Gymnasium in Halle, die einen jährlichen Austausch ihrer Zehntklässler mit dem Robert-Bosch-Gymnasium bei Stuttgart
35 organisiert. „Einige Gastschüler waren überrascht, als sie die schöne Altstadt von Halle gesehen haben. Sie dachten offenbar, in Halle sei alles grau", sagt Schuchardt.

Hannah mit Mitschülerinnen am Lessing-Gymnasium

40 „Das Austauschprogramm könnte ebenso gut mit einer Schule in einem anderen Bundesland stattfinden", sagt Schulleiter Michael Mingenbach. Auch zwischen Jugendlichen im Norden und Süden
45 Deutschlands oder in der Stadt und auf dem Land herrscht eine andere Lebenswirklichkeit. „Man kann immer etwas lernen, wenn man sich woanders hinbewegt."

Heike KLOVERT, Julia KÖPPE,
www.spiegel.de, 16. 01. 2018

---

1. die Bemühung *l'effort* **2.** hochdeutsch reden *parler l'allemand standard* **3.** das Vorurteil (-e) *le préjugé* **4.** abwertend *méprisant* **5.** die Haltung gegenüber jm / etw. (D) *l'attitude vis-à-vis de qn / qc*

170 KAPITEL 11 • SPUREN DER GESCHICHTE

C) Nord-Süd statt Ost-West?

B1
1. Was wurde bei dieser Studie verglichen?
2. Was charakterisiert Süddeutschland? Und Ostdeutschland?
3. Und Sie? Was mögen Sie an Ihrer Stadt / Region besonders? Was mögen Sie nicht, was fehlt Ihnen? Berichten Sie darüber.

Andreas Steppberger, der Oberbürgermeister der bayerischen Stadt Eichstätt, kennt ein Problem nicht: Arbeitslosigkeit. In seiner Stadt herrscht fast Vollbeschäftigung. Eichstätt hat bundesweit die niedrigste Arbeitslosenquote. Damit landet es bei
5 diesem Punkt auf Platz eins bei der großen Deutschland-Studie, die das Wirtschaftsforschungsinstitut Prognos exklusiv für das ZDF gemacht hat.
Eichstätt ist keine Ausnahme[1]. Dank der starken Wirtschaft in vielen Regionen Süddeutschlands befinden sich alleine 73
10 Städte und Landkreise[2] aus den beiden Bundesländern Bayern und Baden-Württemberg unter den Top 100. Die Deutschland-Studie vergleicht aber nicht nur Wirtschaftskriterien, sondern auch Faktoren in den Bereichen Gesundheit und Sicherheit sowie Freizeit und Kultur.
15 Die Kluft zwischen dem Norden und dem Süden der Republik wird immer größer. Die Unterschiede zwischen Ost und West nehmen dagegen ab[3]. Ostdeutschland schneidet vor allem im Bereich „Freizeit & Kultur" sehr gut ab[4] – allen voran die Küstenregionen[5]. Hier spielt der Tourismus eine große Rolle. Au-
20 ßerdem punktet der Osten bei den Themen Gleichberechtigung und Kinderbetreuung. Alles Relikte aus der DDR-Zeit, sagt der Historiker Stefan Wolle. „Diese Selbstverständlichkeit[6] der berufstätigen Frau hat den DDR-Alltag sehr, sehr geprägt[7]."

www.zdf.de, 22. 05. 2018

1. die Ausnahme *l'exception* 2. der Landkreis (-e) *la circonscription* 3. ab/nehmen* *diminuer* 4. ab/schneiden* *s'en sortir* 5. die Küstenregionen *les régions côtières* 6. die Selbstverständlichkeit *l'évidence* 7. etw./ jn prägen *marquer qc / qn*

SPRACHBOX

Wie wichtig?
- wichtig *important*
- zu den bedeutendsten Ereignissen des 20. Jahrhunderts zählen *compter parmi les événements les plus significatifs du XXᵉ siècle*
- eine (große) Rolle ≠ (gar) keine Rolle spielen *jouer un (grand) rôle ≠ ne jouer (absolument) aucun rôle*
- auf etw. (A) Wert legen *attacher de l'importance à qc*
- als (besonders) wichtig betrachten *considérer comme (particulièrement) important*
- Ich habe damit nichts am Hut. *Je n'attache aucune importance à cela.*

Wirtschaftsfaktoren
- die Wirtschaft *l'économie*
- stark ≠ schwach *fort ≠ faible*
- die Kluft *le fossé*
- arbeitslos sein; die Arbeitslosigkeit *être au chômage ; le chômage*
- jn beschäftigen; die Vollbeschäftigung *employer qn ; le plein emploi*
- der Bereich (-e) *le domaine*
- die Gesundheit *la santé*
- berufstätig sein; die Berufstätigkeit *avoir une activité professionnelle ; l'activité professionnelle*
- gleichberechtigt sein; die Gleichberechtigung *avoir les mêmes droits ; l'égalité des droits*

→ p. 172

Nun sind Sie dran!!

Hannah aus Sachsen (Dokument B) hat in einem Forum geschrieben, dass sie gern mehr über regionale Unterschiede aus anderen Ländern als nur Deutschland erfahren möchte.

Schreiben Sie ihr eine kurze Antwort, in der Sie ihr über die Situation in Frankreich oder in einem anderen Staat, den Sie gut kennen, berichten.

TRAINING
WORTSCHATZ

Spuren der Geschichte

die Vielfalt Deutschlands

A2-B1
- gleich ≠ anders sein
  être identique, pareil ≠ différent
- die Vielfalt la diversité
- die Gemeinsamkeit (-en)
  la similitude, le point commun
- der Unterschied (-e) la différence
- sich durch etw. (A) unterscheiden*
  se distinguer par qc
- verschieden différent, divers
- mit etw. (D) vergleichen* comparer à qc
- die Kluft le fossé, l'abîme

Föderalismus und regionale Unterschiede in Deutschland

A2
- die Bundesrepublik Deutschland
  la République fédérale d'Allemagne
- der Osten l'Est
- der Westen l'Ouest
- der Norden le Nord
- der Süden le Sud

A2-B1
- das Bundesland (-¨er) le Land
- föderal; der Föderalismus
  fédéral ; le fédéralisme
- der Staat (-en) l'État
- der Stadtstaat (-en) la ville-État
- die Regierung (-en) le gouvernement
- der Kanzler; die Kanzlerin le chancelier ; la chancelière
- der Dialekt (-e) le dialecte

die jüngste Geschichte Deutschlands

A2
- der Erste Weltkrieg la Première Guerre mondiale
- der Zweite Weltkrieg la Seconde Guerre mondiale
- die BRD (Bundesrepublik Deutschland)
  la RFA, l'Allemagne de l'Ouest
- die DDR (Deutsche Demokratische Republik)
  la RDA, l'Allemagne de l'Est

A2-B1
- das Deutsche Kaiserreich l'Empire allemand
- einigen; die Einigung unifier ; l'unification
- etw. gründen; die Gründung fonder qc ; la création, la fondation
- etw. teilen; die Teilung diviser qc ; la division
- etw. trennen; die Trennung séparer qc ; la séparation
- etw. versuchen; der Versuch tenter, essayer qc ; la tentative
- fliehen*; die Flucht s'enfuir ; la fuite
- eine Mauer bauen construire un mur
- der Bau ≠ der Fall der Berliner Mauer
  la construction ≠ la chute du Mur de Berlin
- jn erschießen* abattre, tuer qn par balle
- jn ein/sperren incarcérer, emprisonner qn
- jn fest/nehmen* arrêter qn
- die Wende le « tournant », le processus de changement social et politique en RDA qui a conduit à la réunification
- vereinigen; die Wiedervereinigung réunir ; la Réunification
- die deutsche Einheit l'unité allemande
- beeinflussen; der Einfluss (¨-e) influencer ; l'influence
- prägen; die Prägung marquer ; la marque, l'empreinte

wirtschaftliche Aspekte

A2
- wirtschaftlich; die Wirtschaft économique ; l'économie
- stark ≠ schwach fort ≠ faible
- in der Stadt leben ≠ auf dem Land leben
  vivre à la ville ≠ vivre à la campagne

A2-B1
- arbeitslos sein; die Arbeitslosigkeit
  être au chômage ; le chômage
- jn beschäftigen; die Vollbeschäftigung
  employer qn ; le plein emploi
- berufstätig sein; die Berufstätigkeit
  avoir une activité professionnelle ; l'activité professionnelle
- gleichberechtigt sein; die Gleichberechtigung
  avoir les mêmes droits ; l'égalité des droits

Comprendre les consignes

- Fassen Sie kurz zusammen. Faites un résumé.
- Vergleichen Sie … mit … Comparez… à…
- Was stellt der Historiker fest? Que constate l'historien ?

ÜBUNGEN

1 Indiquez l'article des noms ci-dessous.
a. d… Bundesland   c. d… Stadt   e. d… Mauer
b. d… Föderalismus   d. d… Staat   f. d… Teilung

2 Associez chaque mot à son contraire.
- der Teil • • vereinigt
- groß • • schwach
- gleich • • berufstätig
- arbeitslos • • anders
- wenig • • klein
- stark • • viel
- getrennt • • das Ganze

3 Retrouvez les mots composés et indiquez leur article.

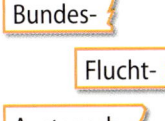

Bundes-   -fall
Flucht-   -programm
Austausch-   -tätigkeit
Mauer-   -versuch
Berufs-   -land

4 Retrouvez les noms qui correspondent aux verbes suivants et donnez leur traduction en français.
a. fliehen → die …   d. bauen → der …
b. teilen → die …   e. vergleichen → der …
c. versuchen → der …

5 Dites, pour les régions suivantes, si elles se situent au Nord, au Sud, à l'Est ou à l'Ouest. Prenez exemple sur le modèle.
Mecklenburg-Vorpommern → Mecklenburg-Vorpommern ist ein Bundesland, das im Norden Deutschlands liegt.
a. Bayern   c. Rheinland-Pfalz
b. Sachsen   d. Schleswig-Holstein

6 Complétez le texte avec les éléments suivants.
Bau – Entscheidung – getrennt – Kluft – Regierung – Unterschiede – Westen
Nach dem … der Berliner Mauer konnte Lisa ihren Sohn nicht mehr sehen. Die DDR-… wollte nämlich verhindern, dass die Leute in den … fliehen. Diese … hatte schwere Folgen für die Leute. Viele Familien wurden nämlich …. Heute gibt es aber fast keine … mehr zwischen dem Osten und dem Westen. Dagegen spricht man von einer … zwischen dem Norden und dem Süden.

Extra

7 Sprachmittlung

Lesen Sie diesen Kurzartikel und fassen Sie ihn auf Französisch zusammen (etwa 4 Sätze).

Wer heute jung ist, hat das letzte Kapitel der DDR nicht miterlebt. Heutige 16- bis 29-Jährige wurden in einer Zeit geboren, wo die meisten immer sagen konnten, was sie sagen wollten. Sie konnten kaufen, was sie brauchten, und waren frei genug, alle Länder zu bereisen, die sie interessierten. Ihre Eltern waren aber stark von der deutschen Teilung geprägt. Beeinflusst diese Jugend das Ost-West-Denken überhaupt noch?
Die gute Nachricht ist: Die Kinder der Wiedervereinigung erkennen mehr Gemeinsamkeiten als Unterschiede zwischen Ost und West. Die Jugendlichen verbindet demnach mehr, als sie trennt. Denkweisen und politische Meinungen werden von den meisten als gleich empfunden, auffällig[1] sind für sie vielmehr die niedrigeren Löhne[2] im Osten.

Carola Padtberg, www.spiegel.de

1. auffällig *remarquable ; ici, différent*
2. die niedrigeren Löhne *les salaires plus bas*

WORTBILDUNG

Les noms de nationalité

Les noms des habitants d'un pays ou d'une région sont :

a. des masculins terminés par **-er** :
→ der Österreich**er**, der Schweiz**er**, der Amerikan**er**

b. des masculins dits faibles terminés par **-e** qui prennent un **-n** ou **-en** sauf au nominatif :
→ der Pole, der Brite, der Franzose, der Sachse

c. au féminin, on **ajoute le suffixe -in** :
→ die Österreicher**in**, die Französ**in**, die Pol**in**.

d. pour indiquer la nationalité allemande, on utilise un **adjectif substantivé** :
– masculin → *der Deutsche, einØ Deutscher*
– féminin → *die Deutsche, eine Deutsche*
– pluriel → *die Deutschen, Deutsche*

ÜBUNG

Complétez par le nom de nationalité qui convient.
a. Er hat einen deutschen Pass. Er ist ein …
b. Sie hat einen österreichischen Pass. Sie ist eine …
c. Sie haben einen amerikanischen Pass. Sie sind …
d. Du hast einen polnischen Pass. Du bist …
e. Ihr habt einen schweizerischen Pass. Ihr seid …
f. Du hast einen französischen Pass. Du bist …

TRAINING
GRAMMATIK

LERNTEMPODUETT → p. 19

❱ Situer dans le temps → p. 168 → PRÉCIS p. 218

- Pour situer un événement dans le temps, on peut utiliser un groupe prépositionnel qui répond à la question **wann?**
- La préposition diffère selon que l'on indique :
  – le jour ou le moment de la journée :
  am 9. November 1989, am Abend, am Sonntag
  – le mois : *im Oktober*
  – le siècle : *im 20. (zwanzigsten) Jahrhundert*
  – l'année : *im Jahre 1961* ou *1961*
  On peut faire précéder l'année de « *im Jahre* » ou l'indiquer sans utiliser aucune préposition. Sous l'influence de l'anglais, il est aussi possible d'utiliser la préposition « *in* ».
- Pour marquer une antériorité ou une postériorité, on utilise les prépositions *vor* (avant) et *nach* (après) qui sont suivies du datif :
  Vor der Wiedervereinigung. Nach dem Fall der Berliner Mauer.

❗ *vor* signifie également « il y a » : *vor zwei Jahren*

1 Complétez les phrases par *am, in, im, im Jahre, vor*.
Sofia wird bald 16 Jahre alt. … 14. März feiert sie ihren Geburtstag mit Freundinnen. … einem Monat … Februar feierte ihre beste Freundin auch ihren Geburtstag. Sie wurde auch … 2003 geboren. … Oktober feiert ihre Schwester Paula ihren 14. Geburtstag.

2 Faites précéder ces indications temporelles de la préposition qui convient, si nécessaire, et lisez-les ensuite à haute voix. (→ p. 220)
a. … Mai 1945 b. … 9. November
c. … 19. Jahrhundert d. … 3. Tag e. … 2020

❱ Dire « quand », « lorsque » → p. 168 → PRÉCIS p. 218

Als et *wenn* sont des conjonctions de subordination.
- *Als* est utilisé pour un fait <u>unique dans le passé</u> :
  Als die Mauer gefallen ist, war ich 15.
- *Wenn* est utilisé dans les autres cas :
  Wenn ich älter bin (une action future), *will ich auf dem Land leben.*
  Wenn er nach Ostberlin fahren wollte (action qui s'est répétée dans le passé), *brauchte er eine Sondererlaubnis.*

- *Wann* est un pronom interrogatif.
Il peut introduire une interrogative directe :
Wann kommst du?
ou indirecte :
Ich weiß nicht, wann ich in Berlin ankomme.

3 Complétez par *als, wenn* ou *wann*.
a. „… ich letztes Jahr in Leipzig war, verstand ich den Dialekt nicht. … ich nach Hamburg fahre, kann ich die Leute besser verstehen."
b. … die Berliner Mauer gefallen ist, war Heike 17 Jahre alt.
c. „… fährst du wieder nach Köln?"
d. Hannah weiß noch nicht, … sie ihre Gastfamilie wiedersehen kann. Aber sie freut sich jedes Mal, … sie sich auf Skype treffen.

4 Reliez les deux phrases par *als* ou *wenn*.
a. Jörg war 4 Jahre alt. Seine Eltern zogen nach Graz.
b. Die Berliner Mauer wurde gebaut. Viele Familien wurden getrennt.
c. Jedes Jahr fuhren wir im Sommer nach Bayern. Ich liebte es, stundenlang mit einem Boot auf dem Starnberger See zu rudern.
d. Lukas fährt nach Köln. Er besucht immer seine Tante.

❱ Les noms géographiques → PRÉCIS p. 214

- La plupart des noms de pays et de régions ne prennent pas d'article en allemand : *Deutschland, Frankreich, Österreich, Bayern, Großbritannien, Nordrhein-Westfalen, Sachsen…*
- Ils sont du genre neutre. Quand ils sont déterminés par un adjectif ou un complément, ils sont précédés de l'article *das* :
  das wiedervereinigte Deutschland, das Berlin der Nachkriegszeit

❗ Il existe quelques rares exceptions : *die Schweiz, die Türkei, die Slowakei, die Niederlande, die USA = die Vereinigten Staaten…*

5 Complétez, si nécessaire, par l'article qui convient.
a. Er arbeitet seit zwei Jahren in … Österreich.
b. … schöne Wien ist Österreichs Hauptstadt.
c. Seine Heimat ist … Türkei.
d. Er ist vor zwanzig Jahren in … Bundesrepublik Deutschland gekommen.
e. Seine Schwester studiert jetzt in … Schweiz in … Zürich.

Projekt

TERRITOIRE ET MÉMOIRE

Ein Denkmal für die deutsche Einheit

B1

Ihr deutscher Austauschpartner / Ihre deutsche Austauschpartnerin hat Ihnen das Interview mit dem Architekten des Denkmals für die deutsche Einheit gemailt, weil er / sie für die Schülerzeitung Reaktionen von deutschen und ausländischen Jugendlichen auf dieses Denkmal braucht. Er / Sie bittet Sie, einen persönlichen Beitrag zu schreiben.

● **Vorbereitung Ihres Beitrags**
– Fassen Sie zu zweit das Interview kurz zusammen.
– Äußern Sie Ihren Standpunkt: Ist es wichtig, dass man mit einem Denkmal an den Tag der Deutschen Einheit erinnert? Begründen Sie Ihre Meinung. Sie können auch Vergleiche mit Frankreich anstellen.

● **Verfassen des Beitrags**
Ihren Beitrag können Sie in drei Teile gliedern:
– kurze Präsentation Ihrer Schule,
– die für Sie interessantesten und wichtigsten Informationen aus dem Interview,
– Ihre persönlichen Eindrücke und eigenen Reaktionen.

INTERVIEW MIT Sebastian LETZ

Warum stellen Sie die deutsche Einheit als Wippe[1] oder Schaukel[1] dar, die sich nach rechts oder links neigen kann, je nach dem, wie sich die Menschen aufstellen?

Das Freiheits- und Einheitsdenkmal erinnert sowohl an die friedliche Revolution von 1989 als auch an die deutsche Wiedervereinigung 1990. Im Zentrum des Denkmals befindet sich eine große, leicht gewölbte Plattform. Diese kann von den Besuchern bewegt[2] werden, wenn sie sich verständigen[3] und gemeinsam in eine Richtung gehen. [...]

Was symbolisiert die Waage?

Sie erinnert uns an die große Kraft, die gemeinsames Handeln entfalten[4] kann – bis hin zur Überwindung[5] von Mauern und Grenzen.

Wie denken Sie über Einheit?

Ich denke erst einmal an Freiheit. Es ist ein ganz wichtiges Momentum gewesen, dass die sozialistische Diktatur der DDR von innen heraus gestürzt[6] worden ist. Das waren Bürger, die mutig genug waren, gemeinsam gegen das Regime auf die Straße zu gehen und so diese epochale Wende einzuleiten. Besonders ist, wie friedlich[7] alles abgelaufen ist. Diese friedliche Revolution war ein einzigartiges und freudiges Ereignis – eines der wichtigsten der deutschen und europäischen Geschichte.

Was hat das mit Ihrem Denkmalkonzept zu tun?

An Freiheit und Einheit muss man immer arbeiten. Dieser Prozess ist niemals fertig. So ist es auch bei der deutschen Einheit. In den Köpfen der Menschen entstehen ja auch immer wieder neue Mauern. Deswegen ist es umso wichtiger, dass das Einheitsdenkmal auf Verständigung basiert. Menschen müssen sich verständigen, gemeinsam auf eine Seite der Schale zu gehen, damit sich diese bewegt.

FOCUS 19/17, 06. 05. 2017

---

1. die Wippe = die Schaukel *la balançoire* **2.** bewegen *faire bouger* **3.** sich verständigen *s'entendre* **4.** eine Kraft entfalten *ici, libérer une force* **5.** die Überwindung *le fait de surmonter* **6.** stürzen *faire tomber, destituer* **7.** friedlich *pacifiquement*

Stratégies

▷ **Rendre compte des informations essentielles**

– *Uns erscheint es als wichtig, dass ...*
  Il nous semble important que...
– *Wir halten es für sehr wichtig, dass ...*
  Nous considérons comme très important le fait que...
– *In unseren Augen spielt es schon eine große Rolle, dass ...*
  À nos yeux, il est vraiment fondamental que...
– *Wir betrachten es dagegen als nicht so wichtig, dass ...*
  En revanche, nous ne considérons pas qu'il est très important que...

▷ **Réagir aux propos de l'architecte**

– *Wir teilen die Meinung des Architekten.*
  Nous partageons l'opinion de l'architecte.
– *Wir sind der Meinung, dass ein solches Denkmal heutzutage 30 Jahre nach der Wiedervereinigung überflüssig ist.*
  Nous sommes d'avis qu'un tel monument aujourd'hui, 30 ans après la réunification, est superflu.
– *Für viele Deutsche spielen die Ost-West-Unterschiede gar keine Rolle mehr.* Pour beaucoup d'Allemands, les différences entre l'Est et l'Ouest ne jouent vraiment plus aucun rôle.

Fit für das Baccalauréat

Épreuve 1 — 2ᵉ trimestre de Première

Compréhension de l'oral

Die regionalen Unterschiede

● Hören Sie sich die Tonaufnahme dreimal an. Sie haben zwischen jedem Anhören eine Minute Zeit, um sich Notizen zu machen. Berichten Sie schriftlich auf Französisch über das Hördokument.

Stratégies

▷ **Repérer les indications géographiques**
der Osten l'Est   *der Westen* l'Ouest
Plusieurs villes sont citées, il est nécessaire de savoir les situer :
– à l'Est *(Rostock, Leipzig)*,
– à l'Ouest *(Stuttgart, Köln)*.

▷ **Identifier les connecteurs indiquant une opposition**
– *zwar … aber* certes… mais
– *das heißt* c'est-à-dire
– *nicht deshalb* ce n'est pas pour cette raison

▷ **Comprendre les mots liés à l'histoire des deux Allemagne**
→ *die Wende* le tournant
  désigne la période de changement social et politique juste après la chute du Mur.
→ *die Mauer in den Köpfen* le mur dans les têtes
  Expression utilisée pour désigner les différences entre les deux Allemagne qui persistent dans l'esprit des Allemands après la chute du Mur.

Expression écrite — Choisissez l'un des deux sujets.

1. Teilen Ihrer Meinung nach alle Deutschen dieselbe Geschichte? Begründen Sie Ihre Antwort mit einigen Beispielen.

2. Lesen Sie folgende Kommentare deutscher Schüler zum Thema „Warum lernen wir Geschichte? Ist die Zukunft nicht wichtiger?" Wem würden Sie gern antworten? In Ihrer Antwort sollen Sie sagen, ob Sie den vertretenen Standpunkt teilen oder nicht und warum. Dann äußern Sie Ihre eigene Meinung und schreiben, warum Geschichte für Sie ein wichtiges oder nicht so wichtiges Schulfach ist.

> **Carola**: Geschichte interessiert mich nicht, weil das sowieso passiert ist und man nichts ändern kann. Ich möchte lieber an die Zukunft denken.

> **Boran**: Ich kenne mich gut in Geschichte aus. Ich finde es interessant zu verstehen, warum das oder das passiert ist, und auch, wie es passiert ist.

> **Katja**: Ich gucke gern Reportagen über Geschichte im Fernsehen. Und ich mag auch historische Filme. Ich finde das interessanter und lebendiger als die Bücher oder den Unterricht, ich lerne mehr dadurch.

Stratégies

▷ **Souligner la complexité du sujet**
Pour répondre à la question posée dans le sujet **1**, vous n'allez pas pouvoir faire une réponse globale, car l'histoire vécue par les Allemands dépend d'un certain nombre de facteurs. Pour exprimer cette relativité, vous avez à votre disposition un certain nombre d'expressions :
– *Die Frage ist nicht leicht zu beantworten.*
  Il n'est pas simple de répondre à cette question.
– *Es kommt darauf an, ob … / Es hängt davon ab, ob …*
  Cela dépend si…
– *Je nachdem, ob man …*
  Suivant que l'on…

Stratégies

▷ **Dire que l'on est d'accord / pas d'accord**
– *Ich teile (nicht) die Meinung von …* Je (ne) partage (pas) l'avis de…
– *Ich denke, … hat Recht / Unrecht.* Je pense que … a raison / tort.

▷ **Justifier son choix**
– *Man kann **nämlich** sagen, dass …* En effet, on peut dire que…
– *Geschichte ist für mich wichtig, **weil** …*
  L'histoire est quelque chose d'important pour moi parce que…

Épreuve 2 — 3e trimestre de Première

TERRITOIRE ET MÉMOIRE

Compréhension de l'écrit

● Lesen Sie den folgenden Auszug aus dem Roman von Renate Ahrens und schreiben Sie eine Zusammenfassung, aus der hervorgeht, was das Besondere an dieser Geschichte ist (geschichtlicher Kontext, Familiengeschichte) und wie die Erzählerin auf das unerwartete Ereignis reagiert.

Die 44-jährige Kriegsreporterin Katharina Elbracht lebt in Hamburg. Die Handlung spielt 1990.

Ich habe mir gerade noch einen Espresso gekocht, als es an der Tür klingelt.
„Wer ist da?", rufe ich in die Sprechanlage.
„Die Post. Ich habe ein Einschreiben[1] für Katharina Elbracht."
„Bitte in den dritten Stock."
Ich erwarte kein Einschreiben.
Der Postbote überreicht mir einen Umschlag. Ich schaue auf den Absender[2]

        Manfred Thiele
        Kollwitzstraße, 84
        DDR - 1020 Berlin

Ich habe nie von einem Manfred Thiele gehört. Und ich kenne niemand in Ostberlin. Vor dem 9. November 1989 war ich nur selten in der DDR. In dem Umschlag befinden sich ein Brief von Manfred Thiele und ein Bündel Briefe auf hellblauem Papier. Manfred Thiele schreibt mir, dass er nach dem Fall der Mauer in einem Westberliner Postamt meine Hamburger Adresse in Erfahrung gebracht hätte[3] und mir nun die beiliegenden Briefe schicke, die Maria Elbracht seiner 1975 verstorbenen[4] Mutter geschrieben hätte und die vielleicht für mich von Interesse seien.

Ich weiß, dass Mutters Schwester Ingrid in der DDR lebte. Sie hat mir irgendwann erzählt, dass sie keinen Kontakt mehr zu ihr hätte, weil Ingrids Mann, ein SED-Bonze[5], dies nicht wünschte.
Ich zünde mir eine Zigarette an. Warum bin ich auf einmal so nervös? Ich lege das Bündel Briefe vor mich auf den Wohnzimmertisch und überlege einen Moment lang, ob ich es an Manfred Thiele zurückschicken soll. Mutter ist tot. Ich kann das, was sie damals an ihre Schwester geschrieben hat, nicht mehr mit ihr besprechen. Habe ich überhaupt das Recht, Briefe zu lesen, die nicht an mich gerichtet sind? Mutter war immer so diskret. Und sie hat so viel durchgemacht. Über die Vergangenheit und vor allem über den Krieg wollte sie nie sprechen. [...]
Ich überfliege noch einmal die Zeilen von Manfred Thiele. Warum glaubt er, dass diese Briefe aus der Nachkriegszeit für mich von Interesse sind? Ich bin im Juli 1945 zur Welt gekommen und habe nie Kontakt zu meiner Tante gehabt. Meine Neugier wächst. Diese Tante hat im anderen Deutschland gelebt, in dem Staat, über den wir jetzt jeden Tag Neues erfahren. Und Manfred Thiele ist immerhin mein Vetter[6]. Vorsichtig löse ich das blaue Geschenkband und falte den ersten Brief auseinander. [...]

Liebste Ingrid,
ich weiß, in was für einem tiefen Konflikt Du steckst. Ernst bietet Dir ein Dach über dem Kopf und finanzielle Sicherheit, was in diesen schwierigen Zeiten sehr viel bedeutet. Hast du noch einmal mit ihm über alles gesprochen? Bleibt er dabei, daß er dich nur ohne das Kind will?

In meinen Ohren beginnt es zu rauschen. Nur ohne das Kind? Das Kind? Das bin ich. Soll das heißen, dass diese Ingrid ... Nein. Nein, das kann nicht sein. [...]
Ich schlage mit den Fäusten auf den Tisch. Vierundzwanzig Jahre und sechs Monate habe ich mit der Vorstellung gelebt, dass Maria und Johannes Elbracht meine leiblichen[7] Eltern sind, und das soll jetzt plötzlich eine Lüge[8] sein? Erlaubt sich dieser Manfred Thiele einen üblen Scherz[9]? Ist er einer dieser verbitterten DDR-Bürger, der es einem Westler mal ordentlich heimzahlen will?
Ich gerate immer mehr in Rage, dabei weiß ich doch: Das ist Mutters Schrift. Es hat keinen Sinn, mich über Manfred Thiele zu ereifern[10].

---

1. das Einschreiben *la lettre recommandée* 2. der Absender *l'expéditeur* 3. etw. in Erfahrung bringen* *prendre connaissance de qc*
4. verstorben *décédée* 5. ein SED-Bonze *un membre éminent du SED (parti politique de la RDA)* 6. der Vetter *le cousin* 7. leiblich *biologique*
8. die Lüge *le mensonge* 9. ein übler Scherz *une mauvaise plaisanterie* 10. sich über jn ereifern *s'emporter contre qn*

Fit für das Baccalauréat

Épreuve 2 (suite)

75 *Du bist noch jung und hast so viel Kummer und Leid erfahren müssen. Letztlich ist es doch ein großes Glück, daß Du dem so viel älteren Ernst begegnet bist, der Dich beschützt und für Dich sorgen will. Was ich damit sagen möchte, ist, daß Du kein schlechtes Gewissen zu haben brauchst, wenn*
80 *Du Dich entscheidest, Katharina bei uns zu lassen. Niemand wird Dir deshalb einen Vorwurf machen.*
In Herford wird niemand erfahren, daß wir nicht Katharinas leibliche Eltern sind. Und sie ist noch so klein, daß sie sich an nichts erinnern wird.
85 *Es grüßt Dich von Herzen und umarmt Dich*
Deine Dich liebende Schwester Maria

Renate AHRENS, *Alles, was folgte*, 2018

> **Stratégies**
>
> ▷ Repérer les mots relatifs aux sentiments de la narratrice
> – *nervös* nerveux
> – *die Neugier* la curiosité
> – *In meinen Ohren beginnt es zu rauschen.*
>   Mes oreilles commencent à bourdonner.
> – *Ich schlage mit den Fäusten auf den Tisch.*
>   Je tape du poing sur la table.
> – *in Rage geraten** enrager

Expression écrite — Choisissez l'un des deux sujets.

1. **Stellen Sie sich vor, Sie würden das erleben, was vielen Westdeutschen nach dem Bau der Berliner Mauer widerfahren ist. Sie dürfen von einem Tag auf den anderen Ihre Freunde, Ihre Verwandten auf der anderen Seite der Grenze nicht mehr besuchen. Sie dürfen auch keinen Kontakt mehr zu ihnen haben. Wie würden Sie reagieren?**

> **Stratégies**
>
> ▷ Exprimer l'irréel avec le subjonctif II
> – *Wenn ich meine Freunde nicht mehr besuchen könnte …*
>   Si je ne pouvais plus voir mes amis…
> – *Ich wäre traurig.* Je serais triste.
> – *Ich würde meine Freunde sehr vermissen.*
>   Mes amis me manqueraient beaucoup.
> – *Es wäre undenkbar, dass …* Il serait impensable que…

2. **2020 feiert Deutschland den 30. Jahrestag der Deutschen Einheit und vor diesem Hintergrund haben sich junge Deutsche zum Thema „Unterschiede zwischen jungen Deutschen in den neuen und alten Bundesländern" geäußert.**
In einer E-Mail an Ihren deutschen Austauschpartner bzw. an Ihre deutsche Austauschpartnerin fassen Sie kurz die gemeinsame Aussage der Beiträge zusammen, die Sie gelesen haben. Sie wollen von ihm / ihr erfahren, was er / sie persönlich dazu meint. In dieser E-Mail berichten Sie auch darüber, was Sie schon alles über die deutsch-deutschen Unterschiede wissen.

> Eigentlich spielt es für mich gar keine Rolle, ob man aus dem Osten oder aus dem Westen kommt. Ich wohne im Westen, aber ich habe Freunde im Osten. Sie sind genauso wie meine Freunde hier. **Lukas**

> Ich kenne keinen Unterschied, ich bin 1996, also 7 Jahre nach der Wende, geboren. **Emma**

> Der einzige Unterschied, den ich kenne, ist der unterschiedliche Dialekt zwischen Ost und West und Nord und Süd. **Jasmin**

> Meine Eltern, die die Wende live erlebt haben, hatten früher Vorurteile. Ich hatte nie welche. Ich bin ja kein DDR-Kind, so wie sie. **Jürgen**

> **Stratégies**
>
> ▷ Les interrogatives directes
> – *Was hältst du davon?* Qu'en penses-tu ?
> – *Ist es wichtig für dich?*
>   Est-ce que cela est important pour toi ?
>
> ▷ Les interrogatives indirectes
> – *Kannst du mir bitte sagen, was / wie / warum …*
>   Pourrais-tu s'il te plaît me dire ce que / comment / pourquoi… ?
> – *Ich möchte gern wissen, was du davon hältst.*
>   J'aimerais bien savoir ce que tu en penses.
> – *Es würde mich interessieren zu erfahren …*
>   Cela m'intéresserait d'apprendre…

TERRITOIRE ET MÉMOIRE

Épreuve 3 — 2ᵉ trimestre de Terminale

Zoom sur la partie orale

Expression orale

- In Deutschland wird eine lebendige Erinnerungskultur zur Teilung und Wiedervereinigung gefördert[1]. Welches Bild illustriert das Ihrer Meinung nach am besten?

1. fördern *favoriser, soutenir*

A — In Berlin erinnern die Menschen am 09. 11. 2017 an den Fall der Mauer vor 28 Jahren und gedenken zugleich der Opfer der deutschen Teilung.

B — MENSCHLICHER WILLE KANN ALLES VERSETZEN — DIESES HAUS STAND FRÜHER IN EINEM ANDEREN LAND

Zum 20. Jahrestag des Mauerfalls hat der Schweizer Jean-Remy von Matt in Berlin den Slogan auf die Fassade der Brunnenstraße 10 schreiben lassen. Das Projekt soll an die Menschen erinnern, die die deutsche Wiedervereinigung möglich gemacht haben.

Stratégies

▷ **Se souvenir de, commémorer**

– *sich an etw. (A) erinnern* se souvenir de qc
– *etw. in Erinnerung haben* avoir qc en souvenir
– *die Erinnerung an etw. (A)* le souvenir de qc
– *das (kollektive) Gedächtnis* la mémoire (collective)
– *die Gedenkstätte (-n)* le lieu commémoratif
– *einer Sache (G) gedenken** commémorer qc
– *etw. (nicht) verdrängen* (ne pas) refouler qc
– *nicht vergessen** ne pas oublier
– *(nicht) in Vergessenheit geraten** (ne pas) tomber dans l'oubli
– *etw. ist / bleibt unvergessen*
  qc est / reste présent dans les mémoires
– *etw. noch gut wissen** encore bien savoir qc

▷ **Montrer l'importance de ces commémorations**

– *Es ist wichtig, dass …* Il est important que…
– *eine große Bedeutung haben*
  avoir une grande importance
– *Es ist von größter Bedeutung, dass …*
  Il est extrêmement important que…
– *etw. (D) Sinn geben** donner du sens à qc
– *Es trägt dazu bei,* + infinitif avec *zu*
  Cela contribue à…
– *etw. überliefern* transmettre qc
– *Sonst kann man vergessen, dass …*
  Sinon on peut oublier que…

Das Leben der Anderen

Martina Gedeck · Ulrich Mühe · Sebastian Koch · Ulrich Tukur

In einem System der Macht ist nichts privat.

Das Leben der Anderen
HGW XX/7

ALLGEMEINE ERKLÄRUNG DER Menschenrechte

Artikel 12

„Niemand darf willkürlichen Eingriffen in sein Privatleben, seine Familie, seine Wohnung und seinen Schriftverkehr oder Beeinträchtigungen seiner Ehre und seines Rufes ausgesetzt werden." […]

« Nul ne sera l'objet d'immixtions arbitraires dans sa vie privée, sa famille, son domicile ou sa correspondance, ni d'atteintes à son honneur et à sa réputation. » […]

"No one shall be subjected to arbitrary interference with his privacy, family, home or correspondence, nor to attacks upon his honour and reputation." […]

Kapitel 12

ESPACE PRIVÉ ET ESPACE PULIC

Wände haben Augen

> Wie hat sich das Verhältnis zum Privaten und Öffentlichen verändert?

- Débattre des limites vie privée / vie publique sur Internet. (p. 182)
- Rendre compte du contrôle de la vie privée en RDA. (p. 184)
- La proposition infinitive. (p. 183)
- Les subordonnées de temps. (p. 185)

Projekt
Écrire, à partir de témoignages, un article sur l'évolution de la conception espace privé / espace public. (p. 189)

MÉDIATION — PARTNERBRIEFING

BAC ÉPREUVES COMMUNES EN COURS D'ANNÉE

Épreuve 1
- Bei der Marine in der DDR (p. 190)
- **Stratégie** : Comprendre une condition sans *wenn* (p. 190)
- **Stratégies** : Relater une expérience vécue – Prendre appui sur la consigne (p. 190)

Épreuve 2
- Marc ELSBERG, *Zero – Sie wissen, was du tust* (p. 191)
- **Stratégie** : Comprendre les articulations du discours (p. 192)
- **Stratégie** : Répondre à une question globale – Exploiter des témoignages (p.192)

Épreuve 3
- **Stratégies** : Exprimer une préférence pour une illustration – Émettre des hypothèses (p. 193)
- **Stratégie** : Relativiser son propos, apporter des restrictions (p. 193)

SPRACHBOX

das Recht auf die Privatsphäre
- die Privatsphäre schützen
  protéger la vie privée
- die Privatsphäre bedrohen
  menacer la vie privée
- gegen ein Recht verstoßen*
  enfreindre un droit
- in etw. (A) ein/greifen*
  intervenir, s'immiscer dans qc
- jn überwachen *surveiller qn*
- jn bespitzeln *espionner qn*
- jn ab/hören *mettre qn sur écoute*
- eine Website hacken
  pirater un site Internet
- persönliche Daten klauen
  voler des données personnelles

→ p. 186

Privat, öffentlich: Was heißt das eigentlich?

B1
1. Was garantiert der Artikel 12 der Erklärung der Menschenrechte?
2. Kommentieren Sie die Bilder und erklären Sie, inwiefern sie diesem Artikel 12 widersprechen.

Projekt

Über Privatsphäre im Netz debattieren

Zeigen oder nicht zeigen

A) Heim bleibt geheim MÉDIATION PARTNERBRIEFING → p. 18

VIDEO

A2-B1 ① **PARTNER A** liest den Artikel über Google Street View und macht sich Notizen zur Definition und zu den Vorteilen dieser App.

PARTNER B sieht sich das Video an und macht sich Notizen zu Google Street View in Deutschland und zum Verhältnis der Deutschen zur Privatsphäre.

B1 ② Die beiden Partner tauschen die Informationen aus.

③ Nach der Partnerarbeit präsentieren ein paar Schüler ihre Ergebnisse (oder die des Partners) im Plenum.

verfügbar machen *rendre disponible*
Mitarbeiter ein/stellen *embaucher des salariés*

Mit Google Street View kann man fremde Orte besuchen

Google Street View funktioniert ganz einfach. Wenn der Nutzer eine Google-Maps-Karte vor den Augen hat, findet er in der unteren rechten Ecke ein kleines gelbes Männchen, das sich mit Hilfe der Maus bewegen
5 lässt. Wenn er das gelbe Männchen an einen gewünschten Zielort platziert, verwandelt sich die Straßenkarte in ein interaktives Bild. Über die Computertastatur und die Maus oder eine App für das Smartphone lassen sich nun Orte besuchen, als ob man direkt dort wäre:
10 Der Besucher kann vorwärts laufen, sich umsehen, sich herumdrehen, die Richtung ändern oder näher an Häuser herantreten. Teilweise kann man inzwischen sogar Geschäfte betreten und sich in Gebäuden bewegen.
15 So ist es für Touristen oder einfach Neugierige derzeit kein Problem, einen Tempel in Pakistan, einen Nationalpark in Nepal oder eine Ferienwohnung in Valencia zu besuchen.

Steffen Könau, www.mz-web.de, 9. 10. 2017

SPRACHBOX

die Deutschen und die Privatsphäre
- neugierig; die Neugier *curieux ; la curiosité*
- einen Ort besuchen *visiter un endroit*
- etw. verbergen* *cacher, dissimuler qc*
- auf etw. (A) Wert legen *accorder de l'importance à qc*
- um etw. / jn Angst haben *avoir peur pour qc / qn*
- etw. (D) / jm misstrauen *se méfier de qc / qn*
- geheim *(en) secret*

das Internet vergisst nie
- private Informationen veröffentlichen *publier des informations privées*
- öffentlich; die Öffentlichkeit *public ; la vie publique*
- Informationen preis/geben* *livrer des informations*
- sensible Kommentare, Fotos veröffentlichen *publier des commentaires, des photos sensibles*
- Informationen über jn sammeln *collecter des informations sur qn*
- etw. löschen *effacer qc*
- jm schaden *nuire à qn, porter préjudice à qn*
- für jn schlimme Konsequenzen haben *avoir de graves conséquences pour qn*

→ p. 186

ESPACE PRIVÉ ET ESPACE PUBLIC

B) Was bleibt im Internet privat?

B1
1. Wie hat dieser Mann Alice kennen gelernt?
2. Inwiefern stellt dieser Mann eine Gefahr dar?
3. Erklären Sie den Titel des Romans *Alice im Netz – Das Internet vergisst nie!* und welche negativen Konsequenzen die Veröffentlichung privater Informationen im Internet haben kann.

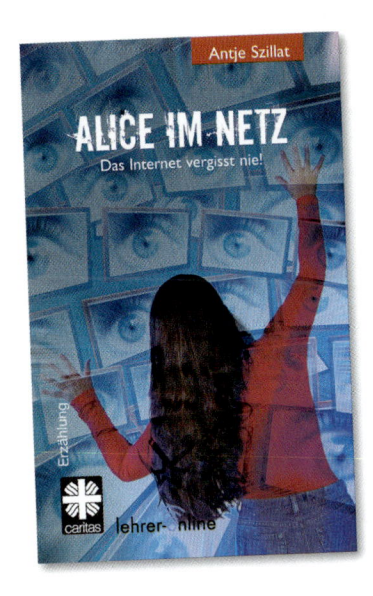

Alice ist eine Schülerin, die ein Blog über ihr Gymnasium hält. Sie weiß aber nicht, dass sie in der Schule einen heimlichen Verehrer[1] hat, der im selben Gymnasium arbeitet.

Am nächsten Tag in der Schule war er so aufgeregt gewesen. Aber sie hatte ihn wieder nicht beachtet. Einfach durch ihn hindurchgeschaut. Für sie war er Luft gewesen. Weniger als Luft.
Am Nachmittag war er dann zu ihrer Wohnung gegangen und hatte
5 gesehen, wie sie aus dem Haus gerannt war.
Abends waren plötzlich die Vorhänge[2] an ihrem Fenster zugezogen und hatten ihm die Sicht genommen. Zum ersten Mal, seitdem er sie entdeckt hatte.
Das war im Internet gewesen. In einem der vielen Foren, in denen
10 er sich aufhielt. Immer auf der Suche nach ihr, der einzig Richtigen, die für ihn bestimmt war.
Und er war völlig aus dem Häuschen[3] gewesen, hatte es als ein Zeichen des Himmels gedeutet, als er feststellte, dass sie, seine Auserwählte[4], ganz in seiner Nähe wohnte. Nur einen Ort weiter. Und dann hatte
15 er sie das erste Mal in der Schule gesehen. Sie war noch schöner als auf den vielen Fotos, die er im Internet von ihr gefunden hatte.
Und sie hatte es ihm so leicht gemacht. Alles, was er über sie wissen musste, was sie mochte, was nicht. Ihre Hobbys, ihre Freunde, ihre Lieblingsmusik. Wann sie sich mit wem wo getroffen hatte, was sie
20 in ihrem letzten Urlaub erlebt hatte. Ihre Bücher. Immer wieder schrieb sie über ihre Bücher und dass sie selbst davon träumte, einmal ein Buch zu schreiben. Dass aber andererseits ihre Lieblingsbücher sie genau davon abhielten[5], weil sie sowieso niemals so gut sein konnte wie die Schriftsteller, die sie so sehr bewunderte.
25 Und dann das Schulblog, in dem sie sich Rasende Rita nannte. Natürlich hatte er sofort herausgefunden, dass sie es war, die sich hinter diesem Namen verbarg.
Sie war so begabt.
So klug.

Nach Antje Szillat, *Alice im Netz - Das Internet vergisst nie!*, 2010

1. der Verehrer *l'admirateur*
2. der Vorhang (¨-e) *le rideau*
3. aus dem Häuschen sein *être dans tous ses états*
4. die Auserwählte *(adj. subst.) l'élue*
5. jn von etw. ab/halten *empêcher qc de*

SPRACHBOX

Utiliser des propositions infinitives
- **Um** das interaktive Bild **zu** sehen, musst du das gelbe Männchen auf die Karte platzieren.
- Er benutzt Google Street View, **anstatt** dorthin **zu** reisen.
- Sie weiß alles über mich, **ohne** mich wirklich **zu** kennen.

→ p. 188

Nun sind sie dran!
Ordnen Sie in eine Tabelle ein, was Sie im Internet veröffentlichen würden und was nicht. Präsentieren und erklären Sie Ihrer Klasse die Ergebnisse.

2 Projekt

Über Privatsphäre in der DDR berichten

Überwachte Privatsphäre

A) Die Kunst der Überwachung

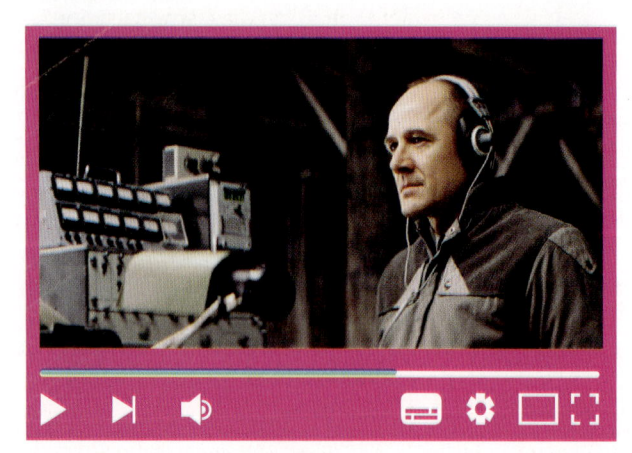

A2 1. Erklären Sie mit Hilfe der Bilder, des Videos und der Hinweise des Stasimuseums in Leipzig die Aufgabe der Stasi und ihrer Mitarbeiter sowie ihre Aktionen und Methoden.

B1 2. Wie sah das Privatleben in der DDR aus? Stellen Sie Hypothesen auf.

---

www.stasimuseum.de/ausstellung.htm

Der Auftrag
Bereits kurz nach der Gründung der DDR schuf das SED-Regime das Ministerium für Staatssicherheit (MfS): eine Institution, um die Menschen zu überwachen.

Die Täter
Die Mitarbeiter des Ministeriums für Staatssicherheit wurden nach strengen Kriterien ausgewählt. Insbesondere ihre bedingungslose[1] Loyalität dem Regime gegenüber wurde dabei geprüft. Diese Loyalität wurde sowohl im Dienst[2] als auch im Privatleben erwartet.

MfS in Aktion
Die Hauptaufgabe des MfS war die Kontrolle der gesamten Bevölkerung der DDR.
Die Informationen, die sie sammelten, konnten verschiedenste Entscheidungen innerhalb der staatlichen Strukturen beeinflussen und so jeden Bürger in der DDR betreffen – beispielsweise die Zulassung[3] zum Studium, eine Beförderung[4] im Beruf oder die Möglichkeit zu einer Auslandsreise.
Durch die Kontrolle konnte das MfS ein Verhalten bemerken, das es für nicht normal oder gefährlich hielt. In diesem Falle wurde der Bürger überwacht, abgehört und schließlich oft verurteilt.

1. bedingungslos *inconditionnel*
2. im Dienst *pendant le service*
3. die Zulassung *l'admission*
4. die Beförderung *la promotion*

SPRACHBOX

das Privatleben kontrollieren
- jn überwachen *surveiller qn*
- ein Telefonat ab/hören *écouter une conversation téléphonique*
- die Post von jm lesen* *lire le courrier de qn*
- ein Zimmer verwanzen *poser des micros dans une pièce*
- jn ein/schüchtern *intimider qn*
- jn bedrohen *menacer qn*
- das Schweigen von jm erkaufen *acheter le silence de qn*

protestieren und demonstrieren
- gegen etw. (A) demonstrieren; die Demo(nstration) *manifester contre qc ; la manif(estation)*
- die Rebellion *la rébellion*
- gegen jn / etw. rebellieren *se rebeller contre qn / qc*
- die Gewalt *la violence*
- jn fest/nehmen*; die Festnahme (-n) *arrêter qn ; l'arrestation*
- die Freiheit *la liberté*
- die friedliche Revolution *la révolution pacifique*
- die Verzweiflung = die Hoffnungslosigkeit *le désespoir*
- schweigen* ≠ schreien* *se taire ≠ crier*

→ p. 186

KulturBOX

Die Staatssicherheit (Stasi)
Die Stasi war in der DDR das Ministerium, das die Kontrolle der DDR-Bürger organisierte. Die Stasi hatte Spione und andere Mitarbeiter, die sogenannten IM (inoffizielle Mitarbeiter). Nach der Wiedervereinigung wurden die Akten der Stasi geöffnet.

ESPACE PRIVÉ ET ESPACE PUBLIC

B) Um öffentliche Meinung kämpfen

VIDEO

B1
1. Warum demonstrierten die Leipziger am 9. 10. 1989?
2. Inwiefern war es gefährlich, in der Öffentlichkeit zu protestieren? Welche Ereignisse hatten die Interviewten im Kopf?
3. Wie verlief schließlich die Demonstration? Welche Konsequenz hatte sie?

ein Tag der Entscheidung *un jour décisif* – die Pekinger Lösung *la décision prise à Pékin* – knüppeln *matraquer* – Kurt Masur (1927-2015): ostdeutscher Dirigent, der sich für die Friedliche Revolution in Leipzig engagiert hat – einen Vorwand zum Eingreifen liefern *fournir un prétexte d'intervention*

C) Vor der Kirche festgenommen

A2
1. Wie reagiert der Pfarrer auf die Festnahmen? Warum legt er so viel Wert auf die Namen der Leute, die festgenommen werden? Was ist sein Dilemma?

B1
2. Inwiefern ist diese Festnahme symbolisch für ein Regime, das die Privatsphäre nicht respektiert? (Ort der Festnahme, Ursachen, Methoden)

1989 organisiert der Pfarrer Ohlbaum jeden Montag in der Nikolaikirche Friedensgebete[1], um gegen das DDR-Regime zu protestieren. Heute kommt die Volkspolizei und nimmt ein paar Teilnehmer fest.

Am Ende des Friedensgebets ging Pfarrer Ohlbaum als erster zur Pforte[2]. Mit schnellen Schritten war er hinein und hinauf ans Fenster, die Flügel[3] waren geöffnet, eine
5 Sekretärin wartete mit Block und Kugelschreiber. Das war herumgesagt worden: Wer festgenommen wurde, sollte Name und Adresse schreien, das sollten sich andere merken und notieren und hierher weitergeben.
10 Ohlbaum predigte stets: Wehrt euch nicht, haltet die Hände über den Kopf, ruft um Hilfe und schreit eure Namen, aber nennt sie nicht Bulle und Schweine: Christen hätten Würde zu wahren[4]. Einen Namen wiederholte er zur Sekretärin hin:
15 Uwe Schwabe, den hatten sie wieder gegriffen. „Laßt den Uwe los!" Ohlbaum trommelte wieder aufs Blech, der Polizist unter ihm reckte seinen Knüppel[5]. Zum ersten Mal verlor Ohlbaum die Fassung[6], er war sich bewußt, wie billig, ja blöd
20 der Satz war: Ich bin auch nur ein Mensch. Er war hier oben und Pfarrer, beides schützte. Andreas Müller, auch den nahmen sie wieder fest, schon wieder und immer wieder. Er fragte zur Sekretärin: Haben Sie aufgeschrieben?.
25 So, Schwabe wieder. Und Jörg Franzen. Eine Mutter: Freunde ihres Sohnes hätten sie angerufen, ihr Marco sei aufgeladen worden, und er sei doch erst sechzehn. Ich predige den Aufruhr nicht, begriff Ohlbaum, aber ich denke ihn. Etwas in
30 mir wünscht ihn, weil ich Menschen erhoffe, die sich Grenzen setzen und von den Mächtigen verlangen, daß sie diese Grenzen respektieren.

Nach Erich LOEST, *Nikolaikirche*, 1995

1. das Friedensgebet (-e) *la prière pour la paix* 2. die Pforte *le portail*
3. die Flügel *ici, les portes battantes* 4. die Würde wahren *rester digne*
5. der Knüppel *la matraque* 6. die Fassung verlieren* *perdre son sang-froid*

SPRACHBOX

Dire quand a eu lieu un événement
- Die Demonstranten bekamen Angst, **als** sie die Polizisten sahen.
- Die Studenten gingen auf die Straße, **sobald** sie von den Protesten in Peking hörten.
- **Während** wir die Nikolaikirche besichtigt haben, hat der Führer über die Montagsdemonstrationen gesprochen.

→ p. 188

Nun sind Sie dran!

Erklären Sie, warum es von den DDR-Bürgern sehr mutig war, in der Öffentlichkeit zu protestieren.

TRAINING
WORTSCHATZ

Wände haben Augen

privat ≠ öffentlich

A2-B1
- das Privatleben *la vie privée*
- die Privatsphäre *la sphère privée*
- von sich erzählen *parler de soi*
- ein diskretes Leben führen *mener une vie discrète*
- etw. für sich behalten* *garder qc pour soi*

B1
- öffentlich; die Öffentlichkeit *public ; la vie publique*
- etw. veröffentlichen *publier qc*
- Informationen über sich preis/geben*
  livrer des informations sur soi
- etw. verbergen* *cacher, dissimuler qc*
- geheim; das Geheimnis (-se) *(en) secret ; le secret*
- neugierig; die Neugier *curieux ; la curiosité*

Privatsphäre im Netz

A2-B1
- seine Privatsphäre schützen *protéger sa vie privée*
- Kommentare, Fotos teilen
  partager des commentaires, des photos
- etw. vergessen* *oublier qc*
- auf etw. (A) auf/passen; auf etw. achten *faire attention à qc*
- Informationen über jn sammeln
  récolter des informations sur qn
- Daten hacken, klauen *pirater, voler des données*

B1
- etw. löschen *effacer qc*
- auf etw. (A) Wert legen *accorder de l'importance à qc*
- sensible Kommentare, Fotos veröffentlichen
  publier des commmentaires, des photos sensibles
- Informationen über jn nutzen
  utiliser des informations sur qn
- jm schaden *nuire à qn, porter préjudice à qn*
- für jn / etw. schlimme Konsequenzen haben
  avoir de graves conséquences pour qn / qc

Kontrolle der Privatsphäre

A2-B1
- die Post von jm lesen* *lire le courrier de qn*
- ein Telefonat ab/hören
  écouter une conversation téléphonique
- jn ab/hören *mettre qn sur écoute*
- um etw. / jn Angst haben *avoir peur pour qc / qn*
- das Recht aufs Privatleben (nicht) respektieren
  (ne pas) respecter le droit à la vie privée

B1
- jn überwachen; die Überwachung
  surveiller qn ; la surveillance
- jn bespitzeln *espionner qn*
- die Privatsphäre bedrohen *menacer la vie privée*
- jn ein/schüchtern *intimider qn*
- das Leben von jm beeinflussen *influencer la vie de qn*
- jm misstrauen ≠ jm vertrauen
  se méfier de qn ≠ faire confiance à qn
- gegen ein Recht verstoßen* *enfreindre un droit*
- in etw. (A) ein/greifen*
  intervenir dans qc, s'immiscer dans qc

sich öffentlich ausdrücken

B1
- sich aus/drücken ≠ schweigen* *s'exprimer ≠ se taire*
- demonstrieren; die Demo(nstration)
  manifester ; la manif(estation)
- protestieren; der Protest *protester ; la protestation*
- frei; die Freiheit *libre ; la liberté*
- die Meinungsfreiheit verbieten*
  interdire la liberté d'expression
- die Meinungsfreiheit ein/schränken
  restreindre la liberté d'opinion
- die Gewalt *la violence*
- eine gewalttätige Person; eine gewaltsame Aktion
  une personne violente ; une action violente
- der Aufruhr, die Rebellion, die Revolte
  l'émeute, la rébellion, la révolte
- gegen jn / etw. rebellieren *se rebeller contre qn / qc*
- einen Aufruhr nieder/schlagen* *réprimer une émeute*

Comprendre les consignes

- Wie verlief …? *Comment s'est déroulé… ?*
- Ordnen Sie in eine Tabelle ein. *Classez dans un tableau.*
- Tragen Sie zur Diskussion bei, indem Sie …
  Apportez votre contribution à la discussion en…

Cartoon text:
"Es ist völlig unzulässig, unsere E-mail-Überwachung mit der Arbeit der Stasi zu vergleichen!!"
"Damals gab es noch gar keine E-mails!!"

ESPACE PRIVÉ ET ESPACE PUBLIC

ÜBUNGEN

1 Retrouvez le genre des noms suivants.
a. d… Leben
b. d… Protest
c. d… Geheimnis
d. d… Öffentlichkeit
e. d… Recht
f. d… Aufruhr
g. d… Gewalt
h. d… Freiheit

2 Trouvez l'intrus.
a. die Neugier – sich ausdrücken – protestieren – demonstrieren – die Freiheit
b. erzählen – teilen – veröffentlichen – rebellieren – preisgeben
c. kontrollieren – vertrauen – verbieten – überwachen – abhören
d. die Post – das Telefonat – der Aufruhr – das Internetforum – das Foto
e. geheim – schweigen – das Geheimnis – für sich behalten – verstoßen

3 Associez chaque item à son contraire.
gewaltsam • • preisgeben
sprechen • • friedlich
schützen • • helfen
verbergen • • schweigen
öffentlich • • veröffentlichen
schaden • • geheim

4 Complétez les phrases par les éléments donnés.
erzählt – Kommentare – Konsequenzen – löschen – passe … auf – vergessen – veröffentlicht – vertraut

Ich habe früher im Internet viel von mir ☐.
Ich habe sehr lange dem Netz ☐. Aber letzte Woche hat ein Schüler Ärger bekommen, weil er in einem Blog sehr schlimme ☐ über seine Lehrer ☐ hat. Er hatte leider ☐, sie zu ☐. Das wird schlimme ☐ haben. Deshalb ☐ ich jetzt immer ☐.

5 Complétez les phrases avec les éléments ci-dessous.
alles von sich – auf Meinungsfreiheit – um ihre Zukunft – in dein Privatleben – auf die Daten seiner Nutzer – gegen den Artikel 12 der Allgemeinen Erklärung der Menschenrechte
a. Dieses Internetforum legt … viel Wert.
b. Im Internet ist es nicht vorsichtig, … zu erzählen.
c. Damals hatten die DDR-Bürger … große Angst.
d. Wenn eine Regierung ihre Bürger abhört, verstößt sie … .
e. In der DDR wurde das Recht … nicht respektiert.
f. Niemand darf … eingreifen.

> Extra

B1
6 Mit welchen Methoden kann ein totalitäres Regime die Privatsphäre seiner Bürger kontrollieren?

WORTBILDUNG

Les noms masculins faibles

a. Les noms masculins faibles sont, entre autres, tous les noms masculins terminés par **-e** ou d'origine étrangère et terminés par **-ist, -ant, -ent** désignant des personnes ou des animaux.
→ *der Jung**e**, der Franzos**e***
→ *der Journal**ist**, der Poliz**ist***
→ *der Demonstr**ant***
→ *der Stud**ent**, der Abitur**ient***

b. Ils prennent **-(e)n** au singulier à tous les autres cas autres que le nominatif, ainsi qu'au pluriel.
→ *den (dem, des; die, die, den, der) Junge**n**, Franzose**n***
→ *Komponist**en**, Polizist**en***
→ *Demonstrant**en***
→ *Student**en**, Abiturient**en***

> ÜBUNG

Complétez par le mot entre parenthèses, avec une marque si nécessaire.
a. (Kollege) Der neue … erzählt viel von seinem Privatleben.
b. (Junge) Mit diesem … wirst du alles über Datenschutz wissen.
c. (Student) Letztes Jahr hat dieser … private Fotos auf einer Webseite gesehen.
d. (Demonstrant) Der Pfarrer hat diesem … geholfen.
e. (Journalist) Die Demonstranten wurden von einem britischen … interviewt.

TRAINING
GRAMMATIK

LERNTEMPODUETT → p. 19

▶ La proposition infinitive → p. 183

→ PRÉCIS p. 219

Il existe trois propositions infinitives qui utilisent des prépositions :
- **um … zu** + inf. (pour, afin de)
- **anstatt … zu** + inf. (au lieu de)
- **ohne … zu** + inf. (sans)

Um die Karte besser zu sehen, musst du hier anklicken.
Die Regierung sollte zuhören, anstatt die Demonstration zu verbieten.
Er hat Kommentare gepostet, ohne seine Identität geheim zu halten.

❗ On place *zu* entre le préverbe séparable et le verbe.
Anstatt diese Informationen preiszugeben, solltest du diskreter sein.

1 Complétez avec la préposition qui convient.
a. Er hat an diesem Internetforum teilgenommen, … einen Nicknamen zu benutzen.
b. Dieser Schauspieler will kein Interview geben, … sein Privatleben besser zu schützen.
c. Du solltest im Internet diskreter sein, … von deinem Leben zu erzählen.
d. Die Leipziger haben 1989 demonstriert, … in einer besseren DDR zu leben.
e. Er hat Informationen über mich genutzt, … mich zu fragen, ob ich einverstanden war.

2 Utilisez les groupes infinitifs entre parenthèses avec la préposition qui convient.
a. Du brauchst ein sicheres Passwort (dein Profil besser schützen).
b. Dieser DDR-Bürger wurde 10 Jahre lang abgehört (es wissen).
c. Die Leipziger haben damals friedlich protestiert (mit Gewalt demonstrieren).
d. Mit dieser App kannst du ein Museum besuchen (dorthin gehen).
e. An diesem Tag haben viele Menschen demonstriert (zu Hause bleiben).

▶ Les subordonnées de temps → p. 185

→ PRÉCIS p. 218

- Pour préciser quand a eu lieu une action, on peut utiliser des subordonnées (verbe en dernière position) introduites par les conjonctions :
- **als** (quand, lorsque) si l'action est unique dans le passé (au moment où)
  Als die Leipziger gegen die Stasi protestierten, wurden sie vom Fernsehen gefilmt.
- **wenn** (quand, lorsque) si l'action est au présent ou répétée dans le passé (à chaque fois que)
  Wenn wir damals demonstrierten, wurden wir immer festgenommen.
- **sobald** (dès que)
  Sobald sie die Kirche verließen, wurden sie von der Polizei festgenommen.
- **während** (pendant que, tandis que)
  Während du im Netz gechattet hast, hat ein Nutzer deine Daten gehackt.

3 Transformez la seconde proposition en utilisant la conjonction entre parenthèses.
a. (sobald) Wir reisen nach Leipzig. Wir haben mehr Zeit.
b. (während) Seine Daten wurden geklaut. Er war auf einem Internetforum.
c. (als) Der Pfarrer begann ein Friedensgebet. Die Polizisten traten in die Kirche ein.
d. (wenn) In der DDR mussten meine Großeltern immer aufpassen. Sie telefonierten mit Verwandten oder Freunden.

4 Reformulez les phrases de l'exercice 3 en commençant par la subordonnée.

5 Complétez par *wenn* ou *als*.
a. … meine Eltern vor der Wende zu meiner Oma nach Leipzig fuhren, wollten sie nie dort bleiben.
b. … die Mauer fiel, kamen viele Ostberliner nach Westberlin.
c. … die Regierung diese neue App verbieten wollte, haben viele Leute protestiert.
d. … sie sich mit ihren Freunden in der Stadt treffen, bleiben sie nicht diskret.
e. … er den Polizisten sah, zeigte er sofort seinen Ausweis.

1 2 Projekt

ESPACE PRIVÉ ET ESPACE PUBLIC

Privatleben im Wandel

CD2 11-12 | MP3 12-13 | MÉDIATION | PARTNERBRIEFING → p. 18

B1

- **PARTNER A** hört sich das Interview mit Elfriede Pohl an und macht sich Notizen zu ihrem Erlebnis.
- **PARTNER B** hört sich das Radio-Interview an und macht sich Notizen zu Matthias' und Ulrikes Aussagen.
- Die beiden Partner tauschen ihre Informationen aus.
- In Einzelarbeit verfassen Sie einen Artikel über das Thema „Privatleben im Wandel" (gestern: Privatsphäre in der DDR / heute: Privatsphäre im Internet).
  In Ihrem Artikel beziehen Sie sich auf Elfriede Pohls, Matthias' und Ulrikes Aussagen.

eine Akte an/fordern
demander à voir un dossier
sich outen *(angl.) ici, avouer*

Stratégies

▷ **Structure de l'article**

- **Indiquez le titre *Privatleben im Wandel* et une introduction**
  – Was bedeutete die Privatsphäre früher in der DDR? Was bedeutet sie heute mit dem Internet?
  – Elfriede, Matthias, Ulrike: drei Menschen, die mit dem Privatleben verschiedene Erlebnisse haben.
  – Es ist heute mit dem Internet sehr schwierig, die Privatsphäre zu schützen. Aber früher hatten die DDR-Bürger auch Schwierigkeiten.

- **Définissez des paragraphes et donnez-leur un sous-titre qui peut être une phrase extraite du paragraphe**
  – Elfriede wurde von drei Leuten bespitzelt
  – Matthias, der Instagram-Nutzer
  – Ulrike passt immer auf

- **Réécoutez les interviews pour extraire une ou deux citations courtes que vous inclurez dans l'article**
  – „ … " erzählt / erklärt / behauptet Ulrike.

- **Concluez en une ou deux phrases**
  – Seine Privatsphäre in der DDR zu schützen war also …
  – Junge und ältere Leute haben heutzutage unterschiedliche Verhältnisse zum Internet.

▷ **Contenu**

- **Utilisez les divers moyens que vous connaissez pour exprimer le temps**
  – *Als Elfriede …* Quand Elfriede…
  – *Sobald ihre beste Freundin …*
    Dès que sa meilleure amie…

- **Utilisez des propositions infinitives pour préciser votre propos**
  – *Anstatt ein Instagram-Profil zu öffnen, …*
    Au lieu d'ouvrir un profil Instagram…
  – *Viele Leute geben Daten preis, ohne zu wissen, dass …*
    Beaucoup de gens livrent des données sans savoir que…

Fit für das Baccalauréat

Épreuve 1 — 2ᵉ trimestre de Première

Compréhension de l'oral

Bei der Marine in der DDR

- Hören Sie sich die Tonaufnahme dreimal an. Sie haben zwischen jedem Anhören eine Minute Zeit, um sich Notizen zu machen. Berichten Sie schriftlich auf Französisch über das Hördokument.

Stratégies

▷ **Comprendre une condition sans *wenn***

La subordonnée conditionnelle peut se construire sans *wenn*. Dans ce cas, le verbe est en première position.
– *Wenn* ich bei der Marine gearbeitet **hätte**, wäre ich öfters gereist. → **Hätte** ich bei der Marine gearbeitet, wäre ich öfters gereist.
– *Wenn* er Matrose geworden **wäre**, hätte er keine Kinder bekommen. → **Wäre** er Matrose geworden, hätte er keine Kinder bekommen.

Expression écrite — Choisissez l'un des deux sujets.

1. Für die Projektwoche über Menschenrechte hat Ihr Deutschlehrer eine deutsche Freundin in Ihre Klasse eingeladen, die in ihrer Jugend gegen die DDR-Regierung protestiert hat. Sie erzählt von Privatleben, Staatsüberwachung und Meinungsfreiheit. Schreiben Sie mit Hilfe folgender Informationen den Bericht ihrer Erzählung.

> **Name:** Christa Hambach
> **Geburtsjahr:** 1965
> **Familienstand:** verheiratet
> **Wohnort von 1965 bis 1990:** Leipzig
> **Engagement zu DDR-Zeiten:** Studentengruppe für mehr Freiheit in der Kunst
> **Protestaktionen:** Friedensgebete in der Nikolaikirche, Demonstrationen (Oktober 1989)
> **Gründe für ihr Engagement:** Künstlerin werden, Vater (Künstler) von der Stasi verhaftet

Stratégies

▷ **Relater une expérience vécue**

⚠ Revoyez l'emploi et la conjugaison du prétérit et du parfait si ces temps vous posent encore problème (→ Précis p. 209-212).
Utilisez des indications de temps dans votre récit.
– *Damals war sie …* À l'époque, elle était…
– *Früher hatte sie …* Autrefois, elle avait…
– *Während meines Studiums …* Pendant mes études…
– *Zu dieser Zeit / Zur Zeit der DDR …* En ce temps-là / À l'époque de la RDA…

2. Viele junge Leute legen nicht mehr so viel Wert auf ihre Privatsphäre im Internet. Sie posten private Fotos und erzählen viel von sich selbst auf öffentlichen Websites. Was halten Sie von dieser Tendenz?

Stratégies

▷ **Prendre appui sur la consigne**

Certains éléments de la consigne vous aideront à rédiger le sujet, il suffit de les développer par des exemples concrets.

- „Sie posten private Fotos und erzählen von sich selbst auf öffentlichen Websites."
  → Précisez dans quels contextes certains jeunes ont recours à cette pratique (réseaux sociaux, sites de rencontre), les abus (photos sensibles), le danger de leur présence sur des sites que tout le monde peut consulter.
  – *die Gefahr; Es ist gefährlich, …zu + inf.*
    le danger ; Il est dangereux de…
  – *schlimme Konsequenzen haben*
    avoir de graves conséquences
  – *in das Leben von jm ein/greifen**
    intervenir dans la vie de qn
  – *jn / etw. bedrohen* menacer qn /qc
  – *Informationen preis/geben*, sammeln*
    livrer, récolter des informations

- „Was halten Sie von dieser Tendenz?"
  → N'oubliez pas de donner votre avis en conclusion.
  – *Ich meine, dass …*
  – *Ich für meinen Teil finde, dass …*
  – *Ich fühle mich von dieser Tendenz (nicht) betroffen.*

Épreuve 2 — 3ᵉ trimestre de Première

ESPACE PRIVÉ ET ESPACE PUBLIC

Compréhension de l'écrit

● Im Roman *Zero – Sie wissen, was du tust* soll sich die Journalistin Cynthia (Cyn) über Freemee informieren. Freemee ist eine Internet-Plattform, die persönliche Daten sammelt. Erklären Sie mit Hilfe der beiden Auszüge, wie Freemee und die Diskussion mit Anthony Cyns Meinung über Privatsphäre verstärken.

Text A

Alle jungen Leute lassen sich von diesen kleinen Programmen beraten. Muss sie die selbst ausprobieren, um darüber zu schreiben? [...] Zögerlich ruft sie über Violas Einladung
5 Freemees Homepage auf. Ein Video beginnt zu spielen, zu einladender Musik erscheint ein Textchart: „Hi, Cynthia, schön, dass du bei uns vorbeischaust! Entdecke Freemee und wie du dein Leben angenehmer machen kannst!"
10 So kritisch sie auch ist: Die gut gelaunten, glücklichen Menschen darin haben keine Ähnlichkeit mit den Verkäuferinnen der TV-Shoppingkanäle, sondern wirken authentisch. Auf YouTube findet Cyn unzählige weitere positive Schil-
15 derungen. Kann es sein, dass ein Unternehmen wie Freemee das alles nur vortäuscht? Hin- und hergerissen klickt sie auf den Anmelde[1]-Button. Eine Anmeldemaske erscheint vor ihren Augen. Vorname, Name ... Alles schon ausgefüllt!
20 Soll sie? Sie weiß genau, was sie fürchtet. Dass sie, einmal dabei, gefangen bleibt, freiwillig, sei es aus Bequemlichkeit[2] oder gar aus Überzeugung. Sie redet sich gut zu: Es ist nur zu Recherchezwecken. Wenn es nicht klappt oder
25 sie Bedenken bekommt, kann sie jederzeit aufhören. Die Registrierung läuft schnell und erfreulich einfach. „Willkommen in deiner Welt voll neuer Möglichkeiten, Cynthia! In deinem Konto kannst du jetzt deine Daten ergänzen.
30 Jene aus öffentlichen Quellen haben wir bereits für dich zusammengestellt. Sei nicht überrascht, wie viele das sind!" Und doch ist Cyn überrascht davon, was Freemee bereits über sie gespeichert und nach verschiedenen The-
35 men geordnet hat. Adresse, E-Mail-Adressen (privat und beruflich), Telefonnummern, auch Handy, alles schon da. Okay, das war zu erwarten. Viele Läden und Supermärkte, in denen sie einkauft oder bereits einmal eingekauft
40 hat. Welche Verkehrsmittel sie wann, wie und wie oft verwendet. Surfverhalten. Je tiefer sie eindringt, desto entsetzter[3] ist sie, was da draußen alles über sie im Umlauf ist. Praktisch alle Artikel, die sie je verfasst hat, auch wenn
45 sie nur in Printmedien erschienen. Kreditratings. Ihr momentaner Standort. Moderne Analyseprogramme, so erklärt ein kurzer Text, erkennen die Trägerin, den Träger eines Handys am Schritt. Bis hin zu einem relativ aus-
50 führlichen Persönlichkeitsprofil. Cyn überfliegt es. In den meisten Punkten trifft es sie ziemlich gut. Aber nicht in allen, findet sie.

[1]. sich an/melden; die Anmeldung *s'inscrire ; l'inscription*
[2]. die Bequemlichkeit *le confort*
[3]. entsetzt *effrayé, horrifié*

Text B

„Ach, Cyn", sagt Anthony mitleidig. „Früher oder später werden wir alle lernen müssen, damit zu leben, dass die Welt das eine oder andere über uns weiß. Das war im Übrigen
5 schon immer so. Ich bin in einem kleinen Dorf groß geworden. Jeder kannte jeden. Heute wohne ich eben im globalen Dorf."
„Das alte Dorf war ein überschaubarer[1] Kreis."
„Aber es war nicht angenehmer. Wenn du nicht
10 mitgespielt hast oder am Sonntag nicht in der Kirche warst, könntest du Freunde verlieren. Anonymität, Privatsphäre? Fehlanzeige. Ein Außenseiter[2] hat kein leichtes Leben im Dorf. „Aus dem Dorf kann man wegziehen. Stadtluft
15 macht frei. Warum bist du in London?"
„Aus dem globalen Dorf kann man nicht wegziehen."
„Willst du das denn?"
„Ich habe schon ganz gern einen Platz, an dem
20 ich nicht gestört werde."
„Ich habe nichts zu verbergen", meint Anthony jovial.

[1]. überschaubar *de taille raisonnable*
[2]. der Außenseiter *le marginal* [3]. verdutzt *déconcerté*

Fit für das Baccalauréat

Épreuve 2 (suite)

„Wie langweilig", erwidert Cyn und amüsiert sich über Anthonys verdutzte[3] Miene. Chander im Nebensitz grinst mit ihr.

„Wie viel verdienst du eigentlich?", fragt sie.

„Was hat das damit zu tun?", fragt Anthony zurück.

„Wie viel verdienst du?"

„Ich ähm", druckst Anthony herum.

„Ja, los, sag schon", lacht Chander.

„Ich weiß, worauf du hinauswillst", lächelt Anthony nachsichtig. „Dass wir alle unsere kleinen Geheimnisse brauchen."

„Sie hat dich erwischt[4], mein Lieber", spottet Chander.

Nach Marc ELSBERG, *Zero – Sie wissen, was du tust*, 2014

4. Sie hat dich erwischt! *Elle t'a eu !*

Stratégies

▷ **Comprendre les articulations du discours**

Dans un texte, il est important de repérer et de réutiliser des articulations du discours fréquentes à l'écrit.

– **Also** hast du keine Angst vor Hackers. (donc)
– **Doch** sind meine Daten nicht öffentlich. (pourtant)
– Diese Website ist nicht für ältere Leute, **sondern** für junge Leute. (mais au contraire)

– Sie benutzt soziale Netzwerke, **auch wenn / selbst wenn** sie ihnen nicht vertraut. (même si)
– **Je** komplizierter das Passwort ist, **desto** sicherer ist der Account.
Plus le mot de passe est compliqué, **plus** le compte est sûr.

Expression écrite — Choisissez l'un des deux sujets.

1. In der UN-Kinderrechtskonvention ist festgehalten, dass Kinder ein Recht auf Privatsphäre haben. Aber dürfen trotzdem Eltern die E-Mails und die Tagebücher ihrer Kinder lesen? Was meinen Sie?

2. Die meisten jungen Deutschen legen sehr viel Wert auf ihre persönlichen Daten, vielleicht mehr als andere junge Europäer. In diesen Aussagen beziehen sich diese jungen Deutschen auf die Geschichte. Können Sie diese Aussagen erklären?

Stratégies

▷ **Répondre à une question globale**

Si une question globale est posée dans la consigne, il n'est pas recommandé de commencer à y répondre directement par *Ja* ou *Nein*. Reprenez la question sous forme d'opinion.
– Ich meine (nicht) / bin (nicht) der Meinung, dass …, weil / denn …

Stratégies

▷ **Exploiter des témoignages**

Vous devez partir des témoignages pour développer votre argumentation.
– Doris' Eltern haben in der DDR gelebt. Damals …
– Nils erinnert uns daran, dass …
– Man kann Clemens' Vorsicht verstehen, denn …

Doris
Privatsphäre ist natürlich sehr wichtig! Das habe ich auch von meinen Eltern gelernt, sie sind in der DDR aufgewachsen und haben nach dem Mauerfall ihre Stasi-Akte gelesen. Es hat sie wirklich geschockt!

Nils
Wir leben heute in einer Demokratie, aber man weiß nie, was passieren kann. Das haben wir in der deutschen Geschichte schon erlebt, dass eine Demokratie zu einer Diktatur werden kann. Deshalb möchte ich nicht, dass jemand alles über mich findet.

Clemens
In den 30er Jahren waren die Eltern meines Großvaters Kommunisten. Also stelle ich mir vor, wie es gewesen wäre, wenn das Regime damals so viel gewusst hätte wie die sozialen Netzwerke heute.

ESPACE PRIVÉ ET ESPACE PUBLIC

Épreuve 3 ▶ 2ᵉ trimestre de Terminale

Zoom sur la partie orale

Expression orale

● Für die Projektwoche „Privatsphäre – öffentliche Sphäre" soll die Deutschklasse ein Poster wählen. Welches Bild sollte Ihrer Meinung nach das Poster illustrieren und warum?

A

B Schutz vor Datenklau

C

Stratégies

▷ **Exprimer une préférence pour une illustration**
Comme vous avez le choix entre trois documents, vous aurez besoin de quelques expressions pour exprimer à la fois votre préférence et votre opinion.
– *Ich meine, diese Karikatur illustriert besser das Thema.*
– *Für die Projektwoche würde ich lieber dieses Bild nehmen.*
– *Dieses Bild passt (meiner Meinung nach) am besten zu dem Thema.*

▷ **Émettre des hypothèses**
Le message d'une caricature ou d'une illustration n'est pas toujours explicite et nous sommes invités à formuler des hypothèses pour les interpréter.

→ Les adverbes suivants vous seront alors utiles : *wahrscheinlich* (probablement), *vermutlich* (vraisemblablement), *anscheinend* (apparemment), *offensichtlich* (de toute évidence).

→ Vous pouvez également avoir recours à des expressions telles que :
– *Der rechte Mann / Die Männer mit Regenmänteln könnte(n) … sein.* L'homme de droite / Les hommes en imperméable pourrai(en)t être…
– *Ich könnte mir vorstellen, dass …* J'imagine que…
– *Es scheint, dass …* Il semble que…
– *Es ist möglich, dass …* Il est possible que…

▷ **Relativiser son propos, apporter des restrictions**

● La structure *zwar … aber …* est particulièrement idiomatique :
Zwar teilt man viele Informationen im Internet, aber man darf nicht vergessen, seine Privatsphäre zu schützen.

● Vous pouvez utiliser de nombreux adverbes : *jedoch, dennoch, trotzdem, allerdings* qui, selon le contexte, peuvent avoir en français comme équivalents : cependant, néanmoins, toutefois.

● Vous pouvez recourir aux conjonctions de subordination *obwohl* (bien que), *auch wenn / selbst wenn* (même si).
Obwohl viele das so sehen, bin ich der Meinung, dass …

● Ces amorces peuvent aussi vous être utiles :
– *Es darf jedoch nicht vergessen werden, dass …*
On ne saurait néanmoins oublier que…
– *Anders als viele es sich vorstellen …*
Contrairement à ce que s'imaginent beaucoup de personnes…
– *Wie dem auch sei, fest steht, dass …*
Quoi qu'il en soit, il est certain que…

Der Trafikant — ROBERT SEETHALER, 2012

1918	12. November 1918	1933-1934	30. Januar 1933	April 1933	12. März 1938	1939
Ende des 1. Weltkriegs und der österreichisch-ungarischen Monarchie	Ausrufung der Republik Österreich	Diktatur unter Bundeskanzler Engelbert Dollfuß („Austrofaschismus")	Adolf Hitler wird deutscher Reichskanzler	Beginn der systematischen Judenverfolgung in Deutschland	Anschluss Österreichs an das Deutsche Reich	Beginn des 2. Weltkriegs

Der Roman

Der Trafikant[1] ist ein Roman von Robert Seethaler, der 1966 in Wien geboren wurde. Neben seiner Arbeit als Schriftsteller ist Seethaler auch Drehbuchautor und Schauspieler. Der Roman, der 2018 verfilmt wurde, erzählt die Geschichte des 17-jährigen Franz Huchel, der 1937 zur Zeit des Nationalsozialismus sein Heimatdorf im Salzkammergut[2] verlässt, um in Wien eine Lehre zu beginnen[3]. Er arbeitet in der Trafik Otto Trsnjeks, eines Bekannten seiner Mutter. Dort begegnet er eines Tages dem Psychoanalytiker Sigmund Freud, der Stammkunde[4] der Trafik ist. Zwischen den beiden entwickelt sich mit der Zeit eine außergewöhnliche Freundschaft.
Als Franz sich unsterblich[5] in die böhmische[6] Tänzerin Anezka verliebt, bittet er Freud um Rat.

1. der Trafikant (österr.): eine Person, die in einer Trafik, einem kleinen Tabak- und Zeitungsgeschäft, arbeitet.
2. das Salzkammergut: eine österreichische Region, die für die Salzproduktion sowie ihre malerische Seen- und Berglandschaft bekannt ist.
3. eine Lehre beginnen *commencer un apprentissage*
4. der Stammkunde *le client habituel*
5. sich unsterblich in jn verlieben *tomber follement amoureux de qn*
6. böhmisch *de Bohême*

---

1. Sehen Sie sich das Filmplakat an. Welche Elemente aus der Zusammenfassung des Romans können Sie auf dem Plakat wiederfinden? Wer sind die Personen?
2. Welche weiteren Informationen bekommen Sie über den Kinofilm?

3. Eine zentrale Thematik des Romans ist die Freundschaft zwischen Franz Huchel und Sigmund Freud. Lesen Sie die Textteile sowie die Einleitung zur Filmszene ein- oder zweimal komplett durch und versuchen Sie, die Szenen global zu verstehen. Ordnen Sie dann jeder Szene die passende Überschrift zu.

- Szene 1 • • Freuds Abreise aus Wien
- Szene 2 • • Erste Begegnung mit Freud in der Trafik
- Szene 3 • • Freuds Rezepte gegen Liebeskummer
- Szene 4 • • Freuds Erklärung der Psychoanalyse

Szene 1

„Wer war denn das?", fragte Franz, nachdem er die Tür zugedrückt hatte. [...]
„Das war Professor Sigmund Freud", sagte Otto Trsnjek und ließ sich mit einem Ächzen zurück
5 in seinen Sessel sinken.
„Der Deppendoktor[1]?", entfuhr es Franz mit einem kleinen Erschrecken in der Stimme. Natürlich hatte er schon von Sigmund Freud gehört. Der Ruf[2] des Professors war ja mittler-
10 weile nicht nur an den entlegensten Flecken der Erde, sondern sogar bis ins Salzkammergut gelangt und hatte dort die meist eher dumpfen Fantasien der Einheimischen angeregt[3]. [...]
15 „Genau der", antwortete Otto Trsnjek. „Aber der kann noch viel mehr, als reichen Deppen ihre Schädel gerade richten[4]."
„Was denn?"
„Angeblich kann er den Leuten beibringen, wie
20 ein ordentliches Leben[5] auszuschauen hat. Nicht allen natürlich, sondern nur denen, die sich sein Honorar leisten können. [...] Jedenfalls behandelt er die Leute, ohne sie anzurühren wie die anderen Doktoren. Wobei: Irgendwie
25 rührt er sie schon an, nur eben nicht mit den Händen."
„Mit was denn sonst?"

„Was weiß ich!", langsam wurde Otto Trsnjek ungeduldig. „Mit den Gedanken oder mit dem
30 Geist oder mit sonst irgendeinem Blödsinn. Jedenfalls scheint es zu funktionieren, und das ist die Hauptsache. So, jetzt lies deine Zeitung und lass mich in Frieden." [...]
„Der wirkt eigentlich recht umgänglich[6], der
35 Herr Professor!", meinte Franz nachdenklich. [...] „Vielleicht wirkt er ja auf den ersten Blick umgänglich, aber wenn du mich fragst, ist er schon ein ziemlich trockener Knochen, trotz dieser ganzen Hirndoktorei. Außerdem hat er
40 ein nicht unwesentliches[7] Problem."
„Was denn für eines?"
„Er ist ein Jud."
„Aha", sagte Franz. „Und was soll das für ein Problem sein?"
45 „Das wird sich noch herausstellen", erwiderte Otto Trsnjek. „Und zwar bald!" [...]
Franz blickte immer noch zur Auslage[8] hinaus. Diese Sache mit den Juden hatte er noch nie richtig begriffen. [...]

---
1. der Depp (-en) *(lang. fam.) l'idiot, le fou* **2.** der Ruf *la réputation* **3.** die Fantasie an/regen *stimuler l'imagination* **4.** jm den Schädel gerade richten *(lang. fam.) remettre la tête à l'endroit* **5.** ein ordentliches Leben *une vie convenable* **6.** umgänglich wirken *avoir l'air sociable* **7.** nicht unwesentlich *non négligeable* **8.** die Auslage *la vitrine*

4. Wie wird Sigmund Freud in diesem Ausschnitt von Otto Trsnjek beschrieben?

5. Wie reagiert Franz, als er erfährt, dass Freud Jude ist?

Der Trafikant ROBERT SEETHALER, 2012

Szene 2

„Darf ich Ihnen eine Frage stellen, Herr Professor?"
„Kommt auf die Frage an."
„Stimmt es, dass Sie den Leuten ihre Schädel wieder gerade richten können? Und ihnen hernach beibringen, wie ein ordentliches Leben ausschaut?"

Freud nahm seinen Hut erneut ab, legte sich sorgfältig eine dünne, schneeweiße Strähne hinters Ohr, setzte den Hut wieder auf[1] und sah Franz von der Seite an.

„Erzählt man sich das in der Trafik oder bei dir zuhause im Salzkammergut?"

„Weiß nicht", sagte Franz und zuckte mit den Schultern[2].

„Wir rücken überhaupt nichts gerade. [...] Wir können gewisse Verirrungen[3] erklären, und in manchen eingebungsvollen Stunden können wir das, was wir gerade eben erklärt haben, sogar beeinflussen. Das ist alles", presste Freud hervor [...]. „Aber auch das ist nicht wirklich sicher", fügte er mit einem kleinen Seufzer[4] hinzu.

„Und wie stellen Sie das alles an?"
„Die Menschen legen sich auf meine Couch und beginnen zu reden."
„Das klingt gemütlich."

„Die Wahrheit ist selten gemütlich", widersprach Freud und hüstelte[5] in das dunkelblaue Stofftaschentuch, das er aus seiner Hose gezogen hatte.

„Hm", sagte Franz, „darüber muss ich nachdenken." [...]

„Und?", fragte der Professor, nachdem ihn dieser merkwürdige, ein wenig aufdringliche[6] Trafikantenbub wieder eingeholt hatte. „Zu welchem Ergebnis bist du gekommen?"

„Erst einmal zu gar keinem. Aber das macht nichts. Ich werde mir Zeit nehmen, um noch länger darüber nachzudenken. Außerdem werde ich mir Ihre Bücher kaufen und sie lesen. Und zwar alle und von vorne bis hinten!"

Zum wiederholten Male seufzte Freud. Eigentlich konnte er sich überhaupt nicht entsinnen[7], jemals in so kurzer Zeit so oft geseufzt zu haben.

„Hast du nichts Besseres zu tun, als die angestaubten Schinken[8] alter Herren zu lesen?", fragte er.

„Was zum Beispiel, Herr Professor?"

„Das fragst du mich? Du bist jung. Geh an die frische Luft. Mach einen Ausflug. Amüsier dich. Such dir ein Mädchen." [...]

1. den Hut ab/nehmen* – auf/setzen *enlever – mettre le chapeau*
2. mit den Schultern zucken *hausser les épaules*
3. die Verirrung (-en) *le trouble mental*
4. der Seufzer; seufzen *le soupir ; soupirer*
5. hüsteln *toussoter*
6. aufdringlich *envahissant, intrusif*
7. sich entsinnen = sich erinnern
8. ein angestaubter Schinken *ici, un gros livre poussiéreux*

---

6. Freud versucht, Franz auf einfache Weise die Psychoanalyse zu erklären. Finden Sie das jeweils passende Zitat im Text für diese Aussagen.
 – „Psychoanalytiker können psychische Probleme erkennen und auch lösen."
 – „Es gibt keine Garantie für den Erfolg der Therapie."
 – „Die Patienten erzählen im Liegen von ihren Problemen."

7. Welche Ratschläge gibt Freud Franz, damit dieser nicht zu viel nachdenkt?

FICTIONS ET RÉALITÉS

❯ Szene 3

Franz hat Freuds Rat befolgt und sich in Anezka verliebt. Das Mädchen verschwindet jedoch plötzlich. In der folgenden Filmszene bittet Franz Freud um Hilfe gegen seinen Liebeskummer.

leiden* *souffrir* – jn beruhigen *rassurer qn* – heilbar *guérissable* – der Rotzbub *(lang. fam.) l'insolent, le coquin, le morveux* – ein Rezept verschreiben* *prescrire une ordonnance* – das Kopfweh *le mal de tête* – das Bauchweh *le mal de ventre* – das Herzweh *la peine de cœur* – jn zurück/holen *récupérer qn*

8. Welche drei Rezepte verschreibt Freud dem Jungen?
9. Welche Tipps gegen Liebeskummer würden Sie Franz geben?

❯ Szene 4

Am Nachmittag des nächsten Tages – es war der 4. Juni des Jahres 1938 – verließ Professor Dr. Sigmund Freud im schütteren[1] Kreise seiner engsten Vertrauten und Familienangehörigen Wien, die Stadt, in der er fast achtzig Jahre seines Lebens verbracht hatte, um mit
5 dem Orient Express über Paris in sein Londoner Exil zu gelangen. Die Formalitäten waren erledigt. Die Ausreisegenehmigungen[2] waren erteilt, die Reichsfluchtsteuer[3], fast ein Drittel des gesamten Familienvermögens[4], war bezahlt, und ein Großteil des Haushalts, der Möbel und der Antiquitäten war entweder eingeschifft oder wartete in
10 einem Lager auf die Überführung[5] nach England. [...]
Professor Dr. Sigmund Freud wollte aus irgendwelchen Gründen partout als Letzter einsteigen, doch seine Tochter Anna schob ihn mit sanfter Gewalt vor sich her, die eisernen Stufen hinauf und in den Waggon hinein. „Lass mich, ich kann das alleine!", sagte er, und
15 das waren seine letzten Worte auf Wiener Boden.
Anna blickte[6] noch einmal über den überfüllten Bahnsteig[7]. [...] Als sich Anna endgültig abwandte, um einzusteigen, wurde ihr Blick noch einmal abgelenkt[8]. Ganz hinten am Eingang zur Ankunftshalle, inmitten des dichtesten Gedränges[9], stand regungslos[10] der junge
20 Trafikant. Er stand mit dem Rücken zur Wand, sein Gesicht[11] war ungewöhnlich[12] weiß, er schien in ihre Richtung zu blicken, doch seine Augen waren auf die Entfernung nicht zu erkennen. [...]

1. schütter *clairsemé*
2. die Ausreisegenehmigung *le permis de sortie*
3. die Reichsfluchtsteuer *l'impôt instauré par les nationaux-socialistes que devaient notamment payer les familles juives voulant quitter l'Allemagne ou l'Autriche*
4. das Vermögen *la fortune, le patrimoine*
5. die Überführung *le transfert*
6. blicken *regarder*
7. der Bahnsteig *le quai*
8. den Blick ab/lenken *détourner le regard*
9. inmitten des dichtesten Gedränges *au milieu d'une foule très dense*
10. regungslos *immobile*
11. das Gesicht *le visage*
12. ungewöhnlich *(adv.) inhabituellement*

10. Warum verlässt die Familie Freud Wien im Juni 1938? Denken Sie an den historischen Kontext.
11. Welche Formalitäten musste die Familie vor ihrer Abreise erledigen?
12. Wie scheint Franz sich bei der Abreise Freuds zu fühlen? Finden Sie Adjektive und Ausdrücke im Text, die seine Stimmung illustrieren und erklären Sie sie.

Der Trafikant ROBERT SEETHALER, 2012

> *Im Roman schickt Franz seiner Mutter, die im Salzkammergut geblieben ist, regelmäßig Postkarten und Briefe. Im folgenden Brief erzählt Franz von seinem neuen Leben in Wien.*

Liebe Mama,

das ist mein erster Brief an Dich. [...] Bei uns in Wien ist es sehr schön. Nach dem langen Winter kommt der Frühling aus allen Löchern und Ritzen hervorgekrochen[1]. Überall blüht[2] irgendetwas. Die Parks sehen fast schon aus wie auf den Ansichtskarten [...]. Die Leute sind ganz verrückt, rennen herum wie kopflose Hendln[3] und kennen sich nicht aus. Wenn Du mich fragst, liegt das nicht nur am Frühling, sondern vor allem an der Politik. Es sind komische Zeiten gerade. [...] Mit dem Mädelchen (ich habe Dir ja geschrieben!) ist es erst einmal oder endgültig doch nichts geworden. Frag nicht warum, es ist halt so. Vielleicht ist die Liebe nichts für mich. [...] Der Professor und ich sind inzwischen Freunde. (Und das kannst Du mir ruhig glauben!) Obwohl wir beide ja fast ständig arbeiten, verbringen wir möglichst viel Zeit miteinander. Wir sitzen auf der Bank, gehen in den Park und reden allerhand. Er raucht. Ich nicht. Ich frage ihn dies und das. Und er fragt mich dieses und jenes. Zwar wissen wir beide oft keine Antworten, aber das ist egal. Unter Freunden darf man auch einmal nichts wissen. Der Altersunterschied[4] macht uns übrigens nichts aus. Da können die Leute schauen und sich das Maul zerreißen[5], wie sie wollen – uns ist das egal. Obwohl der Professor andererseits natürlich wirklich sehr alt ist. [...] Dass er ein Jud ist, stört mich überhaupt nicht. Wenn es mir der Otto Trsnjek nicht erzählt hätte, hätte ich es wahrscheinlich gar nicht bemerkt. Ich weiß sowieso gar nicht, warum die Leute alle derart draufhauen[6] auf die Juden. Auf mich wirken sie eigentlich ganz anständig[7]. Die Wahrheit aber ist: Ich mache mir schon ein bisschen Sorgen. Um den Professor und überhaupt. Wie gesagt: komische Zeiten. [...] Manchmal wünsche ich mich selbst an den See[8] zurück. Natürlich weiß ich, dass das nicht mehr so einfach geht. [...]

Dein Franz

Freuds Wohnhaus in Wien (Berggasse 19) im Jahre 1938

---

1. aus allen Löchern und Ritzen hervor/kriechen* *sortir par tous les trous*
2. blühen *fleurir*
3. wie kopflose Hendln herum/rennen* *(autrichien) courir partout comme des canards sans tête*
4. der Altersunterschied *la différence d'âge*
5. sich über jn das Maul zerreißen* *(lang. fam.) casser du sucre sur le dos de qn*
6. auf jn drauf/hauen *(lang. fam., fig.) taper sur qn, incriminer qn*
7. anständig *honorable*
8. ici, le Attersee, le lac dans le Salzkammergut au bord duquel Franz a grandi.

---

13. Über welche Themen berichtet Franz seiner Mutter?
14. Welche Wörter und Ausdrücke zeigen, wie wichtig Franz die Freundschaft zu Freud ist? Zitieren Sie den Text.
15. Was meint Franz mit dem Satz „Es sind komische Zeiten gerade."? Stützen Sie sich in Ihrer Antwort auf den Text und auf die Zeitleiste Seite 194.

Kreative Ateliers

Kamera ab!
MÉDIATION B1
- Erstellen Sie ausgehend vom zweiten Textausschnitt das Filmskript für diese Szene zwischen Franz und Freud. Unterscheiden Sie gut zwischen den Dialogteilen und den Regieanweisungen. Überlegen Sie sich auch, welchen Charakter (komisch, ernst …) Sie der Szene verleihen wollen.
- Spielen Sie die Szene dann vor der Klasse oder filmen Sie sie mit dem Smartphone.

Sigmund und mehr
MÉDIATION B1
- Sie möchten mehr über Sigmund Freud erfahren und erstellen in Dreiergruppen ein Plakat oder eine PowerPoint-Präsentation über dessen Leben und Werk. Auf der Website des Freud-Museums (www.freud-museum.at/de) können Sie hilfreiche Informationen finden.
- Präsentieren Sie Ihre Arbeit dann vor der Klasse.

Liebe Mama …
B1
- Verfassen Sie die Postkarte, in der Franz seiner Mutter von seiner ersten Begegnung mit Freud berichtet.

Wer weiß das? **PARTNERINTERVIEW**
MÉDIATION B1
- Sie haben nun alle Textausschnitte und die Filmszene bearbeitet. Um sicher zu sein, dass Sie alles gut verstanden haben, formuliert jeder Schüler nun nach der Methode des Partnerinterviews vier bis fünf Fragen zum Text.

Eine außergewöhnliche Freundschaft
MÉDIATION B1
- Wie wird die Freundschaft zwischen Franz und Freud in den vier Szenen und im Brief beschrieben? Wie entwickelt sie sich? Was ist für Sie persönlich wichtig in einer Freundschaft? Tauschen Sie sich mit einem Mitschüler / einer Mitschülerin aus.

Attersee

Paula Modersohn-Becker, 1876-1907

▶ Eine inspirierte und inspirierende Frau

8. Februar 1876	1878	1892	1896	Sommer 1897	1901	1900-1907	1907
Geburt in Dresden in einer bürgerlichen Familie von Paula Becker.	Die Familie zieht nach Bremen.	Erster Zeichenunterricht während eines siebenmonatigen England-Aufenthalts.	Ausbildung mit Zeichenstunden im „Verein der Berliner Künstlerinnen".	Erster Aufenthalt[1] in der Künstlerkolonie Worpswede.	Heirat der Malerin mit Otto Modersohn, den sie bereits 1897 in Worpswede kennengelernt hat.	Mehrere Reisen nach Paris.	Am 21. November 1907 stirbt Paula Modersohn-Becker im Alter von 31 Jahren an einer Embolie.

1. der Aufenthalt (e) *le séjour*

Paula Modersohn-Becker, *Moorgraben*, 1900-1902

Paula Modersohn-Becker im Garten um 1904

Worpswede, ein Inspirationsort

1897 unternahm die Familie Becker eine Reise ins kleine Dorf Worpswede, das in der Nähe von Bremen inmitten einer Moorlandschaft[1] – dem Teufelsmoor – liegt. Das Licht, die ländlichen Motive, die Ruhe des Orts[2], die Farben haben Paula Becker stark beeindruckt. Dort begegnete sie auch der Künstlerkolonie Worpswede und Otto Modersohn, der diese Künstlervereinigung mitgegründet hatte.
1889 erklärte er: „*Die Natur ist unsere Lehrerin und danach müssen wir uns richten*[3]".

1. das Moor *le marécage* 2. der Ort *le lieu*
3. sich nach etw. richten *prendre en compte qc*

eine Ausnahmekünstlerin
- malen; der Maler, die Malerin; das Gemälde (-) *peindre ; le peintre, la peintre ; le tableau*
- zeichnen; der Zeichenunterricht *dessiner ; le cours de dessin*
- der Akt *le nu*
- die Kunst; der Künstler, die Künstlerin *l'art ; l'artiste*
- die Ausnahme (-n) *l'exception*
- eine Ausnahmekünstlerin *une artiste d'exception*
- das Werk (-e) *l'œuvre*
- hartnäckig *intransigeant, obstiné*
- nicht selbstverständlich sein; nicht üblich sein *ne pas être évident ; ne pas être usuel*
- für seinen Lebensunterhalt sorgen *gagner sa vie*
- eigenständig, unabhängig; die Eigenständigkeit, die Unabhängigkeit *indépendant ; l'indépendance*
- unter etw. (D) leiden* *souffrir de qc*

ESPACE PRIVÉ ET ESPACE PUBLIC

❯ Eine eigenständige Frau

Paula Becker ist 16 Jahre alt, als sie während eines England-Aufenthaltes eine für ihr Leben wichtige Entscheidung trifft: Sie möchte Malerin werden und zwar eine richtig gute.
5 Ihr Vater hält seine Tochter aber für nicht besonders talentiert. Die Eltern fordern von Paula Becker erst einmal, ein Lehrerinnen-Seminar zu absolvieren. Doch ihre hartnäckige Tochter gibt keine Ruhe, bis die Beckers ihr
10 erlauben, nach Berlin zu gehen, um dort an einer privaten Malerinnen-Schule Zeichenunterricht zu nehmen.

Bald zieht es Paula in die damals schon bekannte Künstlerkolonie Worpswede. Das Dörf-
15 chen liegt nicht weit von ihrer Heimatstadt Bremen. Zunächst nimmt sie Unterricht bei Fritz Mackensen. Mit ihrer Mitschülerin, der jungen Bildhauerin[1] Clara Westhoff, verbindet sie bald eine tiefe Freundschaft. In der Silves-
20 ternacht des Jahres 1899 folgt Paula Becker der Freundin Clara Westhoff nach Paris. Die junge Malerin belegt den Kurs für Aktzeichnen an der Académie Colarossi und erhält Anatomieunterricht an der École des Beaux-Arts, was
25 für Frauen damals nicht selbstverständlich ist.

Paula Becker verbringt zudem viel Zeit im Louvre. Beim Kunsthändler Ambroise Vollard entdeckt sie die Werke von Cézanne, van Gogh
30 und wahrscheinlich auch Bilder des jungen Picasso. Schwärmerisch[2] schreibt Paula Becker in ihr Tagebuch: „Ich fühle eine neue Welt in mir entstehen[3]". Als sie im Sommer des gleichen Jahres nach Worpswede zurückkehrt, wird ihr
35 vom Vater unmissverständlich klargemacht, dass sie nun selbst für ihren Lebensunterhalt sorgen müsse. Der elf Jahre ältere Maler Otto Modersohn, zu dem sie seit einiger Zeit ein vertrautes Verhältnis[4] aufgebaut hat, bietet ihr
40 die Sicherheit, die sie jetzt braucht. Im Mai 1901 heiraten die beiden.

Trotz der Bedenken Otto Modersohns besteht[5] seine Ehefrau darauf, im Frühjahr 1903 erneut für zwei Monate nach Paris zu fahren. Die
45 Malerin kehrt noch zweimal nach Paris zurück, 1905 und 1906. In ihr Tagebuch schreibt sie: „Nun habe ich Otto Modersohn verlassen und stehe zwischen meinem alten und meinem neuen Leben." Sie träumt von Eigenständigkeit
50 und völliger Innigkeit[6] mit sich selbst. Sie sieht sich nicht mehr als die Frau ihres Mannes, sondern als eigenständige, unabhängige Person. Doch Otto Modersohn gibt die Hoffnung nicht auf und hält weiterhin seine schützende und
55 gebende Hand über sie. Nach vielen Monaten des Freiheitsrausches[7] sieht die Malerin im Herbst 1906 ein, dass es ihr niemals gelingen würde, für sich selbst zu sorgen, ohne dass ihre Kunst darunter leidet. Sie gestattet Otto
60 Modersohn, nach Paris zu kommen, wo sie noch ein halbes Jahr zusammen verbringen werden. Wieder zurück in Worpswede bringt Paula Modersohn-Becker im November 1907 ihre Tochter Mathilde zur Welt. Drei Wochen später stirbt sie an einer Embolie.

Nach Kathrin UMBACH, *Die Malweiber von Paris. Deutsche Künstlerinnen im Aufbruch*, 2015

---
1. die Bildhauerin *la sculptrice*
2. schwärmerisch *enthousiaste, exalté*
3. entstehen* *ici, naître*
4. ein vertrautes Verhältnis *une relation privilégiée*
5. auf etw. (D) bestehen* *insister sur qc*
6. die Innigkeit *l'intimité*
7. der Freiheitsrausch *l'ivresse de la liberté*

---

1. Nennen Sie die Orte und die Vorbilder, die das Leben Paula Modersohn-Beckers geprägt haben.
2. Was erfahren wir über ihr Leben als Malerin? Und über ihr privates Leben als Frau?

Paula Modersohn-Becker, 1876–1907

❯ Eine emanzipierte Frau

3. Schauen Sie sich den Trailer des Films *Paula* an und beschreiben Sie ihre Stellung als Frau und Künstlerin.

4. Warum war sie zu dieser Zeit besonders modern? War ihr Mann damit einverstanden?

5. Beschreiben Sie das Filmplakat *Paula* und sagen Sie, inwiefern es dem entspricht (oder nicht), was Sie bis jetzt über sie erfahren haben.

6. Wie verstehen Sie den Untertitel „*Mein Leben soll ein Fest sein*"?

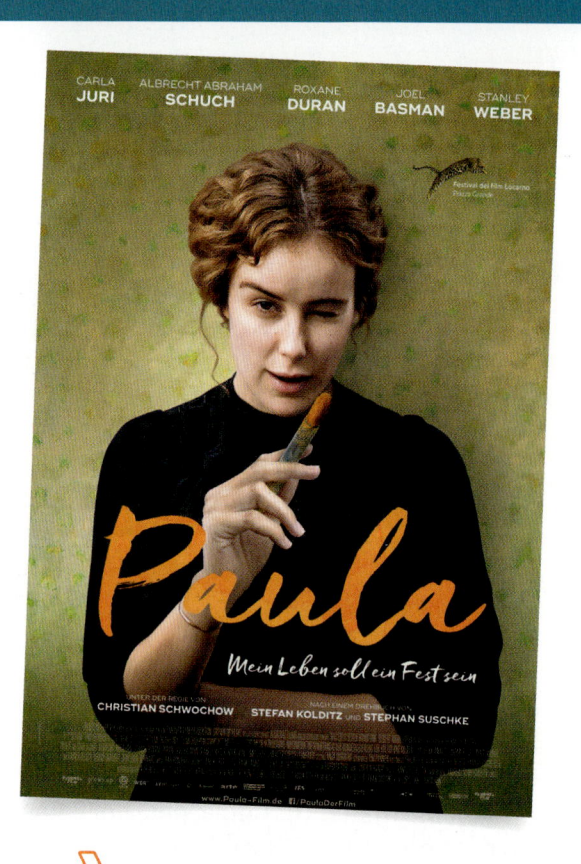

zum Film
- unterdrückt werden   être opprimé
- etw. nicht machen dürfen / können
  ne pas avoir le droit / ne pas avoir la capacité de faire qc
- aufgrund seines Geschlechts diskriminiert werden
  être discriminé à cause de son sexe
- die Diskriminierung   la discrimination
- so gut wie die anderen sein   être aussi bon que les autres
- besser als die anderen sein   être meilleur que les autres
- nur als eine Frau, eine Mutter angesehen werden
  n'être considérée que comme une femme, une mère
- sich emanzipieren   s'émanciper
- eine Reise allein unternehmen*
  entreprendre un voyage seul(e)
- sich unter/ordnen ≠ rebellieren
  se soumettre ≠ se rebeller
- auf der Suche nach Freiheit sein
  être à la recherche de la liberté

7. Beschreiben Sie das Bild *Kopf eines kleinen Mädchens mit Strohhut* (Paula Modersohn-Becker, 1904) auf dem Plakat:
   – den Hintergrund
   – die Farben
   – die Größe des Gesichts …

8. Wie wirkt dieses Bild auf Sie?

ESPACE PRIVÉ ET ESPACE PUBLIC

Aus Briefen an Otto Modersohn

Paris, den 7. März 1903

[...] Ich freue mich aber auch ganz konzentriert, daß ich hier bin, und nutze meine Zeit gut aus. Ich zeichne jetzt fast täglich im Louvre Bilder und Plastiken. An der Hand der Skizzenbücher läßt sich dann fein erzählen. Überhaupt habe ich jetzt eine Riesenlust am Skizzieren. Ich hoffe, daß mich dieser Aufenthalt weit bringt. Das müssen wir in Geduld abwarten. [...]

Paris, den 23. Februar 1905

[...] Meine Malerei sehen die andern sehr mißtrauisch[1] an und in der Pause, wenn ich meine Staffelei[2] verlassen habe, dann stehen sie mit Sechsen[3] davor und debattieren darüber.
Eine Russin fragte mich, ob ich es denn auch wirklich so sähe, wie ich das mache, und wer mir das beigebracht[4] hätte.
Da log ich und sagte stolz: „Mon mari."
Darauf ging ihr ein Licht auf und sie sagte erleuchtet: „Ach so, Sie malen, wie Ihr Mann malt."
Daß man so malt, wie man selber es sieht, das vermuten sie nicht. [...]

Aus ihrem Tagebuch

Paris, den 24. Februar 1906

Nun habe ich Otto Modersohn verlassen und stehe zwischen meinem alten Leben und meinem neuen Leben. Wie das neue wohl wird? Und wie ich wohl werde in dem neuen Leben? Nun muß ja alles kommen.

1. sehr mißtrauisch *avec grande méfiance*
2. die Staffelei *le chevalet*
3. mit Sechsen *à six personnes*
4. jm etw. bei/bringen* *apprendre qc à qn*

ein Kinderporträt
- der Strohhut (¨e) *le chapeau de paille*
- der Blick (-e) *le regard*
- das Tier (-e) (das Schaf, die Kuh) *l'animal (le mouton, la vache)*
- die Landschaft (-en) *le paysage*
- im Vordergrund ≠ im Hintergrund *au premier plan ≠ à l'arrière-plan*
- ein vager, unscharfer Hintergrund *un arrière-plan vague, flou*
- den Betrachter an/schauen *regarder le spectateur dans les yeux*
- die Farbe (-n) *la couleur*
- die Milde der Farben; mild *la douceur des couleurs ; doux*
- helle ≠ dunkle; warme ≠ kalte Farben
  des couleurs claires ≠ sombres ; chaudes ≠ froides
- die Wirklichkeit, die Realität ab/bilden *reproduire la vérité, la réalité*
- Emotionen aus/lösen *déclencher des émotions*

In Worpswede blieb Paula Modersohn-Becker unzufrieden. Im damaligen Deutschen Reich war es den Frauen nicht erlaubt, an der Königlichen Akademie der Künste zu studieren. Sie durften nur Damenmalschulen besuchen.

In Paris durfte sie Kurse an akademischen Malklassen belegen. Ab 1900 reiste sie viermal nach Paris (vom Januar bis Juni 1900, zwei Monate im Frühjahr 1903, vom Februar bis zum Sommer 1905, vom Februar 1906 bis März 1907).

9. Was erfahren wir über Paulas Leben in Paris? Und über ihr Werk und ihre Arbeit?

Paula Modersohn-Becker, 1876-1907

❯ Ihr eigenes Modell malen

VIDEO

Anlässlich der Ausstellung „Paula Modersohn-Becker. Der Weg in die Moderne" präsentiert das Bucerius Kunst Forum im Jahr 2017 in Hamburg rund 80 Werke der kurzen Schaffensperiode der deutschen Künstlerin.

> **Der Blaue Reiter** ist eine deutsche expressionistische Bewegung vom Anfang des 20. Jahrhunderts mit Malern wie August Macke, Vassily Kandinsky, Oskar Kokoschka, Franz Marc …

eine Begabung
- die Begabung (en); begabt sein
  le don ; être doué
- sich von jm / etw. beeinflussen lassen
  être influencé par qn / qc
- der Einfluss (¨e) *l'influence*
- die Schaffensphase (-n)
  la période créatrice
- die Inspirationsquelle (-n)
  la source d'inspiration
- die Wegbereiterin (-nen) *la pionnière*
- etw. empfinden* *ressentir qc*

sich selbst porträtieren
- eine Maske tragen *porter un masque*
- das Selbstporträt (-s),
  das Selbstbildnis (-se)
  l'autoportrait
- die Halskette (-n) *le collier*
- die Großaufnahme (-n) *le gros plan*
- nach links schauen
  regarder vers la gauche
- nachdenklich aus/sehen*
  avoir l'air pensif
- modellierte, markierte Gesichtszüge
  des traits de visage modelés, marqués
- der Pinselstrich (-e) *le coup de pinceau*
- kleine, präzise Pinselstriche
  des coups de pinceau petits, précis

10. Neben welchen Künstlern und Künstlerbewegungen ist Paula Modersohn-Beckers Werk entstanden?
11. Warum wird sie als eine Ausnahme charakterisiert?
12. Welche Inspirationsquellen hatte sie?

Kreative Ateliers

✏️ Ein Ausstellungsplakat

B1 ● Entwerfen Sie das Plakat einer Ausstellung über Paula Modersohn-Becker, indem Sie Ihre Auffassung des Werks und des Lebens Modersohn-Beckers wiedergeben. Versuchen Sie, Elemente aus ihren Gemälden, ihren Lieblingslandschaften (Paris, Worpswede …), ihren Inspirationsquellen auf dem Plakat hinzuzufügen.

ESPACE PRIVÉ ET ESPACE PUBLIC

Paula Modersohn-Becker, *Selbstbildnis mit Bernsteinkette*, 1905

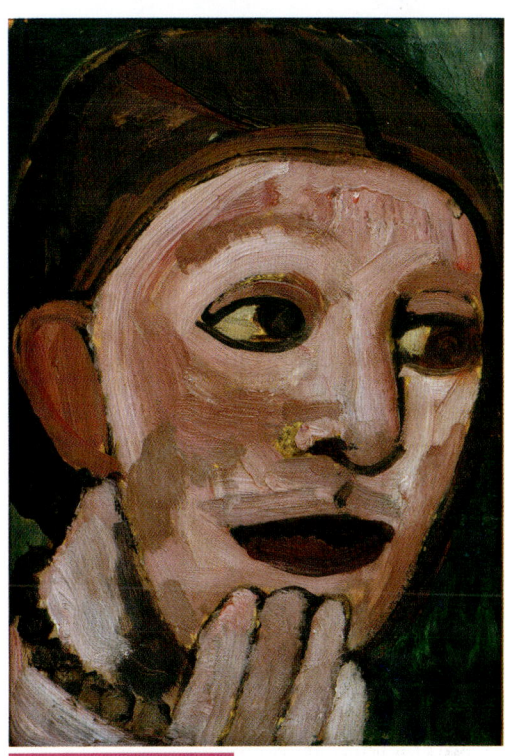

Paula Modersohn-Becker, *Selbstbildnis nach halbrechts, die Hand am Kinn*, 1906

13. Beschreiben Sie die zwei Bilder:
– den Hintergrund
– die Farben
– die Größe des Gesichts …

14. Vergleichen Sie die zwei Selbstbildnisse:
– den Stil
– die Farbe
– die Pinselstriche …

15. Lesen Sie den Ausschnitt aus ihrem Tagebuch und sagen Sie, warum er zu diesen Bildern passt.

Aus ihrem Tagebuch

Paris, den 1. Oktober 1902

[…] Ich glaube, man müßte beim Bildermalen gar nicht so an die Natur denken, wenigstens nicht bei der Konzeption des Bildes. Die Farbenskizze ganz so machen, wie man einst etwas in der Natur empfunden hat. Aber meine persönliche Empfindung ist die Hauptsache. […]

Paula, Wegbereiterin der Moderne

B1 Schreiben Sie in Gruppen eine Präsentation der Künstlerin für den Podcast einer Ausstellung über Paula Modersohn-Becker. Jede Gruppe sucht Informationen in den verschiedenen Dokumenten und behandelt einen der folgenden Aspekte:

- Paula, eine selbstständige Frau
- Die Ausbildung als Künstlerin
- Worpswede, ein Inspirationsort
- Paris, Ort der Wiedergeburt

PRÉCIS PHONOLOGIQUE

A. LES VOYELLES

1 Le *Umlaut*

• Le *Umlaut* **change la prononciation de la voyelle**.
a ≠ ä (comme en français « mer »)
o ≠ ö (comme en français « eux » ou « œuf »)
u ≠ ü (comme en français « mur »)
au ≠ äu (comme « oy » dans « boy » en anglais)

• La présence du *Umlaut* peut changer le sens du mot :
ich konnte (je pouvais) ≠ *ich könnte* (je pourrais).

• Quelques exemples :
f**ü**hlen – meine Br**ü**der – **ä**hnlich – **ä**lter – die Ratschl**ä**ge – tr**ö**sten – h**äu**fig – die L**ö**sung – gr**ö**ßer – j**ü**nger

2 Les voyelles longues

• En allemand, l'orthographe donne des indications précieuses sur la prononciation.
Une voyelle est longue quand elle est suivie d'un « h » : *gehen*.
Le « i » qui précède un « e » est toujours long : *die Beziehung*.
La voyelle doublée est longue : *die Idee*.

• Quelques exemples :
kompliz**ie**rt – das Gef**üh**l – d**ie** L**ie**be – untern**eh**men – versch**ie**den – z**ie**hen – der Kaff**ee** – m**eh**r – der T**ee**

3 Les voyelles brèves

• Une voyelle est **brève** quand elle **précède une double consonne** : *die Rolle – muss – kann – bitte.*
⚠ **La longueur permet de discriminer certains mots.**
Une erreur peut être source de malentendu :
die Mitte le milieu (voyelle brève)
die Miete le loyer (voyelle longue)
bitten prier, demander (voyelle brève)
bieten offrir (voyelle longue)

• Quelques exemples :
der Sp**o**rt – die Br**i**lle – schw**i**mmen – l**u**stig – der Str**e**ss – der R**o**ck – die J**a**cke

4 Le « -e » en finale

• En allemand on prononce toutes les lettres, ce qui peut constituer une difficulté pour les francophones. Il faut donc penser à prononcer le « e » à la fin d'un mot, qui n'est pas accentué, mais n'est jamais muet.

• Quelques exemples :
die Getränk**e** – ich geh**e** – der Erst**e** – sie wohnt**e** – die Neu**e** – die Brück**e** – die Hans**e** – lang**e**

5 Les substantifs en « -ion »

• Les substantifs terminés par *-ion* sont souvent hérités du français et tous sont du genre féminin. Ils sont accentués sur la dernière syllabe : *die Reli°gion, die Konfronta°tion*.

• Quelques exemples :
Tradi°t**ion** – Defini°t**ion** – Informa°t**ion** – Attrak°t**ion** – Ak°t**ion** – Na°t**ion** – Illu°s**ion** – Situa°t**ion**

6 Les diphtongues

• Dans les diphtongues, il faut prononcer les deux sons successifs de voyelles :
– « **au** » se prononce [aou] (comme dans « *how* » en anglais) : *die Ausbildung*
– « **ei** » et « **ai** » se prononcent [aï] (comme « aïe ») : *zwei*
– « **eu** » et « **äu** » se prononcent [oï] (comme dans « *enjoy* » en anglais) : *der Freund*

• Quelques exemples :
die **Au**sbildung – untersch**ei**den – der Vort**ei**l – D**eu**tschland – sich **äu**ßern – die L**ei**stung – h**eu**te – tr**äu**men – der Fr**eu**nd

B. LES CONSONNES

1 Épeler en allemand

La prononciation de certaines lettres diffère beaucoup d'une langue à l'autre, comme par exemple C, E, G, H, J, U, V, W, Y.
Ce – E – Ge – Ha – Jott – U – Vau – We – Ypsilon

2 La prononciation du « an »

• Une des difficultés des francophones est l'absence de nasales en allemand.
« an » se prononce comme le prénom Anne en français : *anfangen, miteinander.*

• Quelques exemples :
ein**an**der – **an**ders – vor**an** – **An**ne – **an**tworten – die **An**kunft – Deutschl**an**d – m**an**che – **an**nehmen

3 La *prononciation* du « *Ach-Laut* »

• Le « ch » se prononce différemment en fonction de la voyelle qui le précède.

• Après *a, o, u* et *au*, le son « ch » se prononce « hr » comme un raclement de gorge : comme dans *acht, hoch, Buch, brauchen*.

• Quelques exemples :
die Spra**ch**e – gespro**ch**en – die Flu**ch**t – beoba**ch**ten – der Na**ch**teil – ma**ch**en – die Wo**ch**e – au**ch**

4 La prononciation de *b*, *d* et *g* en fin de mot

• En position finale dans un mot, les consonnes *b*, *d* et *g* se prononcent différemment.
– Il faut prononcer le « *b* » comme un « *p* » : a**b**, o**b**, der Stau**b**.
– Il faut prononcer le « *d* » comme un « *t* » : das Kin**d**, das Ra**d**, wir sin**d**.
– Il faut prononcer le « *g* » comme un « *k* » : der Ta**g**, er ma**g**.

• Quelques exemples
das Fahrra**d** – sie ma**g** – außerhal**b** – genu**g** – das Gel**d** – das Bil**d** – der Ta**g** – a**b**

5 Le « *h-* » à l'initiale

• En début de mot, le « *h* » **est toujours prononcé avec une forte expiration**, d'autant que les mêmes mots ne comportant pas de « *h* » existent parfois, par exemple :

Halt	et	alt
Haus	et	aus
Hund	et	und

• Quelques exemples :
die **H**altstelle – der **H**auptbahnhof – **h**in – **h**er – **h**eute – **H**amburg

6 Les sons « *ch* » et « *sch* »

• Les sons « *ch* » et « *sch* » sont différents en allemand. Après les voyelles *i, e, ä, ö, ü* et les diphtongues *eu, ei, äu*, le « *ch* » est prononcé en souriant et en tirant le plus possible les lèvres vers l'arrière.
– Devant un « *s* », le « *ch* » se prononce « *k* » : der nä**ch**ste Film, se**ch**s.
– Le « *sch* » est prononcé comme « *ch* » dans « chat » en français : deut**sch**e Filme **sch**auen.

• Quelques exemples :
mögli**ch** – der **Sch**auspieler – die Ges**ch**i**ch**te – glei**ch** – der Zus**ch**auer – wa**ch**sen – französis**ch** – jährli**ch** – **sch**ön – si**ch**

7 La prononciation du « *s* »

• Le « *s* » se prononce « *z* »
– en début de mot devant une voyelle : **s**ingen
– entre 2 voyelles : die Mu**s**ik
– entre « *l* », « *m* », « *n* », « *r* » et une voyelle : al**s**o

• Dans les autres cas, le « *s* » se prononce comme un double « *s* » en français : da**s** Festival
En particulier :
– en fin de mot : der Prei**s**
– à l'intérieur de la double consonne : die Kla**ss**ik

• Quelques exemples :
die kla**s**sische Mu**s**ik – das Fe**s**tival – **s**ingen – der Ba**s**s – die **S**ängerin – da**s** Orche**s**ter – der **S**olokünstler – mu**s**izieren

8 Prononciation de *sp-* et *st-*

• En début de mot devant « *p* » et « *t* », « *s* » se prononce comme « *ch* » en français : die **S**tadt, er **s**teht.
Cette prononciation est aussi valable dans une composition de mots : die Partner**s**tadt, er ver**s**teht.

• Quelques exemples :
spielen – die **S**tadt – die **S**traße – **s**pät – die **S**tunde – zer**s**tören – aus**s**tellen – die Innen**s**tadt

9 Les consonnes « *v* » et « *w* »

• En allemand, les consonnes « *v* » et « *w* » ne se prononcent pas comme en français ou en anglais.
Le « *v* » se prononce comme un « f » français : der **V**ater, **v**ier.
Le « *w* » se prononce comme un « v » français : die **W**ahl, **w**ir.

• Quelques exemples :
von – die **V**orsicht – der **W**ettkampf – sch**w**immen – **v**erlieren – **w**issen – die Be**w**egung – **v**or – ge**w**innen

C. L'ACCENTUATION

1 L'accentuation du mot

Généralement la **première syllabe** des mots simples et composés **porte l'accent tonique** : die °Vorstellung.
Mais les verbes comportant une **particule verbale inséparable**, la plupart des termes **d'origine étrangère**, et **quelques exceptions** ne sont **pas accentués sur la première syllabe** : be°merken, der Com°puter.

• Quelques exemples :
°Ausbildung – Gym°nasium – Be°ruf – °Umwelt – °Facharbeiter – °Arbeitsmarkt – Bü°roarbeit – °Kunde – °Ratschlag

2 L'intonation de la phrase

2.1 L'accent de phrase

• Une phrase verbale ou non comporte un accent principal. Il s'agit de l'accent de phrase :
Seitdem will sie °ausziehen.
Er kommt aus °Frankfurt.
Wir hätten °Lust auszuziehen.
Cet accent peut être porté par le verbe (°ausziehen) ou par un élément qui constitue avec elle une unité de sens et apporte l'information essentielle (aus °Frankfurt kommen, °Lust haben).

2.2 L'accent d'insistance

• Si on veut attirer l'attention de l'interlocuteur sur un autre élément de la phrase, on peut accentuer fortement cet élément. C'est l'accent d'insistance.
°Wir hätten Lust auszuziehen.

GRAMMATIK

SOMMAIRE

I. Le verbe

A Les différents types de verbes — 209
B Les marques de personne — 209
C Tableaux de conjugaison — 209
   1. Les auxiliaires de temps — 209
   2. Les verbes de modalité et de modalisation — 210
   3. Les verbes faibles — 210
   4. Les verbes mixtes — 211
   5. Les verbes forts — 211
D Les différents temps de l'indicatif — 211
   1. Les temps simples : présent et prétérit — 211
   2. Les temps composés : le parfait, le plus-que-parfait et le futur — 211
E Le **subjonctif** II : conjugaisons — 212
   1. Le subjonctif II présent — 212
   2. Le subjonctif II passé — 212
F Le subjonctif II : emplois — 212
G Le passif — 213
   1. Conjugaisons — 213
   2. Le *es* « explétif » — 213
   3. Le complément d'agent — 213
   4. Le passif « bilan » avec *sein* — 213
H L'infinitif — 213
I L'impératif — 213

II. Le groupe nominal

A Le nom — 214
   1. Les trois genres — 214
   2. Les masculins faibles — 214
B Les cas — 215
C Les déterminants dans le groupe nominal — 215
   1. L'article défini — 215
   2. L'article indéfini — 215
   3. Les possessifs — 215
   4. Les démonstratifs — 216
   5. Les interrogatifs — 216
D Les expansions du groupe nominal — 216
   1. À gauche du nom : l'adjectif épithète — 216
   2. À droite du nom : diverses expansions — 216
   3. Les degrés de l'adjectif — 216
E Les pronoms personnels et les pronoms réfléchis — 217

F Les groupes prépositionnels — 217
   1. Prépositions + datif — 217
   2. Prépositions + accusatif — 217
   3. Prépositions mixtes — 217
   4. Prépositions + génitif — 217
   5. Pronominalisation du groupe prépositionnel — 217

III. La structure de la phrase

A La proposition énonciative indépendante ou principale — 218
B La proposition injonctive — 218
C La proposition interrogative — 218
   1. L'interrogation globale — 218
   2. L'interrogation partielle — 218
D La phrase complexe — 218
   1. Propositions subordonnées interrogatives indirectes — 218
   2. Propositions subordonnées conjonctives — 218
   3. Propositions subordonnées infinitives — 219
   4. Propositions coordonnées — 219
E La négation — 219
   1. La négation globale avec *nicht* — 219
   2. La négation partielle avec *nicht* — 219
   3. La négation avec *kein* — 219
F Modalisateurs, appréciatifs et particules illocutoires — 219
   1. Modalisateurs et appréciatifs : le jugement du locuteur — 219
   2. Les particules illocutoires : l'interaction locuteur-interlocuteur — 219
   3. Leur place dans la phrase — 220

IV. Les nombres

A Les nombres cardinaux — 220
B Les nombres ordinaux — 220

Annexes

Liste des principaux verbes forts — 221
Les verbes à rection casuelle ou prépositionnelle — 223

I. Le verbe

A Les différents types de verbes

Il existe quatre grandes catégories de verbes :
- les auxiliaires de temps ;
- les verbes de modalité ;
- les verbes faibles et les verbes mixtes ;
- les verbes forts.

B Les marques de personne

Il n'y a que deux séries de marques de personne en allemand.

Au présent uniquement				
que le verbe soit		faible ou		fort
-e	ich	spiel **e**		komm **e**
-st	du	spiel **st**		komm **st**
-t	er/es/sie	spiel **t**		komm **t**
-en	wir	spiel **en**		komm **en**
-t	ihr	spiel **t**		komm **t**
-en	sie/Sie	spiel **en**		komm **en**

Au prétérit, au subjonctif I et au subjonctif II				
que le verbe soit		faible ou		fort
-☐	ich	spiel te ☐		kam ☐
-st	du	spiel te **st**		kam **st**
-☐	er/es/sie	spiel te ☐		kam ☐
-(e)n	wir	spiel te **n**		kam **en**
-t	ihr	spiel te **t**		kam **t**
-(e)n	sie/Sie	spiel te **n**		kam **en**

REMARQUES

- **perte d'un -e** : les marques **-en** (1ʳᵉ et 3ᵉ personnes du pluriel) perdent le **-e** si le radical se termine déjà en **-e**.
  → wir spielte -(e)n

- **perte du -s** : la marque **-st** perd le **-s** si le radical se termine par **s**, **ß** ou **z**.
  → du lie**st**, du mu**sst**, du hei**ßt**, du sit**zt**

- **ajout d'un -e- (intercalaire)** : pour certains verbes, en particulier ceux dont le radical se termine en **-d**, **-t** ou **-n** précédé d'une consonne (ba**d**-en, arbei**t**-en, reg**n**-en), on rajoute un **-e-** intercalaire pour faciliter la prononciation.
  → ich bade / du bad**e**st / er bad**e**t / wir baden / ihr bad**e**t / sie baden
  → ich bad**e**te☐ / du bad**e**test / er bad**e**te☐ / wir bad**e**ten / ihr bad**e**tet / sie bad**e**ten
  → ich arbeite / du arbeit**e**st / er arbeit**e**t / wir arbeiten / ihr arbeit**e**t / sie arbeiten
  → ich arbeit**e**te☐ / du arbeit**e**test / er arbeit**e**te☐ / wir arbeit**e**ten / ihr arbeit**e**tet / sie arbeit**e**ten

C Conjugaison

1. Les auxiliaires de temps

sein		
	Présent	**Parfait**
ich	bin	bin gewesen
du	bist	bist gewesen
er/es/sie	ist	ist gewesen
wir	sind	sind gewesen
ihr	seid	seid gewesen
sie	sind	sind gewesen
Sie	sind	sind gewesen
	Prétérit	**Impératif**
ich	war☐	
du	war**st**	sei☐ !
er/es/sie	war☐	
wir	war**en**	sei**en** wir !
ihr	war**t**	sei**d** !
sie	war**en**	
Sie	war**en**	sei**en** Sie !

haben		
	Présent	**Parfait**
ich	hab**e**	hab**e** gehabt
du	ha**st**	ha**st** gehabt
er/es/sie	hat	hat gehabt
wir	hab**en**	hab**en** gehabt
ihr	hab**t**	hab**t** gehabt
sie	hab**en**	hab**en** gehabt
Sie	hab**en**	hab**en** gehabt
	Prétérit	**Impératif**
ich	hatte☐	
du	hatte**st**	hab☐ !
er/es/sie	hatte☐	
wir	hatte**n**	hab**en** wir !
ihr	hatte**t**	hab**t** !
sie	hatte**n**	
Sie	hatte**n**	hab**en** Sie !

werden		
	Présent	**Parfait**
ich	werd**e**	bin geworden
du	wi**rst**	bist geworden
er/es/sie	wird☐	ist geworden
wir	werd**en**	sind geworden
ihr	werd**et**	seid geworden
sie	werd**en**	sind geworden
Sie	werd**en**	sind geworden
	Prétérit	**Impératif**
ich	wurde☐	
du	wurde**st**	werd**e** !
er/es/sie	wurde☐	
wir	wurde**n**	werd**en** wir !
ihr	wurde**t**	werd**et** !
sie	wurde**n**	
Sie	wurde**n**	werd**en** Sie !

GRAMMATIK

2. Les verbes de modalité et de modalisation

Ils sont aussi appelés **prétérito-présents**, car ils ont entre autres au présent des marques de prétérit (-□, -st, -□).
→ ich kann□, du kannst, er kann□
→ ich kam□, du kamst, er kam□

Infinitif	können	dürfen	wollen
Présent			
ich	kann□	darf□	will□
du	kannst	darfst	willst
er/es/sie	kann□	darf□	will□
wir	können	dürfen	wollen
ihr	könnt	dürft	wollt
sie/Sie	können	dürfen	wollen

Infinitif	mögen	müssen	sollen
Présent			
ich	mag□	muss□	soll□
du	magst	musst	sollst
er/es/sie	mag□	muss□	soll□
wir	mögen	müssen	sollen
ihr	mögt	müsst	sollt
sie/Sie	mögen	müssen	sollen

Infinitif	können	dürfen	wollen
Prétérit			
ich	konnte□	durfte□	wollte□
du	konntest	durftest	wolltest
er/es/sie	konnte□	durfte□	wollte□
wir	konnten	durften	wollten
ihr	konntet	durftet	wolltet
sie/Sie	konnten	durften	wollten

Infinitif	mögen	müssen	sollen
Prétérit			
ich	mochte□	musste□	sollte□
du	mochtest	musstest	solltest
er/es/sie	mochte□	musste□	sollte□
wir	mochten	mussten	sollten
ihr	mochtet	musstet	solltet
sie/Sie	mochten	mussten	sollten

Parfait	
ich habe es gekonnt	ich habe es gewollt
ich habe es gemocht	

Le verbe *wissen* se comporte de la même manière.
→ ich weiß□, du weißt, er weiß□, wir wissen, ihr wisst, sie/Sie wissen

2.1. Les verbes de modalité

Ils réfèrent directement au sujet et expriment, comme leurs équivalents français et anglais, un certain nombre de nuances :

- **dürfen** : pouvoir (être autorisé à), avoir le droit de
  → Sie **dürfen** heute nicht ausgehen.
- **können** : pouvoir, être capable de, savoir
  → Sie **können** schon schwimmen.
- **mögen** : aimer, apprécier
  → Ich **mag** ihn nicht besonders.

Ce verbe de modalité est très souvent utilisé au subjonctif II pour exprimer le souhait.
  → Er **möchte** etwas länger bleiben.

- **müssen** : devoir, il faut que

Il s'agit d'une nécessité imposée à soi-même ou par les circonstances.
  → Ich **muss** ihm unbedingt davon erzählen.

- **sollen** : devoir, il faut que (conseil)

Contrairement à *müssen*, *sollen* suppose l'intervention de quelqu'un d'autre.
  → Er hat gesagt, du s**ollst** ihn sofort anrufen.

- **wollen** : vouloir
  → Sie **wollen** es mir nicht sagen.

Au parfait, ces verbes, accompagnés d'un infinitif, forment un double infinitif.
  → Sie haben auch **kommen wollen**.
  → Das hätte ich nicht **sagen sollen**.

2.2. Les verbes de modalisation

Ils permettent au locuteur de porter un jugement sur la probabilité de l'énoncé :

- **müssen** — très forte probabilité — +++++
  → Er **muss** es wissen. (sicher, bestimmt = *certainement, sûrement*)
- **dürfen (SII)** — forte probabilité — ++++
  → Er **dürfte** es wissen. (wahrscheinlich = *probablement*)
- **können** — au présent, forte possibilité — +++
  → Er **kann** es wissen. (möglicherweise = *il se peut que*)
  au subjonctif II, possibilité — ++
  → Er **könnte** es wissen. (vielleicht = *peut-être*)
- **mögen** — probabilité moindre — +
  → Sie **mag** Recht haben. (vielleicht = *peut-être*)
- **sollen** — absence de prise de position — =
  → Sie **sollen** sich treffen. (anscheinend = *apparemment*)
- **wollen** — mise en doute de l'énoncé. — ---
  → Er **will** es nicht wissen. (angeblich = *soit-disant*) (En réalité, il le sait.)

3. Les verbes faibles

Ce sont les verbes dont le radical ne change pas, qui forment leur prétérit en **-te** et leur participe II en **[ge]-...t**.

leben		
	Présent	**Parfait**
ich	lebe	habe **ge**leb**t**
du	lebst	hast **ge**leb**t**
er/es/sie	lebt	hat **ge**leb**t**
wir	leben	haben **ge**leb**t**
ihr	lebt	habt **ge**leb**t**
sie	leben	haben **ge**leb**t**
Sie	leben	haben **ge**leb**t**
	Prétérit	**Impératif**
ich	lebte□	
du	lebtest	leb(e)!
er/es/sie	lebte□	
wir	lebten	leben wir!
ihr	lebtet	lebt!
sie	lebten	
Sie	lebten	leben Sie!

❯ 4. Les verbes mixtes

Comme le mot « mixte » l'indique, ils combinent des caractéristiques de verbes faibles (**-te** au prétérit, **-t** au participe II) et des caractéristiques de verbes forts (modification du radical).
Il y en a huit : ***brennen, bringen, denken, kennen, nennen, rennen, senden, wenden***.

bringen		
	Présent	**Parfait**
ich	bring**e**	habe **ge**brach**t**
du	bring**st**	hast **ge**brach**t**
er/es/sie	bring**t**	hat **ge**brach**t**
wir	bring**en**	haben **ge**brach**t**
ihr	bring**t**	habt **ge**brach**t**
sie	bring**en**	haben **ge**brach**t**
Sie	bring**en**	haben **ge**brach**t**
	Prétérit	**Impératif**
ich	brach**te**☐	
du	brach**te**st	bring☐!
er/es/sie	brach**te**☐	
wir	brach**te**n	bring**en** wir!
ihr	brach**te**t	bring**t**!
sie	brach**te**n	
Sie	brach**te**n	bring**en** Sie!

❯ 5. Les verbes forts

Ce sont les verbes dont le radical change au prétérit et/ou au participe II (par rapport à l'infinitif).
Il faut les apprendre par cœur (cf. liste des verbes forts pp. 221-222). Ils forment leur participe II en **[ge]…en**.

ATTENTION De nombreux verbes forts en **-a-** et en **-e-** changent de voyelle au présent des 2e et 3e personnes du singulier.
→ fahren / ich fahre / du f**ä**hrst / er f**ä**hrt mais : ihr f**a**hrt
→ geben / ich gebe / du g**i**bst / er g**i**bt mais : ihr g**e**bt
→ lesen / ich lese / du l**ie**st / er l**ie**st mais : ihr l**e**st
→ sehen / ich sehe / du s**ie**hst / er s**ie**ht mais : ihr s**e**ht

geben		
	Présent	**Parfait**
ich	geb**e**	habe **ge**geb**en**
du	gib**st**	hast **ge**geb**en**
er/es/sie	gib**t**	hat **ge**geb**en**
wir	geb**en**	haben **ge**geb**en**
ihr	geb**t**	habt **ge**geb**en**
sie	geb**en**	haben **ge**geb**en**
Sie	geb**en**	haben **ge**geb**en**
	Prétérit	**Impératif**
ich	gab☐	
du	gab**st**	gib☐!
er/es/sie	gab☐	
wir	gab**en**	geb**en** wir!
ihr	gab**t**	geb**t**!
sie	gab**en**	
Sie	gab**en**	geb**en** Sie!

D Les différents temps de l'indicatif

❯ 1. Les temps simples : présent et prétérit

Les temps simples sont ceux qui sont constitués d'une seule forme verbale.

1.1. Le présent

- Il est formé à partir du radical de l'infinitif (**spiel-**, **komm-**) auquel s'ajoutent les marques de personne.
  → **-e, -st, -t, -en, -t, -en**
- Il est aussi très fréquemment utilisé pour exprimer un **futur**.
  → Morgen komme ich bei dir vorbei.
  → Je passe / Je passerai chez toi demain.

1.2. Le prétérit

- Le prétérit indique qu'un événement passé est non accompli. Dans la langue parlée, il est très souvent utilisé pour les auxiliaires (*sein*, *haben* et les modaux) indépendamment de l'aspect de l'action, qu'elle soit accomplie ou non accomplie.
- Il est formé à partir du radical du prétérit auquel s'ajoutent les marques de personne.
  → -☐, -st, -☐, -(e)n, -t, -(e)n
- Le radical du prétérit est à apprendre par cœur pour les verbes forts (***kam-***) et est régulier pour les verbes faibles [radical du prétérit du verbe faible = radical du présent]
  (***spiel***) + ***-te*** = ***spielte***.

❯ 2. Les temps composés : le parfait, le plus-que-parfait et le futur

Les temps composés sont ceux qui sont constitués de deux formes dont un auxiliaire.

2.1. Le parfait et le plus-que-parfait

- Le parfait est utilisé pour relater un événement passé accompli. Il est formé à partir de l'auxiliaire ***haben*** ou ***sein*** au présent + participe II.
- Le plus-que-parfait exprime une antériorité par rapport au prétérit et au parfait. Il est formé à partir de l'auxiliaire ***haben*** ou ***sein*** au prétérit + participe II.

a. La formation du participe II

- Les verbes qui ne sont pas accentués sur la première syllabe ne prennent pas **ge-** au participe II. Il s'agit des :
– **verbes à préverbe inséparable** non accentué (***be-, emp-, ent-, er-, ge-, miss-, ver-, zer-, wider-***) ;
  → be'stellen – be'stellt, er'kennen – er'kannt, ver'stehen – ver'standen
– **verbes en -'ieren**.
  → stu'dieren – stu'diert, telefo'nieren – telefo'niert
- **ge-** s'intercale **entre le préverbe séparable et le radical du verbe**.
  → 'an**komm**en – 'an**ge**kommen
  → 'hinfahren – 'hin**ge**fahren
  → 'feststellen – 'fest**ge**stellt

b. Le choix de l'auxiliaire

- Ne se construisent avec ***sein*** que :
– les verbes ***sein, bleiben, werden*** ;
  → Ich bin zu Hause gewesen, geblieben.
  → Ich bin gerade 18 geworden.

GRAMMATIK

– les verbes intransitifs exprimant un changement d'état ;
→ Sie **ist** verschwunden. → Elle **a** disparu.
→ Ihr Vater ist gestorben.

– les verbes intransitifs exprimant un déplacement.
→ Wir sind nach München gefahren.
→ Wir **sind** umgezogen. → Nous **avons** déménagé.
→ Ich bin Auto, Rad, Ski gefahren.

■ Se construisent avec **haben** tous les autres verbes, c'est-à-dire :

– les verbes transitifs*
→ Er hat die Zeitung gelesen.
→ Er hat gelesen.
→ Er hat einen Traum gehabt.

– les verbes de modalité
→ Ich habe keinen Streit gewollt.

– les verbes réfléchis (contrairement au français)
→ Ich **habe** mich gewaschen. → Je me **suis** lavé(e).
→ Ich **habe** mich gelangweilt. → Je me **suis** ennuyé(e).
→ Wir **haben** uns oft gestritten. → Nous nous **sommes** souvent disputés.

– les verbes intransitifs exprimant un état ou une activité
→ Ich habe geschlafen, gearbeitet, getanzt, gewohnt, gelebt …
→ Es hat geregnet, geschneit.

2.2. Le futur

■ Futur : auxiliaire **werden** au présent + **infinitif.**
→ Er wird in den Ferien nach Amerika reisen.

On emploie souvent le présent pour exprimer le futur, d'autant plus s'il y a une indication de temps (*morgen*, *später* …).
→ Morgen fahren wir nach Hause.

E Le subjonctif II : conjugaisons

⟩ 1. Le subjonctif II présent
1.1 Formes simples pour les auxiliaires et *wissen*

	sein	haben
ich	wäre☐	hätte☐
du	wärest	hättest
er/es/sie	wäre☐	hätte☐
wir	wären	hätten
ihr	wäret	hättet
sie/Sie	wären	hätten

	werden	wissen
ich	würde☐	wüsste☐
du	würdest	wüsstest
er/es/sie	würde☐	wüsste☐
wir	würden	wüssten
ihr	würdet	wüsstet
sie/Sie	würden	wüssten

	können	dürfen	wollen
ich	könnte☐	dürfte☐	wollte☐
du	könntest	dürftest	wolltest
er/es/sie	könnte☐	dürfte☐	wollte☐
wir	könnten	dürften	wollten
ihr	könntet	dürftet	wolltet
sie/Sie	könnten	dürften	wollten

	mögen	müssen	sollen
ich	möchte☐	müsste☐	sollte☐
du	möchtest	müsstest	solltest
er/es/sie	möchte☐	müsste☐	sollte☐
wir	möchten	müssten	sollten
ihr	möchtet	müsstet	solltet
sie/Sie	möchten	müssten	sollten

1.2 Formes composées pour les autres verbes
Auxiliaire **werden** au subjonctif II + verbe à l'infinitif.

	leben	geben
ich	würde☐ leben	würde☐ geben
du	würdest leben	würdest geben
er/es/sie	würde☐ leben	würde☐ geben
wir	würden leben	würden geben
ihr	würdet leben	würdet geben
sie/Sie	würden leben	würden geben

REMARQUES
■ Pour les verbes forts, dans la langue écrite et orale soutenue, on trouve une autre forme de subjonctif II :
radical du prétérit + inflexion si possible
+ **e** du subjonctif
+ marques de type prétérit (-☐, **-st,** -☐, **-n, -t, -n**).
→ ich gäbe☐ / du gäbe**st** / er gäbe☐ / wir gäbe**n** / ihr gäbe**t** / sie gäbe**n**.

■ Pour les verbes faibles, à l'écrit, dans des textes littéraires notamment, on trouve des subjonctifs II identiques au prétérit, formés de la manière suivante :
radical du prétérit (**lebte**)
+ marques de type prétérit (-☐, **-st**, -☐, **-en, -t, -en**).
→ ich lebte☐ / du lebte**st** / er lebte☐ / wir lebte**n** / ihr lebte**t** / sie lebte**n**.

⟩ 2. Le subjonctif II passé (accompli)
Auxiliaires **haben** ou **sein** au subjonctif II + participe II.
→ Ich hätte geschrieben.
→ Ich wäre gekommen.

F Le subjonctif II : emplois

REMARQUE
■ L'emploi du subjonctif II allemand ne recoupe pas toujours les emplois du subjonctif et du conditionnel français.
→ Elle a besoin d'une fille au-pair qui **sache** cuisiner.
→ Sie braucht ein Au-Pair-Mädchen, das kochen **kann**.
→ Bien qu'il **soit** vieux… → Obwohl er alt **ist** …
→ Wenn ich mehr Zeit **hätte**, würde ich dich besuchen.
→ Si j'**avais** plus de temps, je viendrais te voir.

⟩ Les phrases hypothétiques
■ *wenn* + subjonctif II (simple ou « présent ») : l'action est encore réalisable (souhait)
→ Wenn ich Geld **hätte**, **würde** ich mir einen Computer kaufen.
→ Si j'avais de l'argent, je m'achèterais un ordinateur.

■ *wenn* + subjonctif II passé (accompli) : l'action n'est plus réalisable (regret)
→ Wenn ich aufgepasst **hätte**, **wäre** dieser Unfall nicht passiert.
→ Si j'avais fait attention, cet accident ne serait pas arrivé.

- **als, als ob** : comme si
  - → Er hat stundenlang am Computer gearbeitet, **als** würde ihn nichts anderes interessieren.
  - → Er hat stundenlang am Computer gearbeitet, **als ob** ihn nichts anderes interessieren würde.
  - → Il a travaillé pendant des heures à l'ordinateur comme si rien d'autre ne l'intéressait.
  - → Er tat (so), **als** hätte er mich nicht gesehen.
  - → Er tat (so), **als ob** er mich nicht gesehen hätte.
  - → Il a fait semblant de ne pas m'avoir vu.

G Le passif

Le passif est très fréquent en allemand, bien plus qu'en français.

1. Conjugaisons (*werden* + participe II)

Il est formé de l'auxiliaire **werden** + participe II du verbe.
ATTENTION Le participe II de l'auxiliaire du passif est **worden** (sans *ge-*).

auxiliaire werden au temps voulu + participe II du verbe au passif		
	Présent	Prétérit
ich	werde abgeholt	wurde abgeholt
du	wirst abgeholt	wurdest abgeholt
er/es/sie	wird abgeholt	wurde abgeholt
wir	werden abgeholt	wurden abgeholt
ihr	werdet abgeholt	wurdet abgeholt
sie/Sie	werden abgeholt	wurden abgeholt
Parfait		
ich	bin abgeholt	worden
du	bist abgeholt	worden
er/es/sie	ist abgeholt	worden
wir	sind abgeholt	worden
ihr	seid abgeholt	worden
sie/Sie	sind abgeholt	worden

- Plus-que-parfait
  - → ich **war** abgeholt **worden**, du **warst** abgeholt **worden**, …
- Futur
  - → ich **werde** abgeholt **werden**, du **wirst** abgeholt **werden**, …

2. Le *es* « explétif »

- On le trouve au passif quand la phrase n'a pas de sujet. Il se traduit souvent par « on » en français.
  - → Es wird demonstriert. → On manifeste.
  - → Es wird oft behauptet, dass … → On prétend souvent que…
- Ce **es** disparaît lorsqu'il n'occupe plus la première place.
  - → Heute wird demonstriert. → Aujourd'hui, on manifeste.

3. Le complément d'agent introduit par *von* ou *durch*

- Le complément d'agent est généralement introduit par la préposition **von**.
  - → Der Schüler wird **von** dem Lehrer gefragt.
  - → L'élève est interrogé par le professeur.

- Quand le complément d'agent est plutôt un moyen ou un intermédiaire, il est introduit par **durch**.
  - → Sie wurden **durch** die Presse informiert.
  - → Ils ont été informés par la presse.

4. Le passif « bilan » avec *sein*

Quand l'action est terminée, on n'utilise plus l'auxiliaire **werden** (qui signale qu'elle est en train de se faire), mais **sein** :
- → Die Wohnung **wird** renoviert.
- → L'appartement est en train d'être rénové (les travaux ne sont pas terminés).
- → Die Wohnung **ist** renoviert.
- → L'appartement est rénové (les travaux sont terminés).

H L'infinitif

L'emploi de **zu** est fonction du verbe dont dépend l'infinitif.
Les verbes qui se construisent avec un infinitif sans **zu** sont :
- les six verbes de modalité : **können, mögen, müssen, wollen, dürfen** et **sollen**
  - → Ich muss sofort gehen, sonst verpasse ich den Bus!
  - → Je dois partir tout de suite, sinon je vais rater le bus !
- les verbes **lassen** et **bleiben**
- les verbes de perception : **sehen, hören** …
- les verbes de déplacement : **gehen, fahren** …
- les verbes **helfen** et **lernen**, quand l'infinitif est seul ou complété par un seul élément :
  - → Sie lernte fahren.

Dans les autres cas, l'infinitif est précédé de **zu** :
- → Sie lernte, allein mit ihren Problemen fertig **zu** werden.
- → Elle a appris à résoudre seule ses problèmes.

REMARQUE L'infinitif substantivé est identique à l'infinitif, son genre est toujours neutre. Son utilisation est beaucoup plus fréquente qu'en français (**das Essen, das Lernen**…).
Combiné avec la préposition **bei**, il exprime la simultanéité.
- → Beim Tennisspielen lernte er sie kennen.
- → Il a fait sa connaissance en jouant au tennis.

I L'impératif

C'est le mode de l'injonction.

Personne	Verbes faibles et forts	sein
(du) tutoiement	Spiel!	Sei!
(wir)	Spielen wir!	Seien wir!
(ihr) tutoiement pl.	Spielt!	Seid!
(Sie) vouvoiement	Spielen Sie!	Seien Sie!

REMARQUE
- Les verbes forts qui modifient le **e** de leur radical à la 2ᵉ personne du singulier du présent prennent aussi *-i* ou *-ie* à la 2ᵉ personne de l'impératif :
  - → Sieh! → Seht! → Sehen Sie!

GRAMMATIK

II. Le groupe nominal

A Le nom

- Il commence toujours par une majuscule. Il peut être
– simple ('Mond),
– dérivé ('Fahrer: fahr- + suffixe **-er**)
– ou composé ('Nachtzug: Nacht + Zug).
- Le genre du nom composé est toujours celui du nom le plus à droite (der'Spieler – der'Schauspieler – der'Theaterschauspieler).

›1. Les trois genres

Il y a trois genres en allemand.
- masculin → der Mond, der Traum
- neutre → das Fieber, das Mädchen
- féminin → die Sonne, die Reise

Le genre des noms peut paraître arbitraire :
→ der Mond → la lune

Il y a quelques règles qui permettent de savoir le genre du nom, selon son sens ou selon la façon dont il est formé.

1.1. Le genre naturel (lié au sexe)

Les membres de la famille	
der Mann : l'homme ou le mari	**die** Frau : la femme ou l'épouse
der Vater : le père	**die** Mutter : la mère
der Sohn : le fils	**die** Tochter : la fille
der Bruder : le frère	**die** Schwester : la sœur
der Onkel : l'oncle	**die** Tante : la tante
Les autres paires masculin-féminin	
der Held : le héros	**die** Heldin : l'héroïne
der Autor : l'auteur	**die** Autorin : l'auteur(e)
der Friseur : le coiffeur	**die** Friseuse : la coiffeuse
Les animaux	
der Bulle / Stier : le taureau	**die** Kuh : la vache
der Hund : le chien	**die** Hündin : la chienne

ATTENTION
→ **das** Mädchen → la (jeune) fille
(le genre étant conditionné par le suffixe **-chen**, toujours neutre)
Les petits des hommes et des animaux sont neutres :
→ das Kind → l'enfant
→ das Baby → le bébé
→ das Küken → le poussin

1.2. Le genre lié au sens

Noms de pays et noms de villes

- La plupart des noms de pays s'emploient sans article. C'est également vrai pour les noms de villes et les continents.
→ Ich fahre nach Deutschland. Ich lebe in Frankreich.
→ Ich fliege nach Afrika, Europa, Australien.
→ Ich wohne in Berlin, Paris, Madrid.
→ das schöne Deutschland, das Nachkriegsdeutschland …
das tropische Afrika, das vereinte Europa, das schöne Berlin, das Berlin der Nachkriegsjahre

- Certains noms de pays toutefois exigent un article.
masculin → der Iran, der Irak …
féminin → die Schweiz, die Türkei, die Ukraine …
pluriel → die Vereinigten Staaten (die USA), die Niederlande

1.3. Le genre lié à la formation du nom

Quelques « mécanismes » à repérer (pour ne pas apprendre tous les genres par cœur) :

a. Les féminins

- Les noms en **-ei, -heit, -keit, -schaft, -ung, -ion**
→ **die** Bäckerei → **die** Krankheit → **die** Schwierigkeit
→ **die** Gesellschaft → **die** Wohnung → **die** Diskussion

b. Les neutres

- Les infinitifs substantivés (devenus noms)
→ **das** Leben → la vie → **das** Essen → le repas
→ **das** Fernsehen → la télévision
→ **das** Verhalten → le comportement
→ **das** Surfen im Internet → le fait de surfer sur Internet
- Les noms avec le diminutif **-lein** ou **-chen**
→ **das** Mäd**chen**, **das** Häus**chen** → **das** Fräulein …
- Les mots d'emprunt en **-o**
→ **das** Auto, **das** Foto, **das** Tempo, **das** Büro …
sauf → **der** Zoo, **der** Euro

›2. Les masculins faibles

- On appelle masculins faibles*, les noms masculins ayant la marque **-n** ou **-en** à toutes les formes sauf au nominatif singulier.

	Masculin	Pluriel
Nominatif	der Junge☐	die Junge**n**
Accusatif	den Junge**n**	die Junge**n**
Datif	dem Junge**n**	den Junge**n**
Génitif	des Junge**n**	der Junge**n**

	Masculin	Pluriel
Nominatif	der Mensch☐	die Mensch**en**
Accusatif	den Mensch**en**	die Mensch**en**
Datif	dem Mensch**en**	den Mensch**en**
Génitif	des Mensch**en**	der Mensch**en**

*On parle de masculins faibles par opposition aux masculins forts qui prennent **-(e)s** au génitif singulier.

- Les masculins faibles sont :

– des noms d'origine germanique désignant des êtres vivants :
→ **der** Herr → **der** Held → le héros
→ **der** Mensch → **der** Bär → l'ours

– de nombreux masculins terminés par **-e** dont les noms de nationalité :
→ **der** Junge → le jeune garçon → **der** Kunde → le client
→ **der** Affe → le singe → **der** Löwe → le lion → **der** Kollege
→ **der** Franzose → **der** Russe → **der** Chinese → **der** Finne
→ **der** Pole → **der** Türke

– des noms d'origine étrangère terminés par :

-ist	**der** Polizist, **der** Komponist, **der** Journalist
-ent	**der** Student, **der** Dirigent, **der** Konsument
-ant	**der** Elefant, **der** Demonstrant, **der** Praktikant
-at	**der** Soldat, **der** Automat, **der** Demokrat
-ot	**der** Pilot
-et	**der** Planet, **der** Komet
-oge	**der** Geologe, **der** Pädagoge, **der** Psychologe
-oph	**der** Philosoph
-af	**der** Fotograf, **der** Geograf

B Les cas

Le groupe nominal est caractérisé par trois paramètres.

- le **genre** du nom
- le **nombre** du nom (singulier ou pluriel)
- le **cas** qui est déterminé :
– par la fonction du groupe nominal dans la phrase ;
– par la préposition qui précède ;
– ou par la construction du verbe (rection).

Il existe quatre cas.

- Le **nominatif** pour :
– le **sujet**
  → Der Junge schläft.
– l'**attribut du sujet**
  → Dieser Spieler ist der Beste in der Mannschaft.

- L'**accusatif** pour :
– le **complément d'objet à l'accusatif** (complément d'objet « direct ») (voir aussi rection casuelle des verbes, p. 223)
  → Ich trinke eine große Cola. Ich frage dich.
– l'**attribut de l'objet**
  → Ich betrachte dich als **meinen besten Freund**.
– des **groupes prépositionnels** (prépositions + accusatif dont prépositions mixtes pour le directionnel)
  → Ich gehe in die Stadt. Ich tue das für dich.
– l'**expression du temps** (GN non prépositionnel)
  → den ganzen Tag, letzte Woche, nächsten Monat

- Le **datif** pour :
– **le complément d'objet second ou le complément d'objet indirect introduit par « à » en français.**
  → Ich gebe dir das Buch.
– **le complément d'objet au datif** (voir rection casuelle des verbes, p. 223)
  → Ich helfe dir.
– **l'objet prépositionnel au datif** (voir rection prépositionnelle des verbes, p. 223)
  → Sie nehmen an dem Fest teil.
– **certains groupes prépositionnels** (prépositions + datif dont prépositions mixtes pour le locatif)
  → Ich lebe in einer schönen Stadt. Er bleibt am PC.

- Le **génitif** pour :
– le **complément de nom**
  → das Haus meines Onkels
– le **génitif des noms propres**
  → Pauls Schwester

> Les noms propres forment un **génitif dit « saxon »**. Le nom propre prend la marque **-s**, il est placé devant le nom déterminé et entraîne la disparition de l'article.
> → der Vater von Lena = Lenas Vater
> → die Hauptstadt von Deutschland = Deutschlands Hauptstadt

– **certains groupes prépositionnels** (prépositions + génitif)
  → trotz des Regens

- Au génitif masculin et neutre, le nom porte la marque **-s** ou **-es** et au datif pluriel la marque **-n**.
  → Der Vater meines Freundes kommt mit seinen Kindern.

C Les déterminants dans le groupe nominal

1. L'article défini

Les marques du pluriel sont communes aux trois genres.

	Masc. sing.	Neutre sing.	Fém. sing.	Pluriel
Nominatif	der	das	die	die
Accusatif	den	das	die	die
Datif	dem	dem	der	den
Génitif	des	des	der	der

2. L'article indéfini

- Il se décline comme l'article défini, sauf qu'il n'a pas de marque au nominatif singulier masculin et au nominatif et à l'accusatif singulier neutre.

- L'indéfini pluriel, comme en anglais, et le partitif s'expriment sans article.
  → Haben Sie Kinder? → Avez-vous des enfants ?
  → Ich esse Käse. → Je mange du fromage.

- **Kein**, article indéfini négatif, se décline comme **ein**.

	Masc. sing.	Neutre sing.
Nominatif	ein☐ / kein☐	ein☐ / kein☐
Accusatif	einen / keinen	ein☐ / kein☐
Datif	einem / keinem	einem / keinem
Génitif	eines / keines	eines / keines

	Féminin sing.	Pluriel
Nominatif	eine / keine	keine
Accusatif	eine / keine	keine
Datif	einer / keiner	keinen
Génitif	einer / keiner	keiner

3. Les possessifs

- Ils se déclinent exactement comme **ein/kein**.

ATTENTION Comme en anglais, le choix des possessifs de la troisième personne du singulier dépend du genre du possesseur.
  → Mein Bruder telefoniert mit **seiner** Freundin.
  → Meine Schwester hat **ihre** Schlüssel verloren.

GRAMMATIK

Possesseur	Possessif	Possesseur	Possessif
ich	mein☐ meine…	wir	unser☐ unsere…
du	dein☐ deine…	ihr	euer☐ eure…
er/es	sein☐ seine…	sie	ihr☐ ihre…
sie	ihr☐ ihre…	Sie	Ihr☐ Ihre…

4. Les démonstratifs

- ***Dieser*** et ***jener*** suivent le modèle de déclinaison de l'article défini.

5. Les interrogatifs

- ***Welcher*** et ***wer*** suivent le modèle de déclinaison de l'article défini.
- ***Was für ein*** se rattache à la déclinaison de l'article indéfini.

D Les expansions du groupe nominal

1. À gauche du nom : l'adjectif épithète

Il est placé **avant le nom** auquel il se rapporte. Il est obligatoirement décliné, c'est-à-dire qu'il porte une marque : il peut s'agir d'une marque forte ou faible.

- **Marque forte sur l'adjectif :** si aucun autre élément du groupe nominal ne permet d'identifier le cas.

N. B. Ce sont les mêmes marques que celles de l'article défini.
→ Ich esse dies**en** Käse nicht, ich esse nur französisch**en** Käse.

Si l'article ne porte pas la marque
der Fluss → ein schön**er** Fluss
das Dorf → ein klein**es** Dorf

S'il n'y a pas d'article
das Obst → biologisch**es** Obst
die Ferien → lang**e** Ferien

- **Marque faible sur l'adjectif** : si la marque de cas est portée par un autre élément du groupe nominal, l'adjectif porte la marque **-e** ou **-en**.

	Masculin sing.	Neutre sing.
Nominatif	d**er** toll**e** Vater	d**as** nett**e** Mädchen
Accusatif	d**en** toll**en** Vater	d**as** nett**e** Mädchen
Datif	d**em** toll**en** Vater	d**em** nett**en** Mädchen
Génitif	d**es** toll**en** Vater**s**	d**es** nett**en** Mädchen**s**

	Féminin sing.	Pluriel
Nominatif	di**e** jung**e** Frau	di**e** gut**en** Freunde
Accusatif	di**e** jung**e** Frau	di**e** gut**en** Freunde
Datif	d**er** jung**en** Frau	d**en** gut**en** Freunde**n**
Génitif	d**er** jung**en** Frau	d**er** gut**en** Freunde

REMARQUES

- L'adjectif épithète peut lui-même être complété par un adverbe ou par un complément.
  → der weltweit bekannte Sänger
  → le chanteur connu dans le monde entier

- Peuvent fonctionner comme adjectifs épithètes des participes I ou II.
  → das schlafende Kind → l'enfant qui dort, dormant
  → die gestellte Frage → la question posée

2. À droite du nom : diverses expansions

2.1. Le complément de nom au génitif

- Il se trouve obligatoirement à droite
  → das Haus des Musikers
- sauf avec des noms propres
  → Peters Frau; Hundertwassers ideale Stadt

2.2. Le groupe prépositionnel et l'adverbe

→ die Kinder aus dem Dorf → les enfants du village
→ die Schublade links → le tiroir de gauche

2.3. Le groupe infinitif

→ sein Versprechen, mir beim Umziehen zu helfen
→ sa promesse de m'aider à déménager

2.4. La proposition subordonnée relative

- La proposition subordonnée relative est située après le nom qu'elle complète, appelé l'antécédent. Elle est introduite par un pronom relatif ; le pronom relatif a le genre et le nombre de l'antécédent.

- Le cas du pronom relatif dépend de la fonction qu'il a dans la proposition subordonnée (qui = nominatif, que = accusatif, à qui/ auquel = datif, dont = génitif) ou de la préposition qui le précède.
  → Ich habe die Frage, **die** du gestellt hast, nicht gehört.
  → Je n'ai pas entendu la question que tu as posée.
  → Der Film, **den** wir gesehen haben, war langweilig.
  → Le film que nous avons vu était ennuyeux.
  → Das ist der Tag, an **dem** ich sie kennengelernt habe.
  → C'est le jour où j'ai fait sa connaissance.

	Masc. sing.	Neutre sing.	Fém. sing.	Pluriel
Nominatif	der	das	die	die
Accusatif	den	das	die	die
Datif	dem	dem	der	denen
Génitif	dessen	dessen	deren	deren

REMARQUE

Le relatif génitif n'est jamais suivi d'un article.
→ Ausländische Mitbürger, **deren** Deutschkenntnisse nicht gut sind, haben größere Integrationsschwierigkeiten.

2.5. Les autres propositions subordonnées

→ die Angst, dass etwas Schlimmes passiert
→ la peur qu'il se produise quelque chose de grave

3. Les degrés de l'adjectif

On peut moduler son appréciation en employant un comparatif ou un superlatif.

3.1. Comparatif de supériorité et superlatif

Degré zéro	
GN (épithète)	ein bequemes Haus
GV (attribut)	Mein Haus ist bequem.
GV (adverbe)	Ich wohne bequem.

1. Comparatif de supériorité	
GN (épithète)	ein bequem**er**es Haus
GV (attribut)	Mein Haus ist bequem**er**.
GV (adverbe)	Ich wohne bequem**er**.
2. Superlatif	
GN (épithète)	das bequem**ste** Haus
GV (attribut)	Mein Haus ist **am** bequem**sten**.
GV (adverbe)	Ich wohne **am** bequem**sten**.

- Adjectifs courts en **a**, **o**, **u** – la plupart prennent une inflexion.
  → lang, länger, der längste
  → kurz, kürzer, der kürzeste
- Irrégularités
  → gut, besser, der/die beste, am besten
  → hoch, höher, der/die höchste, am höchsten
  → nah, näher, der/die nächste, am nächsten
  → viel, mehr, am meisten
  → gern, lieber, am liebsten

3.2. Le complément du comparatif de supériorité
→ Die Fahrt mit dem ICE ist bequem**er als** mit dem Auto.

3.3. Comparatif d'égalité et sa négation
→ Seine Meinung ist **so** wichtig **wie** ihre Meinung.
→ Seine Meinung ist **nicht so** wichtig **wie** ihre Meinung.

REMARQUE
Le complément du comparatif est au même cas que le terme de référence.
→ **Er** war schneller als **du**.

E Les pronoms personnels et les pronoms réfléchis

	Les pronoms personnels		Les pronoms réfléchis	
Nominatif	Accusatif	Datif	Accusatif	Datif
ich	mich	mir	mich	mir
du	dich	dir	dich	dir
er	ihn	ihm	sich	sich
es	es	ihm	sich	sich
sie	sie	ihr	sich	sich
wir	uns	uns	uns	uns
ihr	euch	euch	euch	euch
sie/Sie	sie/Sie	ihnen/Ihnen	sich	sich

L'allemand fait une distinction entre :
→ Sie denkt nur an **sich**. (pronom réfléchi renvoyant au sujet)
→ Elle ne pense qu'à elle-même.
et :
→ Sie denkt nur an **sie**. (pronom personnel renvoyant à une autre personne) → Elle ne pense qu'à elle.

F Les groupes prépositionnels
Il existe quatre séries de prépositions.

› 1. Les prépositions toujours suivies du datif
aus – bei – mit – nach – seit – von – zu

› 2. Les prépositions toujours suivies de l'accusatif
durch – für – gegen – ohne – um – wider

› 3. Les prépositions mixtes
an – auf – hinter – in – neben – über – vor – unter – zwischen

- Quand elles ont un sens spatial, elles sont suivies :
– du datif quand elles expriment un lieu où l'on est (locatif).
  → Ich bin in der Stadt. → Je suis en ville.
Elles répondent alors à la question **Wo?**

– de l'accusatif quand elles expriment le lieu où l'on va (directionnel).
  → Ich fahre in die Stadt. → Je vais en ville.
Elles répondent alors à la question **Wohin?**

- Quand elles ont un sens abstrait, il faut apprendre par cœur le cas qu'elles exigent (*cf.* p. 223). Avec un sens temporel, elles sont le plus souvent suivies du datif.

› 4. Les prépositions suivies du génitif
anstatt (*au lieu de*) – **trotz** (*malgré*) – **während** (*pendant, durant*) – **wegen** (*à cause de*)
→ Trotz der langen Fahrt war sie ziemlich frisch.
→ Während des ganzen Monats …
Dans la langue parlée actuelle, elles sont souvent suivies du datif.

› 5. Pronominalisation du groupe prépositionnel
- Il s'agit d'une personne : préposition + pronom personnel correspondant.
  → Er denkt oft an seinen Vater. = Er denkt oft an ihn.
  → Il pense souvent à lui.
- Il s'agit d'une chose, d'un inanimé : **da + (r)*** + préposition.
  → Er denkt oft an die Worte seines Vaters.
     = Er denkt oft **daran**.
  → Il y pense souvent.

● Le pronom de type **daran**, **darauf** peut aussi annoncer un groupe infinitif ou une subordonnée.
  → Ich denke oft daran, wie schön es wäre, mehr Zeit für meine Familie zu haben.

---
* On intercale un « r » si la préposition commence par une voyelle.

GRAMMATIK

III. La structure de la phrase

A La proposition énonciative indépendante ou principale

Le verbe conjugué occupe la 2e position, quelles que soient la forme, la fonction, la longueur du premier élément.
Il n'y a pas de virgule avant le verbe en 2e position, sauf si la 1re position est occupée par une proposition subordonnée.
→ Wenn es morgen regnet, **bleiben** wir zu Hause.
→ Deshalb **konnte** er nicht kommen.
→ Diesen Roman **habe** ich schon gelesen.

REMARQUE
- Dans la langue parlée, on fait parfois l'ellipse d'un complément en tête de phrase, quand il est facilement déductible du contexte.
→ Wie sagt man Käse auf Französisch?
→ **Weiß** ich nicht. (= Das weiß ich nicht.)

B La proposition injonctive

Dans une phrase à l'impératif, le verbe occupe la première position.
→ Hilf mir bitte! Helft uns bitte! Helfen Sie mir bitte!

C La proposition interrogative

1. L'interrogation globale

Dans une interrogative globale directe, le verbe conjugué est en première position. On peut répondre par **ja**, **nein** ou **doch**.
→ Siehst du ihn nicht? **Doch**, ich sehe ihn.

2. L'interrogation partielle

- Une interrogative partielle directe commence par un mot interrogatif, accompagné ou non d'une préposition. Le verbe conjugué est en deuxième position. Les mots interrogatifs commencent toujours par **w-**.
→ **w**ann? **w**arum? **w**as? **w**er? **w**ie? **w**o? **w**ohin? **w**oher? **w**oran? **w**orauf? **w**orüber? …

- On y répond par une unité de sens correspondant au mot interrogatif.
→ Woran denkst du? – An die Ferien.
→ Wem schreibst du? – Meiner Schwester.

D La phrase complexe

Elle comprend plusieurs verbes. Il peut s'agir :
- de propositions indépendantes coordonnées
- d'une proposition principale + proposition(s) subordonnée(s)
- de proposition(s) subordonnée(s) + proposition principale

Dans une proposition subordonnée, le verbe conjugué est en dernière position.

REMARQUE
- En allemand, proposition principale et proposition subordonnée sont séparées par une virgule.

1. Propositions subordonnées interrogatives indirectes

- **Interrogation globale**
  → Er fragt dich, **ob** du wirklich sicher bist.
- **Interrogation partielle**
  → Ich weiß, **wen** du angerufen hast.
  → Ich möchte wissen, mit **wem** du telefoniert hast.

2. Propositions subordonnées conjonctives

Elles sont introduites par une conjonction de subordination.

- **adversatives**

tandis que, alors que	während

- **causales**

parce que	weil
comme, puisque	da

- **comparatives**

comparatif de supériorité	als
comparatif d'égalité	so … wie
comme si	als ob, als (verbe conjugué en 2e position)

- **concessives**

bien que	obwohl
même si	selbst wenn, auch wenn

- **conditionnelles**

si	wenn
au cas où	falls, im Falle dass

- **consécutives**

si + adj./adv. … que	so … dass
si bien que	so dass

- **finales**

afin que	damit

- **instrumentales**

en + participe présent	indem

- **modales**

comme, à quel point + adj./adv	wie + adj.

- **temporelles**

quand (fait unique passé)	als
quand (dans les autres cas)	wenn
dès que	sobald
tant que	solange
jusqu'à ce que	bis
avant que (deux conjonctions)	bevor, ehe (verbe obligatoirement conjugué)
après que	nachdem (verbe obligatoirement conjugué)
tandis que, pendant que	während
depuis que	seit, seitdem

→ Ich hatte einen Stadtplan bei mir, **so dass** wir seine Straße problemlos gefunden haben.
→ Eine Frau muss mindestens zwei Kinder haben, **damit** sich eine Generation erneuern kann.
→ **Wenn** du nicht kommen könntest, wäre ich enttäuscht.

⟩ 3. Propositions subordonnées infinitives

Le verbe est à l'infinitif et n'a pas de sujet propre.
- **zu** → Ich habe vor, eine Stadtrundfahrt **zu** machen.
- **um … zu** → Sie stillte ihr Kind nur drei Monate lang, **um** dann wieder arbeiten gehen **zu** können.
- **anstatt … zu** → **Anstatt** zu Hause **zu** sitzen, könntest du auch ein bisschen an die frische Luft gehen.
- **ohne … zu** → Du kannst alles organisieren, **ohne** mich **zu** fragen.

⟩ 4. Propositions coordonnées

Elles sont reliées par une conjonction de coordination qui n'influe pas sur la place du verbe.
- **und** → Er kam zu spät **und** sie waren schon weg.
- **oder** → Wir gehen ins Theater **oder** wir essen im Restaurant.
- **aber** → Ich wollte kommen, **aber** ich konnte diesmal nicht.
- **denn** → Er lernte viel, **denn** sie war streng.

E La négation

Il existe de nombreux négateurs : **nicht – kein – nie – nichts – niemand – nirgends** …
Les deux négateurs de base sont **nicht** et **kein**.

⟩ 1. La négation globale avec *nicht*

- *Nicht* porte sur l'ensemble de la phrase.
- Le négateur global *nicht* se place **avant le groupe verbal** qui comprend au minimum le verbe et un ou plusieurs éléments qui constituent l'information essentielle de la phrase.
    → Er hat seit Tagen **nicht** geschlafen (GV : geschlafen haben). Deshalb ist er heute **nicht** aufgestanden (GV : aufgestanden sein).
    → Er kommt nicht mit (GV : mitkommen), weil er leider **nicht** sportlich ist (GV : sportlich sein).
    → Er spielt sonst **nicht** schlecht (GV : schlecht spielen). Trotzdem ist er **nicht** nach Bonn gefahren (GV : nach Bonn gefahren sein).

ATTENTION Le groupe nominal à l'accusatif et au datif, introduit par un article défini, ne fait généralement pas partie du groupe verbal. *Nicht* se place alors après.
    → Ich kenne deine Adresse **nicht**.
    → Ich helfe meiner Mutter **nicht**.

⟩ 2. La négation partielle avec *nicht*

Contrairement à la négation globale qui porte sur l'ensemble de la phrase, la négation partielle ne porte que sur un élément de la phrase. Elle est placée juste devant l'élément nié qui est accentué. Le négateur partiel *nicht* n'est pas accentué.
    → Diese Schuhe habe ich **nicht** in °Köln gekauft.
    → Ce n'est pas à Cologne que j'ai acheté ces chaussures.
    → **Nicht** °er, **sondern** sein °Bruder hat es getan.
    → Ce n'est pas lui qui l'a fait, mais son frère.

⟩ 3. La négation avec *kein*

- *Kein* est un déterminatif / article négatif. Il correspond globalement à la négation de *ein* et de l'absence d'article. Il se décline comme *ein* (ou *mein*).
    → Ich habe leider °**keine** neuen Freunde kennen gelernt.
    → Tut mir Leid, ich habe heute °**keine** Zeit.

F Modalisateurs, appréciatifs et particules illocutoires

⟩ 1. Modalisateurs et appréciatifs : le jugement du locuteur

1.1. Modalisateurs

- Le locuteur peut nuancer la certitude de l'information qu'il fait passer en jouant sur différents degrés de vérité au moyen de modalisateurs selon une échelle allant du possible au certain en passant par le probable.
    → **vielleicht, möglicherweise** → peut-être
    → **eventuell** → éventuellement
    → **wahrscheinlich** → vraisemblablement
    → **wohl** → probablement
    → **zweifellos, ohne Zweifel** → sans aucun doute
    → **sicher, sicherlich, mit Sicherheit, gewiss, bestimmt** → certainement
    → Paul hat sich bei seiner Oma **vielleicht / bestimmt** gelangweilt. → Paul s'est peut-être / certainement ennuyé chez sa grand-mère.

- D'autres modalisateurs sont employés fréquemment :
– pour confirmer une information antérieure
    → **wirklich** → vraiment → **in der Tat** → en effet
    → **in Wirklichkeit** → en réalité,
    → **eigentlich** → en fait, à vrai dire
– ou pour rectifier une information antérieure
    → Pia ist diesmal **wirklich** krank, obwohl sie **eigentlich** nie krank ist. → Cette fois-ci Pia est vraiment malade, elle qui ne l'est (en fait) jamais.

1.2. Appréciatifs

- Le locuteur peut accompagner l'information qu'il donne d'un jugement de valeur (« c'est bon, mauvais, regrettable, (a)normal ») au moyen d'appréciatifs.
    → **leider** → malheureusement → **hoffentlich** → espérons que
    → **zum Glück** → heureusement
    → **komischerweise, merkwürdigerweise** → curieusement
    → **seltsamerweise** → bizarrement
    → **logischerweise** → logiquement, selon toute attente
    → **normalerweise, selbstverständlich, natürlich** → normalement, naturellement
    → Pia ist **leider** krank. → Pia est malheureusement malade.
    → Pia ist **hoffentlich** nicht krank. → J'espère que Pia n'est pas malade.
    → Anna ist **natürlich** zu spät angekommen.
        → Anna est évidemment arrivée en retard.

⟩ 2. Les particules illocutoires : l'interaction locuteur-interlocuteur

- Les particules illocutoires sont des petits mots qui signalent une attitude (réaction, intention) par rapport à ce qui se passe dans la situation.
    → Ich fahre **ja** seit Jahren Auto!
    → Mais enfin, ça fait des années que je conduis !

- Le locuteur rappelle à son interlocuteur quelque chose de connu, d'évident.
    → Ich bin **halt/eben** zu spät angekommen!
    → Eh bien oui, je suis arrivée en retard !

GRAMMATIK

- Le locuteur souligne que c'est comme ça, qu'on le veuille ou non.
  → Hilf mir **doch**, anstatt zu meckern!
  → Mais aide-moi au lieu de râler !
  → Ich bin **doch** nicht dein Diener!
  → Je ne suis tout de même pas ton domestique !
- Le locuteur exprime que quelque chose est inattendu.
  → Du hast **aber** Glück gehabt! → Tu en as eu de la chance !
- Le locuteur exprime sa surprise.
  → Wo hast du **denn** das ganze Geld her?
  → D'où sors-tu tout cet argent ?
- Le locuteur exprime son impatience.
  → Wo steckt er **denn**? → Mais enfin qu'est ce qu'il fabrique ? Mais où est-il passé ?
- Le locuteur exprime sa curiosité.
  → Der Hund ist süß. Wie heißt er **denn**?
  → Il est mignon ce chien. Comment s'appelle-t-il ?

REMARQUE
- **denn** ne s'emploie que dans des questions.

3. Leur place dans la phrase
- Les modalisateurs, appréciatifs et particules illocutoires se placent au même endroit que le **nicht** global (cf. page 219).
  → Wir sind dieses Jahr **nicht** nach Spanien gefahren.
  → Wir werden nächstes Jahr **vielleicht** nach Spanien fahren.
  → Wir wollen nächstes Jahr **natürlich** nach Spanien fahren.
- Quand il y a **nicht** et un modalisateur ou un appréciatif ou une particule illocutoire, le **nicht** se place en dernier.
  → Wir werden nächstes Jahr **hoffentlich nicht** nach Spanien fahren!
  → Warst du **denn nicht** in der Schule?
  → Das war **aber nicht** nett von dir!

IV. Les nombres

A Les nombres cardinaux

1. De 1 à 12, il s'agit de chiffres simples
→ 0 null   → 1 eins   → 2 zwei   → 3 drei
→ 4 vier   → 5 fünf   → 6 sechs   → 7 sieben
→ 8 acht   → 9 neun   → 10 zehn   → 11 elf
→ 12 zwölf

2. À partir de 13, les chiffres sont composés
- de 13 à 19 : l'unité + **-zehn** : → 14 vierzehn
  → 16 se<u>ch</u>zehn (attention, sechs perd son -s)
  → 17 sieb<u>z</u>ehn (attention, sieben perd son -en)

3. Les dizaines
Elles sont formées à partir de l'unité à laquelle est ajouté le suffixe **-zig**.
  → neunzig
Il y a néanmoins quelques irrégularités :
  → 20 <u>zwan</u>zig   → 30 drei<u>ß</u>ig   → 60 se<u>ch</u>zig   → 70 sieb<u>z</u>ig

4. L'unité doit être reliée à la dizaine par *und*:
  → 24 vier<u>und</u>zwanzig   → 62 zwei<u>und</u>sechzig

5. Les centaines (*hundert*) et les milliers (*tausend*)
- Ils sont reliés aux autres chiffres **sans** *und* et précèdent les dizaines et les unités.
- Quelle que soit leur longueur, les chiffres sont toujours liés dans la graphie. Seuls les chiffres supérieurs au million sont détachés :
  → 15 568 fünfzehntausendfünfhundertachtundsechzig
  → 17 462 000 siebzehn Millionen vierhundertzweiundsechzigtausend
- Pour le chiffre d'une année, il faut indiquer le chiffre des centaines :
1990 neunzehnhundertneunzig   1870 achtzehnhundertsiebzig
2019 zweitausendneunzehn

- Les chiffres supérieurs à 1 000 sont :
  → die Million   → le million
  → die Milliarde   → le milliard
  → die Billion   → 1 000 milliards
- Tous les chiffres sont du **genre féminin** :
  → eine Sechs → un six   → eine Null → un zéro
- **Eins**, un est utilisé quand il n'est pas suivi d'un autre chiffre :
  → 1 001 : eintausendeins   → 2,1 : zwei Komma eins

B Les nombres ordinaux
L'adjectif ordinal se termine toujours par **-t** ou **-st**. Ce suffixe est matérialisé par un point.

1. De 1 à 3
  → 1. erst…   → 2. zweit…   → 3. dritt…

2. De 4 à 19, le suffixe est *-t*.
Attention, **sieben** perd son **en**, **acht** son **t**.
  → 5. fünft…   → 7. siebt…   → 8. acht… (am achten Dezember)

3. À partir de 20, le suffixe est *-st* :
  → 20. zwanzigst…   → 45. vierundvierzigst…

REMARQUES
- Ces adjectifs ordinaux doivent obligatoirement être utilisés pour la date, le siècle et les souverains :
  → Heute haben wir den 20. (zwangzigsten) Mai.
  → im XVIII. (achtzehnten) Jahrhundert
  → Wilhelm II. (der Zweite)
- Les fractions sont formées à partir de ces adjectifs numéraux ordinaux :
  → das Drittel   → das Viertel   → das Sechstel
- Les adverbes « premièrement », « deuxièmement »… sont aussi dérivés des adjectifs numéraux ordinaux :
  → erstens   → zweitens   → drittens

Liste des principaux verbes forts et mixtes

*Les verbes suivis de deux astérisques (**) se conjuguent avec l'auxiliaire **sein**.*

Infinitif	Prétérit	Participe passé	Présent	Sens
backen	backte (buk)	gebacken	bäckt	cuire au four
beginnen	begann	begonnen	beginnt	commencer
bieten	bot	geboten	bietet	offrir, proposer
binden	band	gebunden	bindet	lier, attacher
bitten	bat	gebeten	bittet	prier, demander
bleiben**	blieb	geblieben	bleibt	rester
brechen	brach	gebrochen	bricht	briser
dringen**	drang	gedrungen	dringt	pénétrer
essen	aß	gegessen	isst	manger
fahren**	fuhr	gefahren	fährt	aller (en véhicule)
fallen**	fiel	gefallen	fällt	tomber
fangen	fing	gefangen	fängt	attraper, capturer
finden	fand	gefunden	findet	trouver
fliegen**	flog	geflogen	fliegt	voler
fliehen**	floh	geflohen	flieht	fuir
fließen**	floss	geflossen	fließt	couler
fressen	fraß	gefressen	frisst	manger (pour les animaux)
geben	gab	gegeben	gibt	donner
gehen**	ging	gegangen	geht	aller (à pied)
gelingen**	gelang	gelungen	gelingt	réussir
gelten	galt	gegolten	gilt	valoir
genießen	genoss	genossen	genießt	profiter, jouir de
geschehen**	geschah	geschehen	geschieht	se produire
gewinnen	gewann	gewonnen	gewinnt	gagner
gießen	goss	gegossen	gießt	verser, arroser
gleichen	glich	geglichen	gleicht	ressembler
graben	grub	gegraben	gräbt	creuser
greifen	griff	gegriffen	greift	saisir
halten	hielt	gehalten	hält	tenir, s'arrêter
hängen	hing	gehangen	hängt	être accroché
heben	hob	gehoben	hebt	soulever
heißen	hieß	geheißen	heißt	s'appeler
helfen	half	geholfen	hilft	aider
klingen	klang	geklungen	klingt	tinter, résonner
kommen**	kam	gekommen	kommt	venir
laden	lud	geladen	lädt	charger
lassen	ließ	gelassen	lässt	laisser
laufen**	lief	gelaufen	läuft	courir, marcher
leihen	lieh	geliehen	leiht	prêter
lesen	las	gelesen	liest	lire
liegen	lag	gelegen	liegt	être couché
lügen	log	gelogen	lügt	mentir
meiden	mied	gemieden	meidet	éviter
messen	maß	gemessen	misst	mesurer
nehmen	nahm	genommen	nimmt	prendre
pfeifen	pfiff	gepfiffen	pfeift	siffler
raten	riet	geraten	rät	conseiller, deviner
reißen	riss	gerissen	reißt	arracher
reiten**	ritt	geritten	reitet	faire du cheval
rufen	rief	gerufen	ruft	appeler
schaffen	schuf	geschaffen	schafft	créer

GRAMMATIK

Infinitif	Prétérit	Participe passé	Présent	Sens
scheinen	schien	geschienen	scheint	briller, paraître
schießen	schoss	geschossen	schießt	tirer (arme)
schlafen	schlief	geschlafen	schläft	dormir
schlagen	schlug	geschlagen	schlägt	frapper
schließen	schloss	geschlossen	schließt	fermer
schmeißen	schmiss	geschmissen	schmeißt	jeter (familier)
schreiben	schrieb	geschrieben	schreibt	écrire
schreien	schrie	geschrien	schreit	crier
schreiten**	schritt	geschritten	schreitet	marcher
schweigen	schwieg	geschwiegen	schweigt	se taire
schwimmen**	schwamm	geschwommen	schwimmt	nager
schwören	schwor	geschworen	schwört	jurer
sehen	sah	gesehen	sieht	voir
sein**	war	gewesen	ist	être
singen	sang	gesungen	singt	chanter
sitzen	saß	gesessen	sitzt	être assis
sprechen	sprach	gesprochen	spricht	parler
springen**	sprang	gesprungen	springt	sauter
stehen	stand	gestanden	steht	être debout
steigen**	stieg	gestiegen	steigt	monter
sterben**	starb	gestorben	stirbt	mourir
stoßen	stieß	gestoßen	stößt	heurter, pousser
streiten	stritt	gestritten	streitet	(se) disputer
tragen	trug	getragen	trägt	porter
treffen	traf	getroffen	trifft	atteindre, rencontrer
treiben	trieb	getrieben	treibt	faire avancer
treten**	trat	getreten	tritt	entrer, faire un pas
trinken	trank	getrunken	trinkt	boire
tun	tat	getan	tut	faire
vergessen	vergaß	vergessen	vergisst	oublier
verlieren	verlor	verloren	verliert	perdre
verschlingen	verschlang	verschlungen	verschlingt	avaler, engloutir
verschwinden**	verschwand	verschwunden	verschwindet	disparaître
wachsen**	wuchs	gewachsen	wächst	grandir
waschen	wusch	gewaschen	wäscht	laver
weichen**	wich	gewichen	weicht	céder
weisen	wies	gewiesen	weist	indiquer
werben	warb	geworben	wirbt	faire de la publicité
werden**	wurde	geworden	wird	devenir
werfen	warf	geworfen	wirft	lancer, jeter
wissen	wusste	gewusst	weiß	savoir
ziehen	zog	gezogen	zieht	tirer, infuser
ziehen**	zog	gezogen	zieht	aller s'installer qq part
zwingen	zwang	gezwungen	zwingt	obliger
brennen	brannte	gebrannt	brennt	brûler
bringen	brachte	gebracht	bringt	apporter
denken	dachte	gedacht	denkt	penser
kennen	kannte	gekannt	kennt	connaître
nennen	nannte	genannt	nennt	nommer
rennen**	rannte	gerannt	rennt	courir
senden	sandte (sendete)	gesandt (gesendet)	sendet	émettre / envoyer
wenden	wandte (wendete)	gewandt (gewendet)	wendet	tourner / retourner

Les verbes à réaction casuelle ou prépositionnelle

Certains verbes en allemand exigent l'emploi d'un cas particulier ou d'une préposition.

Verbes + accusatif	Verbes + datif	
jn an/rufen: *téléphoner à qn* jn bitten: *demander à, prier qn* etwas / jn brauchen: *avoir besoin de qc/qq* es gibt: *il y a* jn etwas fragen: *demander qc à qn* (deux objets à l'accusatif) *La plupart des verbes comportant la particule inséparable* **be-** *sont transitifs et exigent l'emploi de l'accusatif.* eine Frage beantworten: *répondre à une question* etwas benutzen: *utiliser qc* jn besuchen: *rendre visite à qn*	jm begegnen: *rencontrer qn* jm für etwas danken: *remercier qn de qc* jm (mit etwas) drohen: *menacer qn (de qc)* jm folgen: *suivre qn* es gelingt jm: *qn réussit à faire qc* jm glauben: *croire qn* (ich glaube dir: *je te crois,* mais glauben an + A: *croire en*)	jm helfen: *aider qn* jm widersprechen: *contredire qn* *Certains verbes comportant les particules séparables* **zu** *et* **nach** *exigent l'emploi du datif.* jm zu/hören: *écouter qn* jm zu/sehen: *regarder qn faire qc* jm nach/sehen: *suivre qn du regard*

Verbes + prépositions obligatoires

an + accusatif
denken: *penser à*
(sich) erinnern: *(se) rappeler, se souvenir de qn/qc*
sich gewöhnen: *s'habituer à*
glauben: *croire en*
(Er glaubt an Gott, an Märchen …)

an + datif
fehlen, mangeln: *manquer de*
(es fehlt mir an …)
leiden: *souffrir de (maladie)*
liegen (es liegt an …): *être dû à*
Spaß haben: *avoir plaisir à*
teil/nehmen: *participer à*

auf + accusatif
achten: *respecter, faire attention à*
an/kommen: *dépendre de*
(Es kommt darauf an!)
auf/passen: *faire attention à*
sich freuen: *se réjouir à l'idée de*
reagieren: *réagir à*
sich verlassen: *compter sur*
verzichten: *renoncer à*
sich vor/bereiten: *se préparer à*
warten: *attendre*

auf + datif
bestehen: *insister sur*

aus + datif
bestehen: *se composer de*
stammen: *être originaire de*
schließen: *conclure de*

durch + accusatif
ersetzen: *remplacer par*

für + accusatif
danken: *remercier de*
halten: *tenir pour, considérer comme*
sich engagieren: *s'engager*
sich entscheiden: *se décider*

sich entschuldigen: *s'excuser de*
sich interessieren: *s'intéresser à*

gegen + accusatif
protestieren: *protester contre*

in + accusatif
sich verlieben: *tomber amoureux de*
übersetzen: *traduire*
(aus dem Französischen ins Deutsche)

in + datif
bestehen: *consister en / à*

mit + datif
an/fangen, beginnen: *commencer à, par*
auf/hören, fertig sein: *cesser de, avoir fini de*
sich befassen: *traiter de*
sich beschäftigen: *s'occuper de*
enden: *se terminer par*
geschehen, passieren: *arriver, passer*
(Was ist mit ihm geschehen, passiert?)
sich mit jm treffen: *retrouver qn*
sich mit jm unterhalten, sprechen, reden: *parler à qn*
mit jm telefonieren: *être au téléphone avec qn*
verbinden: *relier, mettre en relation avec (au téléphone)*
vergleichen: *comparer à*

nach + datif
fragen: *demander*
sich sehnen: *aspirer à*

über + accusatif
über *(préposition abstraite) est toujours suivie de l'accusatif.*
sich ärgern: *être mécontent de, se fâcher*
sich auf/regen: *s'énerver à cause de*
diskutieren: *discuter de*
debattieren: *débattre de*
sich freuen: *se réjouir de (événement présent)*
sich informieren: *s'informer de*
lachen: *rire de, se moquer de*

sich lustig machen: *se moquer de*
spotten: *se moquer de*
nach/denken: *réfléchir à*
reden, sprechen: *parler de*
sich unterhalten: *s'entretenir de, discuter*
staunen, sich wundern: *s'étonner de*

um + accusatif
bitten: *demander qc, prier qn*
es geht, es handelt sich: *il s'agit de*
sich kümmern: *s'occuper de*
sich Sorgen machen: *se faire du souci pour*

unter + datif
leiden: *souffrir de*

von + datif
ab/hängen: *dépendre de*
halten: *penser de*
handeln: *traiter, parler de*
erzählen: *raconter*
sprechen: *parler de*
träumen: *rêver de*
überzeugen: *convaincre de*
zeugen: *témoigner de*

vor + datif
Angst haben, sich fürchten: *avoir peur de*
warnen: *mettre en garde contre*

zu + datif
dienen: *servir à*
ein/laden: *inviter à*
sich entschließen: *se décider à*
führen: *mener, aboutir à*
gehören: *faire partie de*
meinen: *penser de*
passen: *convenir à, aller avec*
zählen: *compter parmi*

CRÉDITS PHOTOGRAPHIQUES

Couverture © Adagp, Paris, 2019 © Ottmar Hörl, photo Robert Kluba / Visum: Frankfurt am Main, 15. 05. 2015
Ein gigantisches Ampelmännchen des Künstlers Ottmar Hörl wurde auf dem Paulsplatz anlässlich des 25. Jahrestages der Wiedervereinigung am 3. Oktober1990 installiert. Das grüne Ampelmännchen ist nach der Wende ein Symbol der ehemaligen DDR geworden.

p. 26h © Shutterstock/Rudy Balasko
p. 26m © JFL Photography/stock.adobe.com
p. 26b © Gatsi/stock.adobe.com
p. 27 © Alex Hagmann/stock.adobe.com
p. 28h © Shutterstock/foto-select
p. 28m © JFL Photography/stock.adobe.com
p. 28b © Shutterstock/mije_shots
p. 29h © mokee81/stock.adobe.com
p. 29b © Fujipe/stock.adobe.com
p. 30 © BPK, Berlin, Dist. RMN-Grand Palais / image BPK
p. 32 © Uli Stein
p. 35g © Jean-Daniel Sudres/Voyage Gourmand/saif images
p. 35m © AFP
p. 35d © Bertrand Rieger/Hemis
p. 39g © Shutterstock/Dudarev Mikhail
p. 39hd © akg-images/ullstein bild
p. 39bd © Städel Museum/Artothek/La Collection
p. 41 © DER SPIEGEL 15/2012 (4 photos)
p. 42 © Hamburg, Kunsthalle/akg-image
p. 44 © Calin Stan/stock.adobe.com
p. 45 © ImageBroker/Photo12
p. 46 © Rainer Demattio
p. 47h © Picture Alliance/Photo12
p. 47b © rcfotostock/stock.adobe.com
p. 53g © Alamy/Photo12
p. 53d © Paula May/ Unsplash
p. 54hg © Alamy/Photo12
p54hd © Martinan/stock.adobe.com
p. 54m © ra2 studio/stock.adobe.com
p. 54 b © Syda Productions/stock.adobe.com
p. 55 © Shutterstock /Wittybear
p. 57 © Justin Paget/The Image Bank/Getty Images
p. 58 © Shutterstock / happydancing
p. 59 © Picture Alliance/Photo12
p. 60 © Thomas Plaßmann
p. 66 © Mario Hoellein
p. 67hd © Shutterstock/Aleutie
p. 67bg © Monty Rakusen/Cultura RF/Getty Images
p. 67bd © Kostas Koufogiorgos
p. 68hg © Action Press/Bestimage
p. 68hd © Daniela Reimertz
p. 68m © Picture Alliance/Photo12
p. 68b © Picture Alliance/Photo12
p. 70 © schuelerrockfestival.de
p. 71h © Frank Schwichtenberg/CC BY-SA 3.0
p. 71b © Deluxekidz
p. 73h © Achim Raschka (talk) /CC BY-SA 3.0
p. 72 © Kay Lutter, *Bluessommer: Eine Geschichte von Freiheit, Liebe und Musik hinter dem Eisernen Vorhang* © 2017 LAGO Verlag, Münchner Verlagsgruppe GmbH
p. 73b © Eliane Hobbing
p. 74 © Art Glazer/Getty Images
p. 77bg © barny/stock.adobe.com
p. 77hg © Simon Hofmann/Redferns/Getty Images
p. 77m © Picture Alliance/Henning Kaiser/Photo12
p. 77d © Alamy/Photo12
p. 81g © Ullstein Bild/Photo12
p. 81d © Rock-gegen-rechts.info
p. 82 © Adagp, Paris, 2019, Kunstmuseum Stuttgart/photo akg-images (2 photos)
p. 83 © Adagp, Paris, 2019, Kunstmuseum Stuttgart /photo akg-images
p. 84g © Adagp, Paris, 2019, Dresden, Staatliche Kunstsamlungen Dresden, Galerie Neue Meister/photo akg-images
p. 84d © Ludwig Meidner-Archiv, Jüdisches Museum Frankfurt/photo akg-images
p. 86g © *Frau im Mond*, 1929, Real Fritz Lang, collection Christophel © Fritz Lang Film/Universum Film
p. 86hm © *Frau im Mond*, 1929, Real Fritz Lang, collection Christophel © Fritz Lang Film/Universum Film
p. 86bm © *Der blaue Engel*, 1930, Real Joseph Von Sternberg, collection Christophel © UFA Tonfilm/Universum Film
p. 86d © *Der blaue Engel*, 1930, Real Joseph Von Sternberg, collection Christophel © UFA Tonfilm/Universum Film
p. 87 © *Der träumende Mund*, 1932, Real Paul Czinner, collection Christophel © Fama Film
p. 88 © Alamy/Photo12
p. 89 © collection Christophel © Filme Creative Pool Entertainment GmbH/ Degeto Film GmbH/Beta Film GmbH/Sky Deutschland GmbH 2017
p. 91g © Deutsches Historisches Museum/ A. Psille
p. 91m © Adagp, Paris, 2019 / photo akg-images
p. 91d © The estate of George Grosz, Princeton, N.J./Adagp, Paris, 2019 / photo akg-images
p. 93 © Trude Fleischmann, Imagno/La Collection
p. 94g © The Philadelphia Museum of Art, Dist.RMN-Grand Palais/image Philadelphia Museum of Art
p. 94d © Deutsches Historisches Museum/ A. Psille
p. 95d © The Heartfield Community of Heirs/Adagp, Paris, 2019, © BPK, Berlin, Dist. RMN-Grand Palais/image BPK
p. 95g © The estate of George Grosz, Princeton, N.J./Adagp, Paris, 2019, The Museum of Modern Art, New York\photo Scala, Florence
p. 96hg © Thomas Banneyer
p. 96hd © Markus H. Seidel
p. 96mg © Julia Zimmermann/Unicef
p. 96b © mma23/stock.adobe.com
p. 97 © Thüringer Ministerium für Bildung, Jugend und Sport/ Pressestelle/ Illustration: Denis Cristo/Shutterstock.
p. 98 © bundesfreiwilligendienst.de (2 images)
p. 101 © Anne Ackermann/Focus/Cosmos
p. 100 © Caritas Deutschland
p. 102 © Philip Hubbe
p. 105g © Marko Drobnjakovic/AP/SIPA
p. 105d © Shutterstock/Ostralfotoru
p. 108 © fritzundfraenzi.ch – www.facebook.com/fritzundfraenzi
p. 109h © ASB/F. Zanettini
p. 109b © Alamy/Photo12
p. 110h © Heritage Images/Fine Art Images/akg-images
p. 110b © akg-images
p. 111h © Interfoto/La Collection
p. 112 © Shutterstock/Andrey tiyk
p. 113 © BPK, Berlin, Dist. RMN-Grand Palais/Jörg P. Anders
p. 114 © *Dark*, 2017, collection Christophel © Netflix
p. 115 © *Dark*, 2017, collection Christophel © Netflix
p. 116 © Demattio
p. 119g © Landesmuseum Hannover/Artothek/La Collection
p. 119b © Cologne, Museum Ludwig/akg-images
p. 119d © Artothek/La Collection
p. 121 © Shutterstock/kriangsak tamoon
p. 123hg © Leonhard Lenz
p. 123m © *Das grüne Wunder unser Wald*,2012, Real Jan Halt, collection Christophel © Nautilusfilm
p. 123hd © Joachim Nagel: Carl Spitzweg. Belser, Stuttgart 2008, S. 11
p. 123bd © Shutterstock/nd3000
p. 124hg © dpa/picture-alliance/akg-images
p. 124mg © akg-images
p. 124hd © Picture Alliance/Photo12
p. 124md © Picture Alliance/Photo12
p. 124bd © Picture Alliance/Photo12
p. 125h © Imago/StudioX
p. 127 © Zivilcourage mit Macht, 2009, collection Christophe © Lumatik Film
p. 128 © MEPL/Rue des Archives
p. 129 © collection Christophel © 1927 Universum Film
p. 130 © Svenner/Bulls
p. 133g © TT News Agency/SV/akg-images
p. 133m © picture-alliance/dpa/akg-images
p. 133d © *Captain Berlin/Retter der Welt*, réalisation Jörg Buttgereit, collection Christophel © Barrel Entertainment
p. 134 © Akademisches Gymnasium/Johanna Schreibmaier
p. 136 © Moni Port (extract from *100 Frauen Projekt*)
p. 137g © Frank Thomas Koch (D.R.)
p. 137m © source austrian-superheroes.fandom.com/de/wiki/Donauweibchen (D.R.)
p. 137d © Erl/toonpool.com
p. 138 © Shutterstock/TierneyMJ
p. 140g © FC Bayern München
p. 140m © Kabaq
p. 140d © iStockphoto
p. 141 © Dpa/Picture-Alliance/AFP
p. 143 Marc-Uwe Kling, *QualityLand* © 2017 Ullstein Buchverlage, Berlin
p. 144 © Timo Essner
p. 145 © Shutterstock/Leremy
p. 147 © pixabay
p. 151g © Shutterstock/Danomyte
p. 151d © Shutterstock/metamorworks
p. 152 © wikipedia
p. 154 © Shutterstock/S-F
p. 155 © profil, Nr. 1, 02. Jänner 2017
p. 156 © Imagno/La Collection
p. 161 © Austrian Archives/Imagno/Getty Images
p. 166 © imageBroker/photo12
p. 168g © wikipedia
p. 168bg © barbey/adobe-stock
p. 168d © Westermann Gruppe
p. 169 © Underwood Archives/Getty Images
p. 170 © "Warum Schüler aus NRW nach Sachsen fahren – und umgekehrt", written by Heike Klovert and Julia Köppe, published in SPIEGEL ONLINE January 16, 2018
p. 171 © Broiler, Bürger und Bananen, illustration Rainer Schade, Bollmann Verlag
p. 172 © Walter Hanel
p. 175 © Sebastian Letz/ Milla & Partner
p. 179g © Wolfgang Kumm/Picture Alliance/Photo12
p. 179d © Blunt
p. 180g © *Das Leben der Anderen*, 2007, Real Florian Henckel Von Donnersmarck – collection Christophel © Wiedemann & Berg Filmproduktion
p. 180d © Shutterstock/Brian A Jackson
p. 182 © Google Street
p. 183 Antje Szillat, *Alice im Netz – Das Internet vergisst nie*, © edition zweihorn, 2010, www.edition-zweihorn.de
p. 184 © *Das Leben der Anderen*, 2007, Real Florian Henckel Von Donnersmarck – collection Christophel © Wiedemann & Berg Filmproduktion
p. 185g © ullstein bild/ADN-Bildarchiv/akg-images
p. 185d © bajo57/stock.adobe.com
p. 186 © Stuttmann/toonpool.com
p. 189 © Klaus Mehner/Ullstein Bild/Roger-Viollet
p. 193h © Gerhard Seyfried
p. 193m © Shutterstock/Julia Tim
p. 193b © Kostas Koufogiorgos
p. 194g © *Der Trafikant*, 2018, Real Nikolaus Leytner, collection Christophel © Epo-Film Produktionsgesellschaft
p. 194d © Urban Zintel/Laif-Rea
p. 197 © *Der Trafikant*, 2018, Real Nikolaus Leytner, collection Christophel © Epo-Film Produktionsgesellschaft
p. 198 © collection particulière
p. 199 © Alamy/Photo12
p. 200d © The Yorck Project/Directmedia Publishing GmbH
p. 200g © Fondation Paula Modersohn-Becker.
p. 202hg © *Paula, Mein Leben soll ein Fest sein*, 2017, Real Christian Schwochow, collection Christophel © Pandora Filmproduktion/ Grown up film
p. 202hd © *Paula, Mein Leben soll ein Fest sein*,2017, Real Christian Schwochow, collection Christophel © Pandora Filmproduktion/ Grown up film
p. 202bg © Von der Heydt Museum, Wuppertal
p. 204 © adoc-photos
p. 205g © collection privée, Brême, Fondation Paula Modersohn-Becker/ akg-images
p. 205d © Brême, Kunsthalle/akg-images

CRÉDITS TEXTES

p. 30 © www.bildungsreise.org/bildungsreisen.html. Publisher: Initiative Auslandszeit GmbH. Website: www.initiative-auslandszeit.de
p. 31 © https://programmevoltaire.wordpress.com/, Orianne Bruxelle
p. 37 © Title: *Freiwilligenarbeit auf der Öko-Lodge*. Author: C. Rhode. Publisher: Initiative Auslandszeit GmbH. Website: www.freiwilligenarbeit.de
p. 38 © Title: *Internationaler Jugendfreiwilligendienst*. Author: C. Rhode. Publisher: Initiative Auslandszeit GmbH. Website: www.freiwilligenarbeit.de
p. 43 Sebastian Schnoy, *Heimat ist, was man vermisst. Eine vergnügliche Suche nach dem deutschen Zuhause*. Copyright © 2010 Rowohlt Verlag GmbH, Reinbek bei Hamburg
p. 45 © "Was ist Heimat?" by Tobias Becker, S-Magazin 1/2017, 09.2017
p. 51 Nora Krug, *Heimat – Ein deutsches Familienalbum*, Penguin / Verlagsgruppe Random House GmbH, München – Random. (D.R.)
p. 51 *Heimat – ein Begriff in steter Veränderung*, Die Zeichnerin und Autorin Nora Krug. Moderation: Frank Meyer. (D.R.)
p. 57 © Annebell Behrmann, "Hilfe, ich bin ein Smombie", Hamburger Abendblatt
p. 59 et p. 192-193 © Marc Elsberg, *Zero – Sie wissen, was du tust*, Blanvalet Verlag, 2014
pp. 65-66 Carolin Philipps: *Second Face*, © Ueberreuter Verlag GmbH, Berlin, 2011.
p. 70 © Manuel Böhnke, Solinger Tageblatt, 19.03.2018
p. 72 Kay Lutter, *Bluessommer: Eine Geschichte von Freiheit, Liebe und Musik hinter dem Eisernen Vorhang* © 2017 LAGO Verlag, Münchner Verlagsgruppe GmbH
p. 79 Musikalische Projekte mit jugendlichen Flüchtlingen, 12.04.2016 (D.R.)
p. 85 Taken from: "Im Westen nichts Neues" by Erich Maria Remarque © 1929, New York University, successor-in-interest to the literary rights of The Estate of the Late Paulette Goddard Remarque © 1959 Verlag Kiepenheuer & Witsch, Cologne
p. 87 © Angelika Schrobsdorff, "Du bist nicht so wie andre Mütter", dtv Verlagsgesellschaft mbH & Co. KG
p. 93 © *Die "Neue Frau" der 20er*, Südwestrundfunk
p. 99 © www.bundesfreiwilligendienst.de/der-bundesfreiwilligendienst/einsatzfelder.html
p. 101 Deena, *So frei bin ich nur hier – Mein zweites Leben in Afrika* © Benevento Publishing
p. 105 © YAEZ GmbH
p. 107 "Der Bufdi aus Daraa", first published on fluter.de, 23.05.16, editor: Bundeszentrale für politische Bildung/bpb.
p. 112 © Karen Lippert "Der Wald im Märchen", Märchenatlas.de, 2012.
p. 114 © Ursula Scheer, "Auf dem Weg in die Angst", faz.net, 01.12.2017. © Frankfurter Allgemeine Zeitung. All rights reserved. Provided by Frankfurter Allgemeine Archiv.
p. 121 Thomas Ulrich, *Leserfotograf des MonatsDeutschlands – schönste Märchenwälder*. (D.R.)
p. 121 © Elias Canetti, *Masse und Macht*, Carl Hanser Verlag GmbH & Co. KG, 1960
p. 121 "Die Deutschen und der Wald – Eine ganz besondere Beziehung" – Interview mit dem Philosophen, Rüdiger Safranski D.R.
p. 126 © National Association of German Cooperative Banks (Bundesverband der Deutschen Volksbanken und Raiffeisenbanken – BVR), TNS Emnid 2015, Deutsche Journalistendienste djd
p. 126 Maximilian Kayser, www.moviepilot.de, 08/11/2018. (D.R.)
p. 127 © Dilara Erkem: "Können wir alle ein Superheld sein?" Zwischenbetrachtung.de, 20.06.2018, www.zwischenbetrachtung.de.
p. 128 Thea von Harbou: *Metropolis* © 1984 Ullstein Buchverlage, Berlin
p. 134 Helden, Galerie Zwischenbilder. (D.R.)
p. 135 © Hessischer Rundfunk, 2018
p. 136 © Moni Port (extract from *100 Frauen Projekt*)
p. 140 Michael Gronau, www.bz-berlin.de, 23.04.2018. (D.R.)
p. 141 © Christian Schiffer, Bayerischer Rundfunk
pp. 142-143 Marc-Uwe Kling: *QualityLand* © 2017 Ullstein Buchverlage, Berlin
p. 149 Christian Schiffer, *Digitalgipfel: Länger Leben mit KI?* Bayerischer Rundfunk, 04.12.2018. (D.R.)
p. 149 Juli Zeh, *Corpus delicti*, © Schöffling & Co. Verlagsbuchhandlung GmbH, Frankfurt am Main, 2009 (D.R.)
p. 155 Interview: Stefan Brändle, "Maria Theresia – Sie teilte die Macht nicht" www.fr.de, 10.03.17. D.R.
p. 161 © SZ Article, originally published in: Johannes Honsell und Oliver Das Gupta, SZ.de, July. 15, 2011.
p. 163 "Kaisersohn, Abgeordneter und glühender Europäer" / VON REINHARD OLT, 04.07.2011 © Frankfurter Allgemeine Zeitung. All rights reserved. Provided by Frankfurter Allgemeine Archiv.
p. 163 © Redaktion/Euractiv.de – Euractiv bietet mehrsprachige und ausführliche Berichterstattung zu europäischer Politik.
p. 169 Klaus Kordon, *Die Lisa*, © 2002 Beltz & Gelberg in der Verlagsgruppe Beltz – Weinheim Basel
p. 170 © "Warum Schüler aus NRW nach Sachsen fahren – und umgekehrt", written by Heike Klovert and Julia Köppe, published at SPIEGEL ONLINE January 16, 2018
p. 171 © Source: ZDF
p. 173 © Carola Padtberg, SPIEGEL ONLINE, 3. Oktober 2014.
p. 175 "Warum stellen Sie die deutsche Einheit als Wippe dar, Herr Letz?" (FOCUS No 19/2017)
p. 177 Renate Ahrens, *Alles, was folgte*, Droemer Taschenbuch, 2018. (D.R.)
p. 182 "Google Street-View „Warum Sachsen-Anhalt und Deutschland ein weißer Fleck sind" Von Steffen Könau, 09.10.17, Mitteldeutsche Zeitung. (D.R.)
p. 183 Antje Szillat, *Alice im Netz – Das Internet vergisst nie*, © edition zweihorn, 2010, www.edition-zweihorn.de
p. 184 © Stasimuseum, Dauerausstellung: *Staatssicherheit in der SED-Diktatur*. www.stasimuseum.de
p. 185 © Titel: *Nikolaikirche*. Autor: Erich Loest. Verlag: Linden-Verlag Leipzig
pp. 195-197 Robert Seethaler, *Der Trafikant*. Copyright © 2012 KEIN & ABER AG, Zürich – Berlin
p. 201 © *Die Malweiber von Paris*, Kathrin Umbach, Helga Gutbrod Gebrüder Mann Verlag (2015)
p. 203 © Paula Modersohn-Becker, Otto Modersohn, *Der Briefwechsel*, Insel Verlag.

Nous avons cherché en vain les éditeurs et les ayants droits de certains textes et documents iconographiques reproduits dans ce manuel. Leurs droits sont réservés aux Éditions Bordas (D.R.)